本书受国家社会科学基金一般项目（17BKS073）和武汉纺织大学出版基金资助

共享发展理念的法理基础和法治实现路径研究

王海燕 著

武汉纺织大学人文社科文库（第五辑）

中国社会科学出版社

图书在版编目（CIP）数据

共享发展理念的法理基础和法治实现路径研究／王海燕著. —北京：中国社会科学出版社，2023.9
（武汉纺织大学人文社科文库）
ISBN 978-7-5227-1489-9

Ⅰ.①共⋯ Ⅱ.①王⋯ Ⅲ.①中国特色社会主义—社会主义建设模式—研究 Ⅳ.①D616

中国国家版本馆 CIP 数据核字（2023）第 032244 号

出 版 人	赵剑英
责任编辑	田　文
责任校对	张　婷
责任印制	王　超

出　　版	中国社会科学出版社
社　　址	北京鼓楼西大街甲 158 号
邮　　编	100720
网　　址	http://www.csspw.cn
发 行 部	010-84083685
门 市 部	010-84029450
经　　销	新华书店及其他书店

印　　刷	北京君升印刷有限公司
装　　订	廊坊市广阳区广增装订厂
版　　次	2023 年 9 月第 1 版
印　　次	2023 年 9 月第 1 次印刷

开　　本	710×1000　1/16
印　　张	23
字　　数	378 千字
定　　价	119.00 元

凡购买中国社会科学出版社图书，如有质量问题请与本社营销中心联系调换
电话：010-84083683
版权所有　侵权必究

目　录

第一章　法理基础：共享发展理念与现代法治精神的契合 ……… （1）
　第一节　公平正义：共享发展理念与现代法治的价值契合 ………… （1）
　　一　公平正义是现代法治的根本精神 ………………………………… （1）
　　二　公平正义是共享发展理念的核心价值 …………………………… （3）
　第二节　人民民主：共享发展理念与社会主义法治的目标相通 …… （4）
　　一　人民民主是社会主义法治的本质要求 …………………………… （4）
　　二　人民民主是共享发展理念的目标取向 …………………………… （6）
　第三节　人权保障：共享发展理念与我国宪法原则的同频共振 …… （9）
　　一　人权保障是宪法的基本原则 ……………………………………… （9）
　　二　人权保障是共享发展理念的宪法依据 ……………………………（10）
　第四节　权利限制：共享发展理念与法治实现方式的
　　　　　相得益彰 ……………………………………………………………（10）
　　一　权利限制是法治的基本技术 ………………………………………（10）
　　二　权利限制是共享发展理念的法治实现方式 ………………………（12）

**第二章　中西互鉴：共享发展理念与福利国家思想的比较
　　　　及启示** ………………………………………………………………（15）
　第一节　天下为公：共享发展理念的思想渊源 ……………………………（16）
　　一　共享发展理念是阶段性实现共产主义远大理想的
　　　　中国智慧 …………………………………………………………………（16）
　　二　共享发展理念是对中国共产党执政理念和发展思想的
　　　　创新性表达 ………………………………………………………………（16）

三　共享发展理念是对中华传统文化"大同"思想的
　　　　 创造性转化 ………………………………………………（17）
　第二节　与时俱进：福利国家思想的发展演变 ……………（18）
　　　　一　西方福利国家思想的产生和早期实践 ……………（18）
　　　　二　西方"福利危机"的出现和理论批判 ……………（19）
　　　　三　西方福利国家的政策变革和理论进展 ……………（20）
　第三节　各有千秋：共享发展理念与福利国家思想的
　　　　 特质比较 ………………………………………………（21）
　　　　一　经济基础和社会性质不同 …………………………（21）
　　　　二　福利水平和发展阶段不同 …………………………（22）
　　　　三　发展前途和未来归宿不同 …………………………（23）
　第四节　包容发展：福利国家思想对共享发展理念的启示 …（24）
　　　　一　建立适合国情的中国特色"普惠型"社会福利体系 …（24）
　　　　二　以保障和改善民生为重点加强社会建设和国家责任 …（25）
　　　　三　通过渐进式改革实现效率与公平的和谐共生 ……（26）

第三章　政法互动：百年党史中的共享发展理念与法治实践 ………（28）
　第一节　1921—1978年：政策探索，开辟社会主义新道路 …（28）
　　　　一　社会主义：共享发展的制度基础 …………………（28）
　　　　二　"政主法辅"：社会主义在中国确立和初步探索的
　　　　 路径依赖 ………………………………………………（36）
　第二节　1978—1997年：法制恢复，开创共同富裕新时期 …（45）
　　　　一　共同富裕：共享发展的本质要求和基本目标 ……（45）
　　　　二　政策向法制转型：改革开放新时期脱贫致富的
　　　　 制度变革 ………………………………………………（50）
　第三节　1997—2012年：依法治国，开拓和谐社会新阶段 …（56）
　　　　一　执政为民与以人为本：共享发展的接续进步 ……（56）
　　　　二　依法治国：跨世纪的执政方略转型与和谐社会构建 …（60）
　第四节　党的十八大以来：全面依法治国，开启共享发展
　　　　 新时代 …………………………………………………（75）
　　　　一　以人民为中心与全面小康：共享发展的升级换代 …（75）

二　全面依法治国：新时代共享发展的现代化治理模式 ………（79）

第四章　民商法治：自由发展与社会安全 ……………………（85）
　第一节　民商法的共享精神：从"自由意志"到
　　　　　"社会利益" …………………………………………（85）
　　一　民商法相关概念及其关系 ………………………………（86）
　　二　民法的共享精神："自由意志"与"社会利益"的
　　　　平衡 …………………………………………………………（92）
　　三　商法的共享精神："营业自由"与"交易安全"的
　　　　调和 ………………………………………………………（103）
　第二节　共享发展理念在民法中的制度表现及其革新 ………（115）
　　一　民法基本原则：诚实信用和公序良俗 …………………（115）
　　二　民事主体制度：身份与契约 ……………………………（121）
　　三　民事权利制度：人格权与财产权 ………………………（129）
　　四　民事责任制度：过错责任与严格责任 …………………（142）
　第三节　共享发展理念在商法中的制度表现及其革新 ………（150）
　　一　有限责任：鼓励交易的"天才"制度发明 ……………（150）
　　二　强制主义：保障安全的法治技术设计 …………………（153）

第五章　行政法治：法治政府与社会治理的平衡 ……………（158）
　第一节　行政法治：基本概念和基本原则 ……………………（158）
　　一　行政法治基本概念 ………………………………………（158）
　　二　行政法治基本原则 ………………………………………（163）
　第二节　法治政府：全面依法治国的控制性工程 ……………（168）
　　一　法治政府建设与全面依法治国的关系 …………………（168）
　　二　新中国法治政府建设的实践轨迹 ………………………（171）
　　三　基本建成法治政府的有效路径选择 ……………………（177）
　第三节　公私合作共治：新时代行政法治的共享进路 ………（195）
　　一　公私合作共治的概念和理论依据 ………………………（195）
　　二　新时代公私合作共治的实践基础和行政法治建构 ……（200）

第六章 经济法治：市场调节与政府调控的合作 (213)

第一节 经济法简史：危机应对和公共精神 (214)
一 作为"分配法"的概念启蒙和空想色彩 (214)
二 作为"竞争法"的现代经济法的产生及其社会根源 (215)
三 作为"危机应对法"的当代经济法新发展 (216)
四 经济法的公共性和共享发展精神 (217)

第二节 经济法治的核心要义：处理好政府与市场的关系 (218)
一 经济法主线与经济学理论的关系 (218)
二 经济自由主义与民商法的"在场" (218)
三 政府干预主义与经济法的"出场" (219)
四 经济法治：政府与市场的平衡术 (221)

第三节 经济法治的治理效能：市场规制法和宏观调控法 (223)
一 经济法与国家治理的关系 (223)
二 市场规制法：促进自由竞争和公平竞争的利器 (224)
三 宏观调控法：促进资源优化配置和共享发展的法宝 (228)

第四节 经济法治的中国道路：经济改革法治化 (233)
一 新中国70年经济体制与经济法治的联动 (233)
二 中国经济法治：经济改革与依法治国的合奏 (235)

第七章 社会法治：社会安全和社会促进 (239)

第一节 社会法的定位：从第三法域到独立部门法 (239)
一 作为"第三法域"的社会法 (239)
二 作为独立部门法的社会法 (244)

第二节 社会法的发展：代际更替和功能演变 (246)
一 第一代社会法：弱者生存利益的社会保护 (246)
二 第二代社会法：社会保护和社会权利保障 (250)
三 第三代社会法：社会保护和社会促进并重 (254)

第三节 社会政策变革的"多国演义"："欧风美雨"无穷期 (261)
一 英国的社会政策变革："第三条道路" (261)

二　美国的社会政策变革："驴象之争"与
　　　　"跷跷板"游戏 …………………………………………（262）
　　三　北欧福利国家模式：社会与经济协调发展的
　　　　典范和传奇 ……………………………………………（264）
　第四节　我国社会建设的法治方略和路径 ………………………（269）
　　一　我国社会法治建设的成就 ……………………………（269）
　　二　我国社会法治建设的不足 ……………………………（273）
　　三　加快我国社会法治建设的路径 ………………………（279）

第八章　刑事法治："罪刑法定"与"宽严相济" ……………………（284）
　第一节　罪刑法定：刑法基本原则中的共享理念 ………………（284）
　　一　我国刑法的基本原则体系及其内部关系 ……………（284）
　　二　罪刑法定原则的形式意义和实质意义 ………………（286）
　　三　刑法基本原则蕴含的共享发展理念 …………………（288）
　第二节　宽严相济：中国刑事政策中的共享精神 ………………（293）
　　一　宽严相济刑事政策的内涵 ……………………………（293）
　　二　宽严相济刑事政策的渊源 ……………………………（294）
　　三　宽严相济刑事政策的成效 ……………………………（299）

第九章　国际法治：从"和平共处"到"人类命运共同体" ………（307）
　第一节　和平共处原则：国际法治中的共享精神典范 …………（308）
　　一　和平共处五项原则：国际法治中的中国贡献 ………（308）
　　二　"和而不同"与"求同存异"：和平共处五项原则的
　　　　共享精神 ………………………………………………（316）
　第二节　人类命运共同体：全球治理的战略思想 ………………（320）
　　一　人类命运共同体理念：全球治理的中国智慧 ………（320）
　　二　共商共建共享：构建人类命运共同体的国际法治道路 ……（324）

主要参考文献 ……………………………………………………………（337）

第一章 法理基础：共享发展理念与现代法治精神的契合

发展与法治相辅相成，相得益彰。共享发展是新发展理念的落脚点，也是中国特色社会主义法治的重要目标。全面推进依法治国是中国特色社会主义的本质要求和重要保障。[①] 这些重要思想回答了"为谁发展"和"如何发展"这两个根本问题。可以说，共享发展即"为人民共享美好生活而发展"是新发展理念的根本目标，是目的意义上的价值；而"创新、协调、绿色、开放"是针对"如何发展"的解决方案，是实现共享发展的方法和途径，具有工具价值和方法论意义。在国家治理体系和治理能力现代化背景和语境下，全面依法治国是实现共享发展理念的战略支撑和制度保障。因此，深入挖掘共享发展理念的法理基础，是有效运用法治思维和法治方式实现共享发展理念的固本工程。共享发展理念与法治精神具有内在共通性，其法理基础体现在：其一，公平正义是现代法治的根本精神，也是共享发展理念的核心价值。其二，人民民主是社会主义法治的本质要求，也是共享发展理念的目标取向。其三，人权保障是宪法的基本原则，也是共享发展理念的宪法依据。其四，权利限制是法治的基本技术，也是共享发展理念的法治实现方式。

第一节 公平正义：共享发展理念与现代法治的价值契合

一 公平正义是现代法治的根本精神

在东西方传统文化中，法律都与公平正义有着天然的联系。在汉字

[①] 习近平：《决胜全面建成小康社会，夺取新时代中国特色社会主义伟大胜利——在中国共产党第十九次全国代表大会上的报告》，人民出版社2017年版，第22页。

中，"法"的古字是"灋"。东汉的许慎在《说文解字》中将"法"字解释为："灋，刑也。平之如水，从水。廌，所以触不直者去之，从去，会意。"廌（zhì）是中国古代传说中的神兽，能辨别曲直，在审理案件时，它会用角去抵触理屈之人。这体现了初民社会浓厚的"神明裁判"色彩。随着古人智识的开化，"法"字的结构中虽然代表神明的"廌"不见了，但仍保留了三点水（即《平之如水》）和"去"（即"去不直"），前者表示"公平"，后者代表"正义"。在西方文化中，法律的象征是"正义女神"，她是一位蒙眼女性，白袍，金冠，左手持天平，右手持宝剑，蒙眼象征司法依靠理智而非误人的感官印象，白袍象征道德无瑕、刚正不阿，王冠象征正义的无上尊贵和荣耀，天平比喻裁量公平、无偏私，宝剑表示制裁严厉和正义。可见，从东方的会意字到西方的正义女神像，法律都是以公平正义的化身而存在的。

法治是现代文明国家治国理政的基本方式。现代法治的本质是"法的统治"或"依法而治"，其根本精神是运用法律手段实现社会公正即公平正义。古往今来，公平与正义是维系社会稳定发展的基本道德价值，更是政治法律制度的根本伦理基础。汉语中的"公平"和"正义"一般与英语中的fairness和justice对应，前者的基本含义是"平等待人"或"一视同仁"，强调"平等"，侧重程序和工具性，而后者的基本含义是"每个人都得到其应得的"，强调"应得"，侧重结果和目的性。可以说"公平"是实现"正义"的途径和手段，从这个意义上说，"正义"比"公平"具有更高的价值，关于公平正义的理论一般称为"正义"理论。中国传统思想文化中较少使用"正义"概念，与之近似的是"天道"或"天理"。

在西方传统政治法律思想中，正义就是"自然法"，也是政治合法性的终极来源。古希腊著名思想家亚里士多德认为正义就是守法与平等，是"德性之首"，"比星辰更让人崇敬"[①]。近代西方启蒙运动以来，由于方法论和视角的不同，主要形成了两种不同思想路线的公平正义理论：一种是基于理性论证的社会契约论思路，另一种是基于经验论证的功利主义思路。古典自由主义思想家洛克从"上帝面前人人平等"的前提出发，主张人民之间订立的契约是国家存在的合法性基础，人民为了保全自己的基本

---

① ［古希腊］亚里士多德：《尼各马可伦理学》，廖申白译，商务印书馆2003年版，第130页。

权利例如生命、财产和自由等，从而有限地"让渡"自己的"自然权利"以组成国家，尊重而不侵害他人的基本权利就是社会公正的基本原则。功利主义思想家休谟认为，正义主要是指不侵害他人的财产权，正义原则的终极目的是社会利益。另一位功利主义大师穆勒也认为，正义规范就是尊重或不侵犯他人的正当权利，具有利益分配的重要功能，公平正义在具体问题上的判断标准可能见仁见智，若要在公平正义问题上定纷止争，唯有遵循"社会利益"原则，或者以"最大多数人的最大幸福"为标准。①

当代公平正义理论的集大成者罗尔斯提出了"公平的正义"理论，他从社会契约论推崇的"原初状态"学说出发，以"无知之幕"来建构公平正义的基本原则，其"正义论"包括两个原则，第一个原则要求基本权利和义务能够得到平等的分配，第二个原则主张在社会和经济方面不平等例如财富和权力不平等的情况下，应当补偿那些最少受惠的社会成员的利益。② 第一个原则可称为"平等自由"原则，第二个原则可称为"不平等的自由"原则，是前一个原则的延伸和发展，它又包含两个子原则，一是"机会公平原则"，二是"差别原则"，其中前者又优先于后者。"不平等的自由"原则主张那些不属于"基本自由"范畴的收入、财富、权力等社会资源的分配制度首先要符合机会公平原则，其次要对社会弱势群体的利益进行特别关照，同时也要对社会精英群体形成有效激励，实现"人尽其才"，持续保护其创造社会财富的热情。概括起来，罗尔斯的"正义论"包括三个相互联系的重要方面：权利公平、机会公平、兼顾公平与效率的分配正义。③ 他的"平等自由"原则和"机会公平"原则体现了形式正义，而"差别原则"旨在解决实质正义问题。

二　公平正义是共享发展理念的核心价值

习近平同志指出："公平正义是中国特色社会主义的内在要求，是我们党追求的一个十分崇高的价值目标。"④ 社会主义核心价值观在社会层面

---

① [英] 穆勒：《功利主义》，徐大建译，上海人民出版社2008年版，第63页。
② [美] 罗尔斯：《正义论》，何怀宏等译，中国社会科学出版社1988年版，第12页。
③ 杨玉成：《罗尔斯的正义观与当代中国公平正义问题》，《新视野》2016年第2期。
④ 中共中央宣传部：《习近平总书记系列重要讲话读本（2016年版）》，学习出版社、人民出版社2016年版，第94页。

的价值取向是"自由、平等、公正、法治"。这四个概念从不同角度表达了中国特色社会主义公平正义观的基本内容。其中，自由、平等、公正是目的性价值，而法治属于工具性价值。十八届五中全会提出的包括共享发展在内的五大发展理念可以说是实现上述价值目标的路线图。社会主义公平正义价值与共享发展理念之间是目的与手段的关系。公平正义是共享发展理念毋庸置疑的核心价值，也是法治一贯遵循的核心价值。共享发展与法治之间存在的这种"心有灵犀"抑或"心灵相通"的密切联系，的确为我们通过法治实现共享发展，进而实现社会公平正义，奠定了坚实的理论基础。

马克思主义基于唯物史观的公平正义理论为共享发展理念提供了科学的理论依据。马克思主义是致力于人类解放之正义事业的集革命性和科学性于一身的理论体系，具有丰富而深刻的关于公平正义的思想，主要内容如下：公平正义是具体的而不是抽象的，是关系到利益关系调整的经济的、社会的、历史的而不是哲学的概念，是可能因时因地而异的，而非一成不变的；公平正义的观念和实现程度，要同一定社会的经济结构、文化发展相一致，"权利决不能超出社会的经济结构以及由经济结构制约的社会的文化发展"[①]；离开生产资料所有制和分配制度来谈论公平正义价值是空洞的，生产资料私有制决定了资本主义社会人剥削人的非正义性质，只有废除私有制，实行生产资料公有制和按劳分配，直到在未来的共产主义社会的按需分配，才可能达到完全意义上的公平正义。工人阶级为资本主义社会创造了巨大财富却不能共享发展成果，马克思主义正是在批判这一残酷现实的基础上构建自己的公平正义理论的。马克思主义正义论是实现共享发展理念的根本方法论，其鲜明特点包括历史性、经济性和彻底性。

第二节　人民民主：共享发展理念与社会主义法治的目标相通

一　人民民主是社会主义法治的本质要求

什么是民主？在19世纪美国前总统林肯的演讲中，民主就是"民有、

[①] 《马克思恩格斯文集》第3卷，人民出版社2009年版，第435页。

民治、民享"。在中国革命先行者孙中山先生的三民主义思想里，民主就是"民权主义"。在中国共产党执政的当代中国语境下，民主就是"人民当家作主"。民主，是在共同体或群体内部，人们之间平等结合，享有共同的权利和义务（或责任），并且决定共同体的价值选择的活动方式。多数决定原则、保护少数原则、程序化原则，是著名的"民主三原则"，它们所构成的整体，代表了民主的完整含义。法治是保障公民享有权利、承担责任的规范之治。社会主义制度的特征，就是"民主其内，法治其外"，民主是"国体"，法治是"政体"，民主与法治不可分。① 坚持人民主体地位，保障人民当家作主，是社会主义法治的本质要求和"法治中国"建设的首要任务。

民主化和法治化，是实现"善治"的两大法宝，是国家治理现代化的"鸟之两翼"和"车之双轮"。"善治"（Good Governance）的字面含义是"良好的治理"，它是寻求公共利益最大化的社会治理过程，是政府与市场、社会在公共事务管理和社会治理方面达成的一种新型的合作伙伴关系，而不是传统的统治与被统治的关系。联合国相关委员会提出了衡量善治的八个方面的标准：一是共同参与，二是厉行法治，三是决策透明，四是及时回应，五是达成共识，六是平等和包容，七是实效和效率，八是问责。这些标准概括起来不外乎两个方面：民主和法治。民主构成现代法治和国家治理的基础与必要条件，国家治理现代化与法治化首先意味着民主化。② 中国人民大学王利明教授认为，全体人民通过民主方式广泛地共同参与国家治理和社会治理，是实现善治的关键之举。③

法治是良法善治，是民主之治。国家治理的基本方式有两种：人治和法治。古希腊思想家柏拉图主张建立哲学王统治。在中国，儒家文化推崇人治思想，对传统中国的治国方式产生了深远的影响。孔子认为"为政在人""其人存，则其政举，其人亡，则其政息"，精辟地阐述了人治的本质和特点。法治（rule of law）的字面含义即"法的统治"，强调作为社会治理手段之一的具备自由、民主、公正等优良价值的法律在社会生活中具有

---

① 李德顺：《论民主与法治不可分——"法治中国"的几个基本理念之辩》，《中共中央党校学报》2017年第1期。
② 刘红臻：《国家治理现代化的法学解读与阐释》，《法制与社会发展》2014年第5期。
③ 王利明：《法治：良法与善治》，《中国人民大学学报》2015年第2期。

的至高无上的地位。古希腊思想家亚里士多德提出了著名的被后世奉为圭臬的法治理论，他认为法治的基本点有两个：一是已经制定的法律得到民众普遍遵守，二是法律本身要良好。一言以蔽之，法治就是"良法善治"，这种思想被不断地发扬光大，并构成了近现代法治思想的核心与精髓。良法之"良"，不仅是道德层面的善良，更是价值层面的优良。中国古代先秦时期的法家思想，虽然也强调法律制度在国家治理中的权威地位，这与现代法治有相似之处，但其根本宗旨是为君主专制服务的，是君主管理国家的工具，在本质上还是"人治"，或者说有法治之"形"而无法治之"神"的法治。这里的法治之"神"就是民主。法治代表的是一种理性的、现代化的治国方略。法治具有的确定性、统一性、程序性等特征，以及理性、民主、自由、平等、安全等价值，使其对现代社会整合与国家治理具备了权威指引、价值定位、效能强化、凝聚共识的功能，成为通往国家治理现代化和民主化、实现善治愿景的必由之路。

社会主义民主与社会主义法治，恰如硬币的两面，貌似对立而实则统一。一方面，民主是法治的灵魂和政治基础。法律是人民意志的集中体现，其根本功能是保障人民的主体地位。国家的法律体制必须最大限度地体现和反映民意，这是现代国家法治体系的合法性基础。[①] 国家的一切权力属于人民，是我国《宪法》的庄严宣告。另一方面，法治是民主的程序和制度保障。人民参与管理国家和社会事务并不能随心所欲，而是要严格遵循我国宪法和法律的相关规定，不能超越法定权限，也不能违反法定程序。总之，不讲民主的法治就是无源之水、无本之木，而不讲法治的民主则势必导致社会混乱和政治动荡的恶果。只有对民主和法治统筹兼顾，"两条腿走路"，方能相辅相成。

二 人民民主是共享发展理念的目标取向

共享发展是人民民主的内在要求。"民主"的最古老和一般的内涵和表达是"少数服从多数"，可以说是多数人对少数人的统治，其反面就是个别人或少数人统治多数人的"专制"。在《共产党宣言》这一光辉著作

[①] 俞可平：《没有法治就没有善治——浅谈法治与国家治理现代化》，《马克思主义与现实》2014年第6期。

中，马克思和恩格斯深刻地指出，"过去的一切运动都是少数人的或者为少数人谋利益的运动。无产阶级的运动是绝大多数人的、为绝大多数人谋利益的独立的运动。"①有学者认为，共享是马克思主义理论的逻辑起点，是社会主义本质的时代反映。②马克思还提出了实现共享的途径和目的，即"通过消除旧的分工，通过产业教育、变换工种、所有人共同享受大家创造出来的福利，通过城乡的融合，使社会全体成员的才能得到全面发展"③。马克思主义追求的民主的主体范围是"社会全体成员"，根本目的是"人的全面发展"。"全体"和"全面"，这两个关键词生动地展现了马克思主义民主观的"共享"内涵。

共享发展理念所支持的人民民主内含了"自由"和"平等"这两种价值诉求。其一，共享发展是自由发展。革命导师马克思和恩格斯设想中的共产主义社会是一个"自由人的联合体"，即"代替那存在着阶级和阶级对立的资产阶级旧社会的，将是这样一个联合体，在那里，每个人的自由发展是一切人的自由发展的条件"④。1998 年诺贝尔经济学奖得主阿玛蒂亚·森在《以自由看待发展》这本书中提出了"发展就是扩展自由"的论点，他认为"发展可以看作扩展人们享有的真实自由的一个过程。聚焦于人类自由的发展观与更狭隘的发展观形成了鲜明的对照"，"自由不仅是发展的首要目的，也是发展的主要手段"⑤。其次，共享发展是平等发展。恩格斯曾经郑重地指出了平等在国家发展中的重要性和应有的全面性，"平等应当不仅是表面的，不仅在国家的领域中实行，它还应当是实际的，还应当在社会的、经济的领域中实行"⑥。可以说，民主是一个复杂的"多面体"，不光有政治民主，还有经济民主、社会民主等多维面向。共享发展理念是从邓小平社会主义本质理论中的共同富裕思想发展而来，可以说经济民主是共享发展理念的主要指向。有学者研究指出，经济民主具有经济

---

① 《马克思恩格斯选集》第 1 卷，人民出版社 1995 年版，第 283 页。
② 韩喜平、巩瑞波：《共享：社会主义发展理念的本质回归》，《上海师范大学学报》（哲学社会科学版）2017 年第 2 期。
③ 《马克思恩格斯文集》第 1 卷，人民出版社 2009 年版，第 689 页。
④ 《马克思恩格斯选集》第 1 卷，人民出版社 1995 年版，第 294 页。
⑤ ［印度］阿玛蒂亚·森：《以自由看待发展》，任赜、于真译，中国人民大学出版社 2002 年版，第 7 页。
⑥ 《马克思恩格斯选集》第 3 卷，人民出版社 1995 年版，第 448 页。

自由、经济平等、经济参与和经济分享等含义，其主要特征是削弱了资本的统治，在形式上使劳动者从经济奴仆变成了经济领域的公民，有国家、社会、企业和个人多种实现形式，其主要目标是保护民生，促进社会平等与公平。① 相对于政治民主，经济民主与民众的日常生活联系更加紧密，为政治民主的发展提供了支点和突破口，是政治民主的"催化剂"和"推进器"。经济民主的本来含义是政治民主的原则和程序在经济领域中的运用，是政治民主的拓展和延伸，表现为从政治民主向经济民主的渗透过程。② 而社会民主是一种自由且平等的公民精神状态，社会公众可以通过社会团体和民间组织来参与和管理社会公共事务，实现自我管理和自我服务。③

民主与民生结合，是人民民主的内在要求和特色所在。④ 人民民主既要保障人民在国家中的政治地位，又要保障人民在经济、社会、文化等方面的主人翁地位，不断提高广大人民群众的生活质量和发展水平。人们看待发展的视角可以是"自由"，也可以是"民主"，但无论如何，其背后的逻辑本质都是要处理好民主与民生的关系问题，将发展民主作为改善民生的手段，将权力共享和权利保障作为促进人民共享发展成果的途径。⑤ 民生是包罗万象的社会系统工程，旨在使全体社会成员过上有尊严的生活。要完成如此艰巨的任务，唯有运用法治思维，通过法治方式来进行，把法治作为推动发展和保障共享的基本方式，切实保障人民群众基本的生存发展权利，铲除一切损害群众利益、阻碍共享发展、寻租发展成果的问题。⑥ 全面依法治国，是实现共享发展理念，进而保障人民民主落地生根的战略抓手和通衢大道。

---

① 余少祥：《经济民主的政治经济学意涵：理论框架与实践展开》，《政治学研究》2013年第5期。
② 章荣君：《政治民主、经济民主及其相互关系分析》，《云南行政学院学报》2009年第5期。
③ 王洪树、廖华：《社会民主的萌生发展、学理分析、价值意义及实现路径》，《当代世界与社会主义》2016年第4期。
④ 林尚立：《民主与民生：人民民主的中国逻辑》，《北京大学学报》（哲学社会科学版）2012年第1期。
⑤ 虞崇胜、周理：《民主与民生——共享发展政治学的深层逻辑》，《江苏行政学院学报》2017年第1期。
⑥ 巩瑞波：《论共享发展理念的内在理路与实践逻辑》，《求实》2017年第3期。

第三节 人权保障：共享发展理念与我国宪法原则的同频共振

一 人权保障是宪法的基本原则

人权的历史就是一部"为权利而斗争"的历史，从宪法和宪政发展史的视角来看，也是权利保障的历史。近现代西方宪政的起源在于承认人权的现实需求，其价值则在于尊重人权，西方宪政的发展也始终紧扣保障人权的核心议题。①"宪法的功能也可以被阐释为规定和维护人权。"② 尊重和保障人权成为宪法的基本原则，在宪法价值谱系中处于关键地位。正如英国学者米尔恩强调的那样，"保护人权的制度就是好制度，侵犯人权甚至根本不承认人权的制度便是坏制度。"③ 尊重和保障人权原则要求最大限度地将人权理念制度化、法治化，使应然的人权变成实然的人权，使"思想里的法"变成"纸面上的法"，进而变成"行动中的法"。

宪法是人权的保障书和以权利制衡权力的约法。"基本人权和公民基本权利至上，是宪法的最高理念和原则。"④ 在美国制宪会议期间，谢尔曼提出，"设立政府是为了那些生活在政府之下的人们，因此设计政府时就应注意不要危及公民的权利。"⑤ 我国现行宪法在2004年修正案中明确规定了"国家尊重和保障人权"这一基本原则，并在第二章"公民的基本权利和义务"部分对基本人权作了具体规定。其中政治权利包括第34条规定的"选举权和被选举权"，第35条规定的"言论、出版、集会、结社、游行、示威"的自由，第36条规定的"宗教信仰自由"，第37条规定的"人身自由"，第38条规定的"人格尊严"，第40条规定的"通信自由"，

---

① 刘旺洪、陆海波：《西方宪政与人权保障：本质与启示》，《世界经济与政治论坛》2016年第6期。
② [美] 卡尔·J. 弗里德里希：《超验正义——宪政的宗教之维》，周勇、王丽芝译，梁治平校，生活·读书·新知三联书店1997年版，第15页。
③ [英] A. J. M. 米尔恩：《人的权利与人的多样性——人权哲学》，夏勇、张志铭译，中国大百科全书出版社1995年版，第1页。
④ 郭道晖：《人权至上是宪法的最高原则》，李步云、龚向和等编：《人权法的若干理论问题》，湖南人民出版社2007年版，第145页。
⑤ [美] 麦迪逊：《辩论：美国制宪会议记录》（上），尹宣译，辽宁教育出版社2003年版，第213页。

第41条规定的监督权等方面。公民的经济、社会和文化权利包括第42条规定的"劳动权",第43条规定的"休息权",第45条规定的"社会保障权",第46条规定的"受教育权"等。

二 人权保障是共享发展理念的宪法依据

党的十九大报告强调,坚持人人尽责、人人享有,使得人民群众在共建和共享发展过程中有更加充实、更有保障、更可持续的获得感、幸福感、安全感,不断地促进人的全面发展和全体人民共同富裕,促进社会公平正义,形成良好的社会秩序和有效的社会治理。共享发展理念的提出可以说是中国共产党将人权保障的宪法原则转化为共享发展之执政理念的政治实践,是具体落实依宪执政和依法治国方略的理念创新。

2017年党的十九大作出了一个重大政治判断,即"中国特色社会主义进入新时代",同时深刻地指出其重要的理论依据和现实依据,就是我国社会的主要矛盾已经发生转化,从过去的"物质文化需要"到当下的"美好生活需要",从以往的"落后的社会生产"到如今的"不平衡不充分的发展",矛盾的两个方面都发生了崭新的变化。人民的美好生活需要包罗万象,不仅体现在传统的物质和文化生活方面的"水涨船高",而且在诸如民主、法治、安全、环境、公平、正义等方面的要求也日益转型升级;另外,虽然我国的发展水平有很大提高,但是发展不平衡不充分的问题十分突出,成为满足人民日益增长的美好生活需要的主要障碍和制约因素。对人权特别是发展权的诉求,成为人民日益增长的美好生活需要在宪政和法治层面的集中体现。在中国特色社会主义新时代,人民期望更全面、更充分、更均衡、更可靠、更国际化的人权保障。国家对生存权与发展权、环境权进行一体化保障,对经济、社会和文化权利与政治权利进行一体化保障,切实提高对各类各项人权的保障水平。

第四节 权利限制:共享发展理念与法治实现方式的相得益彰

一 权利限制是法治的基本技术

权利保障是宪政和法治的核心理念,而权利限制是实现这一理念的重要的和基本的技术。法国思想家孟德斯鸠说过,"如果一个公民能够做法律所禁止的事情的话,他就不再有自由了,因为其他人同样有这个权利。"① 就权利限制的目的或理由而言,法治国家的宪法和法律通常表述为"维护公共利益"。公共利益是与个人利益相对应的概念,是指在一定的社会条件下或范围内,不特定多数主体的共同利益,具有利益主体数量的模糊性、利益内容的共享性等特征。美国学者博登海默认为,正义"即赋予人的自由、平等和安全应当在最大限度上和公共福利相一致"②。美国学者亨金提出了"基本但非绝对"的人权观点:人权是基本的因而是重要的,是生命、尊严等重要的人类价值赖以存在的基础;但这并不能说明人权就是绝对的,并非无论如何都不得剥夺人权……如果与人权相对的需要保护的社会利益具备更加充足的重要性,那么只有在符合特定条件、有限时间、有限目的、迫不得已等严格限制情况下,才能在一定程度上牺牲人权。③

权利代表了人的行动的正当性和自主性,但是这种正当和自主是有界限的,越界的权利行使将得到法律的否定评价。这就是法理上的"权利不得滥用"原则。通常来说,宪法和法律在立法技术上对权利行使的限制方式有两种类型:一是不能侵犯社会公共利益,二是不能侵犯他人的合法权益。出于国家治理的客观需要,设定国家公权力通常是为了保护社会公共利益,公权力的存在必然对私权利构成一定的限制,否则公权力就是软弱无力的;设定权利的目的通常是保护法律主体的合法利益,这种合法利益的范围以不侵犯他人的权利和合法利益为界限。也就是说,权利要受到双重限制,一是来自公权力的限制,二是来自私权利的限制。因此,权利限制就存在两种基本的法治方式和技术,一是通过公权力限制私权利,二是通过私权利限制私权利。

权利保障是现代民主法治国家存续和发展的基本功能,因而对权利限制本身也应当进行限制,否则,无底线地限制权利将使权利趋于消灭,那对于人权和法治将意味着灾难性的破坏。正如诺贝尔经济学奖得主、新自

---

① [法]孟德斯鸠:《论法的精神》,孙立坚等译,陕西人民出版社2001年版,第182页。
② [美]博登海默:《法理学:法律哲学与法律方法》,邓正来译,中国政法大学出版社1999年版,第298页。
③ [美]路易斯·亨金:《权利的时代》,信春鹰等译,知识出版社1997年版,第6页。

由主义代表人物哈耶克明确警示的那样,"在一个民主的社会,公共秩序和普遍幸福许可对权利作少量的特殊限制;但它们不允许会吞没权利的限制或使权利完全从属于所设想的普遍幸福。"① 对基本权利的任何限制都有必要同时伴随"限制的限制",那些限制基本权利的法律规范在对公民基本权利的行使设定限制时,应当更加注意对这些限制本身加以必要的限制。② 世界各国宪法中的权利限制条款一般都恪守如下原则,即宪法保留原则、宪法授权原则、合理限制原则、程序限制原则等。③ 宪法的明文规定是权利限制的依据,宪法没有规定或者宪法规定之外的由宪法保留,其他法律不得染指。如果涉及限制公民的基本权利,那么只有国家最高立法机关在获得宪法授权的情况下,通过制定严格意义上的"法律"才能实现,否则就是无效的。

公权力对私权利的限制虽然具有必要性,但是这种限制应当符合"实质正义"和"形式正义"的双重价值要求,既要在实体内容方面具备合理性,做到公平公正,又要在形式要求方面符合法定的方式和程序。根据国际人权公约,缔约国可以在保护社会公共利益或者他人的合法权益所必需的条件下限制个人权利的行使,但是此种限制应当在遵循合法性、必要性、非歧视性和禁止滥用限制原则下进行。这也在很大程度上表明,宪法和法律中的权利限制条款之重点在于保障人权,而不在于限制人权。或者说,在一定程度上限制人权只是为了更好地保障人权而不得不采取的法律手段而已。

二 权利限制是共享发展理念的法治实现方式

权利限制的社会根源在于保障社会共同体的存续和发展。在近代西方,英国的洛克、法国的卢梭等启蒙思想家的社会契约论思想表明,社会共同体的存续必然要求个人"让渡"或者放弃部分私权利,也就是要忍受社会共同体基于公共利益的目的而对这些权利进行一定程度的限制。"人类由于社会契约而丧失的是天然的自由以及对于他所企图得到的一切东西

---

① [英]哈耶克:《经济、科学与政治——哈耶克思想精粹》,冯克利译,江苏人民出版社2000年版,第393页。
② 赵宏:《限制的限制:德国基本权利限制模式的内在机理》,《法学家》2011年第2期。
③ 汪进元、陈兵:《权利限制的立宪模式之比较》,《法学评论》2005年第5期。

的无限权利;而他所获得的,乃是社会的自由以及对于他所享有的一切东西的所有权。"① 卢梭的这句话淋漓尽致地表达了国家和法律限制个人的"天然自由"或自然权利的真谛。

马克思曾经说过,"人身、出版、言论、结社、集会、教育和信教等等自由,都穿上宪法制服而成为不可侵犯的了。这些自由中的每一种都被宣布为法国公民的绝对权利,然而总是加上一个附带条件,说明它只有在不受他人的同等权利和公共安全或法律限制时才是无限制的,而这些法律正是要使各种个人自由彼此之间以及同公共安全协调起来"②。在马克思主义看来,人的本质属性是社会性,不是抽象的、空洞的,而是具体的现实的存在,并非个体的人与生俱来的,而是所有社会关系的总体。人既有感性欲望等自然属性,也有人际交往等社会属性,二者之间存在一定的冲突。在人的社会属性中,利己与利他等内部矛盾也是客观存在的。这些冲突和矛盾需要调和,对人性中的积极因素进行合理引导,对人性中的消极因素进行有效控制,方能实现人际关系的和谐共生,实现社会的公共安全和共享发展。要实现这种调和,除了运用道德教化和宗教信仰等传统手段外,法律和法治中的权利限制方法,是可供选择的更加具有明确性、规范性、现代性的方法。马克思主义的科学社会主义追求和建设的社会主义社会以及未来的共产主义社会,就是要通过限制乃至剥夺私人的资本性的财产权利,使生产资料的私有制转变为生产资料的公有制,消除人剥削人的经济基础,使得社会发展由少数人的片面发展走向所有人的"自由而全面的发展",从而实现最广泛和最根本意义上的人类共享发展。

我国现行宪法第 51 条是对基本权利进行概括性的一般限制的条款。该条规定,"公民在行使自由和权利的时候,不得损害国家的、社会的、集体的利益和其他公民的合法的自由和权利"。不论是马克思所说的"公共安全",还是我国宪法中的"国家的、社会的、集体的利益",都是共享发展理念追求实现的目标。通过法治方式进行权利限制,是运用法治思维来实现共享发展这一重要执政理念的必然选择,是我国实现国家治理体系和治理能力现代化进程中应当借重的良好的制度资源。只是我国宪法中的权

---

① [法]卢梭:《社会契约论》,何兆武译,商务印书馆 1980 年版,第 30 页。
② 《马克思恩格斯选集》第 1 卷,人民出版社 1995 年版,第 597 页。

利限制条款过于粗疏和笼统,在立法观念和立法方法等方面都存在误区,缺少限制的目的、限制的理由、限制的程序与限制的具体标准等重要内容,存在重限制而轻保障的现象。[①] 应借鉴和吸收域外法治经验,在宪法修改和宪法解释的法治实践活动中,不断地完善和发展我国的权利限制制度,为共享发展理念的法治化实现提供制度保障。

---

① 石文龙:《论我国基本权利限制制度的发展》,《比较法研究》2014年第5期。

第二章　中西互鉴：共享发展理念与福利国家思想的比较及启示

尽管共享发展理念重点关注的是国内的社会公平正义和经济社会发展的价值导向问题，可是作为思想理论的穿透力和影响力已彰显出深远的世界历史意义。[①] 共享发展也是习近平人类命运共同体思想和"一带一路"战略的核心价值观。福利国家思想发端于西方资本主义国家，并演化为具有全球影响的制度实践，其兴衰成败的经验教训值得深刻总结。共享发展理念和福利国家思想在保障和改善民生、实现社会公平正义、促进人的全面发展等价值目标上具有很强的共通性，但是二者在社会性质、发展阶段、未来前途等方面又存在显著不同。通过比较二者的思想渊源、发展演变、理论特质，可以求同存异、去伪存真、中西互鉴。"他山之石可以攻玉"，在实现共享发展理念的道路上，对福利国家思想"择其善者而从之，其不善者而改之"，对于加强中国特色社会主义新时代的社会建设和社会治理，以满足人民日益增长的美好生活需要，对于促进我国国家治理体系和治理能力现代化，都具有重要的理论借鉴意义和实践参考价值。

共享发展理念是对中国共产党执政理念和发展思想的创新性表达，是对中华传统文化"大同"思想的创造性转化。福利国家思想兴起于西方资本主义国家，并转化为突出现代国家社会功能的制度实践。福利国家经历了从蓬勃发展到危机四伏，再到调整变革的演进历程。共享发展理念和福利国家思想在特质上各有千秋，其共通性和差异性为二者相互借鉴提供了必要性和可能性。要落实共享发展理念，借鉴福利国家思想，建立适合国情的中国特色"普惠型"社会福利体系，以保障和改善民生为重点加强社

[①] 胡守勇：《共享发展理念的世界历史意义》，《马克思主义研究》2018年第4期。

会建设和国家责任，通过渐进式改革实现效率与公平的和谐共生，实现包容性发展。

第一节　天下为公：共享发展理念的思想渊源

一　共享发展理念是阶段性实现共产主义远大理想的中国智慧

作为马克思主义的重要组成部分，科学社会主义蕴含着丰富而深刻的共享发展思想。在马克思主义创始人看来，未来的共产主义社会形态可以说是共享发展的最高实现形式，各尽所能，按需分配，就是自由人的联合体。[①] 在马克思主义哲学看来，量变和质变的统一促进了事物的发展。根据马克思主义的科学社会主义理论，社会主义社会属于共产主义社会的初级阶段。而我国当前的历史方位是社会主义初级阶段，虽然距离最终实现共产主义的远大目标还比较遥远，但是"心向往之"的初心不能变。中国特色社会主义的不断发展和进步，是阶段性和渐进式实现共产主义远大理想的康庄大道。

共享发展理念彰显了社会主义的本质特征，是实现"一切人的自由发展"的必由之路和题中应有之义。共享发展理念的"共享"体现在四个方面：一是主体上的全民共享，人人享有、各得其所。二是内容上的全面共享，共享发展是确保人民不仅共享国家经济发展成果，而且在政治、文化、社会、生态文明等各方面也都要共享改革和发展成果，国家对人民在上述各方面的合法权益负有全面保障的政治责任和法律义务。三是条件上的共建共享，共建是共享的必要条件。四是过程上的渐进共享，共享发展是从低级到高级、从不够均衡到比较均衡的过程，在时间上并非"一步到位"，在程度上也并非"平起平坐"。共享发展理念体现了共产主义的终极目标在当下中国阶段性实现的中国智慧。

二　共享发展理念是对中国共产党执政理念和发展思想的创新性表达

毛泽东同志曾经说过一句至理名言，"为什么人的问题，是一个根本

[①]　参见《马克思恩格斯选集》第1卷，人民出版社2012年版，第294页。

的问题，原则的问题。"① 作为马克思主义政党，从革命党到执政党，中国共产党都始终坚持把全心全意为人民服务作为自己的根本宗旨，始终坚持代表并坚决维护中国最广大人民群众的根本利益。共享发展理念彰显了中国共产党作为无产阶级政党的阶级本质。从1919年的五四运动开始，中国人民在中国共产党的坚强领导下，经过长达30年的新民主主义革命艰苦卓绝的伟大斗争，取得了辉煌胜利，建立了新中国，实现了中华民族站起来的百年夙愿；完成了轰轰烈烈的三大改造，确立了社会主义基本制度，为国家富强提供了根本政治前提和制度保障。毛泽东在1955年指出："我们的目标是要使我国比现在大为发展，大为富、大为强……而这个富，是共同的富，这个强，是共同的强。"② 毛泽东主张的"共同富强"就是共享发展理念在新中国成立初期和社会主义建设时期的经典表述。

在改革开放和社会主义现代化建设新时期，邓小平同志以"总设计师"的睿智，深刻地创造性地回答了一个首要的基本的重大理论问题，那就是"什么是社会主义，怎样建设社会主义"。他十分鲜明地提出了"社会主义本质"理论，其核心是"共同富裕"。"共同富裕"就是共享发展理念在邓小平理论中的生动诠释。从"三个代表"重要思想"始终代表中国最广大人民的根本利益"的庄严承诺，到科学发展观的"全面、协调、可持续发展"和"社会主义和谐社会建设"的使命担当，再到"共享发展理念"这一创新性表达，中国共产党的执政理念和发展思想既一脉相承又与时俱进。

三 共享发展理念是对中华传统文化"大同"思想的创造性转化

在源远流长的中华优秀传统文化中，人们憧憬的理想社会形态就是人人共享的大同世界。《礼记·礼运篇》的经典描述如下："大道之行也，天下为公，选贤与能，讲信修睦。故人不独亲其亲，不独子其子，使老有所终，壮有所用，幼有所长，鳏、寡、孤、独、废、疾者皆有所养。"孟子提出的"老吾老以及人之老，幼吾幼以及人之幼"，墨子提出的"兼爱"思想，都充满了共享发展的思想元素。在近代中国，太平天国起义的领导

---

① 《毛泽东选集》第3卷，人民出版社1991年版，第857页。
② 《毛泽东文集》第6卷，人民出版社1999年版，第495页。

人洪秀全提出了"有田同耕,有饭同食,有衣同穿,有钱同使,无处不均匀,无人不饱暖"的政治纲领。康有为是清末维新派的代表人物,他在《大同书》中提出要建立的理想社会样态是"人人相亲,人人平等,天下为公"。孙中山先生是近代中国伟大的革命先行者,他毕生追求的奋斗目标是"天下为公""平均地权",只是令人遗憾的是,他"出师未捷身先死,长使英雄泪满襟",壮志未酬却英年早逝,留下了"革命尚未成功,同志仍须努力"的悲壮遗言。尽管上述思想具有相当大的历史和阶级的局限性,但是都包含着共享发展的积极因素,为中国共产党提出共享发展理念提供了重要的传统文化资源。从"各美其美"到"美人之美",再到"美美与共,天下大同",作为执政理念的共享发展理念也是中国共产党对中华优秀传统文化中的"大同"思想进行创造性转化和创新性发展的成果。

第二节 与时俱进:福利国家思想的发展演变

一 西方福利国家思想的产生和早期实践

作为一个政治学概念,福利国家是一种突出地强化国家之社会功能的现代国家形态。[①] 一般认为,"福利国家"思想起源于二战期间的英国。1941年,英国大主教威廉·坦普尔(William Temple)称英国为"福利国家",以法治为基本治理原则;而称纳粹德国为"权力国家",领袖意志主导国家运行,政府通过强力驱使国民。[②] 显然,此时的福利国家概念几乎可以等同于"法治国家",而与此后的社会保障含义相去甚远。1941年,英国政府成立由贝弗里奇领衔的研究战后社会福利问题的"社会保险和救助委员会"。1942年,该委员会发布的"贝弗里奇报告"成为战后英国政府制定和实施社会福利政策的纲领性文献。英国在1948年宣布建成"福利国家"。欧美各国纷纷步英国后尘,致力建设福利国家。

福利国家的制度形式一般包括社会保险、社会救助、公共资助以及各

[①] 周弘:《福利国家向何处去》,《中国社会科学》2001年第3期。

[②] C. Hay, D. Wincott, *The Political Economy of European Welfare State*, London: Palgrave Macmillan, 2012.

类社会服务和社会补贴。丹麦学者埃斯平－安德森认为，福利国家的核心是提高人们"去商品化"的能力，他以社会权为分析工具，依据劳动力"去商品化"程度、受益人身份的"非阶层化"程度和国家的责任承担程度，将福利国家从低到高划分为三种：自由主义型、保守主义型和社会民主型。① 自由主义型的福利国家以英国、美国、加拿大、澳大利亚为代表。保守主义型的福利国家以德国、法国、意大利等欧洲大陆国家为代表。瑞典、挪威、丹麦等斯堪的纳维亚国家属于社会民主型福利国家的代表，通常也被称为"高福利国家"。从二战后到20世纪70年代初期的三十年左右是公认的西方福利国家蓬勃发展的"黄金时期"，经济高速增长，福利不断提高，"福利共识"蔚然成风，"福利浪潮"蔚为壮观。

二 西方"福利危机"的出现和理论批判

1973年爆发的石油危机使西方福利国家遭遇了"增长的极限"，这些国家似乎已成强弩之末，陷入经济停滞和通货膨胀并存的"滞胀"泥潭不能自拔。社会福利只能增不能减的制度"刚性"、人口老龄化和低生育率等现象使得欧美各国社会福利支出增长速度普遍超过经济增速，导致政府财政负担沉重，入不敷出。

到20世纪70年代中期，欧洲福利国家的社会支出平均占到GDP的25%，连福利水平相对较低的美国也超过了18%。② "三高"政策即高税收、高工资、高福利使得企业生产成本水涨船高，在经济全球化背景下，在一定程度上降低了企业的活力和福利国家经济的国际竞争力，进一步加速了经济衰退和财政危机。同时，重权利、轻义务的价值取向和"去商品化"的制度设计使个人对国家和社会的依赖性增强，工作进取心下降，形成了"养懒人"的文化氛围和"道德公害"。社会福利机构数量繁多、管理僵化、浪费严重、效率不彰等官僚主义现象，一方面是福利国家的政府机构"服务过度"，另一方面是社会公众"需求不满"，福利供给和需求的矛盾十分突出。这种现象被称为"福利陷阱"或"福利病"。德国学者弗兰茨－克萨韦尔·考夫曼将福利国家面临的挑战总结为五个方面，即人

---

① 参见［丹麦］哥斯塔·埃斯平－安德森《福利资本主义的三个世界》，苗正民等译，商务印书馆2010年版，第37—39页。
② 钱宁：《现代社会福利思想》，高等教育出版社2006年版，第194页。

口、经济、社会、国际和文化挑战。① 面对危机和挑战,西方学术界掀起了批判和反思福利国家制度的新潮流,从此福利国家理论进入了冷静分析、重新审视和热烈讨论的"丛林时代"②。福利国家制度似乎已经走到了山穷水尽、四面楚歌的窘境,"福利共识"趋向瓦解。

三 西方福利国家的政策变革和理论进展

为应对福利危机,西方福利国家没有坐以待毙,而是先后在"新自由主义"和"第三条道路"理论的指导下,对传统福利政策进行了适时调整和重要变革。

20世纪70年代,哈耶克等西方学者继承并发展了亚当·斯密的古典自由主义经济学,形成了新自由主义思潮,认为福利国家的再分配是对市场的干预,必然侵害个人自由,是"通往奴役之路"。以新自由主义理论为指导思想,80年代,以"铁娘子"著称的英国首相撒切尔夫人和演员出身的美国总统里根为典型代表,欧美国家的许多领导人先后举起了改革大旗,通过提高个人的社会保障缴费标准、提高个人享受社会福利的条件、突出社会组织和家庭的社会保障功能等措施推进"福利多元主义",大幅度削减政府的社会福利支出,试图克服"福利陷阱"。

从20世纪70年代末到90年代初,虽然历经改革冲击,但西方福利国家的基本制度没有根本改变。英国学者吉登斯提出了超越社会民主主义和新自由主义的"第三条道路"理论,主张福利国家改革要按照"无责任即无权利、无民主即无权威"的原则建设"社会投资型国家",促进责任和权利相统一,实现从提供"消极福利"到提供"积极福利"的转型。③ 这种理论深刻影响和重塑了90年代中期以来的福利国家政策变革,实现了福利国家思想和实践的又一次与时俱进。

---

① 参见[德]弗兰茨-克萨韦尔·考夫曼《社会福利国家面临的挑战》,商务印书馆2004年版,第56—121页。
② 孙涛:《福利国家发展的历史轨迹:历史与辩证的考量》,《国外理论动态》2014年第1期。
③ 参见[英]安东尼·吉登斯《第三条道路:社会民主主义的复兴》,北京大学出版社2000年版,第122—132页。

第三节　各有千秋：共享发展理念与
福利国家思想的特质比较

一　经济基础和社会性质不同

生产资料所有制是公有制还是私有制，是社会主义区别于资本主义的最本质特征。在《共产党宣言》中，马克思、恩格斯明确地指出，共产党人"没有任何同整个无产阶级的利益不同的利益"[1]。共享发展的实现，也必将如《共产党宣言》所肯定的，是将社会主义或共产主义与其他一切以私有制为基础的社会制度根本性区分开来的标准之一，是社会主义制度优越性的鲜明标志。[2] 中国共产党主张和践行的共享发展理念这一执政理念，是中国特色社会主义政治经济学的重要理论创新。社会主义是实现共享发展理念的政治前提和社会制度基础，公有制是实现共享发展理念的经济基础。党的十八届三中全会通过的《中共中央关于全面深化改革若干重大问题的决定》提出，提高国有资本的收益上缴公共财政的比例，到2020年将该比例提高到30%，更多地用来保障和改善民生。国务院2017年出台了《划转部分国有资本充实社保基金实施方案》，将中央和地方国有及国有控股大中型企业、金融机构纳入划转范围，承接主体是社保基金会和各省（区、市）国有独资公司等，划转比例统一为企业国有股权的10%。这些重大决策是党和政府有效运用社会主义公有制的制度优势来贯彻落实共享发展理念的鲜明体现和重要实践。

反观福利国家思想及其制度实践，它是为缓解资本主义社会中一贯存在的资本与劳动、资产阶级与无产阶级难以调和的结构性冲突和根本性矛盾，借助社会保障措施来缓解资本主义的制度性危机，是一种改良主义思想和政策，改变不了资本主义国家的社会性质和阶级本质。"资本主义社会几乎把一切权利赋予一个阶级，另一方面却几乎把一切义务推向给另一个阶级"[3]，工人阶级和广大劳动人民创造了巨额的社会财富，但是其中大部分劳动成果都被掌握生产资料的资产阶级所占有。"工人的贫困同他生

---

[1]《马克思恩格斯选集》第1卷，人民出版社2012年版，第413页。
[2] 吴静：《从马克思主义哲学史角度透视共享发展理念》，《哲学研究》2016年第12期。
[3]《马克思恩格斯全集》第21卷，人民出版社1965年版，第201—202页。

产的影响和规模成反比;竞争的必然结果是资本在少数人手中积累起来。"① 可以说,工人阶级一手在创造大量财富,另一手却在为自己制造贫困。这种不公正局面在西方福利国家并没有根本改变。一个不可否认的事实就是,二战以来以美国为代表的西方福利国家,其社会贫富差距不是缩小了,而是扩大了。但是也要看到,资本主义福利国家通过国家干预和社会政策在一定程度上限制了资本的支配权,改善了社会资源的两极化分配格局,使劳动者过上了相对体面的生活,其社会进步意义不容低估。

二　福利水平和发展阶段不同

总体社会福利水平一般是指政府和社会组织直接面向个人和家庭而提供的各种现金转移支付以及免费或低收费的福利性社会服务在国家或地区总财富分配中所占的比例。国际上一般以社会支出占 GDP 的比例来衡量一国的总体福利水平,并作为国际比较的重要指标。经济合作与发展组织(OECD)国家的社会支出占 GDP 的比例不断提高,从 1980 年的 15.4% 到 2014 年的 21.6%,而且在 2009 年以后一直稳定维持在 21% 以上的水平。② 有学者研究发现,在 2015 年,我国广义的公共社会支出即财政性社会支出与社会保险支出之和与 GDP 之比为 15.13%。③ 数据显示,当前我国的社会福利水平与 1980 年的 OECD 国家大体相当。这是与我国处在社会主义初级阶段的国情基本相适应的。

21 世纪以来,随着和谐社会建设思想和共享发展理念的提出和践行,我国的总体福利水平有了很大提高,已经不能再被简单地称为"低福利国家"。有学者分析了中国北京市与全球其他经济体的福利体制的差距,认为北京市已基本达到福利国家体制的标准,但在均等化的公共服务和社会支出两个方面还有待进一步改进。这也表明了北京市具有生产主义福利体制或儒家福利体制的基本特征,即社会政策从属于经济政策,社会支出倾向于特定群体。④ 我国的福利水平与满足人民美好生活需要、维护社会公

---

① [法] 马克思:《1844 年经济学哲学手稿》,人民出版社 2014 年版,第 46 页。
② OECD, Dataset: Social Expenditure-Aggregated data, http://statas.oecd.org/.
③ 关信平:《当前我国社会政策的目标及总体福利水平分析》,《中国社会科学》2017 年第 6 期。
④ 杨立雄:《福利国家:认识误区、判断标准与对中国的区域对标研究——以中国北京市为例》,《广东社会科学》2018 年第 4 期。

平正义和实现共享发展的预期目标相比还有很大距离,与西方发达的福利国家平均水平相比也有较大距离,还存在明显的提升空间。可以说,共享发展理念是我国在社会主义初级阶段的社会政策理念,而福利国家思想代表了西方资本主义发达阶段的社会政策主张。

三 发展前途和未来归宿不同

科学社会主义思想告诉我们,社会主义公有制是实现最大多数人共享社会经济发展成果的前提和基础。革命导师恩格斯畅想了共享发展的理想未来:"通过产业教育、变换工种、所有人共同享受大家创造出来的福利,通过城乡的融合,使社会全体成员的才能得到全面发展。"[①] 邓小平同志说:"在改革中,我们始终坚持两条根本原则,一是以社会主义公有制经济为主体,一是共同富裕。"[②] 共享发展理念的社会主义性质决定了其必然会有光明的发展前途,因为它符合社会发展的客观规律,契合了人类共存共荣的现实需要,有中华优秀传统文化对"美美与共"的大同社会的向往,有中国共产党"为中国人民谋幸福、为中华民族谋复兴"的历史使命感和政治责任感的强力背书。随着中华民族伟大复兴中国梦的实现,共享发展理念的实现道路必将"更快更高更强"。

有英国学者认为,自17世纪以来,西方经历过三次大革命,先后产生了民族国家、自由主义国家和福利国家。如今世界正处于第四次革命的进程之中,其核心是恢复两大自由主义的思想的力量。富有变革精神的新兴国家对面临诸多问题的欧洲和美国构成了挑战。[③] 当代西方"福利国家危机"的本质是资本主义经济基础与上层建筑的基本矛盾运动决定的资本主义制度的内生性危机。福利国家政策不是对资本主义制度的革命性颠覆,而是"修修补补",是在不改变经济基础的情况下改变上层建筑的某些形式,不可能真正解决福利国家的困境和资本主义的危机。西方新马克思主义思想家奥菲提出了"奥菲悖论":"尽管资本主义不能与福利国家共存,

---

① 《马克思恩格斯文集》第1卷,人民出版社2009年版,第689页。
② 《邓小平文选》第3卷,人民出版社1993年版,第142页。
③ [英]约翰·米可斯维特,阿德里安·伍尔德里奇:《第四次革命》,蒋林、沈莹译,《国外理论动态》2015年第4期。

然而资本主义又不能没有福利国家。"① 可以说，福利国家是资本主义国家发展到高级阶段的产物，是缓解资本主义制度危机和延长资本主义制度生命的"强心剂"，但是福利国家本身也孕育着通向社会主义的积极因素，福利国家的持续发展势必成为资本主义的终结者。事实上，西方资本主义福利国家的建立和发展，也正是在与社会主义国家的意识形态竞争过程中不断吸收和借鉴社会主义思想及其政策主张和制度设计的必然结果。建立社会主义制度才是消除资本主义固有危机的根本解决方案，而消除福利国家危机、实现福利国家重组的根本途径在于实现"福利资本主义"向"福利社会主义"的转变。② 这意味着福利国家的改革不能仅仅是上层建筑的改革，而更应该是经济基础的革命，即从私有制转向公有制的革命。

第四节　包容发展：福利国家思想对共享发展理念的启示

作为东西方不同的发展观和文明成果，共享发展理念与福利国家思想尽管存在着这样那样的差异，但由于人类生活在"同一个世界"，面临着相同或相似的问题，也必然有让人民过上美好生活的"同一个梦想"，因此二者就不应当是"东风压倒西风"或"西风压倒东风"式的"水火不容"的对立对抗关系，而是可以实现"你中有我"和"我中有你"的"水乳交融"的和谐对话关系。这两种发展观的初心都是为了提高发展的包容性，在现有根本制度的约束条件下，使发展成果更多惠及全体民众，实现社会公平正义。我国目前正处于全面建成社会主义现代化国家的新阶段，在发展中保障和改善民生过程中，应合理借鉴西方福利国家建设经验，同时要认清福利国家存在的问题和教训，避免重蹈覆辙。

一　建立适合国情的中国特色"普惠型"社会福利体系

从福利国家发展的国际经验看，一国的社会政策目标必须切合本国的经济、政治和社会发展水平，既要满足民众的合理需求，又要实现社会、

---

① ［德］克劳斯·奥菲：《福利国家的矛盾》，吉林人民出版社2011年版，第7页。
② 舒建华：《从福利资本主义到福利社会主义——福利国家理论的新马克思主义视角》，《广西师范大学学报》（哲学社会科学版）2017年第2期。

经济、政治、文化等方面的综合效益最优化,社会福利水平过高或过低都将带来一系列影响可持续发展的负面效果。不同时期福利国家的福利水平都有明显变化,不同类型福利国家向公民提供的福利待遇也相差甚远。例如美国与欧盟主要国家相比,其社会支出和福利水平相对较低,这与美国希望保持较高的经济活力和竞争力的政策初衷有较大关系。福利国家的本意是表明国家对公民的社会权利负责任的态度,与福利水平的高低没有必然联系,而不同的福利模式代表了国家承担责任的方式不同。福利国家凸显了国家的福利功能,表明国家承担起对公民的福利责任,并不是高福利的代名词。福利国家代表了一种福利态度和理念,也代表了一种福利程度。[①] 因此,要走出"建设福利国家就会导致高福利进而削弱经济竞争力"的观念误区和理论假设。

社会建设是中国特色社会主义"五位一体"总体布局的重要支柱,社会治理和社会保障是国家治理体系和治理能力现代化的重要内容。一方面,我国还处在社会主义初级阶段,也是世界上最大的发展中国家,这是我国的基本国情和最大实际,决定了我国的社会建设和共享发展要从实际出发,走"渐进共享"道路;另一方面,中国特色社会主义已经进入新时代,我国的经济实力和综合国力大大增强,为建立健全更高水平的社会福利体系提供了雄厚的物质基础,必须不失时机地加快建设中国特色福利社会,逐步将我国的福利模式由"雪中送炭"式的"补救型"转向"雪中送炭"与"锦上添花"相结合的"普惠型",大力提高我国发展的包容性和共享水平,彰显社会主义制度的优越性。

二 以保障和改善民生为重点加强社会建设和国家责任

福利国家正是西方资本主义国家为应对市场化、工业化和城市化过程中产生的巨大社会风险而建立起来的。市场经济、工业革命和城市社会打破了传统乡土社会的田园生活和温情脉脉的人际关系,使人类进入了以失业、工伤、职业病、老龄化等为表现形式的前所未有的高风险社会。对此,传统社会中以家庭、亲属、行会、教会和慈善机构为支撑的相互保障机制已经无能为力,迫切需要国家角色从若即若离的"守夜人"转向形影

[①] 邓智平:《福利态度还是福利程度:福利国家再认识》,《广东社会科学》2015年第4期。

不离的"监护人"。福利国家应运而生，通过政府公共财政支出，为公民提供"从摇篮到坟墓"的社会保障，全面介入个人的生老病死等生活过程，从而保证公民享有最低生活标准乃至体面生活的社会权利，提高公民生活质量，实现人的全面发展。保障和改善民生，不是执政党和政府的道德恩赐而是法律义务，是保障公民社会权的国家责任。

同西方福利国家相比，中国政府用于教育、医疗、住房、社会保障等民生改善方面的社会支出占GDP的比重还比较低，要加快增强国家的社会功能。长期以来，经济建设是党和政府的中心工作，在一定程度上弱化了社会建设，民生保障领域的历史欠账较多。当前我国社会主要矛盾的重要表现形式之一是经济发展与社会发展的不平衡。在中国特色社会主义进入新时代的当下，必须切实贯彻落实共享发展理念，强化国家责任，加强社会治理和公共服务，扩大社会支出，建设民生财政，使全体人民更快更好地共享改革发展成果。政府既要避免计划经济时代对社会福利包揽过度的"越位"现象，又要克服改革开放和社会主义市场经济体制建设前期对社会福利承担不足的"缺位"现象，积极借鉴和吸收西方福利国家的有益经验，建构具有中国特色的多元福利供给模式，使社会保障责任在国家、市场、社会、个人等多元主体之间得到合理分担。

三　通过渐进式改革实现效率与公平的和谐共生

福利国家是实现社会公平的制度设计，因此难免受到"建设福利国家就必然损害经济效率"的质疑。效率与公平是对立统一的价值观，二者关系处理不当将两败俱伤，处理得当则相辅相成。从福利国家的历史经验来看，一个国家社会福利制度建设的主要影响因素和根本约束条件是该国的经济发展水平和增长速度：若社会福利水平超过经济发展水平，就会损害经济效率、活力和竞争力；理想的状态是社会建设与经济建设相互适应、彼此促进、协调发展。比较流行的观点认为，2008年以来持续不断的福利国家债务危机的根源在于政府承担了过重的福利负担而使得经济活力下降。这一结论是与客观事实相悖的。"世界经济论坛"曾经公布2011—2012年全球竞争力排名，瑞士、新加坡、瑞典位居前三名，位居四至八名的分别为芬兰、美国、德国、荷兰、丹麦。经济合作与发展组织（OECD）的统计数据也能说明，债务危机最严重的欧盟国家例如希腊、爱尔兰、西班牙、意大利，其福利支出水平在欧盟内部并不算高，以 2007 年的政府社会支出与 GDP 之比为例，意大利为 24.9%、西班牙为 21.6%、希腊为 21.3%、爱尔兰为 16.3%，都明显低于法国的 28.4%、瑞典的 27.3%、丹麦的 26.1% 和德国的 25.2%。[①] 这充分说明，有效的福利国家制度是可以实现效率与公平的双赢结果的。

在我国改革开放 40 多年波澜壮阔的历史发展进程中，从早期的"效率优先，兼顾公平"到后来的"更加注重社会公平"，我们党和政府在经济建设与社会建设上的发展理念有一个动态的调整和转变过程。这种调整和转变是解放思想、实事求是的结果，也反映了我国"经济效率有余而社会公平不足"的客观现实。而作为流行话语的"福利病"和"福利陷阱"，则有误导我国社会建设的嫌疑。当下我国社会福利事业发展中的根本问题，是社会福利水平明显滞后于经济发展水平，因此亟待加强国家在社会福利投入和制度建设方面的责任。应当在政府的主导下，健全社会福利体系，全面促进社会福利事业发展，使社会福利实现从照顾弱者向普惠全民的历史性转变，使全体人民都能体面地、有尊严地生活。[②] 渐进式改革是我国改革开放的成功经验，新时代的社会福利体系建设也不能期待毕其功于一役，而应当加强顶层设计，坚持"渐进共享"，实现效率与公平的和谐共生。

[①] 赵力涛：《福利制度并非"福利国家危机"根源》，《中国社会科学报》2012 年 9 月 7 日。
[②] 郑功成：《中国社会福利改革与发展战略：从照顾弱者到普惠全民》，《中国人民大学学报》2011 年第 2 期。

第三章　政法互动：百年党史中的共享发展理念与法治实践

共享发展理念是 2015 年党的十八届五中全会提出的五大发展理念之一，并在十九大报告中获得继承和升华，是中国共产党不断总结我国经济社会发展经验而逐步形成的新发展观。共享发展理念是一个新的政治概念，但是作为一种政治思想，从中国历史和人民选择共产党、选择社会主义道路之时就开始了其实践历程。从其实践机制看，是从"政策为主、法律为辅"向全面法治转型；从其实践效果看，成就显著但缺陷突出，需要深化改革以提升共享发展水平。政治思想的实现必然需要通过一定的载体和途径，或道德教化，或宗教信仰，或政策推动，或法律治理，或兼收并蓄综合施策。一般而言，道德和宗教属于比较传统的治国方式，法治属于现代化的治理体系。而政策属于中间类型，为古今中外的执政者广泛采用，只是其地位和作用因时因地因势有较大区别，有的一统天下，有的只是起辅助作用。中国共产党自成立以来，经历了从革命党到执政党的转变。新中国成立以来，中国共产党作为执政党而且是长期执政党，其共享发展思想的实现也随着执政方式的转变而经历了不寻常的变迁过程，考察分析这个过程，有望获得"资治通鉴"之效果。考察新中国成立以来共享发展思想与法治建设的互动变迁，以期促进二者承前启后，相辅相成。

第一节　1921—1978 年：政策探索，开辟社会主义新道路

一　社会主义：共享发展的制度基础

（一）社会主义的共享发展意蕴

在世界范围内，作为一种经济、政治、社会思想体系，社会主义经历

了一个从空想社会主义到科学社会主义的近 500 年的漫长发展历程。

1. 空想社会主义者的共享发展观念

空想社会主义是在西方资本主义社会发展早期产生的社会主义思想，是社会主义的最初形态，也被称为"乌托邦社会主义"。从 16 世纪初到 19 世纪 30—40 年代，空想社会主义的影响几乎覆盖了全欧洲，并及于美洲。空想社会主义在批判和揭露资本主义的基础上，勾画设计了未来美好社会的蓝图，提出了一系列蕴含着共享精神的重要思想和观点，包括：消灭资本主义私有制和雇佣劳动，从而实现消灭阶级的目标，最终消除城市与乡村之间、脑力劳动与体力劳动之间的差别；改变资本主义社会的按资分配制度，主张实行按劳分配；废除商品经济，实行按计划生产；国家只保留生产管理职能，并最终走向消亡；实现妇女解放和婚姻自由。①

空想社会主义思想的发展历史可以划分为三个不同的阶段：

（1）早期的空想社会主义。其发展阶段是从 16 世纪初到 17 世纪末，主要代表人物包括英国的莫尔、德国的闵采尔、意大利的康帕内拉。早期的空想社会主义以莫尔的《乌托邦》和康帕内拉的《太阳城》为代表作，其主要特点是：用文学的幻想和虚构来批判资本主义带来的灾难和罪恶，提出公有制、人人劳动、按需分配等社会主义原则，以手工工场为原型来设计未来的理想社会方案，还只是一个简单而粗糙的社会主义轮廓。莫尔提出，未来社会应当实行财产公有，人们都热心公事，"每人一无所有，而又每人都富裕"②。

（2）18 世纪的空想社会主义。代表人物有法国的摩莱里、马布利、巴贝夫。其主要特点是：进入理论探讨和论证阶段，已经有初步的阶级观点，对私有制引起的经济政治不平等的论述已经接近历史实际。从法理角度批判资本主义私有制，倡导绝对平均主义，并用"法典"的形式来设计未来理想社会蓝图。例如摩莱里的《自然法典》，试图用法律条文的形式描绘一幅合乎"自然意图"的未来社会：生产资料公有，人人都为社会公益尽其所能，人人都从社会获其所需，劳动是让人幸福的美好事业，"同

---

① 中共中央宣传部理论局编：《世界社会主义五百年（党员干部读本）》，学习出版社、党建读物出版社 2014 年版，第 18—24 页。

② ［英］托马斯·莫尔：《乌托邦》，商务印书馆 1959 年版，第 44 页。

心协力使劳动变成了有趣和轻松的活动"①。这些思想对后来的空想社会主义思想家产生了深刻的影响。

(3) 19世纪初期的空想社会主义。这是空想社会主义发展到顶峰的"高光时刻"。法国人圣西门、傅立叶和英国人欧文，是这一时期著名的空想社会主义者。他们直截了当地批判资本主义制度，以大工厂为原型来设计未来社会的蓝图，完全抛弃了平均主义。欧文认为，私有制"是人们所犯的无数罪行和所遭的无数灾祸的原因"②。这个时期的空想社会主义者已不再满足于"坐而论道"的"空想"，而是"起而行之"，将思想付诸实践，开展轰轰烈烈的"社会实验"。例如，欧文于1824年在美国印第安纳州购买了3万英亩土地，开展名为"新和谐公社"的共产主义新村实验，但是该实验最终还是失败了，欧文也因此走到了破产的境地。不过，欧文并未从此偃旗息鼓，他返回英国继续开展其社会主义思想宣传和社会实践，例如组织建立合作社和公平交易市场等运动，并当选"全国生产大联盟"的主席，该联盟是英国历史上建立的首个全国性的工会组织。

在资本主义发展还不够充分的历史条件下，空想社会主义者畅想甚至付诸实验的新社会多少带有"早产"色彩和"不合时宜"的特点，但是他们勇于探索的精神可嘉，他们那些"处处突破幻想的外壳而显露出来的天才的思想萌芽和天才的思想"③，体现了"共产主义思想的微光"。空想社会主义思想对科学社会主义的创立和发展产生了直接的影响，但是由于资本主义社会尚处于上升时期，其固有矛盾尚未充分暴露，工人阶级也处于早期发展阶段，其实力还比较弱小，这些因素决定了空想社会主义思想不可避免地存在较大的片面性、幼稚性和局限性，例如对阶级斗争的排斥，未能找到推翻资本主义社会和建立社会主义社会的有效方法和科学道路。

2. 科学社会主义的共享发展思想

(1) 科学社会主义的创立。19世纪40年代，资本主义进入机器大工业和社会化大生产时代，资本主义固有的内在矛盾日益暴露并不断激化，

---

① [法]摩莱里：《自然法典》，商务印书馆1982年版，第164页。
② 《欧文选集》下卷，商务印书馆1965年版，第13页。
③ 《马克思恩格斯文集》第3卷，人民出版社2009年版，第529页。

资本主义经济危机呈现周期性爆发的趋势。无产阶级日益成长为独立的政治力量，在西欧各大工业国掀起了轰轰烈烈的无产阶级解放运动，对科学的指导思想提出了强烈的现实需求。马克思、恩格斯在热情参与并积极领导工人运动的过程中，历史性地创立了科学社会主义理论。1848年，马克思和恩格斯共同创作的《共产党宣言》发表，成为科学社会主义诞生的里程碑，它是为"共产主义者同盟"这个世界上首个无产阶级政党制定的纲领。马克思和恩格斯满怀希望和自信地提出了关于共产主义社会的远大理想和美好设想，就是自由人的联合体①。科学社会主义的创立，表明世界社会主义运动已经从空想性走向科学化，实现了伟大的历史性飞跃。

（2）科学社会主义的发展完善。19世纪中期，马克思创作出版的《资本论》被誉为"工人阶级的圣经"，是科学社会主义理论成果的高峰，为科学社会主义提供了坚实的理论依据。马克思在这部鸿篇巨制中系统地论述了剩余价值理论，深刻地揭示了资产阶级剥削无产阶级的本质，全面地论证了资本主义制度具有自身难以克服的固有矛盾，必将为新的社会制度所代替；科学地预见了未来社会的重要特征。科学社会主义也是在与工人运动内部各种错误思潮的坚决斗争中发展完善的。马克思的《哥达纲领批判》系统论述了未来共产主义社会的阶段划分和基本特征，恩格斯的《反杜林论》是科学社会主义理论的集大成者，使科学社会主义理论走向系统化。

（3）科学社会主义的主要原则。马克思和恩格斯在系统地批判资本主义生产方式和私有制的基础上，科学地设想和预测了未来新社会的基本特征及发展过程和方向，对社会主义社会的基本原则作出了科学概括，主要包括：一是实行生产资料公有制，社会主义社会进行生产活动的根本目的在于满足全体社会成员的需要。二是有计划地进行社会生产，在共产主义社会的初级阶段也就是社会主义阶段实行多劳多得、按劳分配的原则，在共产主义社会高级阶段实行各尽所能、按需分配的原则。三是在无产阶级专政以及社会主义高度发达后，最终实现没有阶级的、作为自由人联合体的高级阶段的共产主义社会。在《反杜林论》一书中，恩格斯深刻地阐明

---

① 参见《马克思恩格斯文集》第2卷，人民出版社2009年版，第53页。

了共产主义社会"是人类从必然王国进入自由王国的飞跃"①。从废除资本主义社会的生产资料私有制,到建立社会主义社会的生产资料公有制,从社会主义社会阶段推行的按劳分配、无产阶级专政,到共产主义高级阶段的按需分配、自由人的联合体,科学社会主义的基本原则处处充满着共享发展的思想光辉,激励和指导着一代代共产党人前赴后继、不懈奋斗,书写了社会主义和人类共享发展进步事业的壮丽篇章。

科学社会主义理论证明了一种客观存在的社会规律,即生产的社会化与资本主义的生产资料私有制之间的矛盾运动,势必促使生产资料公有制代替私有制,社会主义取代资本主义;无产阶级是资产阶级的掘墓人,通过无产阶级专政改造生产关系,发展社会生产力,建设社会主义,最终实现从社会主义社会过渡到共产主义社会的宏伟目标。我们可以肯定地说,共产主义社会就是人类共享发展的最高阶段和最终实现形式,而社会主义是共产主义的第一阶段,其共享发展水平应当而且能够超越历史上任何一种社会形态。

(二) 我国确立社会主义道路的历程

1. 社会主义是中国历史和中国人民的选择

(1) 救亡图存,主义纷呈,民主革命,尚未成功。1840年鸦片战争以后,中国逐步成为半殖民地半封建社会,积贫积弱,大厦将倾。为了救亡图存,中国人民不懈奋斗,苦苦追寻国家富强、人民富裕之道。既有以洪秀全为代表的农民阶级领导的主张平均主义的太平天国农民起义运动,又有李鸿章、张之洞等封建地主阶级洋务派推行的以"自强"和"求富"为口号、以"师夷长技以制夷"和"中学为体、西学为用"为指导思想的洋务运动;既有康有为、梁启超、谭嗣同等资产阶级改良派为变法维新积极奔走甚至流血牺牲,又有以孙中山为杰出代表的资产阶级革命派前赴后继地推动辛亥革命。这些运动或者革命"你方唱罢我登场",虽然都在一定程度上动员了人民,动摇了封建社会的统治基础,特别是辛亥革命终结了已经走向腐朽的清朝统治,结束了我国长达两千多年的封建帝制,具有较大的历史进步意义,但是,经历了这些运动和革命的近代中国,其半殖民地半封建社会的性质并未得到改变,中国人民被动挨打的悲惨境遇也并未

---

① 《马克思恩格斯文集》第3卷,人民出版社2009年版,第564—565页。

得到改变。中华民国临时大总统孙中山先生让位于大军阀袁世凯,为议会政治奔走呼号的宋教仁被暗杀,辛亥革命的成果很快被袁世凯为首的北洋军阀所窃取,国人的民主共和梦被无情碾压。用革命先行者孙中山先生的话说就是,"革命尚未成功,同志仍须努力"。

(2) 资本主义,颓废无力,志士仁人,失望怀疑。对于中国进入近代社会以后的旧民主革命和运动,毛泽东同志有过系统而形象的论述:"即从1840年的鸦片战争到1919年的五四运动的前夜,中国人没有什么思想武器可以抵御帝国主义。旧的顽固的封建主义的思想武器打了败仗了,抵不住,宣告破产了。不得已,中国人被迫从帝国主义的老家即西方资产阶级革命时代的武器库中学来了进化论、天赋人权论和资产阶级共和国等项思想武器和政治方案,组织过政党,举行过革命,以为可以外御列强,内建民国。但是这些东西也和封建主义的思想武器一样,软弱得很,又是抵不住,败下阵来,宣告破产了。"[①] 第一次世界大战是资本主义的内在矛盾集中爆发的结果,作为资本主义发源地的欧洲遭受重创,英国和法国等老牌资本主义强国已成强弩之末。1919年的巴黎和会又使中国人看清了西方资本主义列强联合欺压中国的真实面目,并直接引发了轰轰烈烈的五四爱国运动,极大地促进了中国人民的觉醒。1920年12月,年仅22岁的周恩来登陆法国开始了勤工俭学生活,他描绘了在欧洲的见闻和印象,"吾人初旅欧土,第一印象感触于吾人眼帘者,即大战后欧洲社会所受巨大之影响,及其显著之不安现状也"。他进一步说:"使欧洲危机终不可免而至于爆裂也,则社会革命潮流东向,吾国又何能免?"[②] 一个满怀希望、一路向西、远赴重洋寻求救国救民真理的东方年轻人,对西方资本主义的失望和疑虑之情跃然纸上。

(3) 社会主义,开天辟地,中共旗帜,人民福气。残酷的现实促使中国的先进分子特别是青年知识分子开始寻找救国救民的新药方。来自西方的各种主义,例如改良主义、社会达尔文主义、无政府主义、实用主义、民粹主义等,纷纷登场,但终究莫衷一是。1917年,在第一次世界大战激战正酣之时,在中国的新文化运动正如火如荼地开展之际,俄国十月革命

[①] 《毛泽东选集》第4卷,人民出版社1991年版,第1513—1514页。
[②] 中共中央宣传部理论局编:《世界社会主义五百年(党员干部读本)》,学习出版社、党建读物出版社2014年版,第123—124页。

成功的一声炮响,庄严地宣告了人类历史进入社会主义革命的新时代,也为马克思列宁主义在中国的传播提供了催化剂。李大钊、陈独秀成为最早在中国传播马克思主义和社会主义的先驱。1918年,刚刚从美国留学归国的北京大学教授胡适发表了一篇著名的文章《多研究些问题,少谈些主义》,炮轰各种"主义",当然也包括社会主义和马克思主义在内。尽管如此,胡适的观点本身也体现了一种"主义",实际上代表了一种实用主义和改良主义思想。胡适的同事、同为北京大学教授和新文化运动旗手的李大钊与胡适展开了针锋相对的争论。李大钊发表的《问题与主义》等文章,热情赞扬并呼唤社会主义。这场"问题与主义"的大论战,为马克思主义和社会主义在中国的传播提供了重要的历史舞台。一大批先进知识分子如毛泽东等人,走上了信仰马克思主义的科学社会主义的道路。1921年,中国共产党应运而生,将实现共产主义确立为奋斗目标,把马克思列宁主义作为党的指导思想,目标远大,旗帜鲜明。从此,中国革命有了中流砥柱,中国人民有了主心骨,中华民族的伟大复兴和共享发展有了启明星和光明的前景。

2. 社会主义制度在中国的确立

(1) 马列原理,中国实际,民主社会,革命接力。近代中国是一个经济和文化落后的半殖民地半封建国家,在这样的东方大国如何建立社会主义,马克思、恩格斯、列宁等革命导师并没有提供信手拈来的灵丹妙药,也没有其他国家提供"依葫芦画瓢"的现成模板。如何使马克思列宁主义"高大上"的基本原理接上中国革命具体实际的"地气",中国共产党人对此进行了艰辛的理论探索和革命实践。1922年,中共二大将党的纲领区分为最低纲领和最高纲领,并提出我们党要先进行民主革命,再进行社会主义革命的"两步走"战略。关于新民主主义革命与社会主义革命的关系问题,毛泽东同志作出了科学而精辟的回答。他独具慧眼地把二者的关系比作一篇文章的"上篇"与"下篇":"两篇文章,上篇与下篇,只有上篇做好,下篇才能做好。坚决地领导民主革命,是争取社会主义胜利的条件。"[①] "民主主义革命是社会主义革命的必要准备,社会主义革命是民主

---

① 《毛泽东选集》第1卷,人民出版社1991年版,第276页。

主义革命的必然趋势。"① 首先领导并完成反帝反封建的新民主主义革命，再完成社会主义革命，不是一步到位的短跑，而是步步为营的接力赛，这实际上为中国走上社会主义道路制定了路线图。事实证明，这一路线图是英明而有远见的，中国历史正是这样走过来的。

（2）大国新生，山河重整，社会革命，水到渠成。从1919年五四运动开始，经过长达30年的艰苦卓绝的新民主主义革命，中国共产党领导英雄的中国人民以"愚公移山"的大无畏精神，取得了新民主主义革命的伟大胜利，成功地建立了中华人民共和国。刚刚成立的新中国在社会性质上属于新民主主义社会，这并非一个独立的社会形态，而是一个过渡性的社会形态，它本身还不是社会主义，只是可以理解为社会主义的"萌芽"状态或者"准社会主义"。新中国成立后，中国共产党领导全国各族人民迅速恢复经济，通过土地改革、抗美援朝、镇压反革命运动，稳定了新生的人民政权。中国共产党作为工人阶级先锋队，不失时机地进行社会主义革命，过渡到社会主义社会，是大势所趋，水到渠成。但对于何时过渡、怎样过渡的问题，以毛泽东为代表的中国共产党人的认识是与时俱进的。

（3）"两个转变"，与时俱进，"一化三改"，奠定国本。1949年3月，在河北省平山县西柏坡召开的党的七届二中全会，演绎了新中国成立前夕的"春天的故事"，擘画了新中国的光明前景。这次全会提出了"两个转变"同时并举的思想，即在生产力方面"由农业国转变为工业国"，在生产关系方面"由新民主主义国家转变为社会主义国家"。这实际上是生产力和生产关系"齐步走"的理论。而到1951年前后，一个新的共识在党内大体上达成了，就是先通过三个"五年计划"进行工业化建设，再进行社会主义改造即向社会主义过渡。这实际上是把"齐步走"改成了"两步走"，先搞工业化，再搞社会主义革命。但是"计划没有变化快"，到1952年，由于我国经济已经从战争的创伤中基本恢复过来，新民主主义革命的遗留任务如土地改革也已经宣告完成，国家面貌焕然一新，基于此，以毛泽东为代表的党和国家领导人有了新的判断和设想，认为国家发展的形势良好，我国向社会主义过渡的时机已经到来，在广大农村和城市及时启动社会主义改造的进程，既存在政治上的必要性，也具有现实上的可行性。

---

① 《毛泽东选集》第2卷，人民出版社1991年版，第651页。

毛泽东同志在1952年9月提出了尽快开始用十年到十五年的时间基本上实现向社会主义过渡的方案，并且在1953年正式提出了党在过渡时期的总路线。这实际上回到了以前的"齐步走"思想。为了加速实现社会主义工业化，必须对包括农业和手工业在内的个体经济以及私营资本主义工商业进行社会主义改造，也就是"三大改造"。到1956年底，社会主义改造基本完成，生产资料的社会主义公有制取代了阶级社会的私有制，使中国这个东方文明古国走上了社会主义道路，完成了中华民族历史上最深刻和最伟大的社会革命，为当代中国发生的举世瞩目的经济发展和社会进步，特别是为全民共享发展成果，奠定了根本的政治前提和社会制度基础。

二 "政主法辅"：社会主义在中国确立和初步探索的路径依赖

从中国共产党成立到改革开放前的近六十年里，在三十年左右艰苦卓绝的新民主主义革命时期、七年左右短暂而关键的过渡时期、二十余年艰辛而曲折的社会主义建设时期，政策是中国共产党推动历史变革、实现人民共享发展的主要途径和方式，而法律制度处于辅助地位，经历了"先扬后抑""高开低走"的曲折发展历程。

（一）新民主主义革命时期

1.《中华苏维埃共和国宪法大纲》：建政伊始，立宪明志

中国共产党在土地革命战争时期独立领导创建的中华苏维埃共和国，是中华人民共和国的历史预演。《中华苏维埃共和国宪法大纲》是中华苏维埃共和国的根本法，该法由第一次全国苏维埃代表大会于1931年11月通过，由第二次全国苏维埃代表大会于1934年1月修改，共17条。该宪法大纲规定中华苏维埃政权的性质是工农民主专政，"苏维埃政权是属于工人农民，红色战士，及一切劳苦民众的"。宪法大纲详细规定了政权的目的以及实现目的的措施。大纲第五条规定中华苏维埃政权的目的之一是彻底地改善工人阶级的生活状况，通过制定劳动法规，实行八小时工作制，规定最低工资标准和工人对生产的监督权，建立社会保险和失业津贴制度。大纲第六条规定中华苏维埃政权的目的之一是消灭封建剥削和彻底改善农民阶级的生活，通过制定土地法规，没收地主阶级的土地以分配给农民，并且最终实现土地国有化的目标。大纲第七条规定中华苏维埃政权的重要目的是保障工农阶级的利益，取消苛捐杂税，征收累进税，实行向

社会主义过渡的经济政策。大纲还规定新政权保障工农劳苦民众的言论、出版、集会、结社的自由，解放和保护妇女，实行婚姻自由。大纲还规定了彻底反帝反封建和坚决维护劳动人民的政治和经济利益的军事、外交、民族、宗教等方面的各种政策。

《中华苏维埃共和国宪法大纲》是中国历史上第一部由人民代表机关正式通过并公布实施的宪法性文件，是对劳动人民英勇的革命斗争成果的根本确认，是中国共产党建立人民政权的第一次伟大实验的重要制度成果，是中国共产党最早的制宪实践，反映了新民主主义革命时期中国共产党领导下的英雄的中国劳动人民彻底反帝反封建的革命意志以及为自由和民主而奋斗的强烈愿望，为中国共产党在此后的革命、建设和改革的历史进程中开展民主法制建设特别是制定宪法性文件的工作提供了最早的历史经验。

2.《陕甘宁边区施政纲领》：统一战线，民主政权

1935年10月，红军长征到达陕北，从此陕北就成为中国革命的中心和大本营。在抗日战争时期，以延安为中心的陕甘宁边区是中共中央和中央军委所在地，是中国人民坚持抗战的理论策源地，是中国共产党领导的敌后抗日战争在政治上的"神经中枢"和总后方，也是在新民主主义革命时期中国共产党局部执政条件下建设新民主主义社会的实验场和经济政治文化特区，更是广大革命群众特别是先进青年心向往之的红色热土和革命圣地。毛泽东同志在这里写成的光辉著作《论持久战》，实际上成为中国人民抗日战争的指导思想。

《陕甘宁边区施政纲领》是抗日战争时期陕甘宁边区的宪法性文件，1941年5月由中国共产党边区中央局提出，同年11月陕甘宁边区第二届参议会正式通过，共21条。施政纲领号召边区各方面集中人力、物力、财力、智力以共同抗战，坚持与边区境外友党友军及全体人民的团结，反对投降、分裂和倒退的行为。施政纲领创造性地规定了抗日民主政权按照"三三制"原则来建立，即中国共产党与其他党派和群众团体组成选举联盟，为促进各党派和无党派人士都能参加边区政府的民主管理，共产党员只占候选名单人数的三分之一。当中共党员被选为某行政机关主管人员时，要确保该机关职员人数的三分之二由党外人士担任，以实现民主合作，避免共产党员独断专行和把持包办行政事务。该纲领还规定，保障工

人、农民、地主、资本家等所有抗日民众的人权和言论、出版、集会、结社、宗教信仰等各项自由和民主权利。"三三制"的推行，对地主和资本家的人权保障，要求地主减租减息而不是没收其土地，都表明中国共产党从抗日大局出发，暂停实施土地革命政策，以团结抗日力量一致抵御外部侵略的坚定态度和坚强决心。

作为中国共产党政权建设历史上的宪法性文件，《陕甘宁边区施政纲领》的宪政意义体现在如下方面：一是我国新民主主义宪政初步建立的重要标志；二是中国共产党主张的新民主主义宪政观的"宪法"体现；三是抗战时期中国民主宪政建设的样板；四是新中国人民民主宪政重要的历史基础。[1] 施政纲领是中国共产党抗日民族统一战线政策的法律化成果，深刻体现了中国共产党人从抗日救亡的民族大义出发，同一切抗日力量共赴国难、共同抗日、共求民族生存权的政治路线和方针，最大限度地体现了共享发展精神。

3.《中国土地法大纲》：耕者有其田，解放有"心战"

中国共产党在解放战争时期制定的《中国土地法大纲》是关于土地改革的纲领性文献。1947年9月，中共中央在西柏坡召开了全国土地会议，全面地总结了"五四指示"即中共中央于1946年5月4日发布的《关于清算减租及土地问题的指示》以后土地改革的经验，讨论了如何放手发动群众进行土改的问题，并于9月13日出台了《中国土地法大纲》。此后，土地改革运动深入发展。《中国土地法大纲》延续并发展了"五四指示"的基本精神。《大纲》规定废除封建性及半封建性剥削的土地制度，废除一切地主的土地所有权，建立"耕者有其田"的新制度。不分男女老幼，完全依照人口数量对乡村全部土地统一进行平均和同等分配。没收或征收地主和富农的土地之外的房屋、粮食等其他财产，在贫苦农民之间分配。出于人道主义的考虑，地主也能分到同样的一份财产。如此，乡村全体人民都能获得大致相当的生产资料和生活资料。法律保护工商业者的财产及其他营业不受侵犯。大纲还规定了人民享有的各项民主权利，包括选举、批评、弹劾和撤换各级干部的权利，同时规定人民法庭应当对侵犯人民民主权利者进行审判和处罚。该大纲既保护了农民作为社会绝大多数人的根

---

[1] 夏雪梅：《〈陕甘宁边区施政纲领〉评析》，硕士学位论文，江西财经大学，2010年。

本利益，也保障了地主和富农的基本生存权利，蕴含了浓厚的共享发展精神。

《中国土地法大纲》是中国共产党对1927年兴起的土地革命的基本经验和历史教训的深刻总结，贯彻了土地改革的总政策，是一个正确的土地纲领。它的公布与实行顺应了农民的愿望，激发了全国广大农民参加革命和生产的积极性，不但巩固了后方，而且对保证解放战争胜利起到了决定性的作用。截至1948年底，已解放地区的土改任务基本完成。经过土地改革运动，有一亿多农民分得了土地，封建剥削制度在大约1.6亿人口的地区被消灭。解放区的农村发生了翻天覆地的变化。千千万万的农民群众加入了参加解放军和支援解放战争的时代热潮，争当民兵，争出民工，踊跃参加支援前线的活动，成为解放战争迅速走向胜利的可靠力量，也使解放战争成为当之无愧的人民战争。正如陈毅元帅曾经说过的那句耳熟能详的名言，"淮海战役的胜利是解放区人民用小推车推出来的"。解放战争是中国共产党领导下的广大人民与国民党反动派的实力之战，也是民心向背之战。"得民心者得天下"，解放战争的胜利是党领导下的人民解放军的胜利，更是中国共产党和中国人民的胜利，是中国共产党为中国人民谋幸福、为中华民族谋复兴的"初心"换来了人民的"民心"。

《中国土地法大纲》还为新中国成立后进行的土地改革提供了经验。1950年公布施行的《中华人民共和国土地改革法》，基本上是《中国土地法大纲》的升级版，是中国共产党成为全国性的执政党之后，将解放战争时期在解放区实行的土地改革政策推向全国的基本法律依据。

（二）过渡时期

1.《共同纲领》：临时宪法，旗开得胜

1949年9月21日，在迎接新中国成立的历史时刻，在北平开幕的中国人民政治协商会议宣布代行全国人民代表大会的职权。9月29日，大会一致通过了《中国人民政治协商会议共同纲领》。《共同纲领》是马克思列宁主义国家观和法律观与中国人民争取民主政治的斗争实际相结合的产物，是在中国共产党领导下，全国各个民主党派和人民团体以及各族各界人民代表大团结大联合而共同制定的建国纲领。党和国家的卓越领导人、中国社会主义法制的奠基者董必武说《共同纲领》是"统一战线的纲领，是照顾到四个朋友的纲领",是"划清敌友界线的纲领"①。《共同纲领》起到了临时宪法的历史作用,成为各革命阶级共享革命胜利果实、共建新民主主义国家的政治基础和宪政纲领。《共同纲领》空前地激发了全国人民建设国家的积极性,中国共产党的威信和政策的权威空前提高。经过三年左右的较短时间,土地改革、抗美援朝、镇压反革命等重大政治任务相继完成,国民经济基本恢复,文化教育事业得到迅速发展,巩固了人民民主专政的政权。

2. 过渡时期总路线:政策挂帅,大业奠基

毛泽东同志于1953年6月在中共中央政治局会议上正式提出了党在过渡时期的总路线,并于当年12月形成了完整表述版的过渡时期总路线,其主要内容被简明地概括为"一化三改",其中"一化"是指社会主义工业化,"三改"是指对农业、手工业和资本主义工商业这三个领域进行从私有制向公有制的社会主义改造。毛泽东同志把"一化"与"三改"比喻为"一体两翼"的关系,他把新中国比作一只鸟,那么工业化就是鸟的身体,社会主义的三大改造就是鸟的翅膀,二者同时并举,鸟儿才能展翅高飞。过渡时期总路线是中国共产党领导全国人民进行社会主义革命的总政策,在正式的宪法出台之前,它为社会主义改造这个中国历史上最深刻、最伟大的变革按下了"快进键"。

3. 选举立法:民主参政,共享共治

1953年初通过的《全国人民代表大会及地方各级人民代表大会选举法》确认了新中国成立初期选举制度的基本原则。邓小平同志对此高度评价,认为选举法"标志着我国人民民主政治发展的新阶段"②。从1953年至1954年,中国历史上第一次大规模的普选在全国范围内进行,全国人民经历了一次真正的民主政治活动的洗礼,民主意识和参政热情空前提高。这可以说是新中国历史上首次在民主政治领域实现共治共享的盛举。

新中国第一部《选举法》体现了选举权的普遍性和平等性原则。《选举法》第一条规定各级人大代表"由各民族人民用普选方法产生之"。该

---

① 董必武:《关于人民政协共同纲领的讲演》,《董必武政治法律文集》,法律出版社1986年版,第39页。

② 邓小平:《关于全国人民代表大会及地方各级人民代表大会选举法草案的说明》,《人民代表大会工作全书》,中国法制出版社1999年版,第113页。

法还规定，除依法尚未改变成分的地主阶级分子、依法被剥夺政治权利的反革命分子、其他依法被剥夺政治权利者、精神病患者之外，年满十八周岁的中国公民均无差别地享有选举权和被选举权；妇女有与男子同等的选举权和被选举权。1953年《选举法》的许多原则和规定，为后来的《选举法》继承和发展。例如，选举经费由国库开支；少数民族、人民武装部队、国外华侨应选一定名额的人大代表；地域代表制和职业代表制并用，即按照选举区域或者选举单位提出代表候选人。1953年《选举法》将普选的政治承诺以法律的形式落地生根，将人民当家作主的民主权利制度化法律化，也为顺利开展新中国成立后第一次全国性大规模普选开创了新中国选举制度的先河。

4. 五四宪法：民主立法，强基固本

1954年3月，宪法起草委员会完全接受了中共中央提出的宪法草案初稿，宪法草案被分发给政协全国委员会、各大行政区、各省市领导机关以及各个民主党派和人民团体的地方组织进行充分讨论。后来经过多次讨论和修改，《人民日报》于1954年6月16日公布了宪法草案，掀起了在全国进行全民宪法草案大讨论的热潮。历时近三个月，有1.5亿多人参加讨论，提出了100多万条修改、补充意见和建议，成为新中国历史上民主立法、科学立法的伟大实践。9月15日，第一届全国人民代表大会第一次会议在北京开幕，持续至9月28日。毛泽东主席在大会开幕词中非常自豪地说："我们这次会议具有伟大的历史意义。这次会议是标志着我国人民从1949年建国以来的新胜利和新发展的里程碑，这次会议所制定的宪法，将大大地促进我国的社会主义事业。"[①] 9月20日下午，全国人民代表大会以全票通过对宪法草案的表决。这是新中国第一部正式宪法，由于是1954年制定的，故被称为"五四宪法"。

"五四宪法"的序言部分着重阐明了过渡时期的总路线"一化三改"，将党的政策上升为宪法规定，使轰轰烈烈的社会主义改造具有了宪法依据。"五四宪法"明确规定了我国的国体即国家性质是人民民主专政，政体即政权组织形式是人民代表大会。"五四宪法"将享有权利的主体范围从《共同纲领》规定的"人民"扩展到"公民"，全面体现了民主和共享

---

① 《毛泽东文集》第6卷，人民出版社1999年版，第349—350页。

的基本思想，表明我国由新民主主义国家转变为社会主义国家。

"五四宪法"贯穿了民主原则和社会主义原则，体现了原则性和灵活性的结合。对于我国的宪法原则，毛泽东同志认为"基本上是两个：民主原则和社会主义原则。……人民民主的原则贯穿在我们整个宪法中"，"宪法中规定，一定要完成社会主义改造，实现国家的社会主义工业化。这是原则性"①。"五四宪法"确立的人民民主是极为广泛的，民主的享有者不仅包括劳动人民，还包括"可以合作的非劳动人民"，主要是民族资产阶级。"五四宪法"确认了人民民主专政的国体，人民民主原则是贯穿于宪法之中的基本原则。

"五四宪法"规定了中国社会主义革命和社会主义建设的方向和道路，对于巩固新中国的人民民主专政的国家政权，对于中国共产党团结带领全国各族人民开展暴风骤雨般的社会主义革命和轰轰烈烈的社会主义建设，起到了积极而重要的促进、推动和保障的历史作用。"五四宪法"的颁行，极大地提高了广大民众的宪法意识和国家观念，广大人民以国家主人翁的姿态积极投身于各项建设事业。特别是民主法制建设成果鲜明，立法机关制定了一批重要的法律和法令。各级各类执法机关和司法机关逐步建立。人民民主法制为中国各项建设事业的成功，作出了应有的贡献。

1954年第一届全国人民代表大会的召开和"五四宪法"的制定和颁布施行，为我国建立社会主义政治制度奠定了坚实的基础，成为我国社会主义民主政治建设的重要里程碑，为全国各族人民广泛参与国家政治生活、共享发展机遇提供了必要条件和政治保证。

（三）社会主义建设和初步探索时期

1. 七五宪法：以阶级斗争为纲，法律虚无主义大行其道

1956年底，生产资料私有制的社会主义改造"大功告成"，社会主义建设的大幕也随之开启。1956年9月，在党的第八次全国代表大会所作的政治报告中，刘少奇同志提出："目前在国家工作中的迫切任务之一，是着手系统地制定比较完备的法律，健全我国的法制。"②但令人遗憾的是，

---

① 《建国以来毛泽东文稿》第5册，中央文献出版社1993年版，第289页。
② 刘少奇：《中国共产党中央委员会向第八次全国代表大会的政治报告》（1956年9月15日），载《中共党史资料（八）》，人民出版社1980年版，第334页。

党的八大提出的正确的法制建设方针因为党内和国内政治形势的急剧变化而事实上沦为一纸空文，未能发挥应有的历史作用。

1957年反右派斗争扩大化以后，毛泽东同志逐步形成了"无产阶级和资产阶级的矛盾"是中国社会主要矛盾的错误认识，导致了阶级斗争的扩大化和绝对化，否定和批判了此前为完善社会主义法制而确立的一系列正确原则，"依法治国"被作为资产阶级法律至上观点加以批判，国家立法停滞，司法机关也逐渐被取消。

1966年爆发了持续十年之久的"文化大革命"，其间，无政府主义、法律虚无主义盛行，国家处于"无法无天"状态。作为"根本大法"的1954年宪法名存实亡，国家政治体制和政治秩序遭到严重破坏，作为国家权力机关的全国人民代表大会和各级人民代表大会也被迫停止活动。公检法机关被彻底"砸烂"。其结果是造成社会秩序严重混乱和动荡不安的局面。1975年出台的宪法将"文化大革命"这种全民运动合法化。"七五宪法"以阶级斗争为纲，在序言和总纲中坚持"文化大革命"的理论。该宪法将"革命委员会"正式确立为地方国家机关，取消了国家主席和检察院的设置。

在"文化大革命"期间，由于法律的缺失或被弃而不用，党的政策、最高指示成为维持社会基本运转和最低限度社会秩序的主要手段。"七五宪法"将"公民的基本权利和义务"一章置于关于国家机构的条文之后，并且由"五四宪法"的十三条缩减为两条，这与现代宪法"限制政府权力，保障公民权利"的精神和原则背道而驰。法律虚无主义、以阶级斗争为纲的错误指导思想，使得许多党员领导干部乃至普通公民遭到非法的错误批判和打击，人身权利和人格尊严受到侵犯和践踏，个人生存权和发展权尚且无法保障，更不要谈共享发展了。

关于"文化大革命"发生的主要社会历史原因，1981年召开的党的十一届六中全会通过的《关于建国以来党的若干历史问题的决议》作出了十分深刻的分析："我们党对封建主义特别是对封建土地制度和豪绅恶霸进行了最坚决最彻底的斗争，在反封建斗争中养成了优良的民主传统；但是长期封建专制主义在思想政治方面的遗毒仍然不是很容易肃清的，种种历史原因又使我们没有能把党内民主和国家政治社会生活的民主加以制度化、法律化，或者虽然制定了法律，却没有应有的权威。这就提供了一种条件，使党的权力过分集中于个人，党内个人专断和个人崇拜现象滋长起来，也就使党和国家难于防止和制止'文化大革命'的发动和发展。"① 可以说，"文化大革命"发生的根本原因是当时的党和国家在民主和法制建设上的缺陷，特别是法制的缺乏导致"优良的民主传统"也不能发挥作用，甚至最终名存实亡。这充分说明，没有法制保障的民主是靠不住的，也是不可持续的，因为这样的民主要么走向混乱，要么走向专制，或者二者兼有。民主不能停留在一腔热情，而应该转化为有约束力的制度。

2. 七八宪法：弃旧图新，有所保留，频繁修改，实为过渡

1978 年 3 月 5 日，新中国第三部正式宪法在第五届全国人民代表大会第一次会议上获得通过，该宪法通常被称为"七八宪法"。该宪法第一章是"总纲"，对国家的政治、经济、文化、社会、军事等方面的根本制度和基本制度作出规定，突出强调了坚持社会主义的民主原则。"七八宪法"是在"文化大革命"结束后试图纠正错误和恢复秩序的宪法，其第二章国家机构，恢复了人民代表大会和检察机关的设置，在司法制度方面恢复了审判公开制度和辩护制度。该宪法第三章是"公民的基本权利和义务"，这部分内容变动很大，从条款数量看，从"七五宪法"的 4 个条款增加到"七八宪法"的 16 个条款，体现出"七八宪法"对公民权利的重视程度在提高。

"七八宪法"颁布于党的十一届三中全会召开之前，由于当时历史条件的局限性，这部宪法未能真正克服"文化大革命"期间流行的"左"的错误思想的影响，而且还保留了某些错误的政治观念和明显过时的说法。例如，该宪法序言中还是出现了"坚持无产阶级专政下的继续革命"字样，继续体现了"文革"思维；在第二章关于国家机构的规定中还是将"地方各级革命委员会"作为地方各级人民政府的名称；在第三章关于公民的基本权利和义务的规定中，公民"有运用'大鸣、大放、大辩论、大字报'的权利"仍然被保留下来。这些问题充分显示了"七八宪法"的过渡性特点，一方面立法者希望"弃旧图新"，努力开创新的局面，而另一方面由于立法指导思想的不明朗，导致"弃旧"不够彻底，"图新"也就不太明显，因此不免使人产生一种"千呼万唤始出来，犹抱琵琶半遮面"

---

① 《三中全会以来重要文献选编》（下），人民出版社 1982 年版，第 819 页。

的历史观感。

"七八宪法"颁布之后的两年间,即 1979 年和 1980 年,第五届全国人民代表大会对这部宪法进行了两次修改。如此频繁的修改也反映了改革开放伊始我国法制建设的紧迫程度。第一次主要修改了国家机构设置的规定,地方各级人民政府取代了地方各级革命委员会。这次修改使地方各级人民政府的名称走向正常化,选民直接选举县人大代表的规定也扩大了社会主义民主的范围。第二次修改取消了公民"运用'大鸣、大放、大辩论、大字报'的权利",其目的是充分发扬民主,健全法制,实现安定团结的政治局面,为社会主义现代化建设提供保障。决定这样的修改貌似限缩了公民权利的范围,但其实际上是保障民主法制和社会秩序的必要之举。实践证明,"四大"的做法作为一个整体,不会产生积极作用,只能助长社会动乱,妨碍社会主义现代化建设的正常进行,不利于国家的和平稳定,而且也与宪法规定的言论自由有重复之嫌。因此,取消"四大"这种对民主和法制有破坏作用的旧规定,是更好地保障公民政治权利和发展权利的明智选择。

第二节 1978—1997 年:法制恢复,开创共同富裕新时期

一 共同富裕:共享发展的本质要求和基本目标

(一)共同富裕是邓小平社会主义本质理论的核心要义

1. 邓小平社会主义本质理论的关键词:共同富裕

共同富裕,是有史以来人类梦寐以求的理想社会图景,无数仁人志士为此付出了艰辛的努力和实践探索。但令人遗憾的是,当今世界,不少国家和地方的人们还在贫困中挣扎,共同富裕至今仍然是一个世界性难题。邓小平同志作为马克思主义中国化的主要代表人物,将马克思主义基本原理与中国改革开放和社会主义现代化建设的鲜活实践紧密结合,为实现中国人民的共同富裕承担起"总设计师"的角色,形成了社会主义本质理论,深刻地回答了建设社会主义的重大历史课题,即"社会主义是什么"和"社会主义如何建设"问题。

不可否认的是,在改革开放以前,我国所进行的 20 多年的社会主义建

设的曲折探索虽然取得了许多引人注目的重要成就，但是也存在一些令人痛心的重大失误，这些失误的思想根源就在于对社会主义"是什么"和"怎样建设"这两个问题存在模糊的、似是而非的认识。邓小平说："什么是社会主义，如何建设社会主义，我们的经验教训有许多条，最重要的一条，就是要搞清楚这个问题。"① 在这段精辟而深刻的论述里，邓小平所说的"这个问题"实际上就是"社会主义本质"问题。

对于"这个问题"，邓小平并没有一开始就作出正面回答，而是巧妙地运用了"排除法"，从反面和否定的意义上回答"什么不是社会主义"。对此，他提出了一系列耳熟能详的鲜明观点和重要论断，例如"贫穷不是社会主义""发展太慢不是社会主义""平均主义不是社会主义""两极分化更不是社会主义"，诸如此类的鲜明论断总是被邓小平不厌其烦地反复提及。这些重要论述的铺排使得社会主义本质理论的出场显得水到渠成。1992年发生的"春天的故事"中闪耀着社会主义本质理论的思想光辉。在那个春天进行的广受关注的"南方谈话"中，邓小平同志旗帜鲜明地总结和概括了他的社会主义本质理论，即"社会主义的本质，是解放生产力，发展生产力，消灭剥削，消除两极分化，最终达到共同富裕"②。邓小平是马克思主义中国化的重要理论家，他的这一科学理论是对马克思主义的生产力与生产关系辩证统一原理的熟练运用，而且成为运用这一基本原理的光辉典范。其中，"解放生产力，发展生产力"指向社会主义生产力问题，而"消灭剥削，消除两极分化"则指向社会主义生产关系问题，二者是一个相互依存、不可分割的有机整体。

邓小平对改革开放前我国的社会主义建设实践和在我国占支配地位的社会主义理论秉持科学的"扬弃"态度。在"扬"的方面，他高度肯定我国建立社会主义基本制度的重大意义以及坚持社会主义基本制度的必要性。在"弃"的方面，他对改革开放前我国在社会主义建设中的深刻教训作出了独到的剖析。邓小平从马克思主义的唯物史观出发，反对那种不顾生产力而抽象地讨论社会主义的思路，因为那种思路固守的"社会主义原则"可能束缚而不是发展社会主义社会的生产力，其实并不具有社会主义

---

① 《邓小平文选》第3卷，人民出版社1993年版，第116页。
② 《邓小平文选》第3卷，人民出版社1993年版，第373页。

的本质属性；而那种思路反对的"走资本主义道路"的诸多政策其实是有利于促进社会主义的生产力发展的，更能够反映社会主义的本质要求。正因为如此，只有在社会主义本质这一重大问题上"拨乱反正"，方能开辟未来。"过去行之有效的东西，我们必须坚持，特别是根本制度，社会主义制度，社会主义公有制，那是不能动摇的。"① 邓小平的社会主义本质论，其最终落脚点和关键词就是"共同富裕"，从理论和实践两方面圆满地回答了社会主义"是什么"和"如何建设"的重大历史课题。

2. 邓小平社会主义本质理论解读：做大并且分好"蛋糕"

我们可以把邓小平的社会主义本质理论形象地理解为"蛋糕"理论。或者可以简单地说，"社会主义的本质就是共同富裕"。在这个理论中，"共同富裕"是最终目的和远景目标，而"解放生产力，发展生产力"是从生产力角度、"消灭剥削，消除两极分化"是从生产关系角度提出的方法和手段，而方法和手段是为目的和目标服务的。因此可以说，在邓小平的社会主义本质理论中，"共同富裕"是"神经中枢"和核心要义。如果用"蛋糕"来比喻"财富"，而且假设每个人都喜欢吃"蛋糕"，那么"富裕"就是一个人拥有或者消费能够满足自身需要的"蛋糕"，"共同富裕"就是全体人民都能分到足够的蛋糕。如何才能实现这样的目标呢？需要满足两个必要条件：一是生产问题，"把蛋糕做大"；二是分配问题，"把蛋糕分好"。"解放生产力，发展生产力"可以理解为"把蛋糕做大"，而"消灭剥削，消除两极分化"可以理解为"把蛋糕分好"。其中，"把蛋糕做大"居于更加根本和更为重要的地位，因为"巧妇难为无米之炊"，如果"蛋糕"太小，那么无论如何也是无法实现共同富裕的。

首先，从纯粹的逻辑分析来看，其中的道理并不难理解。一方面，如果社会总体的"蛋糕"比较小，也就是社会财富的总量比较小，那么不管如何分配，大部分人都将很难分到足够多的"蛋糕"。所以，"把蛋糕做大"是实现共同富裕的必要条件，而且是首要条件。另一方面，如果说社会总体的"蛋糕"做大了，是不是就一定能实现共同富裕呢？其实未必。不管生产力如何发展，社会总体的"蛋糕"总是有限的，如果"蛋糕"分

---

① 《邓小平文选》第 2 卷，人民出版社 1994 年版，第 133 页。

配不合理，有人获得太多，有人获得太少，就会出现个别人或者少数人富裕而大多数人贫穷的结果。这说明，"把蛋糕做大"也只是实现共同富裕的必要条件，而非充分条件。"把蛋糕分好"，分得合理和相对均衡，是实现共同富裕不可或缺的重要一环。

另外，从人类社会发展的历史过程来看，若要同时实现"把蛋糕做大"和"把蛋糕分好"两个目标，的确是一个迄今为止也未真正实现的高难度任务。据考古和历史研究显示，人类社会发展的早期阶段即原始社会经历了二三百万年之久。而作为四大文明古国之一的中国，其历史不过"上下五千年"，这可以说是奴隶社会之后的历史阶段。因此，如果用时间长度来衡量，到目前为止，人类有百分之九十九以上的时间是在原始社会度过的。而原始社会生产力水平极其低下，导致社会总财富的"蛋糕"很小，无法满足人们的基本生活需求，因此不得不采取平均主义的分配办法，具有浓厚的原始共产主义色彩。尽管"蛋糕"分得好，但是由于总体的"蛋糕"实在太小，所以原始人还是过着食不果腹、衣不蔽体的贫困生活。原始社会并非令人向往的天国和乐园，而是"往事不堪回首"的悲惨世界。当人类跨入奴隶社会和封建社会后，随着社会生产力的不断提高，社会总财富的蛋糕也不断做大，出现了剩余产品，于是一些人利用权势将其据为己有，财富分配的悬殊使得社会分化为统治阶级和被统治阶级，以及剥削阶级和被剥削阶级。作为统治阶级和剥削阶级的奴隶主阶级和封建地主阶级过着"酒池肉林"的奢靡生活，而作为被统治阶级和被剥削阶级的奴隶阶级和农民阶级则长期处于依附半依附的经济贫困和权利贫困状态。正因为如此，尽管生活在举世公认的大唐盛世，被称为"诗圣"的杜甫也发出了振聋发聩的"朱门酒肉臭，路有冻死骨"的千古绝唱，喊出了"安得广厦千万间，大庇天下寒士俱欢颜"的时代强音，可以说是对"蛋糕"分配不均的强烈批判。

特别是当人类进入新近几百年的资本主义社会之后，由于社会生产力水平的极大提高，社会财富的"蛋糕"加速增长，正如马克思的著名论断所说的那样，"资本主义在它不到一百年的时间里，创造的财富的总量比它过去所有时代创造的财富总和还要多，还要大"。但是这并没有改变作为被统治阶级的工人阶级的贫困状态和被剥削被压迫的命运。可以说，马克思主义创始人马克思和恩格斯高度赞扬资本主义社会创造了"做大蛋糕"的空前的生产力奇迹,但是他们也毫不留情地严厉批判了资本主义社会的生产关系。从奴隶社会到封建社会,再到资本主义社会,生产力解放和发展水平从长期来看是在不断进步的,而生产关系的不公平不合理现象虽然有所缓解,比如被统治阶级的人身自由程度是逐步提高的,但是阶级剥削和阶级压迫以及两极分化的基本面没有根本改观。"做大蛋糕"的水平不断提高,而在"分好蛋糕"方面的进步则相对逊色许多。于是,在人类几千年的文明史上,总是出现"少数人富,多数人穷"的两极分化局面。

我国是世界第一人口大国,人口基数庞大,参与"分蛋糕"的人数多是一个客观存在的"常量"和既定事实。这就必然要求"把蛋糕做大"。我国还是世界上最大的发展中国家,近现代以来的经济发展水平和经济总量长期落后于西方发达国家。"把蛋糕做大",实现以民富国强为标志的中华民族伟大复兴,也是国人的民族心理和百年夙愿。同时,我国更是当今世界上最大的社会主义国家,马克思主义指导思想和社会主义价值观都要求我们必须"把蛋糕分好",防止出现"富者愈富,穷者愈穷"的两极分化现象。一手抓"做大蛋糕",一手抓"分好蛋糕",最终实现共同富裕,这是邓小平社会主义本质理论的鲜明特色,也是邓小平一系列"两手抓"思想和方法论的生动体现。

可以说,在改革开放以前的二十多年里,我国社会主义建设初步探索中经历的不少失误和曲折,说到底是没有处理好"两手抓"的关系。抓生产关系的这只手比较硬,抓生产力的这只手比较软。因为前者,为了防止出现两极分化,结果实际上走向了平均主义。因为后者,使得社会总体的"蛋糕"比较小,结果出现了"共同贫穷"的局面。邓小平理论认为中国的基本国情是处于并将长期处于社会主义初级阶段,认为社会主义基本制度的建立只是第一步,此后还要通过改革进一步解放和发展生产力,体现了在世界新科技革命推动生产力迅速发展的条件下,社会主义国家为回应资本主义的严峻挑战所必须采取的战略措施。将社会主义的本质属性定位在共同富裕,体现了邓小平社会主义本质理论"不忘初心,牢记使命"的高度政治责任感和历史使命感。

共同富裕就是社会财富的共享。这是由我国以公有制为主体的社会主义基本经济制度所决定的。邓小平说:"社会主义财富属于人民,社会主义的致富是全民共同致富。"① 社会财富的生产和分配是紧密联系而又相互影响的两个环节，要创造既能使财富充分涌流的高效率生产的体制机制，又创造使财富合理分布的公平分配的体制机制，并非一件容易的事。邓小平强调："国民收入分配要使所有的人都得益。"② 使人民在共同"做大蛋糕"的过程中能够"分好蛋糕"，也是共享发展的基本要义，一是"共建"，二是"共享"。

二 政策向法制转型：改革开放新时期脱贫致富的制度变革

（一）政策向法制转型的理论基础：邓小平法制理论

社会主义法制理论是邓小平理论之大厦的重要支柱之一。作为中国共产党和新中国第二代中央领导集体的核心人物，邓小平同志将社会主义法制建设与社会主义民主建设相提并论，等量齐观。用历史的眼光来看，与党的第一代中央领导集体相比，邓小平也将法制建设提到了空前重要的位置。实际上，邓小平正是在批评和反思我国社会主义建设时期"左"倾思潮泛滥导致的法律虚无主义的基础上建构其社会主义法制理论的。他尖锐地批评了那种领导人"言出法随"的不良现象："往往把领导人说的话当做'法'，不赞成领导人说的话就叫做'违法'，领导人的话改变了，'法'也就跟着改变"③。邓小平深刻地总结了"文化大革命"时期法制遭到严重践踏的惨痛教训，以维护人民民主权利和国家长治久安的战略眼光和政治高度，主张社会主义民主的制度化和法律化，就社会主义法制建设的各项重大问题进行了一系列经典而系统的论述，形成了邓小平法制理论。

社会主义民主是人民当家作主和共享发展的根本途径，通过社会主义法制来保障社会主义民主是邓小平法制理论的核心要义。他十分精辟地论述如下："必须使民主制度化、法律化，使这种制度和法律不因领导人的改变而改变，不因领导人的看法和注意力的改变而改变。"④ 从字面上来看，虽然邓小平同志一贯使用"法制"概念，并没有明确提出"法治"概

---

① 《邓小平文选》第3卷，人民出版社1993年版，第172页。
② 《邓小平文选》第3卷，人民出版社1993年版，第161页。
③ 《邓小平文选》第2卷，人民出版社1994年版，第146页。
④ 《邓小平文选》第2卷，人民出版社1994年版，第146页。

念，但是这句经典论述却十分明确地说明了"人治"与"法治"的根本差别和精髓所在，即"权力"和"法律"相比哪一个更高或者说更权威的问题：在人治国家，权力高于法律，领导人容易"以言代法""以权压法""法随人变""人亡法息"，说到底法律是权力的工具；而在法治社会，法律高于权力，"依法治权""依法执政""依法行政"，法律是权力的依据。以邓小平关于社会主义民主和法制的重要论述为指导，党的十一届三中全会提出"要保证人民在自己的法律面前人人平等，不允许任何人有超越于法律之上的特权"①，突出强调了社会主义法制的基本原则之一，即法律面前人人平等。

1978年12月，邓小平同志在中央工作会议上发表了《解放思想，实事求是，团结一致向前看》的著名讲话。这个讲话实际上成为开启我国改革开放大幕的宣言书。邓小平在这一历史性讲话中明确要求集中力量立法，做到"有法可依，有法必依，执法必严，违法必究"，这"十六字方针"从此成为指导我国改革开放新时期法制建设的指导思想，人们耳熟能详。这一方针涵盖了立法、执法、司法、守法等法制建设的各方面和各环节的基本遵循，既有全面性，又有针对性。改革开放以来，"十六字方针"的身影多次出现在中国共产党的许多重要文件中，凸显其重要的政治意义和深远的历史意义。中共十一届三中全会公报也明确写入了这"十六字方针"。该公报全面、准确地吸收了邓小平法制理论，也确立了邓小平法制理论在改革开放新时期法制建设中的指导地位。

1980年，邓小平在中央工作会议上再次表态："要继续发展社会主义民主，健全社会主义法制。这是三中全会以来中央坚定不移的基本方针，今后也决不允许有任何动摇。"② 如此斩钉截铁的讲话充分表明了邓小平推动社会主义法制建设的坚强决心。同年8月，邓小平同志发表了《党和国家领导制度的改革》这一重要讲话，认为"从党和国家的领导制度、干部制度方面来说，主要的弊端就是官僚主义现象，权力过分集中的现象，家长制现象，干部领导职务终身制现象和形形色色的特权现象"③。邓小平更

---

① 《中国共产党第十一届中央委员会第三次全体会议公报》，《三中全会以来重要文献选编》（上），人民出版社1982年版，第11页。
② 《邓小平文选》第2卷，人民出版社1994年版，第359页。
③ 《邓小平文选》第2卷，人民出版社1994年版，第327页。

多地从组织制度建设层面而不是领导人个人性格方面来总结党和国家遭遇的各种不幸。他深刻地指出,"这些方面的制度好可以使坏人无法任意横行,制度不好可以使好人无法充分做好事,甚至会走向反面""领导制度、组织制度问题更带有根本性、全局性、稳定性和长期性。"[①]

加强社会主义法制建设的必要性来自其显著的制度优势,也就是邓小平同志突出强调的"四性"即"根本性、全局性、稳定性和长期性"。基于此,邓小平提出了"四化"即"革命化、年轻化、知识化、专业化"等一系列改革党和国家领导和组织制度的指导原则和对策,包括发扬党内民主,消灭家长制作风,以法制的方式规范领导干部的选拔、考核、监督和任期制度,肃清宗法观念、等级观念等封建主义残余的影响,通过监督制度坚决反对特权等。在党和国家领导制度改革方面,邓小平不仅大力倡导,而且身体力行。1989年11月,在中共十三届五中全会上,他辞去了中央军委主席职务,并主动向党中央请求退休,获得党中央批准。他的高风亮节为党和国家领导制度和组织制度改革树立了光辉典范。

1992年初,在著名的"南方谈话"中,邓小平再次强调了法制建设的重要性,他指出,"搞法制靠得住些。"[②] 从1978年到1992年,经过改革开放早期十几年的经济社会发展,邓小平重视法制建设的初心没有变。他把法制作为"两手抓"中的"一手",放在与改革开放和经济建设同等重要的位置。依靠法制而不是政治运动来打击犯罪和反对腐败,是邓小平法制理论的精髓所在。1992年,党的十四大报告首次在党的全国代表大会上把我国经济体制改革的目标确立为建立社会主义市场经济体制,同时提出要高度重视法制建设,为进一步推进改革开放、建立和完善社会主义市场经济体制提供法律保障。可以说,1978年到1992年初的"南方谈话"之前的邓小平法制理论的重点放在突出强调社会主义法制的重要性,以及法制在促进党和国家领导制度和组织制度改革中的重要作用,而"南方谈话"则标志着邓小平将其提出的社会主义法制理论与社会主义市场经济理论实现了有效对接,就是依靠法制打击犯罪和反对腐败,以保障社会主义市场经济体制的建立和运行。这表明邓小平法制理论在改革开放实践中不

[①] 《邓小平文选》第2卷,人民出版社1994年版,第333页。
[②] 《邓小平文选》第3卷,人民出版社1993年版,第379页。

断发展、丰富和完善。

(二) 新时期脱贫致富的制度变革：立法主导

从1978年党的十一届三中全会到1997年党的十五大之前，是我国社会主义法制恢复重建的新时期，也是中国共产党团结带领中华民族实现从贫困到开始"富起来"的新的历史时期。在这近二十年间，我国的社会主义法制建设在邓小平同志"有法可依"的理论指导下，进行了大规模的立法活动，立法主导是这个阶段法制建设的鲜明特点。随着党在社会主义初级阶段的基本路线"一个中心，两个基本点"的确立，经济建设方面的法律制度成为立法的主要方向和重点内容。

1. "一日七法"，只争朝夕，建章立制，政经有序

1979年7月1日，第五届全国人民代表大会第二次会议在一天之内就通过了《刑法》《刑事诉讼法》《中外合资经营企业法》等七部重要法律，创造了新中国成立以来国家最高立法机关一次性通过法律最多的纪录。这些法律包括三个方面：一是国家和地方立法机关、行政机关、司法机关和法律监督机关的组织法或选举法，为新时期国家政权建设奠定了法律基础；二是刑法和刑事诉讼法的立法也结束了新中国长期没有刑法的历史；三是中外合资经营企业法的立法为引进外资的对外开放实践提供了迫切需要的法律依据。如果说前两种类型的法律旨在恢复重建国家政治和法律秩序的话，那么第三种法律即《中外合资经营企业法》的出台就体现了如下事实，即我国在改革开放起步时期作为资金匮乏的国家，渴望尽快引进外资来发展经济，从而实现国家和人民的脱贫致富。"一日七法"成为新中国法制史上的佳话，充分表明了改革开放对法律制度的现实需求和立法者时不我待、只争朝夕的主观愿望。

2. "八二宪法"，纲举目张，两次修正，促进共享

由于"七五宪法"带有明显的"文革"色彩和严重错误，"七八宪法"虽然经过两次修改也未能彻底清除"文革"期间"左"的思想影响，因此，制定一部体现改革开放和社会主义现代化建设新时期的时代要求和人民愿望的新宪法，成为改革开放之初我国社会主义民主法制建设的首要任务。当时，宪法面临的是一场"大修"而不是小修小补，可以说是推倒重来，常常需要逐字逐句逐条反复斟酌，数易其稿。因此，这次立法活动属于"制宪"而非"修宪"，它是在制定一部新宪法，而不是对"七八宪

法"的修修补补。新宪法草案经过两年多的讨论和修改，并经过全国各族人民的大讨论，1982年12月4日，新中国历史上第四部宪法在第五届全国人大第五次会议上正式通过并颁布，史称"八二宪法"。这也是我国现行宪法。

"八二宪法"把四项基本原则写入序言，继承了"五四宪法"的"法律面前人人平等"的原则，同时在宪法的篇章结构上进行了重大调整，将"公民的基本权利和义务"提到了"国家机构"的前面，更明确地体现了国家尊重和保障公民权利的宪法精神。"八二宪法"还对作为国家根本政治制度的人民代表大会制度作了许多发展和完善，特别是扩大了全国人民代表大会常务委员会的立法权。由于全国人大常委会是全国人大的常设机构，在立法方面有更充足的时间保证和专业水平，把大量的立法工作交给全国人大常委会，对于加快立法步伐和提高立法质量，都具有很强的必要性和可行性。

实践证明，"八二宪法"是一部顺应改革开放时代要求、反映人民根本利益和共同意志的好宪法，为顺利推进我国的改革开放和社会主义现代化建设，为保障社会主义民主和法制，都起到了重大的历史作用。对于法制建设而言，宪法是个纲，纲举才能目张。"八二宪法"成为改革开放以来我国法制建设的"母法"，孕育和催生了中国特色社会主义法律体系，可以说劳苦功高，居功至伟。

从1982年颁布施行到1997年党的十五大之前，"八二宪法"先后在1998年和1993年经历了两次修正。1988年4月12日，"八二宪法"第一次被修正，一共有两条。一是确认了私营经济的合法地位以及国家对私营经济的允许、引导、监督和管理的明确态度。二是规定"土地的使用权可以依照法律的规定转让"。这次宪法修正案为私营经济与社会主义公有制经济共享改革开放发展机遇提供了宪法依据，土地的使用权可以依法转让的"破冰"之举也为搞活公有制经济、充分发挥社会主义公有财产的更大效益打开了一扇"柳暗花明"的大门，是改革开放历史上重要的标志性立法事件。

1993年3月，"八二宪法"被第二次修正。这次修宪的背景是1992年春天邓小平同志的"南方谈话"，以及1992年秋天召开的党的十四大。这个宪法修正案最突出的成就是确立了"国家实行社会主义市场经济"，为我国经济体制改革从计划经济转向市场经济提供了宪法根据。这次修宪还将县级人民代表大会代表的任期由三年改成了五年。这次修宪从宪法层面迎来了改革开放的第二个春天,因为社会主义市场经济改革目标的确立使国人摆脱了"姓资"还是"姓社"的思想束缚,极大地激发了全国人民发展经济和创造财富的热情,同时"社会主义"的前缀也起到了政治宣示的作用,使中国的市场经济区别于资本主义市场经济。对此,江泽民同志作出了深刻而独到的论述,他认为"社会主义市场经济"这一概念中的"社会主义"不是"画蛇添足",而是"画龙点睛",是为了"点明我们的市场经济的性质"[①]。这次修宪内容和实践昭告世界,中国的市场经济是以社会主义公有制为经济基础、以共同富裕为奋斗目标的中国特色的市场经济,是体现社会主义本质的市场经济。

3. 民商经济立法迅猛,行政立法攻坚破冰

从1979年到1997年,我国的民事商事立法呈现蹄疾步稳的态势。在民事立法方面,具有标志意义的立法成果是1986年通过的《民法通则》。在民法典出台之前,《民法通则》在一定程度上承担了民法典总则的功能,对我国经济体制改革发挥了支柱性的作用。此外,《婚姻法》(1980)、《继承法》(1985)、《收养法》(1991)、《经济合同法》(1981)、《涉外经济合同法》(1985)、《技术合同法》(1987)、《商标法》(1982)、《专利法》(1984)、《著作权法》(1990)、《民事诉讼法》(1991)等重要民事立法的相继出台,使我国民事领域基本实现了"有法可依"的良好局面。

1992年,时任全国人大常委会委员长乔石明确提出,要"以改革的精神加快立法步伐,特别是要把经济立法放在最重要的位置。对以往制定的某些不适应社会主义市场经济要求的法律,要及时修改或废止"[②]。在经济和商事立法方面,1986年通过的《企业破产法(试行)》建立了企业退出机制,1993年通过的《公司法》和1997年通过的《合伙企业法》为我国商事主体制度的完善提供了法律框架,1995年通过的《保险法》和《票据法》以及1993年通过的《海商法》为商事活动提供了法律规范。在与市场经济密切联系的社会法立法方面,1994年,第八届全国人大常委会通

[①] 江泽民:《论社会主义市场经济》,中央文献出版社2006年版,第203页。
[②] 乔石:《全面履行宪法和法律赋予的职责推进社会主义民主政治建设》(1993年3月31日),《乔石谈民主与法制》下册,人民出版社、中国长安出版社2012年版,第333页。

过的《劳动法》为构建社会主义市场经济条件下的劳动关系提供了基本法律保障。这些商事立法和经济社会立法为促进国有企业改革改制，为广大人民群众自主创业创富，为社会主义市场经济体制建立健全，都作出了不可磨灭的历史性贡献。

同时期的行政立法之路远比民商事立法走得更加艰难。行政立法与其说是在为行政机关"授权"，倒不如说是在"限权"，是限制行政权力任性的法宝。正因为如此，与民商事立法相比，行政立法面临着来自行政机关的巨大压力和阻力。每一部行政法律的出台都是一次攻坚克难的战役，都是一次引人注目的"破冰"之旅。《治安管理处罚条例》（1986）是维护国家社会秩序和公共安全，保护公民合法权益，保障各项建设事业顺利进行的重要法规。《行政诉讼法》（1989）是为了规范和保障人民法院能够公正、及时地审理行政案件而制定的法律，是个人、法人或者其他组织认为国家机关作出的具体行政行为侵犯其合法权益而向人民法院提起诉讼的法律依据，为"民告官"提供了法律通道。《国家赔偿法》（1994）为保障公民、法人和其他组织享有依法取得国家赔偿的权利，促进国家机关依法行使职权作出了国家层面的郑重背书。《行政处罚法》（1996）为规范行政处罚的设定和实施，保障和监督行政机关有效开展行政管理活动，维护社会秩序和公共利益，保护行政相对人的合法权益提供了法律准则。几部重要的行政立法的出台，为政府依法行政提供了基本尺度，也为1997年我们党提出依法治国的基本方略奠定了坚实的法律制度基础。

第三节 1997—2012 年：依法治国，开拓和谐社会新阶段

一 执政为民与以人为本：共享发展的接续进步

（一）"三个代表"重要思想：本质在执政为民

20世纪80年代末90年代初，中国和世界都处在一个多事之秋。国内发生严重政治风波，国际上发生了苏联解体、东欧剧变这样的重大政治事变。从世界范围看，社会主义运动遭遇了空前严重的挫折，从20世纪初开始的高歌猛进陷入低迷状态。由于国际局势的风云突变和国内政治风波的影响，我国的社会主义现代化建设事业和改革开放进程遭遇严重困难和挑

战,中国共产党和中华民族都处在决定前途命运的十字路口和重大历史关头。以江泽民为主要代表的中国共产党人"奉命于危难之际",科学判断国内国际形势,全面把握政治经济大局,努力进行艰辛探索,从容应对来自国内国际的各种困难和经济政治等风险挑战,稳住了中国特色社会主义的航船,成功地把社会主义现代化建设推向21世纪,并因此逐步形成了"三个代表"重要思想。

"三个代表"重要思想是在对冷战结束后国际局势以及党的历史方位进行科学判断的基础上形成的,与中国特色社会主义的建设实践紧密相连。"三个代表"重要思想要求中国共产党必须始终引领中国先进生产力和先进文化,代表中国最广大人民的根本利益。这一重大思想是通过党的建设来推动社会主义现代化国家建设的思想体系。20世纪80年代末90年代初,我们党已经从革命、建设到改革,前后经历了三大历史时期,已经是建党七十年左右、拥有数千万名党员的大党,已经从领导中国人民翻身求解放、建立新中国而斗争的革命党,转变为领导人民建设新中国、建设社会主义、推进改革开放和现代化建设的长期执政党;已经从比较封闭和实行计划经济条件下的执政党,成为改革开放和发展社会主义市场经济条件下的执政党。世情、国情、党情,都发生了前所未有的重大变化。我们党的干部队伍进入整体性新老交替的关键时期,一大批经历过战火硝烟和革命锻炼的老同志老干部退出了领导岗位,一大批在新中国成长起来的年轻干部走上了各级领导岗位。尽管党的领导干部队伍总体是健康的、积极向上的,但也有一些党员和干部还存在着信念动摇、思想僵化、道德滑坡和消极腐败现象,更有甚者违法乱纪、腐化堕落,严重损害党的形象,有脱离人民群众的风险。因此,加强党的建设刻不容缓。

随着时间的推移,特别是农民工、民营企业家、大学生等新的社会阶层的不断涌现,党的阶级基础和群众基础在不断壮大,也对党的领导能力提出了更高要求。中国共产党领导人民通过三十年的新民主主义革命建立了新中国,使"中国人民从此站起来了",向国人也向世人证明了一个道理,就是"没有共产党就没有新中国","只有共产党才能救中国",从而确立了中国共产党在新中国执政的合法性。中国共产党又领导人民进行了三十年的社会主义改造和社会主义建设,有过巨大成就和进步,也有过重大挫折和失误,好在我们党终于在20世纪70年代末力挽狂澜,拨乱反正,使党和国家重回正轨，以经济建设为中心工作，到20世纪90年代初解决了中国人民的温饱问题，但是离"富起来"的目标还比较遥远。中国共产党需要用领导社会主义市场经济和现代化建设得更耀眼的成绩单来向国人证明"只有共产党才能发展中国"。党唯有提高执政能力，方能胜任如此艰巨的历史任务。

江泽民同志指出，"人心向背，是决定一个政党、一个政权兴亡的根本性因素""一个政权也好，一个政党也好，其前途与命运最终取决于人心向背，不能赢得最广大群众的支持，就必然垮台。"[①]"代表人民的利益"就是与人民共享发展机遇和发展成果，就能获得民心而执政；不代表人民的利益就会丧失民心，从而丢掉政权。这是历史发展的客观规律，是不以人的意志为转移的"铁律"。江泽民说："不断使全体人民得到并日益增加看得见的利益，始终是我们中国共产党人的神圣职责。"[②]"三个代表"重要思想将全体中国人民的根本利益作为我们党执政兴国的出发点和归宿，提出"最大多数人的利益是最紧要和最具有决定性的因素"[③]。我们党作为执政党，只有牢记全心全意为人民服务的宗旨，一切为了人民，一切相信人民，一切依靠人民，始终代表中国最广大人民的根本利益，领导全国人民共享发展机遇和成果，才能成为永葆先进性的长期执政党。

(二) 科学发展观：核心立场是以人为本

党的十六大是中国共产党进入21世纪后召开的第一次全国代表大会，在这次大会上，胡锦涛同志当选为中共中央总书记，以此次大会为起点，党的新一代中央领导集体，继续坚定不移地高举中国特色社会主义这一伟大旗帜，创造性地提出了科学发展观这一重大战略思想。2007年，在党的十七大上，科学发展观被写进党章。2012年，在党的十八大上，科学发展观被列入党的指导思想序列。科学发展观的形成和发展是基于如下三个方面：一是对国情的全面把握，既有对社会主义初级阶段这一基本国情的把握，又有对21世纪出现的新的阶段性特征的把握；二是对改革开放和社会主义现代化建设实践经验的系统总结，特别是党的十六大以后的理论创新和制度创新；三是深刻分析国际大势，顺应世界发展趋势，借鉴其他国家

---

① 江泽民：《论"三个代表"》，中央文献出版社2001年版，第72页。
② 《江泽民文选》第3卷，人民出版社2006年版，第122页。
③ 《江泽民文选》第3卷，人民出版社2006年版，第280页。

发展有益经验。2003年,《中共中央关于完善社会主义市场经济体制若干问题的决定》在党的十六届三中全会上获得通过。2007年,党的十七大从理论定位、理论依据、理论内涵等方面对科学发展观作了全面阐述。2012年,党的十八大报告指出:"必须把科学发展观贯彻到我国现代化建设全过程、体现到党的建设各方面。"① 也正是在党的十八大上,科学发展观正式进入我们党的指导思想序列。

对科学发展观而言,发展是其第一要义即首要含义,以人为本是其最核心立场,全面协调可持续是其基本要求,统筹兼顾是其根本方法。胡锦涛指出,发展是解决中国一切问题的"总钥匙",发展具有决定性意义。② 作为科学发展观的核心立场,"以人为本"深刻体现了马克思主义的历史唯物论,体现了我们党推动经济社会发展的根本目的和全心全意为人民服务的根本宗旨。胡锦涛同志强调:"以人为本的根本含义,就是坚持全心全意为人民服务,立党为公、执政为民,始终把最广大人民的根本利益作为党和国家工作的根本出发点和落脚点……坚持发展为了人民、发展依靠人民、发展成果由人民共享。"③ 科学发展观,从其本质、出发点和落脚点来说,就是共享发展观。

全面、协调、可持续,这是科学发展观对于发展的基本目标要求。"全面"是对发展在全面性和整体性方面的要求,不仅要有经济发展,而且要有政治发展、文化发展、社会发展、生态发展等各个方面的发展;"协调"是指发展要具有协调性和均衡性,也就是社会各方面、各领域、各环节的发展要能相互适应和促进而不是互相抵触;"可持续"是指发展应当在时间上具备持久性而不是短暂性,在过程上具备连续性而不是断裂性,不仅要实现当前的发展,而且要实现未来发展和长远发展的综合目标。胡锦涛指出:"实施可持续发展战略,促进人与自然的和谐,实现经济发展和人口、资源、环境相协调,坚持走生产发展、生活富裕、生态良好的文明发展道路"④。科学发展就是要在发展的内容和覆盖面上实现全面

---

① 胡锦涛:《坚定不移沿着中国特色社会主义道路前进 为全面建成小康社会而奋斗——在中国共产党第十八次全国代表大会上的报告》,人民出版社2012年版,第8页。
② 参见胡锦涛《在全党深入学习实践科学发展观活动动员大会暨省部级主要领导干部专题研讨班上的讲话》,人民出版社2009年版,第15页。
③ 《十七大以来重要文献选编》(上),中央文献出版社2009年版,第107页。
④ 《十六大以来重要文献选编》(中),中央文献出版社2006年版,第69—70页。

发展，在发展的结构和关系上实现协调发展，在发展的时长和过程上实现可持续发展，是"三位一体"的共享发展。

统筹兼顾是马克思主义唯物辩证法的科学方法论，也是科学发展观的根本方法论，它深刻地揭示了实现科学发展和社会和谐的基本途径，是正确处理经济社会发展中各种重大关系的指导方针。在中国共产党的思想史上，"统筹兼顾"是一个重要的方法论原则。毛泽东思想中的"两条腿走路""十个指头弹钢琴"的比喻和《论十大关系》的光辉著作，以及邓小平理论中的一系列"两手抓，两手都要硬"的思想，都是统筹兼顾方法论的形象说法和经典表达。党的十六届三中全会提出了"五个统筹"，包括统筹城乡发展、区域发展、经济发展与社会发展、人与自然和谐发展、国内发展与对外开放，强调要坚持统筹兼顾，协调好改革过程中的各种利益关系。在此基础上，党的十七大进一步强调了"三个统筹"，包括统筹中央与地方的关系，统筹个人与集体、局部与整体、当前与长远的利益关系，统筹国内和国际两个大局。科学发展观将我们党的统筹兼顾思想提升到了前所未有的高度，为实现共享发展提供了根本的方法论原则。

二 依法治国：跨世纪的执政方略转型与和谐社会构建

（一）依法治国执政方略的确立

1. "依法治国"基本方略的确立

1997年召开的党的十五大旗帜鲜明地将依法治国确立为我们党治国理政的基本方略，并提出了"建设社会主义法治国家"的宏伟目标，成为当代中国法治进程中的重要里程碑。江泽民同志在十五大报告中明确地指出了依法治国的重大意义，认为依法治国对社会主义市场经济发展、社会文明进步和国家长治久安都具有重要的促进和保障作用。在党的十五大报告中，"社会主义法治国家"的全新提法取代了"社会主义法制国家"的传统表述，是我国从立法主导型的"法制"建设向立法、执法、司法、守法等全过程全方位的"法治"建设转型的标志。我国最高人民法院前院长、首席大法官肖扬认为，从"法制"到"法治"，虽然只是一字之差，却是一次观念的重大变革，标志着我国对法治的追求从朦胧走上成熟和自觉，是党的领导方式、执政方式、治国方略的重大发展，是对千年来"人治"传统的摒弃，是对中国社会主义民主政治与法制建设的完善，开启了中国现代法治的探索之路。① 党的十五大报告对依法治国的概念进行了权威界定,在这一重要概念中,依法治国与党的领导和人民民主三者之间是并行不悖与和谐统一的关系。

依法治国基本方略的确立是中国共产党对其自身治国理政历史经验教训进行深刻总结的结果。新中国成立以后,以"五四宪法"的颁布为标志,我国的民主和法制建设一度欣欣向荣,但是由于"左"的错误思想指导,民主法制建设的良好发展势头戛然而止,最终酿成十年"文化大革命"的历史性悲剧。"文化大革命"的教训极端惨痛和深刻,说到底是法治极端缺乏的"无法无天"的教训。1978年党的十一届三中全会以来,作为执政党的中国共产党带领中国人民走出了一条新的康庄大道,这条道路就是中国特色社会主义道路。构成这条道路的方针和政策不胜枚举,其中具有根本性、全局性和深远战略意义的有四项,即从党和国家的工作重心看,从"文革"时期的"以阶级斗争为纲"转变为改革开放后的"以经济建设为中心";从国家发展道路看,从比较封闭和僵化的具有"苏联模式"特点的"老路"转变为以改革和开放为特征的"新路";从经济体制改革看,从社会主义国家传统的计划经济体制转变为社会主义市场经济体制;从执政党的治国方略看,从传统的人治转变为现代的法治,依法治国与以德治国相结合。依法治国同经济建设、改革开放和市场经济一样,构成中国特色社会主义道路的重要而鲜明的"路标"。

我国1999年的宪法修正案首次以根本法的形式将"依法治国"这一党的主张上升为宪法规定,在宪政层面确认了依法治国作为党领导人民治理国家的基本方略的地位。依法治国方略入宪标志着我国进入了社会主义法治建设的新阶段。在21世纪之初的2002年召开的党的十六大进一步将"依法治国"纳入"政治文明"的范畴。2007年召开的中共十七大要求"全面落实依法治国基本方略,加快建设社会主义法治国家"。从1997年的十五大到2007年的十七大,依法治国方略从提出到入宪再到"全面落实",社会主义法治国家从"建设"到"加快建设",前后不过十年,充分表明了我们党推进依法治国的坚定决心和空前力度。

依法治国具有空间上的整体性和时间上的长期性等重要特点。从空间

---

① 肖扬:《见证中国法治四十年》,《中国法律评论》2018年第5期。

上看,全国范围内的经济、政治、文化和社会生活的各个方面和各个环节,除了更加适合运用德治和自治的地方,都应当采用法治的方式来治理。依法治国固然存在"治民"的功能,但是其核心和精髓在于"治官",确保执政党和国家权力的正确行使而不是被滥用。依法治国是一项多层次、全方位、宽领域的系统工程。从中央政府到地方政府,从公民个人到法人单位,各地区与各行业,立法与执法,司法与护法,学法与守法,应当做到上下呼应,前后衔接,左右协调。从时间上看,社会主义法治国家的建设过程与国家的现代化过程是同频共振的。法治作为上层建筑,不可能是空中楼阁,而必然受所在国家的经济、政治、文化、社会、历史的具体条件的影响和制约。人们思想认识的转变和提高也需要时间的积累。尤其是我国幅员广阔,人口众多,人治的历史包袱十分沉重。因此,建设社会主义法治国家的历史进程必然具有长期性、渐进性、持续性和阶段性的特征。既不能脱离主客观条件而操之过急,也不能被困难所吓倒而裹足不前。"不积跬步无以至千里,不积小流无以成江海",持续进行观念更新和制度变革,积小胜为大胜,依法治国的前景光明,未来可期。

2. "依法执政"基本方式的提出

我国著名法学家张文显教授认为,形成"依法执政"理念,确立依法执政基本方式,是党的思想理论和执政理念的一次重大飞跃。[①] 2002年,党的十六大报告最早正式提出了"依法执政"这一全新概念。2004年,《中共中央关于加强党的执政能力建设的决定》在党的十六届四中全会上获得通过,该决定对依法执政的内涵作出了科学界定,并且将依法执政能力作为党的执政能力建设的总体目标的重要方面之一。2006年6月,中共中央政治局举行了集体学习会,其主题为"科学执政、民主执政、依法执政"。在这次集体学习会上,时任中共中央总书记胡锦涛同志指出:"依法执政,就是坚持依法治国、建设社会主义法治国家,领导立法,带头守法,保证执法,不断推进国家经济、政治、文化、社会生活的法制化、规范化,以法治的理念、法治的体制、法治的程序保证党领导人民有效治理国家。"这一重要讲话非常明确和清晰地阐述了依法执政的科学内涵和基本要求,深刻地分析了依法执政与依法治国和依宪执政的内在联系,"标

---

① 张文显:《中国法治40年:历程、轨迹和经验》,《吉林大学社会科学学报》2018年第5期。

志着依法执政基本方式的确立,意味着中国共产党开启了依法治国基本方略与依法执政基本方式有机结合的治国理政的新境界"①。

依法执政是指执政党依法掌握国家政权并且依法从事管理国家的活动。依法执政能力是指执政党以国家机器为依托,在国家和社会治理事务中,坚持运用法律手段化解社会矛盾、协调各方利益、促进社会进步,从而持续获得民众支持和拥护的能力。中国共产党提出并确立依法执政的基本方式,就是要求党通过制定重大政策、提出立法动议、选拔领导干部等执政权力的行使,使党的意志通过法定程序升华成国家决策,督导和促进各类国家机关依法履行职能。依法治国的关键在于党依法执政,各级党组织和党员领导干部必须依法行使执政权力。这是中国共产党在21世纪新阶段的执政方式的重大变革,是领导方法的与时俱进,是建设社会主义法治国家和政治文明的根本大计。

"依法执政"基本方式的提出是中国共产党主动顺应和自觉运用法治规律和现代政党执政规律的结果。在现代民主国家,法治就是根据反映人民意志的法律进行统治。依法执政是当今世界各国执政党执政的普遍规律和基本方式。依据现代民主的一般原理,执政党执政权的获得和维持有赖于大多数选民的支持,因此执政党的意志必须反映和代表大多数选民的意志。执政党必须根据宪法和法律去制定政策和作出决策,并善于把成熟的政策和决策及时经过法定程序转化为法律,在法治的轨道上合理协调社会关系,正确处理社会矛盾。中国共产党作为执政党的地位是我国宪法确认的,必须在宪法和法律范围内活动,顺理成章。实际上,这也是我国宪法的明确规定。党领导人民通过国家权力机关将人民意志转化为宪法和法律,党的政策和人民意志在宪法和法律中得到共同体现和有机结合。宪法和法律就是党的政策和人民意志的最大公约数。依法执政是实现党的领导和人民民主的最有效手段。

为人民服务是中国共产党的根本宗旨,依法执政是中国共产党更好地实现这一宗旨的必然要求。中国共产党执政地位的获得和维持是历史的选择、人民的选择。密切联系人民群众,始终代表中国最广大人民的根本利益,是中国共产党的最大政治优势。正因为中国共产党始终践行"为中国

---

① 张文显:《中国法治40年:历程、轨迹和经验》,《吉林大学社会科学学报》2018年第5期。

人民谋幸福，为中华民族谋复兴"的初心和使命，所以得到广大人民的广泛支持和拥护，实现长期执政。然而中国共产党七十多年的执政历程并非一帆风顺，而是出现过"文化大革命"那样的重大错误和挫折，究其原因，不是缺乏为人民服务的宗旨，而是在于当时没有确立依法执政的方式。如果说为人民服务、执政为民是中国共产党执政的内容和目的，那么是选择人治还是法治，就是执政的形式或手段问题。内容与形式，目的与手段，从来不能分割开来。立党为公、执政为民的内容和目的是好的，但如果没有好的实现形式和手段，就可能"好心办坏事"，不仅不能维护人民利益，反而会损害人民利益。这已经为历史和事实所证明。对于执政党而言，好的执政形式和手段应当符合科学化、制度化和程序化的要求，而利用宪法和法律依法执政正好符合这样的要求。中国共产党要更好地做到立党为公、执政为民，最大限度地为人民谋福利，必须坚持依法执政。

依法治国是治国的基本方略，依法执政是执政的基本方式，二者都体现了中国共产党崇尚法治、反对人治的法治精神，都体现了立党为公、执政为民的根本宗旨，在基本理念上是高度一致的。依法治国与依法执政的区别主要表现在以下几个方面：第一，约束对象不同。依法治国的约束对象是全国范围内包括中国共产党在内的所有社会组织和社会成员，依法治国是对全社会的要求；依法执政的约束对象是中国共产党，包括党的各级组织及其被选举、任命和委派到国家政权机关中掌握和行使国家权力的党员或代表，他们必须在宪法和法律的范围内施政，而不能越权、渎职或滥用职权。第二，直接目标不同。依法治国的目标是建成中国共产党领导的、人民当家作主的社会主义法治国家，并且建成法治政府和法治社会，实现国家长治久安；依法执政的直接目标是提高中国共产党的执政能力，规范党的执政行为，巩固党的执政地位，实现党的长久执政。

依法执政与科学执政和民主执政三者之间是辩证统一、互相依存的关系：民主执政是根本要求，科学执政是逻辑前提，依法执政是必要途径。没有依法执政就没有科学执政和民主执政。三者有机统一于中国共产党执政方式的基本理论框架和实践活动。如果说民主执政是实现共享发展的政治保证，那么依法执政就是达成这一政治保证的理性选择。我国社会主义政治文明区别于资本主义政治文明的本质特征，就是党的领导、人民民主与依法治国的和谐共生。中国共产党领导是根本政治保证，人民民主是最终目的，依法治国是改进党的领导方式和更好地实现人民民主的基本方略。坚持法律面前人人平等，作为执政党的中国共产党及其党员也不能例外。只有做到并坚持依法执政，才能更好地巩固党的领导地位，才能更好地实现人民当家作主，才能使民主制度化、法律化，也才能保证国家的长治久安。

(二) 构建和谐社会的法治成就

从1997年中共十五大到2012年中共十八大的十五年，是"三个代表"重要思想和科学发展观战略思想从提出到发展完善的十五年，也是依法治国基本方略和依法执政基本方式从提出到加快发展的十五年。中国共产党越来越多地、也越来越自觉地运用法治方式执政为民，以人为本，追求全面协调可持续发展，构建和谐社会。在这个过程中出现了一系列重要的法治成就，对于促进全体人民共享改革发展成果作出了引人注目的历史性贡献。

1. 通过两次修宪，确立依法治国基本方略，完善经济制度并保障人权

1999年和2004年，我国现行宪法即"八二宪法"先后作出了两次修正。1999年宪法修正案的突出成就，除了确立邓小平理论作为中国共产党的指导思想外，就是将依法治国确立为中国共产党的基本治国方略。这无疑成为我国政治文明建设的重要里程碑，成为国家治理现代化的重要加速器。

此次宪法修正案在建立社会主义市场经济制度方面也贡献甚大。它首先确认了社会主义初级阶段的基本经济制度和分配制度，其中，基本经济制度表述为"公有制为主体、多种所有制经济共同发展"，分配制度表述为"按劳分配为主体、多种分配方式并存"。此外，它提高了个体经济、私营经济在国家经济体系中的地位。宪法第11条规定的是国家对个体经济和私营经济的态度和政策。通过这次修宪，个体经济和私营经济在我国宪法中的地位从"社会主义公有制经济的补充"升级为"社会主义市场经济的重要组成部分"。因为"补充"的提法带有"附属物"和"可有可无"的含义，而"重要组成部分"带有"并列"和"必不可少"的内涵，地位之差别，高下立见。非公有制经济与公有制经济可以共享社会主义市场经济的发展机遇，共同为我国社会主义物质文明建设服务。

2004年宪法修正案的突出成就，除了确立"三个代表"重要思想作为中国共产党的指导思想外，就是将"国家尊重和保障人权""公民的合法的私有财产不受侵犯"等一系列重要条文写进宪法，从人权保障和私有财产权保护的角度为人民共享发展提供了根本法依据。这是新中国首次将人权概念引入宪法，是我国社会主义法治国家建设道路上的重要里程碑。

我国宪法第13条是关于公民财产权的规定。2004年宪法修正案用"公民的私有财产权"概念取代了原先的"公民的合法的收入、储蓄、房屋和其他合法财产的所有权"概念，好处有二：一是从立法技术来看，表述更加精练；二是扩大了财产权保护的范围，因为从民法意义上讲，财产所有权只是财产权的一种类型，民法中的债权、用益物权、担保物权都属于财产权，股东权、知识产权中也包含了财产权的内容，也就是说，从概念的外延来看，财产权要远大于所有权。

同时，该条款还赋予了国家在一定条件下对公民私有财产的征收征用权。条件有三：一是为了公共利益的需要，二是依照法律规定，三是给予补偿。"为了公共利益的需要"在本质上就是共享发展的需要。国家的征收征用权的行使是对公民私有财产权的限制，但是必须基于公共利益即共享发展的需要，而且必须"依法"并且"补偿"，而不能任性，比如不能为了商业利益的需要而征收征用公民的私有财产，不能违反法律规定的条件和程序，不能把征收征用变成没有补偿的"没收"。该条款既是对私有财产权的限制，也是对国家公权力的限制，防止公权力以公共利益或共享发展为借口来无底线地限制私有财产权。共享发展必须以尊重和保障每个人的权利为前提，否则就是侵犯和掠夺。海洋虽大，也是由每一滴水汇聚而成的；森林虽大，也是由每一棵树汇聚而成的。如果对海洋里的每一滴水肆意污染，如果对森林里的每一棵树肆意砍伐，那么整个大海和森林都将被毁坏甚至不复存在。正如马克思所言，"每个人的自由发展是一切人自由发展的条件。"个体与整体，局部与全局，总是休戚与共，唇齿相依。只有尊重个体的共同体才是值得追求的，只有尊重人权的共享发展才是值得追求的。

2004年宪法修正案还增加规定："国家建立健全同经济发展水平相适应的社会保障制度。"这是贯彻落实科学发展观，构建社会主义和谐社会思想在宪法中的直接体现。社会保障制度的建立健全正是为了解决经济发展与社会发展不相协调和不相适应的现实问题，补齐民生短板，为全体人民共享改革发展成果的制度建设提供最根本的宪法依据。

2. 民商经济立法修法进入高峰期，完善市场经济，适应世贸组织规则

这一时期，是我国社会主义市场经济法治化全面铺开的时期。随着2001年我国加入世界贸易组织，与市场经济密切联系的民商法、经济法立法和法律修改都进入高峰期。这一方面是健全和完善我国社会主义市场经济体制的需要，另一方面也是我国主动适应和遵守世界贸易组织规则，与国际通行规则接轨的需要。

在立法即法律创制方面，证券法、合同法、物权法、侵权责任法、社会保险法的颁布，是这一时期的标志性事件。1998年《证券法》一部旨在规范证券发行和交易行为，保护投资者的合法权益，维护社会经济秩序和社会公共利益，促进社会主义市场经济发展的重要法律。1999年《合同法》是一部旨在保护合同当事人的合法权益，维护社会经济秩序，促进社会主义现代化建设的民事基本法。这部统一的《合同法》结束了20世纪80年代制定的《经济合同法》（1981）、《涉外经济合同法》（1985）、《技术合同法》（1987）三部法律"三分天下"的支离破碎的局面，有利于维护民事法制的统一。2007年《物权法》是一部旨在维护国家基本经济制度，维护社会主义市场经济秩序，明确物的归属，发挥物的效用，保护权利人的物权的民事基本法。2009年《侵权责任法》是一部旨在保护民事主体的合法权益，明确侵权责任，预防并且制裁侵权行为，促进社会和谐稳定的重要民事法律。

2010年的《社会保险法》是我国最高立法机关首次就社会保障制度进行的专门立法，是一部旨在规范保险活动，保护保险活动当事人的合法权益，加强对保险业的监督管理，维护社会经济秩序和社会公共利益，促进保险事业健康发展的重要商事法律。社会保险法是一种社会保障制度，是国家通过立法设立社会保险基金，使劳动者在遭遇失业、短期或者永久失去劳动能力时能够依法获得物质帮助和补偿。

在这一时期，修法即法律修改活动也十分活跃。法律修改由过去的辅助地位，转变为与法律创制并重，甚至成为立法的重心。2002年3月，时任全国人大常委会委员长李鹏同志指出："把修改法律放在与制定法律同

等重要的位置上。为使立法工作同变化发展的形势相适应,常委会十分重视法律的修改,全年通过的16件法律中,有10件属于修改法律。"① 经过统计可以发现,在1998—2003年的五年期间,九届全国人大及其常委会共修改法律41次。其中,经济法部门12次,占此期间修改总次数的29.27%。民法商法部门10次,占此期间修改总次数的24.39%。在2003—2008年的五年期间,十届全国人大及其常委会修改法律42次。其中,经济法部门14次,占此期间修改总次数的33.33%。民法商法部门8次,占此期间修改总次数的19.05%。1998—2008年的十年间,民法商法部门总计修改法律18次。②《公司法》《证券法》《保险法》《外资企业法》《中外合资经营企业法》《专利法》《商标法》《著作权法》等具有标志性的法律,都曾经被修改,有的甚至多次修改。例如,《公司法》分别在1999年、2004年、2005年被修正,多达3次。《证券法》修正2次,分别在2004年、2005年被修正。《专利法》修正2次,分别在2000年、2008年被修正。《著作权法》修正2次,分别在2001年、2010年被修正。法律修改的数量多,而且速度快,是这一时期修法的鲜明特点。

　　法律同道德、宗教等社会规范一样,都是实现社会控制的一种手段。法律必须稳定,但又不能静止不变。因此,应当达成法律确定性与适应性的统一并促进其成长。③ 法律的确定性能够给人们带来合理预期和安全感,法律的适应性能够使其避免成为脱离实际的一纸空文。马克思主义经典作家认为,"社会不是以法律为基础的。那是法学家们的幻想。相反地,法律应该以社会为基础。法律应该是社会共同的、由一定物质生产方式所产生的利益和需要的表现,而不是单个的个人恣意横行。"④ 一方面,法律的稳定性能够确保人们拥有一致的规则和安宁的社会生活秩序;另一方面,人们也时常希望法律能够灵活变通以确保公平、正义等价值的实现。⑤ 立

---

① 《十五大以来重要文献选编》(下册),中央文献出版社2011年版,第2289页。
② 付子堂、胡夏枫:《立法与改革:以法律修改为重心的考察》,《法学研究》2014年第6期。
③ 参见[美]本杰明·卡多佐《法律的成长法律科学的悖论》,董炯、彭冰译,中国法制出版社2002年版,第4页;[美]诺内特、塞尔兹尼克《转变中的法律与社会》,张志铭译,中国政法大学出版社1994年版,第7页;[美]罗斯科·庞德《法律史解释》,曹玉堂、杨知译,华夏出版社1989年版,第1页。
④ 《马克思恩格斯全集》第6卷,人民出版社1961年版,第291—292页。
⑤ 周少华:《法律之道:在确定性与灵活性之间》,《法律科学》2011年第4期。

法意味着法律稳定性的确立，而在法律施行过程中，随着社会生活的变化而及时修改法律，是法律保持与时俱进的有效途径。

3. 中国特色社会主义法律体系形成，如期实现"有法可依"目标

1997年召开的党的十五大将"依法治国"确定为治国方略，提出了"建设社会主义法治国家"的战略目标，并且明确提出了立法方面的路线图和时间表，即"加强立法工作，提高立法质量，到2010年形成有中国特色的社会主义法律体系"。2000年通过的《立法法》作为宪法相关法，为健全国家立法制度，有效发挥立法的引领和推动作用，保障和发展社会主义民主，全面推进依法治国，建设社会主义法治国家，提供了操作指南。2007年，党的十七大报告提出"要完善中国特色社会主义法律体系"。2011年3月，时任全国人大常委会委员长吴邦国同志在作全国人大常委会工作报告时庄严宣布：中国特色社会主义法律体系已经形成。

至此，新中国成立以来特别是改革开放以来长期存在的"无法可依"局面得到根本改观，进入了"有法可依"的历史新阶段。中国特色社会主义法律体系的正式成型，是1997年党的十五大提出的依法治国基本方略的重要阶段性成果，是社会主义法治国家建设史上不可忽视的里程碑。中国特色社会主义法律体系，是中国道路和中国制度的确认书和保障书，它的形成本身也是我国改革开放和社会主义现代化建设的重大战略成果之一，其现实意义和历史意义十分重大而深远。但是应当清楚的是，法律体系的形成只是立法工作的阶段性成果，并不意味着立法工作的终结。"欲穷千里目，更上一层楼"，中国特色社会主义法律体系的不断进步和持续完善，只有进行时，没有完成时。

中国特色社会主义法律体系以作为根本法的宪法为统领，是纵向层次分明、横向门类齐全、内部关系协调的法律法规的统一整体。纵向地看，中国特色社会主义法律体系呈现层次分明的状态，分别包括五个层次：宪法、法律、行政法规、地方性法规、规章。从横向来看，中国特色社会主义法律体系是门类齐全的，主要由七个部分或者说部门构成，具体涵盖：宪法及宪法相关法、民商法、行政法、经济法、社会法、刑法、诉讼与非诉讼程序法。从内部关系来看，中国特色社会主义法律体系是上下协调、左右协同的有机统一体。

(1) 层次分明的中国特色社会主义法律体系

宪法在中国特色社会主义法律体系中居于最高层次，是统帅和根本。假如将中国特色社会主义法律体系的结构比作一座"金字塔"，那么宪法就是"塔顶"。如果把中国特色社会主义法律体系的结构比作一棵"树"，那么宪法就是"树根"。宪法是我国的根本大法和顶层设计，是国家的"总章程"，对于维护国家长治久安具有根本性意义。我国的一切组织和公民个人都必须将宪法作为根本的行为准则。"根深"才能"叶茂"，在中国特色社会主义法律体系中，作为根本法的宪法具有最高的效力和权威，是制定法律、行政法规、地方性法规的根本依据。

法律在中国特色社会主义法律体系中处于主干地位，位于第二层次，可以说是"树干"部分，在级别和效力上仅次于宪法。根据宪法和《立法法》的规定，在我国，制定法律的国家立法权专属于全国人民代表大会及其常务委员会。法律负责解决国家发展中带有根本性、全局性、稳定性和长期性的问题，例如涉及国家主权的事项，如何设立国家机构并赋予其何种职权，国家的基本政治制度，基本经济制度等方面。法律是我国法制体系的"工作平台"，是所有的行政法规和地方性法规的"上位法"。

可以说，我国宪法和《立法法》把法律分为基本法律和普通法律两大类，全国人民代表大会有权制定基本法律，全国人大常委会有权制定普通法律。刑事、民事、国家机构等方面的法律属于基本法律，由作为国家最高权力机关的全国人民代表大会负责制定和修改；其他方面的普通法律，由全国人民代表大会的常设机构即常务委员会制定和修改。下位法不得与上位法相冲突，法律作为上位法，为国务院制定的行政法规和地方人大制定的地方性法规的制定和修改提供了不可逾越的准绳。

行政法规在中国特色社会主义法律体系中居于重要地位，其位于第三层次，可以说是"树枝"部分。行政法规在级别和效力方面又次于宪法和法律。从立法权限看，根据我国宪法和《立法法》的规定，制定行政法规的职权专属于我国最高行政机关即国务院。就立法内容而言，行政法规的内容主要涉及两个方面，一是法律的执行问题，将法律规定不太明确的制度进行细化、具体化和必要补充，二是国务院行政管理职权的履行问题。此外，对于那些本来应当由全国人民代表大会及其常务委员会制定法律的重要事项，在制定法律的条件还不够成熟的情况下，国务院可以根据全国人大及其常委会的授权决定先制定行政法规，等待条件成熟后再由全国人大及其常委会制定法律。这是我国在社会主义法治建设中探索的授权立法的重要表现形式，也是我国改革开放过程中为应对社会急剧转型的现实状况而采取的切实有效的法治手段，是改革与法治实现良性互动的中国经验、中国智慧、中国方案。

地方性法规是中国特色社会主义法律体系的又一重要组成部分，位于第四层次，可以说是"树叶"部分。地方性法规在级别和效力方面又次于宪法、法律、行政法规。从立法权限看，根据宪法和2000年制定、2015年修改的《立法法》及其他法律规定，制定地方性法规的职权属于省、自治区、直辖市和设区的市的人民代表大会及其常务委员会。地方性法规的制定是充分实现广大人民的民主权利、因地制宜促进地方经济和社会发展的重要法治手段。为了保持国家法治的统一性，地方性法规的内容不得与宪法、法律、行政法规及其上级的地方性法规的内容和精神相冲突。从立法内容看，地方性法规的内容一般涉及三个方面：一是对法律、行政法规的执行问题作出规定，二是对属于地方性事务的问题作出规范，三是对于国家尚未制定法律或者行政法规予以规定的问题，除了全国人民代表大会及其常委会的专属立法事项之外，可以先行制定地方性法规。在中国特色社会主义法律体系中，地方性法规的效力相对较低，但是规模庞大，在国家治理体系中具有重要的基础性地位，是宪法、法律、行政法规内容的具体化和地方化，在某些方面为国家层面的立法积累了有益和有效的经验，在我国改革开放波澜壮阔的历史进程中扮演了先行先试的重要角色。

在中国特色社会主义法律体系中，规章是最基层部分，位于第五层次。在我国，规章又分为部门规章和地方政府规章。从立法权限看，根据《立法法》的规定，制定部门规章的职权在国务院各部委和具有行政管理职能的直属机构。就立法内容而言，部门规章仅涉及对于法律、行政法规或者国务院的决定、命令的执行问题。为了保障人民的合法权益，防止行政权力的"任性"，根据《立法法》的规定，在缺乏上位法依据的情况下，部门规章不能减损人民的权利或者增加其义务，也不能增加本部门的权力或者减少本部门的法定职责。

地方政府规章的制定权属于省、自治区、直辖市和设区的市、自治州的人民政府。从法律效力看，地方政府规章的效力低于法律、行政法规和本省、自治区、直辖市的地方性法规，因此不能同它们相冲突。地方政府规章的内容应当限于下列两个方面：一是对法律、行政法规、地方性法规的执行问题；二是对本行政区域的具体的行政管理问题。2015年修订的《立法法》对设区的市、自治州的人民政府制定地方政府规章的权力作出限制，即限于城乡建设与管理、环境保护、历史文化保护等方面。上述限制性规定，既充分发扬了地方民主，尊重了基层人民群众的首创精神，又维护了国家法制的协调和统一，是共享发展理念在立法领域的具体体现。

（2）部门齐全的中国特色社会主义法律体系

宪法是国家的根本法，是治国安邦的总章程。宪法相关法是同宪法密切相关的配套法律，是调整国家政治关系、直接保障宪法实施和国家政权运作的法律规范，主要包括保障公民基本政治权利、维护国家主权和安全、国家标志象征等方面的法律。例如《全国人民代表大会和地方各级人民代表大会代表法》《全国人民代表大会组织法》《民族区域自治法》《香港特别行政区基本法》《澳门特别行政区基本法》《立法法》《国旗法》《国徽法》等。

民商法。从新中国成立到2020年5月以前，我国并无一部完整的民法典，而是以《民法通则》为基本法律，辅之以各种单行民事法律，包括《民法总则》《物权法》《合同法》《侵权责任法》《婚姻法》《继承法》《收养法》《担保法》《著作权法》《专利法》《商标法》等。2020年5月28日，第十三届全国人民代表大会第三次会议通过了《中华人民共和国民法典》，开辟了我国民事立法的新纪元。我国商法目前尚无统一的《商法典》，单行的商事法律主要有《公司法》《证券法》《保险法》《企业破产法》《票据法》《海商法》等。

经济法。经济法是指维护市场经济秩序、规范国家宏观调控、创造公平竞争环境方面的法律规范。我国现已制定的经济法包括《反不正当竞争法》《反垄断法》《消费者权益保护法》《产品质量法》《广告法》《预算法》《审计法》《会计法》《中国人民银行法》《价格法》《税收征收管理法》《个人所得税法》《企业所得税法》《城市房地产管理法》《土地管理法》等。

行政法。行政法是调整行政关系的法律规范的总称，具体是指有关行政主体、行政行为、行政程序、行政责任等一般规定的法律法规，包括

《公务员法》《行政复议法》《行政处罚法》《行政许可法》《行政强制法》《国家赔偿法》等。

社会法。社会法是规范劳动关系、社会保障关系、社会福利关系和特殊群体权益保障等方面的法律法规，主要包括《劳动法》《劳动合同法》《未成年人保护法》《老年人权益保障法》《妇女权益保障法》《残疾人保障法》《社会保险法》《公益事业捐赠法》《慈善法》等。

刑法。刑法是国家规定犯罪、刑事责任和刑罚方面的法律规范。刑法是惩罚犯罪、保护人民生命和财产安全、维护社会秩序和公共安全的最后一道防线。我国现行刑法包括1997年修订后的《中华人民共和国刑法》和全国人民代表大会常务委员会通过的数个刑法修正案以及若干惩治犯罪的决定等。截至2021年3月1日，全国人大常委会先后通过并实施了11个刑法修正案。

诉讼与非诉讼程序法。这是调整以解决社会纠纷为目标的司法诉讼活动以及仲裁和调解等非诉讼活动的法律规范。主要有《刑事诉讼法》《民事诉讼法》《行政诉讼法》《仲裁法》《海事诉讼特别程序法》《人民调解法》《劳动争议调解仲裁法》《农村土地承包经营纠纷调解仲裁法》《引渡法》等。

（3）特征鲜明的中国特色社会主义法律体系

中国特色社会主义法律体系是中国特色社会主义制度的主体框架和骨干部分，是新中国成立70多年来尤其是改革开放40多年来中国发展道路和实践经验的制度化和法律化，具有性质上的人民性、内容上的时代性、文化上的包容性、发展上的开放性等鲜明特征。

第一，性质上的人民性。这是中国特色社会主义法治体系的本质特征，也是其促进共享发展的突出表现。根据马克思主义基本原理，国家和法律都是阶级统治的工具。说到底，法律的性质是由国家的性质来决定的，以维护统治阶级的利益为根本目的。我国是人民民主专政的社会主义国家。中国特色社会主义法律体系是反映、确认、巩固和发展中国特色社会主义制度的规范载体，从立法程序和实体内容上都充分反映人民的共同意志，充分实现、维护和发展人民的根本利益，最大限度地保障人民的民主权利。

第二，内容上的时代性。中国特色社会主义法律体系的建立起步于新中国成立初期,成型和完善于改革开放40多年来的历史新时期,打上了鲜明的时代烙印。以"五四宪法"为标志的中国特色社会主义法律体系的早期成果,确认并确保了中国的社会主义性质;以"八二宪法"及其五次修正案为代表的中国特色社会主义法律体系的新成就,顺应了我国改革开放和社会主义现代化建设的时代要求,并确保其顺利进行。中国特色社会主义法律体系与改革开放是相辅相成的关系。其一,改革开放和社会主义现代化建设实践呼唤和倒逼中国特色社会主义法律体系的形成,可谓"实践出真知"。其二,中国特色社会主义法律体系作为改革开放和社会主义现代化建设的法制土壤,起到了积极的引导、规范、保障和促进作用。改革的变动性与法律的稳定性之间不可避免地存在一定的紧张关系,而中国特色社会主义法律体系妥善地处理了这一棘手的关系,既与时俱进地适应改革开放和现代化建设的时代步伐,又避免朝令夕改而损害法律自身的权威。

第三,文化上的包容性。中国特色社会主义法律体系在文化取向上"不忘本来,吸收外来",体现了兼容并包、中西合璧的法律文化和共享发展精神。"不忘本来"主要表现为注重继承中华法制文化的优秀传统,并对其进行创造性转化和创新性发展。"吸收外来"主要表现为广泛借鉴人类法制文明的先进经验特别是西方发达国家在市场经济、社会治理等方面的法治成果,并对其进行适合中国国情的改造和改良。

第四,发展上的开放性。"面向未来"主要表现为中国特色社会主义法律体系始终立足于中国国情,面向社会进步的需要,坚持不懈地进行制度创新,成为中国特色社会主义制度自信的重要基础。中国特色社会主义法律体系不是静止的、保守的体系,而是动态发展的、开放的体系。根据马克思主义基本原理,一个国家的法律体系作为上层建筑和社会意识的创造物,必然反映该国的经济基础和社会存在。中国特色社会主义处在社会大变革大转型时期,社会主义制度还处在不断自我完善和发展的过程中,与此相适应,中国特色社会主义法律体系也必然在稳定性与变动性、阶段性与连续性、现实性与前瞻性的对立统一之间寻求平衡,在不断发展和完善自身的同时,促进中国经济社会发展和法治国家建设实践。

第四节 党的十八大以来：全面依法治国，开启共享发展新时代

一 以人民为中心与全面小康：共享发展的升级换代

（一）以人民为中心：从"发展思想"到"基本方略"

党的十八大以来，习近平同志在各种场合和重要讲话中多次强调"坚持以人民为中心"的执政理念，并逐步形成了"以人民为中心的发展思想"。2012年，在党的十八大闭幕后的中外记者见面会上，习近平同志就庄严宣示："人民对美好生活的向往，就是我们的奋斗目标。"这句话可以说是"习式金句"的开篇之作，既是我们党"全心全意为人民服务"这一根本宗旨一脉相承、一以贯之的体现，也突出反映了总书记的为民情怀。习近平同志情真意切的表达和勇于担当的精神，成为党的十八大以来我们党执政为民的鲜红旗帜和鲜明航标。他多次强调并要求全党同志始终把人民放在心中最高位置，把人民立场作为根本政治立场，不断把为人民造福的中国特色社会主义伟大事业推向前进。

2015年，中国共产党十八届五中全会明确提出"坚持以人民为中心的发展思想"，具有重大的理论意义和政治意义。为人民而发展，这是马克思主义政治经济学和中国共产党的根本立场。习近平总书记强调，我们任何时候都不能忘记，牢牢坚持以人民为中心的根本立场，经济发展的出发点和落脚点应当是增进人民福祉、促进共同富裕和人的全面发展。

"人民"一词在十九大报告中一共出现了203次，成为贯穿始终的关键词、热门词，充满了温度和情怀，凸显了党的宗旨和初心。"发展"一词在十九大报告中一共出现了232次，成为当之无愧的第一热词。"以人民为中心的发展思想"体现了"人民至上"的发展观和人民观。十九大报告明确新时代要"不断促进人的全面发展、全体人民共同富裕"，其中3次提到"人的全面发展"，6次强调"共同富裕"。"人民"是社会的绝大多数人，而不是少数人，"以人民为中心的发展"体现了共享发展主体的广泛性。"人的全面发展""共同富裕"，正是共享发展的基本内容和必然要求，体现了共享发展内容的全面性。

"坚持以人民为中心"的基本方略具有丰富的思想内涵。在世界观和

价值观层面，其理论基础是马克思主义的"人民是历史的创造者"这一唯物史观。为人民服务、群众路线是"坚持以人民为中心"的根本方法和实现路径。"坚持以人民为中心"的基本方略，就是要深刻认识"人民是历史的创造者"这一历史唯物主义的基本观点，就是要把"为人民谋幸福"作为党的使命，要在治党治国治军的全部活动中努力践行为人民服务的根本宗旨，继承和弘扬党的群众路线这一传家宝，依靠人民创造历史伟业。

2018年12月，在庆祝改革开放40周年大会上，习近平总书记着重指出，为中国人民谋幸福，为中华民族谋复兴，是中国共产党人的初心和使命，也是改革开放的初心和使命，我们必须坚持以人民为中心，不断实现人民对美好生活的向往。中国共产党建党100年、新中国成立70多年和改革开放40多年的奋斗历程和伟大成就，是中国共产党坚持以人民为中心的发展思想和执政方略的伟大实践，是中国共产党践行共享发展理念的耀眼成绩单。

（二）全面建成小康社会：从"建设期"到"攻坚期"和"决胜期"

中国共产党在不同的历史时期，总是能够根据中华民族复兴进程和时代背景，提出富有前瞻性和感召力的宏伟蓝图，并且团结一切可能团结的力量为之不懈努力。"小康"的概念最早见于《礼记·礼运》，是与"大同"相对照的概念，是从古至今中华民族孜孜以求的仅次于"大同"的理想社会状态。20世纪70年代末80年代初，中国改革开放和社会主义现代化建设的总设计师邓小平同志提出了"小康社会"概念，是对中国经济社会发展目标的战略构想和规划。

1979年，在会见日本首相大平正芳时，邓小平第一次提出"小康"，作为表达现代化发展战略的一个概念。邓小平用大众化的通俗语言说，"所谓小康社会，就是虽然不富裕，但日子好过"，就是"不穷不富"的水平。邓小平设想了著名的现代化发展"三步走"战略。1987年，党的十三大正式将邓小平的"三步走"战略构想确立为党的政策目标。在这一战略中，既包含"国民生产总值"这样宏观的"定量"目标，也包括"人民生活水平"这样微观的"定性"目标，二者有机结合。就"人民生活水平"目标而言，第一步是到1990年实现"温饱"，第二步是到20世纪末达到"小康"。习近平同志指出，"使用小康这个概念来确立中国的发展目标，既符合中国发展实际，也容易得到最广大人民理解和支持。"① 我们完全可以说，"小康社会"这一概念的提出是中华优秀传统文化在当代中国的创造性转化和创新性发展，体现了以邓小平为代表的中国共产党人高度的政治智慧，显示了中国共产党作为马克思主义执政党的深厚的历史自觉、文化自信和民族自强。

2002 年，党的十六大报告明确提出，一方面，我国"人民生活总体上达到小康水平"，另一方面也承认"现在达到的小康还是低水平的、不全面的、发展很不平衡的小康"，因此要在 21 世纪头 20 年"全面建设更高水平的小康社会"。可以说，自进入 21 世纪开始，我国就进入了"全面小康社会"的"建设期"。

2012 年，党的十八大明确提出了"两个一百年"奋斗目标。十八大报告首次明确提出了"全面建成小康社会"，并把它作为"两个一百年"的第一个百年奋斗目标。从"建设"到"建成"，虽然只有一字之差，但是意义大不相同。如果说"建设"重视的是"过程"，那么"建成"强调的就是"结果"。1949 年 3 月 23 日，解放战争胜利在望，中共中央机关从西柏坡前往北平时，毛泽东同志说："今天是进京赶考的日子。"毛泽东同志的"赶考说"在革命、建设和改革的波澜壮阔的历史进程中激励了历代中国共产党人不忘初心，不辱使命，矢志不移地为中国人民谋幸福，为中华民族谋复兴。习近平总书记说，"时代是出卷人，我们是答卷人，人民是阅卷人。"这一精辟论述，彰显了中国共产党人强烈的历史担当和深厚的人民情怀。今天，我们党团结带领中国人民全面建成小康社会，就是"考试"的继续。对于小康社会而言，如果说在党的十八大之前，我们在"赶考"和"答卷"，那么从党的十八大到 2020 年就是我们党查漏补缺、攻坚克难并准备"交卷"的时候了。此时，作为经历了一场即将结束而且难度系数相当高的考试的"考生"，那种紧张、兴奋而又不安的复杂心情可想而知。因为面对的"考题"很难，所以紧张；因为有成竹在胸的自信，所以兴奋；又因为在乎人民作为"阅卷人"的评判，所以会有忐忑不安的期待。"全面建成小康社会"，是中国共产党自我加压、自我鞭策的时代

---

① 《习近平在纪念孔子诞辰 2565 周年国际学术研讨会暨国际儒学联合会第五届会员大会开幕会上的讲话》（2014 年 9 月 24 日），《人民日报》2014 年 9 月 25 日第 2 版。

强音。

2017年，党的十九大报告指出，从十九大到2020年，是我国全面建成小康社会的"决胜期"。对此，十九大报告作出了全新的战略部署，要求坚决打赢包括"精准脱贫"在内的三大"攻坚战"，使全面建成小康社会的成果经得起人民和历史的检验。这体现了中国共产党强烈的使命担当、问题导向和底线思维。从党的十九大到二十大，是中国共产党"两个一百年"奋斗目标的"历史交汇期"。全面建成小康社会标志着中国跨过了实现社会主义现代化建设第三步战略目标必经的承上启下的重要发展阶段。

在"全面建成小康社会"这一奋斗目标中，更重要也是更难做到的是"全面"。"全面小康"至少在三个方面要"全面"：一是覆盖的领域要全面，经济、政治、文化、社会、生态文明建设全面发展，是"五位一体"齐头并进的小康。二是覆盖的人口要全面，全体中国人民普遍受惠，"一个民族都不能少"，"一个人都不能少"。"小康不小康，关键看老乡"，"没有全民小康，就没有全面小康。"三是覆盖的区域要全面，城市和乡村共同发展，东中西部共同发展，发达地区和欠发达地区共同发展。"没有农村的全面小康和欠发达地区的全面小康，就没有全国的全面小康。"① 促进城乡之间和区域之间的协调发展，是全面建成小康社会和推进社会主义现代化建设的重要任务。"全面建成小康社会"是中国共产党与生俱来的共享发展思想的具体化、操作化、升级版。

从小康社会"建设期"到全面建成小康社会"攻坚期"和"决胜期"，再到"两个一百年"奋斗目标的历史交汇期，是中国共产党根据中国社会发展客观规律和人民对美好生活的期待，为中国社会主义现代化发展进程量身打造的"任务书""时间表"和"路线图"。这个宏伟蓝图不是一蹴而就的，而是随着时代发展和社会进步而日益清晰和丰满的，它凝聚了全党同志的集体智慧和全国人民的社会共识，也彰显了国家治理现代化的中国方案。2020年全面建成小康社会是中国共产党团结带领中国人民实现的第一个百年奋斗目标，是推动实现中华民族伟大复兴和社会主义现

---

① 《习近平关于协调推进"四个全面"战略布局论述摘编》，中央文献出版社2015年版，第24页。

代化国家建设的阶段性、突破性、历史性重大成果，是开启全面建设社会主义现代化国家新征程的新坐标、新方位、新高地，是世界第一人口大国创造的具有全球影响的千秋伟业。作为中华民族"主心骨"的中国共产党一定能够在这场历史性"大考"中经受考验，向历史和人民交出新的更加优异的答卷，实现"小康"这一延续千年的社会理想，在中华民族数千年文明史上书写新的辉煌篇章。

二 全面依法治国：新时代共享发展的现代化治理模式

（一）全面依法治国：国家治理的现代化模式

1. "全面依法治国"与"国家治理现代化"概念的提出

2012年召开的党的十八大明确提出，"依法治国是党领导人民治理国家的基本方略"，"加快建设社会主义法治国家"，把"全面推进依法治国"确立为我国政治改革和政治发展的重要目标和任务。十八大首次提出"法治是治国理政的基本方式"这一重要论断，并提出了"科学立法、严格执法、公正司法、全民守法"这一新的"十六字方针"，为此后的中国特色社会主义法治建设定下了总基调。这个总基调如果用两个词表达，就是"加快建设"和"全面推进"，或者可以简化为"快"和"全"二字。前者讲的是"速度"，后者讲的是"广度"，充分体现了我们党对于法治建设的时不我待、只争朝夕的历史使命感和紧迫感，以及雷厉风行、大刀阔斧的政治魄力和决断力。

2013年，党的十八届三中全会提出的"国家治理体系和治理能力现代化"概念，在我们党和国家历史上具有划时代的重要意义。从新中国成立到改革开放前半期，从毛泽东思想到邓小平理论，党和国家第一代、第二代领导人论述的"四个现代化"在总体上都属于技术和经济层面的现代化，基本不涉及制度层面。1997年党的十五大以后，从江泽民到胡锦涛，从"三个代表"重要思想到科学发展观，党和国家第三代、第四代领导相继提出了"依法治国""政治文明""依法执政""科学执政""协商民主"等关于国家治理的重要概念，但是并未上升到"国家治理现代化"的高度。"国家治理现代化"是从制度层面提出的现代化指标，与过去的"四个现代化"有显著的不同，可以说是中国的"第五个现代化"，在中国现代化进程中具有重大的历史意义和现实意义。

2014年，党的十八届四中全会专题研究了全面依法治国问题。这次全会的重要成果是通过了《中共中央关于全面推进依法治国若干重大问题的决定》，明确将"建设中国特色社会主义法治体系，建设社会主义法治国家"作为全面依法治国的总目标。习近平总书记指出，这个总目标"既明确了全面推进依法治国的性质和方向，又突出了全面推进依法治国的工作重点和总抓手，对全面推进依法治国具有纲举目张的意义"[①]。

2. "全面依法治国"与"国家治理现代化"的逻辑关联

推进国家治理体系和治理能力现代化，其目标在于使我国的经济、政治、文化、社会、生态文明、军事等各方面制度更为科学和完善，实现治党治国治军、内政外交国防等各项事务治理的制度化、规范化、程序化，提高我们党科学执政、民主执政、依法执政水平，提高运用中国特色社会主义制度有效治理国家的能力，促进社会和谐稳定、人民幸福安康、国家长治久安。可见，国家治理现代化具体表现为国家治理"制度化、规范化、程序化"，而这"三化"正是法律和法治的内在要求和特点所在。因此完全可以说，国家治理现代化在很大程度上就是"法治化"。党的十八届三中全会以"全面深化改革"为主题，同时提出"推进法治中国建设"。由此我们不难发现，"推进法治中国建设"本身就是全面深化改革的重要组成部分，也是改革追求的重要目标之一。国家法治化水平与国家治理现代化水平是同频共振、一荣俱荣一损俱损的正相关关系。

在党的十八届四中全会第二次全体会议上，习近平总书记指出："法治和人治问题是人类政治文明史上的一个基本问题，也是各国在实现现代化过程中必须面对和解决的一个重大问题。纵观世界近现代史，凡是顺利实现现代化的国家，没有一个不是较好解决了法治和人治问题的。相反，一些国家虽然一度实现快速发展，但并没有顺利迈进现代化的门槛，而是陷入这样或那样的'陷阱'，出现经济社会发展停滞甚至倒退的局面。后一种情况很大程度上与法治不彰有关。"这一重要论述十分精辟而深刻，它高度总结了古今中外国家治理的基本规律和历史经验，也鲜明地表达了百年大党领导人坚定不移地厉行法治的决心和信念。旗帜鲜明地全面推进

---

① 中共中央文献研究室编：《习近平关于全面依法治国论述摘编》，中央文献出版社2015年版，第33页。

"法治中国"建设，走符合中国实际的法治道路，既是历史的启示，也是现实的呼唤，既是世界大势所趋，也是国内民心所向。

2017年，在党的十九大报告中，全面依法治国被定位于"国家治理的深刻革命"，这是建党近百年、在全国执政近70年的中国共产党对法治与国家治理之关系的深邃思考和高度凝练。除了在理论认识上的突破，党的十九大在全面依法治国的体制机制建设方面也有重大创新，突出表现在决定成立"中央全面依法治国委员会"，为全面依法治国的执政方略提供了更加坚强有力的政治保证和组织保证。

（二）全面依法治国：共享发展的规范化保障

1. 全面依法治国在"四个全面"战略布局中的方位

党的十八大以来，我国法治建设成果丰硕，全社会法治观念明显增强。习近平总书记提出了一整套相互关联的法治思想，为通过全面依法治国以促进共享发展提供了根本遵循。他指出，党的十八大以来，党中央明确提出并形成了"四个全面"战略布局，这是从全局高度提出的战略布局，兼有战略目标和战略举措，每一个"全面"都具有重大的战略意义。其中，战略目标是全面建成小康社会，战略举措包括全面深化改革、全面依法治国、全面从严治党三大方面。要在"四个全面"战略布局中来全面认识全面依法治国，深刻把握全面依法治国与另外三个"全面"的内在联系，努力实现"四个全面"相辅相成、相互促进、相得益彰。[①]"全面依法治国"作为"四个全面"战略布局的重要组成部分和支柱之一，为其他三个"全面"特别是"全面建成小康社会"起到保驾护航的规范化保障作用。

法律是治国之重器，良法是善治之前提。全面依法治国是国家实现长治久安和社会公平正义的必然要求。全面小康的一揽子目标中包含了"社会更加和谐"和"实现社会公平正义"的多维要求，要实现这些目标，全面依法治国是不可或缺的重要保障。没有法治就没有基本的社会秩序，社会的和谐和公平正义更是无从谈起。对于全面依法治国与全面深化改革的相互关系，习近平总书记将二者形象地比喻为"鸟之两翼、车之双轮"。

[①] 参见习近平《在省部级主要领导干部学习贯彻十八届四中全会精神全面推进依法治国专题研讨班上的讲话》，《人民日报》2015年2月3日第1版。

他还论述说,"凡属重大改革都要于法有据","确保在法治轨道上推进改革",只有为改革划上"法治边界",才能妥善协调各类利益纠纷,依法保障改革发展成果为人民共享。全面依法治国,必先坚持全面依法治党,要"把权力关进制度的笼子里",通过法治手段管党治党。习近平总书记强调,"在法治下推进改革,在改革中完善法治,这就是我们说的改革和法治是两个轮子的含义。我们要坚持改革决策和立法决策相统一、相衔接,立法主动适应改革需要,积极发挥引导、推动、规范、保障改革的作用,做到重大改革于法有据,改革和法治同步推进,增强改革的穿透力。"① 这些重要论述,将全面依法治国与全面深化改革和全面从严治党的关系分析得简明扼要、高屋建瓴、切中肯綮。

2012年12月4日,在首都各界纪念现行宪法公布实施30周年大会上的讲话中,习近平总书记深刻地论述了"维护宪法权威""捍卫宪法尊严"和"保证宪法实施"在切实维护"党和人民共同意志"和"人民根本利益"方面的重大价值,也深刻阐明了党的领导、人民当家作主和依法治国之间存在"三位一体"的密切联系。

2. 中国特色社会主义法治体系的新发展

党的十八大以来,中国特色社会主义法治体系建设迈上新台阶。2012年,习近平总书记在首都各界纪念现行宪法公布施行30周年大会上的讲话中指出,"继续完善以宪法为统帅的中国特色社会主义法律体系,把国家各项事业和各项工作纳入法制轨道"②。全面依法治国,重点在"全面",具体表现在如下几个方面:一是法治体系的全面,包括"五大法治体系",即完备的法律规范体系、高效的法治实施体系、严密的法治监督体系、有力的法治保障体系、完善的党内法规体系。二是法治过程的全面,包括科学立法、严格执法、公正司法、全民守法全过程。三是法治原则的全面,党的领导、人民当家作主、依法治国有机统一,依法治国和以德治国相结合。此外,"三个共同推进"即共同推进依法治国、依法执政、依法行政,"三个一体建设"即法治国家、法治政府、法治社会一体建设,都让"全面依法治国"的全面性显得实至名归。

---

① 中共中央文献研究室编:《习近平关于全面依法治国论述摘编》,中央文献出版社2015年版,第52页。

② 《十八大以来重要文献选编》(上),中央文献出版社2014年版,第89—90页。

2014 年，党的十八届四中全会通过的《中共中央关于全面推进依法治国若干重大问题的决定》强调，"建设中国特色社会主义法治体系，必须坚持立法先行，发挥立法的引领和推动作用，抓住提高立法质量这个关键。"这是中国共产党首次提出"中国特色社会主义法治体系"这一全新的政治概念。此前，"中国特色社会主义法律体系"的概念更早被使用，与之相比较，"中国特色社会主义法治体系"这个概念的内涵更为丰富，外延也更加广泛。根据这次全会通过的《决定》的解释，"中国特色社会主义法治体系"主要涵盖五个方面：完备的法律规范体系、高效的法治实施体系、严密的法治监督体系、有力的法治保障体系、完善的党内法规体系。这里的第一个体系"完备的法律规范体系"与"中国特色社会主义法律体系"的内涵和外延大体相当。从"法律体系"到"法治体系"，表明依法治国从思想到实践都更加全面、更加深入了。

2015 年，第十二届全国人民代表大会第三次会议修改了《立法法》，完善了我国立法的体制和机制，其中一个标志性成果就是将地方立法权普遍赋予了设区的市。此前，地方立法的主体包括 31 个省、区、市加上 49 个较大的市，只有 80 个，这次修法增加了 274 个。如此大幅度地为地方立法权"松绑"，在新中国法治史上并不多见。从"以民为本、立法为民"的立法理念到扩大地方立法权，体现了党中央和国家最高权力机关"权为民所用、情为民所系、利为民所谋"的权力观，是"全心全意为人民服务"的宗旨意识和共享精神在立法领域的生动体现。

2018 年 3 月，我国现行宪法即"八二宪法"进行了第五次修改，实现了我国宪法的与时俱进，也进一步完善和发展了中国特色社会主义法律体系和法治体系。本次修宪的主要内容有：

（1）明确将习近平新时代中国特色社会主义思想作为国家指导思想。习近平新时代中国特色社会主义思想已经在党的十九大上被确立为党的指导思想，这次进入宪法作为国家指导思想，可谓水到渠成，顺理成章，其政治意义、理论意义和实践意义十分重大，在全党全国已经形成了广泛的高度认同。

（2）明确规定中国特色社会主义最本质的特征是中国共产党领导。中国共产党的领导是历史和人民选择的结果，在本次宪法修正案之前，"中国共产党领导"在我国宪法中是规定在序言中。本次宪法修正案在总纲第一条中增加了如下规定:"中国共产党领导是中国特色社会主义最本质的特征"。如此修改是对原先规定的拓展、深化和强化,充分体现了中国共产党领导的根本性和全面性,具有重大的政治意义和法治意义。

(3) 在"国家机构"中新增"监察委员会"。本次宪法修正案为监察委员会的设立及依法行使职权提供了宪法依据,也为制定监察法提供了根本法依据。

(4) 调整国家主席任期。《中国共产党章程》关于党的中央委员会总书记任职任期的规定,关于中国共产党中央军事委员会主席任职任期方面的规定,以及《中华人民共和国宪法》关于国家军委主席任期的规定,都未出现"连续任职不得超过两届"的限制性规定,有鉴于此,宪法关于国家主席任期的规定也采取与前两者相一致的做法,是"三位一体"领导体制在宪法上的有效贯彻和切实体现,有利于坚持和加强党对国家的全面领导,有利于进一步健全和完善我们党和国家的领导体制。

(5) 确立宪法宣誓制度。2014年党的十八届四中全会提出该制度,并在2015年由全国人大常委会以国家立法形式作出了关于宪法宣誓的决定。在宪法中确定宪法宣誓制度,庄严的仪式感有助于促进国家工作人员和社会公众不断增强宪法意识,更好地弘扬宪法精神,彰显宪法权威。

(6) 将全国人民代表大会"法律委员会"更名为"宪法和法律委员会"。贯彻落实党的十九大精神的一个重要举措,就是加强宪法实施和监督,推进合宪性审查,维护宪法权威,促进依法治国、依宪执政。

(7) 增加关于设区的市的立法权的相关规定。我国是国土面积辽阔的大国,民族众多,区域发展差距大,国家法律法规和省级地方性法规在许多情况下并不能因地制宜。2015年,十二届全国人大对我国《立法法》进行了修改,将立法权赋予所有设区的市。立法的主体数量大幅度增加,层级也变多了,如何确保国家法治的统一成为现实问题。宪法通过限权限、报批准、报备案等规定,在对地方立法权"松绑"的同时又加以必要的约束,对于维护国家法治的统一性、协调性、权威性具有重要意义。

第四章　民商法治：自由发展与社会安全

第一节　民商法的共享精神：从"自由意志"到"社会利益"

民商法是现代法律的重要部门，是中国特色社会主义法律体系的"四梁八柱"之一。民商法是离人们的生活最近、最接地气的法律。民商法的内容包罗万象，可以说是民事生活的百科性法律部门。民事生活具有民众性、民间性、民生性、民族性、民俗性、民主性、伦理性和自然性。[①] 民法是民众约定俗成的，是民众之法、民间之法、民约之法。[②] 作为法律制度，民商法并非简单的、冷冰冰的文字堆砌，而是人类智慧和精神的结晶。法律是有精神的。举世闻名的法国启蒙思想家孟德斯鸠在其名著《论法的精神》中有一句名言："在民法的慈母般的眼里，每一个个人就是整个国家。"孟德斯鸠作为大法官和法学家，在近代欧洲启蒙运动中与伏尔泰、卢梭齐名，发挥了精神领袖的作用。法律思想是启蒙思想的重要组成部分，启蒙运动的成果正是通过以《法国民法典》为代表的一系列重要法律文件得到确认和巩固。2020 年 5 月 28 日，《中华人民共和国民法典》在第十三届全国人大三次会议上审议通过。这是新中国历史上第一部以"法典"命名的基本法律。民法典被称为"社会生活的百科全书"，是民事权利的宣言书和保障书。如果说宪法和行政法重在限制公权力，是公法的代表，那么民商法就重在保护私权利，是私法的代表性法律部门。在全面推

[①] 邱本：《论民事生活与民法典》，《法制与社会发展》2015 年第 4 期。
[②] 赵玉、江游：《论民法的民》，《当代法学》2012 年第 6 期。

进依法治国、加快建设社会主义法治国家的当代中国,包括民商法在内的法律制度是中国特色社会主义制度的主体内容,是促进国家治理体系和治理能力现代化、实现中华民族伟大复兴中国梦的重要保障。

有学者从法律文化的视角研究了现代民商法与实现中国梦的内在逻辑关联。"现代民商法文化蕴含着主体意识、平等意识、权利意识、诚信意识、合作意识和责任意识,是先进文化的表现;作为一种技术文化,现代民商法文化表现为准确的定义、严密的逻辑、严格的标准、精确的测试方法等操作性的技术手段。实现中国梦,法制建设上要求加快发展社会立法的同时,继续不遗余力地弘扬现代民商法文化,以私法社会化的原理完善民商事法律制度。"[①] 共享发展理念是实现中国梦的新发展理念之一,本章就从民商法的原则和制度两个方面探讨其与共享发展理念的关联,以及如何改进现有的民商法制度,从而更好地利用法治思维和法治方式实现共享发展理念。

一 民商法相关概念及其关系

(一)法律体系、法律部门、法系

法律体系,是指一个国家现行有效的全部法律法规以法律部门的形式分类组合而构成的有机联系的整体。法律部门,也可称为"部门法",是指根据一定的法律原则和标准制定的同类法律法规的总称。简言之,法律体系就是部门法体系。理想化的法律体系应当符合下列要求:一是门类齐全,二是结构严密,三是关系协调。

法律体系与法系在法学上是两个不同的概念。一般认为,那些在内容上和形式上具有某些共同特征,从而形成一种传统或流派的不同国家的法律,就属于同一个法系。法系是根据法律的特点和历史传统对不同国家法律进行分类的一种方法,从纵向看是跨历史的,从横向看是跨国度的。法系是一种超越若干国家和地区的法律现象的总称。而法律体系仅限于同一个主权国家内部的全部现行法律规范,不跨越历史,也不跨越国度。

中外法学界对法系的划分很不一致,法制史学界通常有"世界五大法

[①] 黄清华:《现代民商法文化的品质与中国梦的实现》,《社会科学论坛》2014年第10期。

系"的说法，即大陆法系、英美法系、中华法系、印度法系、伊斯兰法系。当前，除了大陆法系和英美法系外，其余三大法系基本上已经成为法制史上的概念，尽管在个别国家发挥影响，但是作为一个跨国的法系是不存在了。例如，中华法系不仅包括古代中国的法制，而且对古代日本、朝鲜和越南等中华文明圈国家的法制文明也产生了重要影响，但是在近现代以来由于历史和现实的原因，这些国家的法制传统发生了很大变化，比如日本就主要吸收了大陆法系的法律特点。公认的在目前世界上影响较大的有两大法系，即大陆法系和英美法系。

大陆法系，也称罗马法系或民法法系，是指欧洲大陆上遵循罗马法传统的各国法律，以法国和德国为代表，还包括意大利、西班牙等欧洲大陆国家。大陆法系的主要特征和传统包括：实行法典化，法律规范比较抽象和概括；立法与司法的分工明确，强调制定法的权威，法官负责适用法律而不"造法"；法学为法典编纂和立法提供理论基础，法学家承担使法律适应社会发展需要的任务。近代的日本在明治维新时期，中国在清末、民国时期引进西方的法律，基本上是以大陆法系国家的法律为参照蓝本的。新中国在法律发展过程中首先借鉴了苏联的社会主义法律，改革开放后又主要借鉴了大陆法系的法律。当今的中国特色社会主义法律体系在根本性质和主要内容上是社会主义社会的法律，但是在法律的存在方式或者说表现形式上更加接近于大陆法系。

英美法系，也称为英国法系、普通法系，是以中世纪以后的英国法律传统为基础而发展起来的法律的总称。英美法系国家以英国和美国为代表，还包括曾经作为英国殖民地的国家和地区，例如北美洲的加拿大、大洋洲的澳大利亚、亚洲的印度、新加坡、中国香港地区等。英美法系的特征主要有：成文法较少，以判例法为主要表现形式，遵循先例是最基本的法律原则；法官在法律发展中的作用突出，"法官造法"现象明显；法律体系比较庞杂，缺乏系统性。

（二）公法、私法、社会法

公法与私法的概念及划分标准，最早是由古罗马法学家提出的。根据古罗马法学家乌尔比安的界定，公法是关乎罗马国家的法律，私法是关乎个人利益的法律。由于继承了古罗马法律传统，大陆法系国家通常的法律分类方法就是公法和私法的划分。"大陆法系中公认的基本法律分类是公法和私法,私法主要包含民法和商法两个部分。"① 这种法律分类方法在中国法学界也被广泛接受。关于公法和私法分类的标准,众说纷纭,目前并没有统一的标准理论。主要学说如下:

其一,利益说。这是根据法律调整的利益关系的性质不同而作出的分类,主要调整公共利益的法律是公法,相应地,主要调整私人利益的法律就是私法。

其二,关系说。根据法律调整的社会关系的性质,公法调整的是纵向的隶属关系,私法调整的是横向的平等关系。德国学者卡尔·拉伦茨认为,"私法是整体法律制度的一个组成部分,它以个人和个人之间的平等和自觉(私法自治)为基础,规定个人和个人之间的关系。"②

其三,主体说。根据法律关系主体的不同,如果法律关系的一方或双方是公权力主体,那就是公法;反之,如果法律关系的双方都不是公权力主体,那就是私法。

由于现代社会的公权力主体越来越多地介入合同等民事法律关系,因此"主体说"逐步发展为"新主体说",即如果一个法律关系中,出现的法律主体中一方是以公权力姿态出现的国家主体,那么适用在这个法律关系中的法律,就是公法;反之,如果双方没有出现这样的主体,就是私法。根据新主体说,如果某个公权载体正是以公权载体的身份参与法律关系,则存在公法关系。③ 例如,某市政府对该市某电脑公司违反安全生产法的行为进行行政处罚,这里市政府是以公权力主体的姿态出现的,这时适用的法律就是公法;如果该市政府向电脑公司订购电脑作为办公用品,在这里市政府是以合同法律关系的一方当事人出现的,与公权力无关,这里适用的法律就是私法。

上述学说各有千秋,但是单一学说缺乏完备性,综合起来理解才更有解释力。"综合说"多为我国学者所采用,凡涉及公共权力、公共关系、公共利益和上下服从关系、管理关系、强制关系的法,即为公法;凡属个

---

① [美] 约翰·亨利·梅利曼:《大陆法系》,顾培东等译,法律出版社2004年版,第72页。
② [德] 卡尔·拉伦茨:《德国民法通论》,王晓晔等译,法律出版社2003年版,第1页。
③ [德] 迪特尔·梅迪库斯:《德国民法总论》,邵建东译,法律出版社2001年版,第11、12页。

人利益、个人权利、自由选择、平权关系的法，即为私法。① 公法调整的是国家或公共利益，法律关系的主体一方应当是代表国家的公权力机关，与另一方主体一般是不平等的隶属或服从关系，法律规范的内容存在较大的强制性。而私法是调整私人与私人之间利益关系的法律规范，法律关系的双方是横向的平等主体之间的关系，法律规范内容的任意性居多，强调意思自治，公权力一般不介入。公法与私法在调整范围、调整机制、立法理念上存在显著区别。宪法、行政法、刑法以及与之相关的诉讼法属于公法，民法、商法以及民事诉讼法属于私法。

随着经济发展和社会进步，现代世界各国出现了一些法律，例如经济法、环境保护法、劳动法、社会保障法，这些现代法律主要是解决经济规划、环境保护、就业、社会保障等社会性的问题。它们介于公法和私法之间，兼具公法和私法的性质和特点。这些法律与传统的公法和私法既有联系又有区别，但它们本身既不是公法也不是私法，因此欧洲大陆法系国家的法律学者在公法和私法之外，就提出了"社会法"的概念。如此，法律分类就从"公法—私法"的二分法演变成"公法—私法—社会法"这样的三分法。"社会法"这个概念和法律的三分法也在我国法学界广泛流行。不过，应当指出的是，这里的"社会法"概念的外延要大于我国法律部门中的"社会法"。我国法律体系的七个法律部门也可以据此分为三大类：宪法及宪法相关法、行政法、刑法、诉讼与非诉讼程序法属于公法，民商法属于私法，经济法、社会法可以划入这里的"社会法"行列。当然，关于经济法到底属于哪一类法律，存在不同的观点，主流观点认为经济法属于社会法，也有观点认为属于公法。笔者认同前一种观点，经济法实际上兼有公法和私法的特点，因此划入社会法这一类比较妥当。当然，如果坚持传统的二分法，经济法因为更加接近公法，所以作为公法对待也是可以接受的。

（三）民商法、民法、商法

民商法是民法与商法的合称。关于民法和商法的立法体例，国际范围内存在两种情形：一是民商合一，二是民商分立。前者是指民法和商法是一般法和特别法的关系，民法包含商法，是商法的"母法"，指导和统帅

---

① 张文显主编：《法理学》，法律出版社 2007 年第 3 版，第 142 页。

商法，而商法是民法的"子法"。瑞士、意大利等国采取民商合一体例。民商分立，是指把民法与商法作为两个独立的并列的法律部门。法国、德国等国采取民商分立体例，这些国家通常在制定民法典之外还制定了商法典。现代意义上的民法与商法的二元格局始于 19 世纪。从实证法角度看，19 世纪晚期开始涌现的民商合一潮流在 20 世纪继续传播，并影响了包括当时中国在内的许多法律继受国家。[①] 我国最高立法机关尚未就采取何种体例进行明确说明，但是根据我国现行立法态势和现代民法的发展趋势，并参考学术界的主流意见，我国应当采取民商合一的立法模式。

根据一般学理和我国民法典的界定，民法是调整平等主体之间的人身关系和财产关系的法律规范的总和。民法是最为典型的私法。在我国，民法的成文法规范曾经包括：《民法通则》《民法总则》《婚姻法》《继承法》《收养法》《物权法》《合同法》《担保法》《侵权责任法》等。当然，随着我国《民法典》的颁布和实施，上述法律都已经被废止，其内容被民法典所吸收。根据我国《民法典》第二条的规定，"民法调整平等主体的自然人、法人和非法人组织之间的人身关系和财产关系。"这实际上是在立法上对民法概念的定义，从这个定义看，根据调整的社会关系的内容，民法包括人身法和财产法两类。

人身法又由人格权法和亲属法组成，其中"身"是指亲属身份。人格权法是规定生命权、身体权、健康权、自由权、隐私权、姓名权及名称权、肖像权、名誉权和荣誉权等方面的法律规范。亲属法在我国是指婚姻法、继承法、收养法等关于婚姻家庭继承方面的法律规范。

财产法，从民法理论上讲由物权法、债法组成。物权法规定所有权、用益物权、担保物权，以及占有制度、共有制度、相邻关系等。债法规定债的发生原因、债的履行、债的转移、债的保全、债的消灭等，主要包括合同法和侵权责任法。

商法，又称商事法，是调整市场经济关系中的商事交易主体及商事行为的法律规范的总称。在我国，商法的成文法规范包括：《公司法》《证券法》《企业破产法》《保险法》《票据法》《海商法》等。

民法与商法共同调整平等主体之间的社会关系，都属于私法，都是规

---

① 施鸿鹏：《民法与商法二元格局的演变与形成》，《法学研究》2017 年第 2 期。

范商品经济的基本法律，二者有着密切的联系，但是也存在一些明显的差异，主要表现在如下几个方面：

其一，社会基础有所区别。民法是商品经济发展的产物，是市民社会中的个体在生活交往和商品交易过程中因为生活的需要产生的。商法的产生是随着生产社会化的程度不断提高，资本主义社会的商品经济发展到市场经济阶段的产物，早期的商法是维护商人特殊利益的法律，现代商法已经成为规范商事组织和商事活动、维护交易安全的法律。可以说，民法的社会基础是简单商品经济条件下的个人主体及其日常生活，而商法的社会基础是现代市场经济条件下的商事组织及商事活动。

其二，价值目标有所区别。民法以维护民事主体的人格独立和人格尊严为主要价值目标，具有鲜明的伦理色彩和道德评价。民法在调整社会关系过程中更加注重的是自由、平等、公平、诚信等价值观，是立足于民事主体的个体权利，以民事权利为本位的私法。商法追求的价值目标在于提高社会生产的效率，维护交易的安全，具有很强的功利性质和经济学色彩。商法规范的主体是从事商事经营活动的商事组织，商事法律关系主体的特定性及其营利性就决定了商法的功利性。简言之，民法重在伦理性，商法重在功利性。

其三，立法技术有所区别。在法理学中，有一种对法律的分类方法是把法律分为主体法和行为法两种，前者是规定法律关系的主体资格及构成的法律，后者是规范法律关系主体所从事的活动或行为的法律。根据这种分类方法，民法是行为法。民事主体的法律地位的取得是"自然"的、几乎无条件的，有"天赋人权"的特点。始于出生、终于死亡的"自然人"是民法最基本的法律关系主体，准确地说，民法是确认而不是赋予其主体资格。民事法律规范重在对民事主体的行为给予必要的约束，是人们在生活交往中遵守的一般性的普遍化的行为规则。而商事主体的法律地位并不是自然产生的，需要符合法律规定的条件和程序。商法集中反映了市场经济运作的技术规则，兼有主体法和行为法的特征，既要对商事主体的成立资格和程序进行制度设计，又要规范商事主体的行为即商事活动。从立法技术角度看，民法主要是规范普通人日常生活行为的"自然法"，商法主要是塑造"商人"并规范其商事活动的"人定法""技术法"。

二 民法的共享精神:"自由意志"与"社会利益"的平衡

(一) 传统民法的哲学基础:"自由意志"与"自由主义"

1."自由意志"

民法也被称为"人法""市民法"。从这些名词可以看出,民法是与每个人或"市民"的生活密切相关的,充满了浓厚的人文关怀。民法的人文关怀具有深刻的哲学基础和悠久的历史渊源。古希腊哲学家普罗塔戈拉提出了"人是万物的尺度"这一充满人文主义的著名命题。罗马法上就有人法制度,在一定程度上体现出对奴隶以外的自由人的保护,具有进步意义。不过,直到文艺复兴时期开始,人文主义思想才真正大规模地登上历史舞台。欧洲启蒙运动时期,伏尔泰、孟德斯鸠、卢梭等思想家极力宣扬的自由、平等、人权理念,对近代民法产生了深远的影响,人格平等、契约自由、过错责任、私法自治等民法价值理念陆续形成。民法中的人文主义尊重人、重视人,强调人的尊严和精神自由或者自由意志。

在近代西方思想家中,康德是推崇自由意志理论的代表性哲学家,他在1879年出版了著作《法的形而上学原理——权利的科学》,将法律的权威与伦理和道德联系起来。在康德那里,"自由意志"是一种根据自己的意愿作出选择或者说决定的能力。他认为,"那种可以由纯粹理性决定的选择行为,构成了自由意志的行为。"[①] 自由意志"能够使人超出自然的规定性之上,根据自己的判断去行动。如果人没有能力按照自己的意愿行事,他就根本不可能是自由的"[②]。在康德看来,"只有一种天赋的权利,即与生俱来的自由。自由是独立于别人的强制意志,而且根据普遍的法则,它能够和所有人的自由并存,它是每个人优于他的人性而具有的独一无二的、原生的、与生俱来的权利"[③]。可以看出,康德所说的自由意志就是自主选择或自主决定,这种选择或决定的基础是"根据自己的意愿",

---

[①] [德]康德:《法的形而上学原理——权利的科学》,沈叔平译,商务印书馆1991年版,第13页。

[②] 李梅:《权利与正义:康德政治哲学研究》,社会科学文献出版社2000年版,第131页。

[③] [德]康德:《法的形而上学原理——权利的科学》,沈叔平译,商务印书馆1991年版,第50页。

它一方面"超出自然的规定性",另一方面"独立于别人的强制意志"。质言之,自由意志就是人的主观能动性的发挥,它既不受自然规律的支配,也不受他人意志的强迫。

康德的"自由意志"理论是传统民法哲学的基础性理论依据。"自由意志"将"自主决定"和"自己责任"作为内在精神和制度原则,并衍生出近代民法的三大原则以及逻辑严密、体系完备、内容浩瀚的民法体系。① 康德把自由意志作为其思想基础,将"意志的自由行使"认定为权利之本质。如上所述,自由意志就是人的自主决定,而自主决定的逻辑和情理的结果就是自己负责,也就是主体应当对自己选择的行为的后果负责。这里所说的"逻辑和情理",可以用汉语中的两个词来表达,就是"自作自受""愿赌服输"。虽然它们听起来会让人不太舒服,但是却深刻地表达了一个理性的人要对自己自主决定的行为负责的道理。自由意志背后的人性假设是"理性人"假设,就是假定每个人都是理性的,其自主决定与自己负责存在因果关系。德国法学家卡尔·拉伦茨认为,自由意志的两大根本原则是"自主决定"和"自己负责"②。这两大原则为近现代民法制度奠定了法哲学基础,其中自主决定原则对应于民法中的意思自治原则,自己负责原则对应于民法中的过失责任原则。实际上,自由意志思想也是刑法的法哲学基础,在刑法中,如果一个人在主观上既没有故意也没有过失,那么他就是无罪的。这里的故意或过失就是自由意志。

2."自由主义"

自由意志理论孕育的"权利—责任"这一法律观念,"似乎是16—19世纪占支配地位的社会秩序的最终理想形式:使个人得到最大限度张扬的理想是法律秩序存在的目的"③。这是欧洲14—16世纪文艺复兴时期的人文主义精神,以及17—18世纪启蒙运动时期的"理性崇拜"和自由主义思潮在欧洲法学理论和法律制度上留下的鲜明印记。

人文主义精神的核心是反对愚昧迷信的封建神学"以神为中心"的旧

---

① 丁南:《从"自由意志"到"社会利益"——民法制度变迁的法哲学解读》,《法制与社会发展》2004年第2期。
② [德]卡尔·拉伦茨:《法学方法论》,陈爱娥译,台北:五南图书出版公司1997年版,第391页。
③ [美] E. 博登海默:《法理学:法律哲学与法律方法》,邓正来译,中国政法大学出版社1999年版,第77页。

思想，而提出了资产阶级"以人为中心"的新理念，肯定人的存在价值和人格尊严，主张人应当追求和创造现实生活中的幸福，大力倡导人的个性解放。启蒙运动的字面意思就是"启迪蒙昧"，反对愚昧主义，提倡理性主义，它在本质上是宣扬新的政治思想体系的新文化运动。

启蒙思想用信仰自由反对宗教压迫，用政治自由反对专制暴政，用"天赋人权"对抗"君权神授"的观点，用"法律面前人人平等"反对封建贵族的等级特权，从理论上证明了封建专制制度的不合理性，为资本主义新社会的建立提出了一整套政治哲学理论和社会改革方案，为西方国家的现代化提供了理论依据和政治纲领。这些理论和纲领的核心理念就是自由、平等、人权，它们一开始是政治口号的宣扬，后来就在宪法和法律中确定下来。民法作为"人法"和私法，是贯彻落实这些价值观的理想场域。在这些价值观中，自由主义可谓近代西方法哲学中的"核心价值观"。

近代自由主义思想的主阵地在法国和英国，代表人物是卢梭和洛克，分别有代表作品《社会契约论》和《政府论》。在启蒙思想家看来，自由来源于"天赋人权"，国家和政府是人与人之间自由订立的契约的产物。这种"社会契约论"虽然建立在不切实际的假说之上，但是对于破除"君权神授"这样的封建思想还是发挥了革命性的思想武器的作用。不过，自由主义也是"百家争鸣"的，有的互不相容甚至针锋相对，以致英国当代政治哲学家约翰·格雷认为，"根本就不存在一种自由主义，而毋宁是多种自由主义，它们只是通过一些松散的'家族相似'而联系在一起。"[①] 关于自由主义，至少存在两种主要观念：一种是个体主义或"原子论"的，另一种是整体主义或"分子论"的。这里的"分子论"是相对于"原子论"而言的对称的表达方式，是在"分子是由原子构成的整体"这个意义上使用的。

以英国经济学家亚当·斯密为代表的原子论观念认为，自由主义"显然属于个人主义，其动力也是个人利益。但这是一种扩散开来以至遍布整个社会的个人主义。靠着朴素的乐观主义感觉，认为普遍利益只是私人利益的总和。……每个人的幸福是所有其他人幸福的条件和手段"[②]。这种观

---

① ［英］约翰·格雷：《自由主义》，曹海军、刘训练译，吉林人民出版社2005年版，第3页。
② ［意］圭多·德·拉吉罗：《欧洲自由主义史》，杨军译，吉林人民出版社2001年版，第46页。

点将国家视为自由的威胁，认为国家对个人和社会的干涉越少越好，所谓"守夜人国家"，"管得越少的政府越是好政府"。英国的密尔在其名篇《论自由》中认为，真正的自由就是"按照我们自己的道路去追求我们自己的好处的自由"①，他的自由思想可以概括为如下原则：个人有完全的行动自由，个人的行为只要不损害他人，就不必向社会负责，他人也不得干涉。这就是密尔在个人和社会之间划定的权力边界。这种个体主义或"原子论"的自由可以概括为：自由就是可以做一切无害他人的行为。

以康德和黑格尔为代表的德国古典哲学家坚持的是整体主义或"分子论"的自由观，这种观念与上述个体主义的自由观背道而驰。他们把法律和国家视为自由的保障而不是威胁。康德认为，自由必须由法律来保证，只有国家可以保障个人的自由。②"人不是生来自由，而是通过社会与国家等手段成为自由。"③ 黑格尔认为国家就是普遍利益与特殊利益的结合，就是"具体自由的现实""主观自由现实化"④。这种自由观与英国的个人主义自由观如此不同，以致英国哲学家罗素就毫不客气地挖苦黑格尔所说的自由"无非是服从法律的权利。……就在君主把有自由思想的臣民投到狱里的时候，这仍旧是精神自由地决定自己"⑤。作为英国自由主义传统的继承者，美国学者米瑟斯尖锐地批评了德国的自由观，他说："当代德国离自由主义的精神有十万八千里之遥。……在德国，人们已不再懂得自由主义，但都知道如何去诽谤它。"⑥ 不难发现，在英美自由主义观念里，德国的自由主义已经不是自由主义了。

然而，上述两种貌似相反的自由观却在轰轰烈烈的法国大革命中似乎达成了某种妥协。1789年由法国制宪会议通过的《人权宣言》明确宣示："自由就是指有权从事一切无害于他人的行为。因此，各人的自然权利的

---

① [英] 约翰·密尔：《论自由》，程崇华译，商务印书馆1959年版，第4页。
② [德] 康德：《法的形而上学原理》，沈叔平译，商务印书馆1991年版，第143页。
③ [意] 圭多·德·拉吉罗：《欧洲自由主义史》，杨军译，吉林人民出版社2001年版，第30页。
④ [德] 黑格尔：《法哲学原理》，范扬、张企泰译，商务印书馆1961年版，第260、263页。
⑤ [英] 罗素：《西方哲学史》（下），马元德译，商务印书馆1982年版，第284—285页。
⑥ [奥] 米瑟斯：《自由与繁荣的国度》，韩光明等译，中国社会科学出版社1995年版，第212页。

行使，只以保证社会上其他成员能享有同样权利为限制。此等限制仅得由法律规定之。"这段话中的前两句鲜明地体现了英国式的个体主义"原子论"的自由主义思想，而最后一句"此等限制仅得由法律规定之"则明显是将国家制定的法律视为自由的保障。这说明两种不同的自由观念在一定条件下是可以调和的。恶劣的国家和法律威胁与破坏个人自由，而良好的国家和法律促进与保障个人自由。

马克思主义反对那种不顾社会历史条件而抽象地空洞地谈论自由的思想方法，认为自由是市民社会经济关系的反映，随着社会历史条件的改变，自由的内涵和实现程度也会相应地发生改变。虽然马克思主义与自由主义的思维方法有很大不同，但是"自由"同样是马克思主义追求的价值目标甚至是最高目标，正如《共产党宣言》所宣示的那样，共产主义社会是"自由人的联合体"[①]。在马克思主义思想中，共产主义社会就是每个人全面而自由发展的社会，是全面自由发展的人的联合体。以自由意志和自由主义为哲学基础的近代民法，虽然离马克思主义的"每个人的自由发展"还比较遥远，但是在近代资本主义法律特别是民法发展史上仍然具有重要的历史进步价值。它在较大程度上促进了人类的解放，高扬了人权的旗帜，将欧洲人从神权和君权的压迫下解放出来，共享人类文明进步的成果，为欧洲人在人类历史上率先进入现代化奠定了坚实的法治基础。

(二) 现代民法的哲学转向："社会利益"与"功利主义"

1. 从"自由意志"到"社会利益"

民法学界通行的观点认为，近代民法有三大基本原则，一是契约自由原则，二是过错责任原则，三是所有权绝对原则。它们是从自由意志的法哲学观念转化成民法原则的。近代民法庞大而复杂的制度体系大厦，可以说都是以这三大原则为骨架建构起来的。

契约自由原则，也被称为意思自治原则，最直接地体现了自主决定的观念。1804年《法国民法典》第1101条规定："契约作为一种合意，依此合意，一人或数人对于其他一人或数人负担给付、作为或不作为的债务。"契约或合同的法律效力的产生，不是出于外部力量的强迫或者法律的强

[①] 参见《马克思恩格斯选集》第1卷，人民出版社1995年版，第294页。

制，也不是因为一方当事人故意欺诈、胁迫对方，或者单方面的"一厢情愿"，而是由双方当事人的自由意思达成一致的结果。

过错责任原则鲜明地体现了自己责任的观念。在德国民法学家耶林看来，"使人负损害赔偿的，不是因为有损害，而是因为有过失，其道理就如同化学上之原则，使蜡烛燃烧的，不是光，而是氧，一般的浅显明白"①。我国台湾地区学者邱聪智认为："归责的意义，系在于法律判断上，确定行为者负担法律效果。因此，其基础乃很容易从行为人主观之意思或能力上求其根据。近代理性哲学大放光彩，归责根据为人类内在自由意志或心理状态欠缺之理论，乃告奠定，亦惟有如此，始能合理说服令行为人使其负担赔偿责任之根据。从而，在道德上或伦理上，获得高度的妥当性。过失责任主义，在人类文化发达史上，若具有高度之评价，其主要理由，当在于此。"② 过错责任原则告诉人们，一个人只有在自己有过错的情况下才需要在法律上承担责任，这就排除了诸如封建社会普遍存在的"连坐"等非人道的法律制度，因为在那样的制度下，一个人即使自己没有过错，却要对他人的行为承担法律后果。这实际上在法律上确立了"每个人都是独立的法律主体"这样的理念。

所有权绝对原则与自主决定和自己责任的法哲学观念也存在密切联系。康德论述说，"财产基本上可以看成是自我的延续。……对财产的威胁不仅损害了他的幸福感，而且损害了他的存在本身。"③ 虽然在民法中，财产权和人格权是两类不同性质的权利，但是二者并非"井水不犯河水"的平行线，而是可以通约的存在。在古代东西方奴隶社会时期都有把债务人变为奴隶的做法，在近代西方国家也有"无财产则无人格"的法律谚语。汉语中有"爱屋及乌"的说法，比喻爱一个人而连带喜爱与之相关的人或事物。在民法语境中，可以引申为：尊重一个人的人格就要尊重他的财产。所有权或财产权与人的存在和人格尊严存在密切联系。《法国民法典》第544条规定："所有权是对于物有绝对无限制的使用、收益及处分的权利。"所有权就是物的所有人对该物行使占有、使用、收益、处分的自由意志，从而决定该物的命运的权利。对物的无权处分之所以无效，是

---

① 王泽鉴：《民法学说与判例研究》（第二册），中国政法大学出版社1998年版，第144页。
② 邱聪智：《民法研究》（一），中国人民大学出版社2002年版，第86页。
③ 李梅：《权利与正义：康德政治哲学研究》，社会科学文献出版社2000年版，第218页。

因为它违背了所有权人的自由意志。自己责任与所有权的关系表现在，财产所有权是一个人自己承担法律责任的基础，因为近现代民法从人权原则出发，已在制度上排除了民事主体承担人身方面的责任，例如因为欠债而被关押或卖身为奴。正如我国台湾地区学者王泽鉴先生所言，"确保权利人在财产法领域中的自由空间，并因此使其得自我负责地形成其生活。"① 在近现代民法制度中，没有财产所有权的人在客观上就是一个不可能实际地承担民事法律责任特别是财产责任的主体，即使其个人自己在主观上愿意承担这种责任，也将"心有余而力不足"；或者即使被法庭判决承担民事责任，也由于责任人无财产而落空为一纸具文。

近代传统民法以自由为价值、以个人为主体、以权利为本位建构起来的法理和制度体系，实际上是西欧国家从文艺复兴到启蒙运动的几百年里大力宣扬的自由、平等、人权等价值观培育的法律成果，既有"打碎旧世界"的革命性，也有"创造新世界"的建设性。但是不可否认的是，它们也充满了自由资本主义时代思想家们的浪漫主义和理想主义色彩。随着西方资本主义国家现代化进程的深入发展，这些理念和制度在面对社会现实时也不免捉襟见肘，顾此失彼。民法"作为一种自治规范，它的主要目的不在改变人们的社会行为，而在回应社会的规范要求"②。为了回应社会的需要，近代民法的现代化转向变得不可避免。近代民法奉为"金科玉律"的三大原则开始动摇。契约自由转向契约正义，过错责任转向无过错责任，所有权绝对转向所有权社会化。③

契约自由原则与人文主义的哲学思想、自由主义的经济理论和古典自然法学说的影响是密不可分的。人文主义和自由主义的影响已在上文论述。根据自然法学说，能实现个人自由最大化的法律是正义的。但是，20世纪特别是第二次世界大战结束以来，大公司的出现、垄断的加深、失业率居高不下和频繁交易造成的交易程式化，使传统的契约自由原则走向异化：在经济地位悬殊的当事人之间，弘扬自由意志的契约自由变成了弱肉强食的帮凶，层出不穷的"格式合同"和仗势欺人的"霸王条款"让自由

---

① 王泽鉴：《民法物权（1）通则·所有权》，中国政法大学出版社2001年版，序言。
② 苏永钦：《民事财产法在新世纪面临的挑战》，《走进新世纪的私法自治》，中国政法大学出版社2002年版，第55页。
③ 梁慧星：《民法总论》，法律出版社2001年版，第276页。

和平等的民法价值观摇摇欲坠。财大气粗的强者可以凭借契约自由的口号来胁迫弱者接受其预先拟定的格式合同；合同内容的复杂化和专业化使得不明就里的消费者在"买的没有卖的精"的经营者面前变得"人多力量小"；就业难的现实使得工人们往往不得不接受企业主们制定的明显不利于工人的劳动合同。在现代社会，保护弱者的呼声不绝于耳，民法不能袖手旁观。"契约正义"理论应运而生，认为当事人的合意的达成即民法上讲的"意思表示一致"并不是合同有效的充分条件，还要综合考虑当事人主体资格、意思表示是否真实以及是否违反法律的强制性规定等多重因素。正如马克思所论述的至理名言："权利永远不能超出社会的经济结构及由经济结构所制约的社会文化发展。"契约正义是对传统契约自由理论的矫正和限制，而不是全盘否定，是为了适应新的"社会经济结构"及其制约的"社会文化发展"，体现了对弱势人群进行倾斜保护的人文关怀和共享发展精神。

无过错责任是民事法律责任的一种类型。一般认为，"无过错责任"的法律概念是美国学者巴兰庭在1916年的《哈佛法律评论》上发表的关于交通事故的一篇论文中提出的。它是指行为人对自己的行为所造成的损害在主观上没有过错即故意或者过失的情况下所应当承担的法律责任。随着科学技术的进步和社会化大生产的快速发展，工业上的危险大幅增加，生产事故、交通事故和环境污染等公害屡屡发生，许多情况下要让受害人证明侵害人有过错往往存在很大困难，特别是在大型危险性工业领域，工人因为操作不当等给自己或他人造成的工伤事故时有发生，如果按照过错责任原则，那么这些工人将无法从企业主那里获得赔偿，因为他们难以证明企业主存在过错，甚至因为工人自身在劳动中有过失，将不仅承担自己的损失，甚至要负责赔偿工伤事故造成的企业主或其他工人的损失。这对于作为弱势群体的工人是非常不利的，使他们承担了过重的法律责任。为了有效预防事故的发生，合理分担事故的责任，更好地保障生产的安全和社会的稳定，西方国家陆续在民法中确立了无过错责任原则。现代社会也是一个高风险的社会，无过错责任原则的出现就是为了回应社会对安全的需要。它通过强化具有强大技术和经济能力的强势加害者的法律责任，以达到救助处于弱势地位的受害者，从而实现社会安全和共同发展的社会效果。

所有权社会化就是要改变所有权绝对理念，让财产承担起应有的社会义务。财产权伴随社会义务的理念，是对"所有权绝对"理念的反思，其社会经济背景是个人的基本生存状态从主要依赖私有财产到主要依赖社会关联的转变，与社会主义或者"社会国家观"有着密切联系。[①] 1919 年，德国的魏玛宪法规定"所有权附有义务，对其行使应同时有益于公共福利"。这是人类社会第一次在国家宪法层面规定财产权应当负担社会义务，是财产权观念从近代向现代转型的重要标志。这是立法者对于财产所有权的观念发生变化的结果，即认为私有财产并不完全是个人自由意志的延伸，而只是将社会所有的财富"信托"于个人来利用以发挥财富的效用，而不在于使个人占有，如此才能增进社会的公共福利。所有权的行使与否以及行使的方式都没有绝对的自由，而应当受到社会公共利益的制约。这就是所有权社会化思想。对此，德国学者拉伦茨有过一段相当精辟的论述："如果说，在以前，公法中规定的对所有权的限制只能算作某种'例外现象'，它们在根本上无法改变所有权人所享有的广泛的使用权和处分权；那么，在今天，这些限制已成了共同决定着所有权内容的因素。"[②] 应当指出的是，所有权社会化是指对财产权人"随心所欲"地使用和处分财产的绝对权利施加一定的限制，使其照顾到社会公共利益和他人的合法权益，而不是将个人的私有财产直接通过没收或征收等方式变为社会公有。

2. 从"自由主义"到"功利主义"

近代民法向现代民法转型的过程，就是民法从专心保护"自由意志"到兼顾保护"社会利益"的过程，其背后的法哲学动因则是从"自由主义"到"功利主义"的转换。将社会利益作为法律权威依据的法哲学理念，其代表性学说是 20 世纪美国著名法学家罗斯科·庞德（Roscoe Pound，1870—1964）的社会学法学或法律社会学。该学派认为，"法律律令乃是从保障社会利益中获致其终极权威的，即使它们的即时性权威或直接权威源出于政治组织社会。"[③] 在庞德那里，法律就是满足人的需要的

---

① 张翔：《财产权的社会义务》，《中国社会科学》2012 年第 9 期。
② ［德］卡尔·拉伦茨：《德国民法通论》（上册），王晓晔等译，法律出版社 2004 年版，第 53 页。
③ ［美］罗斯科·庞德：《法律史解释》，邓正来译，中国法制出版社 2002 年版，第 26 页。

"社会工程","所谓的公平正义,则在于适当调整人类的各种需要,使其达成最大之利益,则为众人所分享"①。庞德的"社会利益"学说引起了民法观念的发展:从法律的主体来看,从专注于个人转向兼顾社会;从法律的价值来看,从个人自由转向社会安全。中国学者张乃根总结说,"庞德的社会学法学实质上是一种社会功利主义。"② 这可以说是从哲学基础层面对庞德的社会学法学进行了比较精准的定位。

功利主义,也称为效益主义,是18世纪末19世纪初由英国哲学家兼经济学家边沁正式提出的哲学思想体系。其基本原则是:一种行为如果有助于增进幸福,那就是正确的;反之就是错误的。幸福不仅关系到行为的当事人,也同受该行为影响的每一个人密切相关。人类的行为完全以追求快乐和幸福为目的,人的行为应当达成"最大善",这里的"最大善"是指某种行为所影响的每个个体的痛苦和快乐之感觉的总和,而个体具有同等的分量即重要性,而且快乐与痛苦能够相互换算,痛苦可以理解为"负的快乐"。功利主义者只问结果,不问过程,只考察行为的结果对"最大快乐值"的影响,而不考察当事人的动机和手段,比较简单粗暴,凡是可以增加"快乐值"的即为"善",反之即为恶。功利主义的影响非常广泛而深远,特别是对于经济学、政治学和法律具有更为显著的影响。例如,在惩罚犯罪方面,功利主义就明确反对"杀人偿命""一报还一报"的"报应"观念。功利主义思想主张惩罚的主要目的是通过改造罪犯,保护社会免受犯罪的破坏,从而避免更多的犯罪行为发生,同时也使社会上的其他人因为害怕受到惩罚而不敢犯罪,也就是达到预防犯罪的目的。在这里,功利主义的着眼点不是报复罪犯,而是站在社会的角度,通过改造罪犯来预防犯罪。当今许多国家的刑法都废除了死刑,没有废除死刑的国家也大都采取"少杀慎杀""慎刑"的刑事政策,可以说或多或少受到功利主义思想的影响。

庞德的社会学法学理论就受到功利主义哲学的深刻影响,"我愿意把法律看成这样一种社会制度,即在通过政治组织的社会对人们的行为进行安排而满足人们的需要或实现人们的需要的情形下,它能以付出最小代价

---

① R. Pound, *Social Control Through Law*, New Haven, Yale University Press, 1942, pp. 64-65.
② 张乃根:《西方法哲学史纲》,中国政法大学出版社1993年版,第278页。

为条件而尽可能地满足社会需求,即产生于文明社会生活中的要求、需要和期望——的社会制度"。"就理解法律这个目的而言,我很高兴能从法律的历史中发现这样的记载:它通过社会控制的方式而不断扩大对人的需求、需要和欲望进行承认和满足;对社会利益进行日益广泛和有效的保护;更彻底和更有效地杜绝浪费并防止人们在享受生活时发生冲突——总而言之,一项日益有效的社会工程。"[1] 美国法学家庞德主张的法律"以付出最小代价为条件而尽可能地满足社会需求",充满了典型的功利主义思维和经济学的成本收益的精确计算。

庞德以"社会利益"学说改造民事法律的雄心表现在其大力倡导的民事责任归责原则,包括"客观过失"和"危险责任"[2]。在庞德看来,传统民法的过错责任中的"过错"是一种"主观过错",即行为人个人心理上的过失状态,这种过失判断标准已经无法适应高风险的现代社会,而应当代之以"客观过失"即"社会性过失"(Social Fault)。如果说传统民法理论是"过失塑造责任",是因为行为人有过失,所以要承担法律责任;那么庞德的理论就是"责任塑造过失",因为该行为人承担法律责任对解决社会问题更有利,所以认定他有过错,即使他在主观上没有故意或过失。很明显,庞德主张的"过错"在传统民法那里就是"无过错"了。

"危险责任"在本质上就是无过错责任或者说叫"严格责任",所谓"客观过失"也不过是比照传统民法理论而戴上的"面具"而已,这样似乎使承担责任的一方当事人在感情上更容易接受,毕竟人们已经习惯了近代民法上的过错责任。如果以中国传统文化的眼光来看,这样的无过错责任有"欲加之罪何患无辞"的感觉,但是对于社会化大生产的企业来

---

[1] [美] E. 博登海默:《法理学:法律哲学与法律方法》,邓正来译,中国政法大学出版社1999年版,第147页。

[2] 在英美法中,危险归责的无过失责任制度始于1868年Rylands V. Fletcher一案的判决。在该判决中,法官称:如因追求自己的利益,持有"逸出即足以产生危害之物质"者,就应当将其物质"置于自己危险之内";否则,对其逸出而产生的结果就应当承担损害赔偿责任。这一判例代表的法则就是危险归责的原理。庞德认为,该案代表了民事责任原理对个人主义的反击,在现代法律哲学上具有高度的妥当性。它是经济发展及社会进步必然产生的原理,惟其适用,才能足以圆满解决以工商企业为中心的美国的社会问题。庞德有意借此判例确定的法则作为其理论体系内危险归责原理的实证法依据,是庞德民事归责理论的特色。参见邱聪智《民法研究》(一),中国人民大学出版社2002年版,第76—77页。

说，鉴于他们所从事生产的危险性，如果采用过错责任原则，由于工人或社会公众很难在生产事故中证明这些生产者存在故意或过失的过错，也就很难获得损害赔偿，从而难以激励这些企业重视安全生产，社会的风险就增加了；如果不需要证明过错的存在，只要生产活动与损害存在因果关系就必须负责赔偿，就等于加重了企业主的法律责任，他们就有充足的动力改进生产条件以促进安全生产，社会的安全和稳定才有保障。从全社会的角度看，这样预防风险的成本要远低于每个受害者自认倒霉自己负责或由他们来预防风险的成本。用较小的社会成本解决了重大的社会问题，"危险责任"的社会经济效益十分突出，完全符合社会功利主义的精神。

自由主义者是站在个人的立场上，把国家和社会视为"身外之物"，认为法律的公平正义就体现在对个人自由意志和人格尊严的守护，是一种伦理学意义上的、个人主义的思维方法。而社会功利主义者是站在社会共同体的立场上，认为法律的公平正义体现在"适当调整人类的各种需要"以实现社会总体利益最大化并"为众人所分享"的结果，是一种经济学和社会学意义上的、整体主义的思维方法。在中国古代，有儒家的亚圣孟子与齐宣王讨论音乐欣赏的典故，孟子提出了"独乐乐不如众乐乐"的至理名言，字面意思是"独自一个人欣赏音乐，不如跟众人一起欣赏音乐"，可以引申为"自己高兴不如大家一起高兴"或进一步延伸为"自己得利不如大家一起得利"，这是一种明显的分享或共享精神。用经济学上的"边际成本"概念来解释，就是一个人在一个房间欣赏音乐的成本与十个人一起欣赏的成本几乎没有差别，因为演奏音乐的成本不会增加，也就是增加一个人欣赏的"边际成本"为零，但是演奏音乐得到的整体的效用或利益却是原先的十倍，社会利益极大地增加了。通过比较不难发现，相对于自由主义而言，社会功利主义的共享发展精神体现得更为明显。

三　商法的共享精神："营业自由"与"交易安全"的调和

（一）商法的核心理念：促进"营业自由"

1. "营业自由"的涵义和重要性

商法的调整对象是商事关系，具体言之，是商人以营利为目的从事特定营业活动而形成的经营关系。清华大学法学院施天涛教授认为，这种经营关系包含三个核心要素：营利、营业、商人。① 营利性是商事关系区别于其他社会关系特别是普通民事关系的本质特征。在普通民事关系中，基本的主体是作为个体的自然人，民事行为的目的一般是满足行为人自身的生活需要，民事关系的内容包括以生活资料的获取和处分为核心的财产关系以及以婚姻、家庭、继承为核心的人身关系，具有生活性和伦理性，通常不具备营利性特征。在商事关系中，基本的主体是作为经营者的商人、企业，商行为的直接目的甚至根本目的在于追求利润。所谓"唯利是图""无利不起早"等说法，表明了以儒家为代表的中国传统文化的"厌商"传统，但是也深刻地反映了商人和商业活动的本质。

"营利"是指以金钱、财物、劳务、技术等为资本而获取经济利益。这里的"营"是"谋取"的意思，与"蝇营狗苟""投机钻营"中的"营"含义相同。虽然这两个词明显带有贬义，但是"营利"在现代汉语中是一个中性词，与谋利、牟利是近义词，强调目的性，通俗地说就是"以赚钱为目的"，至于结果是否赚到钱，在所不问。要注意"营利"与"赢利""盈利"的区分。"营利"只作动词，《现代汉语词典》的解释是"谋求利润"，通俗而言"为了赚钱"，是指通过经营活动赚取利润的过程。"赢利"的意思是"赚到钱"，强调结果。"盈利"是名词，与"利润"同义，就是收入减去成本之后的差额，是"赚的钱"本身。《现代汉语词典》认为"盈利"可等同于"赢利"。商法学中通常使用"营利"，而"赢利"和"盈利"一般是经济学或管理学中使用的概念。

与营利相关的"营业"也是商法中的一个基本范畴。美国法学家博登海默论述了法律概念的重要性，他说："没有限定严格的专门概念，我们便不能清楚地和理性地思考法律问题。……如果我们试图完全否定概念，那么整个法律大厦就将化为灰烬。"② 在中国社会科学院语言研究所 2016 年修订的《现代汉语词典》中，营业是指"经营业务"。③ 我国老一辈民

---

① 施天涛：《商事关系的重新发现与当今商法的使命》，《清华法学》2017 年第 6 期。
② ［美］E. 博登海默：《法理学：法律哲学与法律方法》，邓正来译，中国政法大学出版社 2004 年版，第 504 页。
③ 中国社会科学院语言研究所词典编辑室编：《现代汉语词典》，商务印书馆 2016 年版，第 1571 页。

商法学者谢怀栻先生认为，"营业"这一概念包括两种含义：其一是主观意义上的"营业活动"，是以营利为目的而进行的连续的、有计划的、同种类的活动；其一是客观意义上的"营业财产"，是供营业活动之用的有组织的一切财产以及在营业活动中形成的各种有价值的事实关系的总体。① 实际上，这里主观意义上的营业可以理解为动词"经营"，客观意义上的营业近似于名词"企业"。德国学者乌茨·施利斯基将营业定义为"具有社会价值的，得到法律允许的，以营利为目的，长期的而不是偶尔从事的独立经营活动"②。通过比较可以发现，德国商法是在主观意义上使用"营业"这一概念的。综合中外学者关于"营业"的定义，至少有两点是共同的，一是"以营利为目的"，二是"连续的"或"长期的"，因此可以把"营业"简要地定义为"持续的营利性活动"。这里的"持续"既有"连续"之义，又能表达"长期"的内涵。

通过比较法的考察发现，世界各国商法对"营业"的用法及其内涵不尽相同，至少存在三种情形：客观主义的商法以强调客观意义的营业为中心，主观主义的商法以强调主观意义的营业为中心，折中主义的商法则强调主观意义的营业与客观意义的营业的并重。③ 丁凤玲、范健认为，从世界立法经验来看，为了避免法律条文理解的歧义，大多数国家并非都用"营业"来表示主观和客观两方面的营业，而是用"经营"表达主观意义的营业，用"企业"表达客观意义的营业。由于我国法律中的"企业"概念多以法律主体的面貌出现，因此，域外法中作为客体的"企业"不宜在我国用来表示客观意义的营业。中国应当借鉴法国的做法，用"营业资产"表达客观营业，用"经营"表达主观营业，使"营业"的法律表达精准化。④ 笔者赞同这种观点，法律语言要便于大众理解才有生命力，否则有被束之高阁的危险，而在我国的日常生活语言中，"营业"就是"经营"的含义，并没有作为"企业"的义项，商法与其保持一致性才是最佳选择。

商法是私法，当然适用私法的一般原则和基本理念。根据私法自治原

---

① 谢怀栻：《外国民商法精要》，法律出版社2002年版，第237页。
② ［德］乌茨·施利斯基：《经济公法》，喻文光译，法律出版社2006年版，第207页。
③ 徐喜荣：《营业：商法建构之脊梁——域外立法及学说对中国的启示》，《政治与法律》2012年第11期。
④ 丁凤玲、范健：《中国商法语境下的"营业"概念考》，《国家检察官学院学报》2018年第5期。

则，个人在不影响社会公共利益与他人利益的情况下，享有决定自身私法事务的自由，因此，营业自由作为商法的核心理念应运而生。① 营业自由是职业自由乃至更广泛意义上的经济自由的题中应有之义和重要组成部分。对国家而言，营业自由是推动现代社会经济发展的基础性、根本性制度条件，现代市场经济国家的兴旺发达无不是从扩大营业自由或经济自由开始的。对公众而言，营业自由反映了个体和团体在经济领域的发展空间，经商不仅是人们谋生的重要手段，也是人们实现自我发展和人格完善的重要途径。因此，营业自由不仅与财产权直接相关，也与人格权有着千丝万缕的联系。近代英国自由主义经济学大师亚当·斯密从法哲学的层面把"营业自由"与"婚姻自由"相提并论："自由经商的权利和婚姻自由等权利如果受到侵害，这显然就损害了人自由支配自己身体的权利，也就是人做自己想做并且不会对他人造成损害的事情的权利。"② 中华民国时期的宪法学家张知本在《宪法论》一书中有如下论述："如营业不能自由，则个人不能发展自己之财力，以行其交易上之自由竞争，势必使工商业无显著之进步。"③ 可以认为，营业自由是自由竞争的必要条件，于国于民都休戚与共，善莫大焉。于国，关系到工商业之进步；于民，关系到个人财力之发展。从这个意义上说，将"营业自由"作为商法的核心理念，似乎并不为过。

营业自由是个体经济自由的组成部分，泛指个体平等、自主、独立地从事商业性生产经营活动的权利，既包括个体设立企业从事经营活动或从事合法职业的自由，也包括有权拒绝违背自愿从事经营或职业的自由。④ 具体而言，营业自由是指自然人、法人、非法人组织等民事主体可根据自己的资本基础自由地选择进入和退出法律不禁止且不危害他人利益的营业领域，自主设定营业目的范围和预期利益目标，从事经营活动并可以与其他营业主体进行交易的资格和权利。⑤

---

① 顾功耘、胡改蓉：《营业自由与国家干预交织下商主体营业资格之维度分析》，《政治与法律》2011年第11期。
② ［美］帕特里夏·沃哈恩：《亚当·斯密及其留给现代资本主义的遗产》，夏镇平译，上海译文出版社2006年版，第64页。
③ 张知本：《宪法论》，中国方正出版社2004年版，第116页。
④ 吴越：《经济法思维的宪法指向——兼论经济法学的历史命运》，《法学论坛》2013年第3期。
⑤ 肖海军：《营业权论》，法律出版社2007年版，第157页。

2. "营业自由"的立法例比较

"营业自由"并非学者们纯粹"纸上谈兵"的概念演绎，实际上，营业自由原则已经在许多国家的宪法和法律中得到确认和肯定。法国1791年宪法规定，"一切公民，除德行上和才能上的差别外，都得无差别地担任各种职业和职务"，这里规定的择业自由涵盖了营业自由，成为宪法保障下的公民权利。在法国，"'经商自由'具有宪法价值。因此，除非是因公共秩序的理由或者因战时经济的继续……'进入商界'并不需要经过任何行政批准，既不存在'挑选'，也不存在数额的限制"[①]。1993年《俄罗斯联邦宪法》规定："每个人都享有自由地利用自己的能力和财产从事企业以及其他不受法律禁止的经济活动的权利。""营业自由"是一个近代中国宪法文本中流行的关键语词。[②] 作为中国历史上第一部资产阶级宪法性文件，1912年《中华民国临时约法》第6条规定"人民保有财产及营业之自由"。

我国现行宪法和法律中并没有关于营业自由的明确和直接的规定。由于我国传统文化中盛行的重义轻利观念和古代政治中长期存在的重农抑商政策等传统因素的影响，营业权制度未能出现于我国的现行立法中，仅有适用范围限于公有企业的经营权制度。[③] 我国现行宪法2004年修正案规定，"国家保护个体经济、私营经济等非公有制经济的合法的权利和利益。国家鼓励、支持和引导非公有制经济的发展，并对非公有制经济依法实行监督和管理。"有学者认为，"这仅仅是对个体经济、私营经济或公民个人之既得的财产与权利的维护，对产生和获取这些财产与权利的原权利与基础性权利——营业权或营业自由则未予以足够的重视。"[④] 这一观点值得商榷。从"国家鼓励、支持和引导非公有制经济的发展"的宪法表述中，是可以引申出"营业自由"原则的。从其他国家宪法以及国际公约来看，对营业自由的保护重在实质，倒不一定有明文规定的"营业自由"概念，也就是出现了"名"和"实"的分离，处于"有实无名"的状态。

例如，美国宪法也没有出现"营业自由"这一概念，但是一般认为营

---

① [法]伊夫·居荣：《法国商法》，罗结珍、赵海峰译，法律出版社2004年版，第35页。
② 刘为勇：《"营业自由"：一个不应被忘却的宪法性语词》，《法治研究》2013年第6期。
③ 樊涛：《我国营业权制度的评析与重构》，《甘肃社会科学》2008年第4期。
④ 肖海军：《论营业权入宪——比较宪法视野下的营业权》，《法律科学》2005年第2期。

业自由原则是美国宪法修正案确立的"人身自由"和"财产自由"的自然引申，是宪法保护的公民的基本权利。① 1791年宪法第5修正案规定："未经正当法律程序，不得剥夺生命、自由或财产；人民私有产业，如无合理赔偿，不得被征收为公用。"营业自由观念通过美国最高法院的司法解释得到了最终确立。在1873年屠宰场案中，最高法院认为，"个人选择专业的权利是自由的基本内容，而这种专业一旦被人选定，它就成了一个人的财产和权利……是他们自由权的一部分。"② 可见，美国最高法院的逻辑如下："个人选择专业的权利"即择业权当然会产生营业权，而营业权是自由权的组成部分。再如，《世界人权宣言》第23条规定："人人有权工作、自由选择职业、享受公正和合适的工作条件并享受免于失业的保障。"这里的"工作权"和"自由选择职业"的权利也涵盖了营业自由。

3. "营业权"在宪法和商法中的确立

营业自由不仅是一项宪法和法律原则，而且在有些国家已经演变成一项法律权利即营业权。"营业权"概念产生于1904年德国最高法院的判例中。在该案中，原告主张其日常营业活动和商业利益受到被告的侵害，产生的损失不仅包括直接的财产损失，例如生产设备和原材料的闲置和向交易相关方支付违约金等，而且包括其他无形资产方面的间接经济损失，例如市场份额减少和商业信誉降低等方面。但是根据《德国民法典》第823条之规定，只有在上述损失属于对主观权利造成侵害的情况下才有权获得赔偿，但侵害自由或财产所有权的情况并未出现在该案中。③ 最后，德国最高法院认定该案被告所侵犯的法益属于"已经设立且运作的营业权"，是一项主观权利。④ 可以说，在这里，营业权被"视为"主观权利，属于《德国民法典》第823条中"其他权利"之一，德国最高法院在判决书中确定了这一概念，用以保护营业主体的相关利益。⑤

---

① 张大为：《论营业自由的性质及其法律规制》，《北京航空航天大学学报》（社会科学版）2013年第6期。
② 杜承铭：《论工作自由权的宪法权利属性及其实现》，载法苑精萃编辑委员会：《中国宪法学精萃》，机械工业出版社2004年版，第185页。
③ ［德］马克西米利安·福克斯：《侵权行为法》，齐晓琨译，法律出版社2006年版，第69页。
④ 李国强：《无体财产概念对现代所有权观念的影响》，《当代法学》2009年第4期。
⑤ 钱宇丹、徐卫东：《论我国中小企业的营业权制度》，《当代法学》2014年第4期。

在我国，有学者对营业权作了专门的研究。肖海军对营业权的内涵和外延作了界定："营业权是一系列具体的权能集合而成的概括性权利，其基本内涵包括营业机会的平等享有，营业资格的自由取得，营业领域的自愿选择，营业事项的自由设定，营业方式的自我决定，营业管理的独立决策，以及营业侵权请求的有效救济等几个方面。"① 钱宇丹对营业权的性质作了定位，认为营业权是典型的商事权利，是营业主体基于平等机会和独立的主体资格，不受法律法规、行政行为和相关主体不合理限制及不恰当干预的，能够自主选择产业领域或商事项目进行经营并达到营利目的之权利。②

虽然我国现行宪法和法律未对营业权作出明确规定，但是从我国宪法和民商法的立法总则和原则是可以引申或推导出营业自由的理念的。有学者认为，营业自由可从私有财产权和社会主义市场经济体制辐射下的劳动权中得出。③ 不过，这种引申和推导毕竟显得有些间接和牵强。营业自由属于基本权利，国家在不为侵害营业自由的行为之外，还应当积极地维护营业自由，并为其实现创造条件，这是现代法治国家题中应有之义。④ 名不正则言不顺，营业权在我国要实现"名正言顺"，其路径分为三个层次：一是通过宪法明文规定营业权，为我国的商事立法提供宪法依据和基本价值准则；二是在未来可能制定的《商事通则》中对营业权作出明确规定；三是在各类商事单行法中规定各种具体的营业权。⑤

"商法将促进商业和增加财富作为核心的制度价值"⑥，在全面建成小康社会、实现中华民族伟大复兴中国梦的当下，发展经济、促进商业、增加财富，仍然是实现人民美好生活和完成"两个一百年"奋斗目标的中心工作。因此，通过宪法和商法确立并保障营业自由和营业权，不仅有情理上或者说"势"上的必要性，而且有"时间"上或者说"时"上的紧迫

---

① 肖海军：《营业权论》，法律出版社2007年版，第42—43页。
② 钱宇丹：《中小企业营业权研究》，吉林大学2013年博士学位论文，第16页。
③ 陈征、刘馨宇：《改革开放背景下宪法对营业自由的保护》，《北京联合大学学报》（人文社会科学版）2018年第3期。
④ 潘昀：《作为宪法权利的营业自由》，《浙江社会科学》2016年第7期。
⑤ 刘宏渭：《论营业自由及其在我国的实现路径》，《山东大学学报》（哲学社会科学版）2011年第6期。
⑥ 叶林：《商法理念与商法审判》，《法律适用》2007年第9期。

性。我们期待立法者"审时度势",为我国商事法律体系的完善再立新功。

(二) 商法的基本价值:维护"交易安全"

1. 法律价值:概念及相互关系

"价值"是来源于哲学和经济学的重要概念,表达的是主体和客体之间的关系,是指客体满足主体之需要的能力。法律价值是指"在人(主体)与法(客体)的关系中体现出来的法的积极意义或有用性"[①]。法律价值体现了作为客体的法律的功能和属性,及其在满足作为主体的人的需要时发挥的积极意义。法律作为上层建筑,不是天生就有的,所谓"自然法"不过是法哲学家们的美好理想而已,是人类用来设计和批判"人定法"的高标准和严要求,是充满真善美等各种美好价值的"良法"。现实中的"人定法"是立法者秉持的价值观的外在化。

"在法律史的各个经典时期,无论在古代和近代世界里,对价值准则的论证、批判或合乎逻辑的适用,都曾是法学家们的主要活动。"[②] 例如,自由、平等、公平、正义、秩序、效率、安全,诸如此类的理想价值,总是或多或少地能在法律中找到自己的存在感。这些价值有时能够和谐相处,"美美与共",但在更多的情况下似乎是互相竞争甚至水火不容和你死我活,最后的结局往往是竞争加合作,达成一种妥协之后的均衡局面。例如,自由与平等、公平、正义、秩序、安全都存在一定的紧张关系,而与"效率"情同手足、惺惺相惜。立法者、执法者、司法者、守法者在行动中通常都会权衡利弊,统筹兼顾,即使不能做到"一碗水端平",也要相对合理,否则必然得到非理性的结果。例如,"安全和效率在社会结构中具有明显的区别,在一个组织良好的社会,安全属于必需品,而效率属于优先品,当安全必需品遇到效率优先品之时,应该遵循必需品大于优先品的准则"[③]。

从法律价值的相互关系看,可以把法律价值分为"手段性价值"与"目的性价值",还可以分为"内在价值"与"外在价值"。不同的法律价

[①] 张文显主编:《马克思主义法理学——理论、方法和前沿》,高等教育出版社2003年版,第222页。

[②] [美]庞德:《通过法律的社会控制——法律的任务》,沈宗灵译,商务印书馆1984年版,第55页。

[③] 张洪波:《以安全为中心的法律价值冲突及关系架构》,《南京社会科学》2014年第9期。

值之间具有先后主次的差序格局，就自由和秩序相比较而言，秩序是手段性价值，而自由属于目的性价值。法律希望追求、促进、实现的价值就是目的性价值，指向的是法的社会目的和本质；法律本身应当具有的价值是手段性价值。目的性价值是法律的外在价值，手段性价值是法律的内在价值，内在价值服务于外在价值，并接受外在价值的检验。① 目的性价值、外在价值在"位阶"上要优于手段性价值、内在价值。

2. 商法的基本价值：通过交易安全保障营业自由

就商法的价值而言，有学者主张当代商法的三大基本价值是交易效率价值、交易安全价值和交易公平价值。② 笔者认为，商法是促进和规范市场交易的基本法律，效率和安全对于市场交易而言十分重要，作为基本价值无可厚非，但是"公平"是民法或私法的基本价值，对于商法而言并不具备突出的重要性，作为商法的基本价值似有不妥。另有学者认为，"作为一种法律，商法理所应当具有公平与正义这一法律所具有的最普遍的价值；作为具有公法化倾向的私法，也以保障商事交易的安全、维护商业活动中的交易秩序为己任。可是在这一切价值之上，最能体现商法价值特点的还应是商法的效益价值。"③ 这种观点实际上是把商法的价值分为"金字塔"式的三个层次：第一层次也是最基层的价值是公平和正义，第二层次即中间层次的价值是安全和秩序，第三层次即最高层次是效益。笔者认为这种分层分类的思维方法很有启发和借鉴意义。不过，该学者把商法的最高价值称为"效益"而不是"效率"，应该是混淆了二者。"效益"是指效果和收益，"效率"是指以尽可能少的投入获得尽可能多的产出，即"物尽其用"，不浪费资源。在法律价值或法律原则方面，通常用"效率"而不是"效益"。

笔者认为，部门法的价值或原则应当体现其独特的精神追求。公平和正义是所有法律都追求的价值，可以作为商法的"基础价值"存而不论；安全和秩序可以作为商法的"基本价值"；自由和效率作为商法的"最高价值"。由于安全和秩序具有一致性，自由和效率具有一致性，而相对而言，安全和自由属于目的性价值，秩序和效率属于手段性价值，因此，我

---

① 张文显：《法理学》，中共中央党校出版社2002年版，第187页。
② 胡鸿高：《商法价值论》，《复旦学报》（社会科学版）2002年第5期。
③ 宋智慧：《商法价值范畴论析》，《学术论坛》2005年第4期。

们可以将商法的最高价值精简为"自由"或"营业自由",将商法的基本价值精简为"安全"或"交易安全"。

立法者在立法过程中总是明确地或隐秘地、自觉或不自觉地把某种或某些价值观转化为法律的基本原则和具体规则。商法的基本原则是指反映商事关系的本质特性,体现商法的基本内容,统辖商法的具体制度,并贯穿于商法规范的共同准则。① 我国商法学者童列春将商法的基本原则总结为五项:效率、自由、安全、公平、信用。② 如前所述,笔者认为,公平原则是民法、私法甚至所有法律的原则,首先可以排除在商法基本原则之外;信用原则是服务于市场交易的安全需求的,可以被安全原则所吸收;效率原则也是商人营业自由的要求和结果,经济自由带来生产效率的提高已是不争的事实,因此,自由原则相对于效率原则而言更加具有根本性,前者可以吸收后者。如此分析,商法的基本原则也就剩下两项,即自由和安全,其中自由更有优先性。其他原则并非不重要,只是在商法中处于相对次要的地位。

3. 交易安全与秩序的关系

秩序是法律追求的基本价值目标,任何无序状态都是法律所厌恶的。国人常用"无法无天"来表达一种无序、混乱和非常态的局面,说明法律和秩序之间存在天然的联系。英国社会学家科恩从五个方面总结了秩序的主要意义和内在规定性,这五个方面可以依次概括为:可控性、相互性、可预期性、一致性、稳定性。③ 秩序与安全总是相伴而生,如影随形。"秩序总是意味着某种程度的关系的稳定性、结构的一致性、行为的规则性、进程的连续性、事件的可预测性以及人身财产的安全性。"④ "安全是秩序的核心","法律的安全目的是试图减少任意变化的频繁度。"⑤ 17 世纪英国政治哲学家霍布斯论述了安全价值的重要性,他说:"人的安全乃是至高无上的法律","保护生活、财产和契约的安全,构成了法律有序化的最为重要的任务;自由与平等应当服从这一崇高的政治活

---

① 张秀全:《商法基本原则研究》,《现代法学》1999 年第 5 期。
② 童列春:《论民法与商法的区别》,《武汉理工大学学报》(社会科学版)2016 年第 6 期。
③ 张文显:《法哲学范畴研究》,中国政法大学出版社 2001 年版,第 197 页。
④ 张文显:《法哲学范畴研究》,中国政法大学出版社 2001 年版,第 196 页。
⑤ [美] 博登海默:《法理学——法哲学与法律方法》,邓正来译,中国政法大学出版社 1999 年版,第 305 页。

动的目标。"①

秩序具有较强的客观性，是自然或社会的良好状态；而安全更倾向于人对于这种客观的自然或社会良好状态的主观体验。客观的无序将会带来不测和危险，使人产生忧虑感和不安全感。因此，我们可以说秩序就是安全。② 安全是社会的内在属性，具有主观性，体现法律的保护性功能；秩序是社会的外在属性，具有客观性，体现法律的强制性功能。安全的社会一定有秩序，但是有秩序的社会却不一定是安全的，例如在专制、独裁和高压统治下的社会可能看起来井然有序，但是由于缺乏自由、平等、民主、人权，民众的生存权和发展权遭受挤压，安全感自然无从谈起。法律要均衡实现秩序价值和安全价值，通过秩序价值保障安全价值，用安全价值评价秩序价值。

在《家庭、私有制和国家的起源》中，恩格斯深刻地论述了国家在维持秩序和社会安全方面的重要作用，他指出，"国家是表示：这个社会陷入了不可解决的自我矛盾，分裂为不可调和的对立面而又无力摆脱这些对立面。而为了使这些对立面，这些经济利益互相冲突的阶级，不致在无谓的斗争中把自己和社会消灭，就需要有一种表面上架于社会之上的力量，这种力量应当缓和冲突，把冲突保持在'秩序'的范围之内，这种从社会中产生但又自居于社会之上并且日益同社会脱离的力量，就是国家。"③ 从根本上说，现实的国家就是通过维持"秩序"而实现互相冲突的阶级和社会"安全"的存在物，是阶级矛盾难以调和又不得不调和的产物。

4. 交易安全在商法中的特殊意义

安全价值是指在调整和平衡错综复杂的利益关系时，为了实现人的安全利益，法律及其他规范必须阻止外部危险因素的破坏和干扰，同时尽可能地发挥救济和帮助之效能。④ 商法上的交易安全原则是指商事关系中的当事人行为不得危害市场安全和社会安全，商法制度规则设计必须考虑市

---

① [美]博登海默：《法理学——法哲学与法律方法》，邓正来译，中国政法大学出版社1999年版，第243页。
② 丁南、贺丹青：《民商法交易安全论》，《深圳大学学报》（人文社会科学版）2003年第6期。
③ 《马克思恩格斯全集》第21卷，人民出版社1965年版，第194页。
④ 张洪波：《以安全为中心的法律价值冲突及关系架构》，《南京社会科学》2014年第9期。

场安全。① 商业是充满风险的事业，既有客观存在的自然风险，又有主观人为的社会风险，尤其以后者为甚。国人有"无商不奸"和"无奸不商"的口头禅，虽然有夸张、偏激、以偏概全和盲人摸象的成分，但是却深刻地道出了"商场"的险恶环境，受优胜劣汰的市场机制的利益驱动，投机取巧、尔虞我诈、坑蒙拐骗都在所难免，交易总是与风险不离不弃。这些风险不能总是靠交易的当事人通过"愿赌服输"的运气来解决，而是有赖于法律特别是商法的控制和防范。

有学者认为，"交易安全取决于成本与收益的自主衡量，以价格机制为核心的市场机制足以自发调控大部分交易风险。"② 笔者对此不敢苟同。交易风险无处不在、无时不有，单靠市场机制即交易主体"自主衡量"是远远不够的，那样可能会使当事人由于厌恶风险而作出减少或取消交易的决策。实际上，交易主体的"自主衡量"需要考察多种因素，其中法律对交易安全的保障制度就是至关重要的关键因素，是交易主体预期对方能够遵守游戏规则的"尚方宝剑"。商法存在的必要性和主要任务之一就在于通过具体制度安排，建立健全市场体制机制，化解、减少和防范市场交易风险，维护交易秩序和安全。现代商法是充满公法色彩的私法，其私法性质保障了营业自由，而体现其公法色彩的制度表现就是大量的保障交易安全的规范，例如强制主义、公示主义、外观主义、严格责任主义、保险制度等一般原则和规则。

商法的营业自由原则是从正面鼓励人们创造财富的积极性，体现了机会公平的共享发展理念；交易安全原则从反面限制人们在市场竞争中的破坏行为，体现了过程公平的共享发展理念。至于结果公平的促成，商法志不在此，因为那是经济法的长项。不过，"皮之不存，毛将焉附"，没有民商法对机会公平和过程公平的维护，经济法对结果公平的调节就会成为无源之水、无本之木。民商法和经济法对于社会主义市场经济建设的法治保障而言，是互相补充和促进的关系。

---

① 童列春：《论民法与商法的区别》，《武汉理工大学学报》（社会科学版）2016 年第 6 期。
② 张淞纶：《关于"交易安全理论"：批判、反思与扬弃》，《法学评论》2014 年第 4 期。

第二节 共享发展理念在民法中的
制度表现及其革新

一 民法基本原则：诚实信用和公序良俗

民法基本原则，是指体现民法基本精神和价值取向，并且其效力贯穿于民事立法、守法、司法等各环节的根本规则。民法基本原则不仅是立法机关制定民法规范的立法准则，而且在法无明文规定时，也是民事主体的行为准则和司法机关的审判准则。民事生活是包罗万象的，不论民法多么完备，都不可能面面俱到，法律规则的"漏洞"不可避免，而民法基本原则由于其高度的抽象性和概括性，可以说是民法的"兜底条款"，可以起到弥补法律规则漏洞的作用。从民事立法、守法和司法角度而言，民法基本原则的实质是克服成文法局限性的工具。① 综合我国 1986 年颁布的《民法通则》和 2017 年颁布的《民法总则》第四条至第九条关于民法基本原则的规定，结合民法学理解释，我国民法的基本原则可以概括为如下六项：平等原则，自愿原则，公平原则，诚实信用原则，公序良俗原则，绿色原则。这六项原则几乎被原封不动地移植到 2020 年颁布的《中华人民共和国民法典》中，具体体现为民法典第四条至第九条。

上述原则都在很大程度上体现了共享发展的理念。例如，平等原则、自愿原则体现了民法充分尊重民事主体双方或各方的人格尊严的契约自由精神，公平原则体现了对民事主体之间交易过程中的财产利益的平衡考量，绿色原则体现了新时代中国民法对节约资源和保护生态环境的生态文明思想的贯彻落实，而良好的生态环境是经济学意义上的重大的"公共产品"，其共享发展的精神更是显露无遗。厦门大学教授徐国栋认为，传统法律中的所有权绝对原则、契约自由原则和过错责任原则，并非民法的基本原则，大陆法系民法仅有两项基本原则，即诚实信用与公序良俗原则。② 诚实信用原则和公序良俗原则，二者都是道德的法律化表现，诚实信用、

---

① 参见徐国栋《民法基本原则解释——成文法局限性之克服》，中国政法大学出版社 2001 年版，第 172—347 页。
② 徐国栋：《民法基本原则解释：以诚实信用原则的法理分析为中心》，中国政法大学出版社 2004 年版，第 37—160 页。

公共秩序、善良风俗都是成就良好社会状态的"社会资本"①。如果说平等、自愿、公平是重在调整当事人双方的利益，绿色原则是调和人与自然的关系，那么诚实信用原则和公序良俗原则就是从构建诚信、有序、友善的和谐社会的角度规范民事行为，而这样的良好社会状态同样是重大的"公共产品"。由此不难发现，平等、自愿、公平原则主要处理当事人的"双边关系"，而绿色原则、诚实信用原则和公序良俗原则主要指向社会成员的"多边关系"，因此从体现共享发展的程度来看，后三者的共享发展"指数"更高。由于绿色原则在我国民法基本原则中属于新成员，相关制度表现不多，因此笔者在此重点论述诚实信用原则和公序良俗原则。

(一) 诚实信用原则

诚实信用原则，简称诚信原则，是人类社会生活的一项基本道德准则，也是现代市场经济和法治社会的一项基本法律规则，是典型的由道德规范转化而来的法律规范。诚信原则要求人们在民事活动中应当做到诚实不欺诈、守信重承诺，善意地行使法定或约定的权利，正当地履行法定或约定的义务，在追求自身利益的同时，不损害他人的合法权益和社会公共利益，从而维持当事人双方的利益以及当事人利益与社会利益的平衡。我国台湾地区民法学者王泽鉴先生认为，"诚实信用原则成为君临法域的帝王法条。"② 在中国社会科学院法学研究所研究员梁慧星先生看来，诚实信用原则的内容极为概括抽象，属于"白纸规定"③。这其实是说，诚信原则具有高度的抽象性和概括性，其内涵和外延也具有相当大的不确定性和弹性空间。这也正是民事法律原则甚至所有法律原则的特点所在，唯其如此，它才能为法官在适用法律时担负起"兜底条款"的特殊功能，也才能为那些对民法不甚了解的人们遵守法律提供一个类似于"良心"的看似模

---

① 根据世界银行社会资本协会 (the world bank's social capital initiative) 的界定，广义的社会资本是指政府和市民社会为了一个组织的相互利益而采取的集体行动，该组织小至一个家庭，大至一个国家。对于"社会资本"概念，尚没有为人们普遍认同的定义，从其基本内涵看，社会资本是相对于经济资本和人力资本的概念，它是指社会主体（包括个人、群体、社会甚至国家）间紧密联系的状态及其特征，其表现形式有社会网络、规范、信任、权威、行动的共识以及社会道德等方面。社会资本存在于社会结构之中，是无形的，它通过人与人之间的合作提高社会的效率和社会整合度。

② 王泽鉴：《民法总则》，北京大学出版社 2009 年版，第 441 页。

③ 梁慧星：《民法总论》，法律出版社 2011 年版，第 270 页。

糊而实则重要至极的内心道德法则。

民法上的诚实信用原则可以追溯至罗马法。罗马法的诚信契约要求债务人要依据诚实观念履行契约规定的给付。时至近代，1804年《法国民法典》第1134条规定，"契约应依诚信方法履行。"由于自由主义和个人主义的盛行，此时的诚信原则仅仅适用于契约法即合同法领域。19世纪末期以后，民法从个人本位向社会本位转型，诚信原则在民法中的适用范围逐渐超越合同法领域而逐步扩大到债法，再扩大到整个民法领域。1896年颁布的《德国民法典》第157条规定："契约应斟酌交易上之习惯，遵从诚信以解释之"；第242条规定："债务人负有斟酌交易上之习惯，遵从信义，以为给付之义务。"第157条针对"契约"也就是合同，第242条中"债务人"的范围并不限于契约领域，侵权、不当得利、无因管理等原因都可以产生债权债务关系。可以说，德国民法典将诚实信用原则延伸到债权债务关系了。1907年颁布的《瑞士民法典》第2条规定："无论何人，行使权利、履行义务，均应依诚信为之。"这就将诚信原则的适用范围由债权债务关系进一步扩展到民法中的一般权利义务关系。

民法上的诚实信用原则是现代民法追求实质正义的价值理念的制度表现。近代民法基于自由主义和个人主义的法哲学，秉持形式正义的价值观，倡导契约自由。进入20世纪以后，随着科学技术的快速发展和垄断资本的不断集中，在经济领域出现了严重的两极分化和对立，造成形式平等的当事人之间在经济地位上的实质不平等，如何解决这一社会问题，是20世纪初期先进的立法者、司法者和学者所共同面对的时代课题。体现实质正义精神的诚实信用原则，就是要实现当事人之间以及当事人与社会利益之间的平衡，就是要实现公平、正义的法律价值目标。

诚实信用原则在我国民法中的制度表现是丰富多彩的，既在《民法通则》《民法总则》这样的民事基本法中抛头露面，也在《合同法》这样的民法"子部门法"中频繁出场。另外，有些条款虽然没有明确出现"诚实信用"的字样，但是却规定了当事人违反诚实信用原则的法律后果。例如，《合同法》第54条规定，重大误解、显失公平、欺诈、胁迫、乘人之危这五种情况下订立的合同的效力属于可变更可撤销的合同。在这五种情况中，除了"显失公平"属于违反公平原则外，其他四项都属于违反诚实信用原则的行为。可以看出，《合同法》中关于诚实信用原则的规定遍地开花，这与诚信原则起源于契约法不无关系。直到今天，合同法仍然是适用诚实信用原则的重要场域。

在我国，有七部民事单行法律明确规定了诚实信用原则，具体包括《民法通则》《民法总则》《合同法》《物权法》《担保法》《合伙企业法》和《商标法》，除了前两项是综合性的民事基本法外，后面五项都是民事财产法。相反，《婚姻法》《收养法》《继承法》等人身法或人身与财产交错法中并无诚信之规定。① 厦门大学徐国栋教授认为，从诚信原则的历史和比较法考察来看，它也是适用于人身法的原则。从必要性的角度看，婚姻法是一个充满诚信要求的领域，我国《婚姻法》第四条关于夫妻应当互相忠诚的规定已体现了夫妻人身关系上的诚信原则。② 这样的发现再次印证了诚信原则作为民法基本原则而不只是民事财产法基本原则的地位。笔者认为，如果能在《婚姻法》《收养法》《继承法》中明文规定诚实信用原则会更好，将能为当事人的守法行为和法院的司法活动提供更加明确的指引。当然，随着《民法典》的颁布实施，这个问题已经得到妥善解决。我国《民法典》第七条规定："民事主体从事民事活动，应当遵循诚信原则，秉持诚实，恪守承诺。"该条款位于民法典总则部分，应当理解为当然适用于分则部分的婚姻、收养、监护等所有民事活动，而没有必要在分则部分再次规定，以免造成前后重复累赘之嫌。

诚实信用原则是弹性规则，也是补充性规则，但也是强制性规则。诚实信用原则的弹性表现在其内涵和外延不十分明确，存在较大的解释空间。补充性规则体现在诚实信用原则的存在是为了弥补成文法的不足，对成文法有明确规定的事项应当适用明确规定的条款，只有在成文法无明文规定即出现漏洞与不足的情况下，法官才应当援引诚实信用原则进行裁判。质言之，诚实信用原则处于"替补队员"的位置，是准备"救急"的，而不是大概率在场的"主力队员"。诚实信用原则的强制性具体体现为：遵守诚实信用原则是法定义务，无论当事人是否有约定诚实信用条款，诚实信用原则都是约束双方当事人的当然条款。

（二）公序良俗原则

公序良俗是"公共秩序"和"善良风俗"的简称。公序是指社会的一

---

① 徐国栋：《我国主要民事单行法中的诚信规定考察报告》，《河北法学》2012年第4期。
② 徐国栋：《诚信原则理论之反思》，《清华法学》2012年第4期。

般利益,包括国家利益、社会公共利益和社会经济秩序等共同体的共同利益。良俗是指一般道德观念或良好道德风尚,包括社会公德、良好的商业道德和社会风尚等。公序良俗原则最早起源于罗马法,近代以后被法国、日本等大陆法系国家和地区的民法普遍沿用。中国台湾和澳门地区也都采用了这一民法原则。德国民法中使用的"善良风俗"与"公序良俗"概念大体相当。英美法中没有这一术语,与此类似的法律概念是"公共政策"。英国功利主义思想家边沁直言不讳地说:"共同体的利益是道德术语中所能有的最笼统的用语之一,因而它往往失去意义。"[1] 德国法学家维尔纳·弗卢梅也认为,"善良风俗这一概念的不确定性与法律的稳定性要求相矛盾。"[2] "不管风吹浪打,胜似闲庭信步",尽管存在诸多质疑的声音,但是由于法律规则数量的有限性与社会生活样态的无限性之间存在的永恒矛盾,公序良俗原则在民事司法活动中具有填补法律规则的漏洞从而克服成文法局限性的重要作用,因此,公序良俗作为民法基本原则的地位"风雨不动安如山"。史尚宽先生是中华民国时期著名法学家、中国历史上第一部正式颁行的民法典即《中华民国民法典》的起草人,他认为,"公共秩序、善良风俗……系支配私法全领域之大原则。"[3] 随着民法对社会公共利益的观照之趋势的不断加强,公序良俗原则在民法中势必将越来越多地发挥"定海神针"和"最后防线"的巨大作用。

公序良俗是基于人类自然理性而产生的一种法律原则,清末制定《大清民律草案》时,中国首次引入了公序良俗的概念。[4] 我国1986年颁布的《民法通则》第7条规定:"民事活动应当尊重社会公德,不得损害社会公共利益,扰乱社会经济秩序。"该条在学理上被解读为我国民法对公序良俗原则的承认,但是由于该条并未出现"公序良俗"字样,因此可以认为在《民法通则》中,公序良俗原则的存在状态是"有实无名"的。1999年颁布的《合同法》、2007年颁布的《物权法》也作出了类似的规定。我国《著作权法》第4条规定,"著作权人行使著作权,不得违反宪法和法律,不得损害公共利益。"我国《商标法》第10条规定,"有害于社会主

---

[1] [英]边沁:《道德与立法原理导论》,时殷弘译,商务印书馆2000年版,第58页。
[2] [德]维尔纳·弗卢梅:《法律行为论》,迟颖译,法律出版社2013年版,第431页。
[3] 史尚宽:《民法总论》,中国政法大学出版社2000年版,第334页。
[4] 郑显文:《公序良俗原则在中国近代民法转型中的价值》,《法学》2017年第11期。

义道德风尚或者有其他不良影响的标志不得作为商标使用。"我国《专利法》也作出了近似的规定。不难发现，在《民法通则》颁布之后的20余年里，我国民法领域的各个单行法律在对待公序良俗原则的立法态度上都与《民法通则》保持了整齐的"队形"，那就是有实质性规定但无形式上的"名分"。这种状况随着2017年《民法总则》的颁布而有了重大改变。《民法总则》第8条规定："民事主体从事民事活动，不得违反法律，不得违背公序良俗。"这是新中国民法首次明确出现了"公序良俗"这一法律概念并成为民法的基本原则之一，在我国民法发展史上具有重要的里程碑意义。同样地，《民法总则》第8条的内容也一字不差地成为我国2020年颁布的《民法典》第8条。

民法的诚实信用原则和公序良俗原则具有许多相似之处：二者都是对契约自由和当事人意思自治的限制，都可以达到限制民事法律行为效力的法律效果，都是道德的法律化表现，其实质都是克服成文法局限性的工具，都赋予了法官一定的自由裁量权。但是，既然二者在民法上并列存在，这说明它们之间是存在区别的，否则就应当"合二为一"了。有学者从适用范围的角度提出了两项原则的区分标准："公序良俗原则可适用于财产关系和人身关系的全部领域，诚实信用原则只适用于财产关系领域，且只适用于财产关系领域中的合同领域。诚实信用原则在人身关系领域并无适用空间，且在财产关系领域中的物权领域和侵权领域也并无适用空间。"① 对此观点，笔者并不认同。果真如该学者所述，那么诚实信用原则就只能停留于合同法的基本原则，而没有资格升级为民法全部领域的基本原则了，更无法成为通说的"民法帝王原则"了。民法基本原则应当适用于民法的全部领域，或者至少在大部分领域适用，而不是局限在某个专门的单行法律。

针对公序良俗原则与诚实信用原则的区分依据问题，中国政法大学于飞教授提出了比较令人信服的学术观点。他认为，公序良俗原则是针对民事法律行为的内容进行"内容审查"，诚实信用原则是针对民事权利的具体行使行为进行"行使审查"，这两项原则在适用范围、保护对象、标准

---

① 李岩：《公序良俗原则的司法乱象与本相——兼论公序良俗原则适用的类型化》，《法学》2015年第11期。

设立、法律效果上存在重大差异。首先,在适用范围方面,诚信原则以"特别关联"即当事人之间存在具体的利益或法律关系为前提,而公序良俗原则的适用并不以此为限;其次,在保护对象方面,诚信原则主要保护的是当事人的个体利益,而公序良俗原则一般用于保护第三人以及社会公众的公共利益;再次,在标准设立方面,诚信原则是一个相对比较高的行为标准,通常在特殊的非典型情形下适用,而公序良俗原则是一个比较低的行为标准,通常在一般的典型情形下适用;最后,在法律效果方面,违背诚实信用原则之行为的反社会性比较弱,一般不会导致民事权利的无效,而只是限制权利的行使或产生损害赔偿的后果,而违背公序良俗原则的行为具有较强的反社会性,通常会导致民事法律行为的无效。① 可以说,诚实信用原则主要保护当事人"双边"的利益,而公序良俗原则主要保护社会公众的"多边"利益。如果用共享发展精神来衡量,那么公序良俗原则的"共享发展指数"应当在诚实信用原则之上。

二 民事主体制度:身份与契约

(一)民事主体"从身份到契约"的法律史

民事主体,即"民事法律关系的主体",是指参加民事法律关系,享有民事权利并承担民事义务的人,也就是民事法律关系的当事人。日本学者田中耕太郎认为,"私法的基本的概念是人。"② 民事主体制度在民法中之所以如此重要,是"因为一切权利均因人而设"③。19世纪英国著名法律史学家梅因在其名著《古代法》中提出了一个让人津津乐道的命题:"所有进步社会的运动,到此处为止,是一个从身份到契约的运动。"④ 从此,"从身份到契约"就在法律学术界成为一个类似"牛顿定律"的公式一样的存在,妇孺皆知,耳熟能详。有学者用近乎绝对的语言不吝赞美地说,梅因的名言"从身份到契约",涵盖了法律的全部历史,从法律的产生直至法律的消灭。⑤ 这句名言之所以如此受"追捧",用美国著名社会学

---

① 于飞:《公序良俗原则与诚实信用原则的区分》,《中国社会科学》2015年第11期。
② [日]星野英一:《私法中的人——以民法财产法为中心》,王闯译,载梁慧星主编:《为权利而斗争》,中国法制出版社2000年版,第339页。
③ [意]彼德罗·彭梵得:《罗马法教科书》,黄风译,中国政法大学出版社1996年版,第29页。
④ [英]梅因:《古代法》,沈景一译,商务印书馆1984年版,第97页。
⑤ 李锡鹤:《民法哲学论稿》,复旦大学出版社2000年版,第80页。

法学家庞德的话来说，是因为"梅因用黑格尔的术语，将实现自由这个抽象的一般的命题说成是身份进展到契约的具体的一般命题"①。说到底，是因为梅因的"从身份到契约"的命题将19世纪在欧洲盛行的自由主义和个人主义这样的哲学和政治思潮成功地转化为法律语言来表达，而且用语简练而准确，具有公式化的特征和画龙点睛的精妙。

梅因在《古代法》一书中总结了如下现象：人类文明的起源虽然各不相同，但是有一个共同的特点，即在古代社会中，每个人并非被视为独立的个人，而是始终被视为一个特定团体的成员。在这样的社会中，"个人并不为其自己设定任何权利，也不为其自己设定任何义务。他所应遵守的规则，首先来自他所出生的场所，其次来自他作为其中成员的户主所给他的强行命令"②。显而易见，这种权利和义务的安排是根据行为人在团体中的身份等级而不是根据其自由意志作出的选择和决定，完全不同于现代社会中基于自由意志的契约。"从身份到契约"运动标志着个人不断地从血缘氏族家族团体束缚的身份化状态中解放出来，进入由自由契约所规范的人格状态。③ 其实质就是民事主体从不自由到逐渐自由、从不平等到逐渐平等的运动过程。

从法律史的角度考察，民事主体的制度和理念经历了一个从"人可非人"到"非人可人"的发展历程。④ 在西方奴隶社会时期的罗马法中，"人"是分等级的，人的身份不同，等级也就不同，不平等是常态。只有"家父"拥有法律上的主体资格，家庭内的妇女、卑亲属、奴隶等"家子"在对外关系上都不具有法律上的独立人格。家父对家子有至高无上、生杀予夺的大权，包括无限制的肉体惩罚权、决定其婚姻甚至出卖他们的权力。在罗马法中，奴隶被视为他人的财产，属于民事法律关系的客体，而不是主体。"奴隶在法律上不是人，或者说是没有法律人格的，意思就是说并没有能使这个人的任何行为有资格成为义务或权利的法律规范。"⑤ "根据

---

① ［美］R. 庞德：《通过法律的社会控制·法律的任务》，商务印书馆1984年版，第16页。
② ［英］梅因：《古代法》，沈景一译，商务印书馆1984年版，第176页。
③ 蒋先福：《近代法治国的历史再现——梅因"从身份到契约"论断新论》，《法制与社会发展》2000年第2期。
④ 彭诚信：《论民事主体》，《法制与社会发展》1997年第3期。
⑤ ［奥］凯尔森：《法与国家的一般理论》，沈宗灵译，中国大百科全书出版社1996年版，第107页。

市民法规则，奴隶什么也不是。"① 罗马法作为人类在奴隶社会时代取得的杰出法律成就，但是其民事主体制度和理念的总体基调却是"人可非人"，能在民法上登堂入室成为"人"的只是社会上的少数人，大部分真实存在的个人却无法获得法律主体资格，可以说严重缺乏现代意义上的"法律面前人人平等"的共享发展思想。在"黑暗的中世纪"，农奴与封建主依然存在人身和经济依附关系，"人可非人"程度虽然有所减轻，但并未根本改观。有学者认为，中世纪西欧领主附庸关系是构成西欧封建社会的核心要素之一。② 上述状况是与奴隶社会和封建社会相对低下的生产力水平和简单商品经济的经济基础相适应的，是"经济基础决定上层建筑"这一马克思主义基本原理在法律上的体现，正如马克思那句耳熟能详的名言："无论是政治的立法或市民的立法，都是记载经济关系的要求而已。"

19世纪初，欧洲经过了长达几百年的文艺复兴和启蒙运动的洗礼和熏陶，自由、平等、博爱、人权等新理念日益深入人心和广泛流行，作为资产阶级革命的重要成果，近代民法破天荒地无差别地将民事主体资格赋予所有自然存在的个人。1804年《法国民法典》第8条规定："所有法国人均享有私权。"这可以说首次在民法上确立了"法律面前人人平等"的思想。1817年《奥地利民法典》第16条规定："在法律规定的要件之下，每个人皆能够取得权利。"1896年颁布的《德国民法典》以"权利能力"来表述民法中"人"的概念，认为权利能力属于每一个具有自然人特征的实体。1907年《瑞士民法典》第11条规定，所有人都享有平等的权利能力。欧洲人在其民法典中革命性地终结了"人可非人"的民事主体制度和民法理念，"人人生而平等"的人类千年理想在民法典中成为白纸黑字的法律条款。这是民法发展史上的里程碑，也是人类解放史上的里程碑。自然人的权利能力即民事主体资格一律平等的思想，从此成为现代民法理论的基石。在民事法治昌明的当今世界，它已成为近乎不证自明的公理，但是回顾历史可以发现，从《法国民法典》之后的二百余年在人类几千年的文明史上不过是极短的一段。"从身份到契约"的进步，并不是"天赋人权"的结果，而是人类自身长达数千年之久的"为权利而斗争"的结果。

---

① [意]桑德罗·斯奇巴尼：《人法》，黄风译，中国政法大学出版社1995年版，第37页。
② 张莹：《从身份到契约：中世纪晚期英格兰领主附庸关系的变化》，《史学月刊》2015年第4期。

如果说 1804 年《法国民法典》是"人可非人"民事主体制度的终结者,那么 1896 年《德国民法典》就是"非人可人"民事主体制度的开创者,二者都在民法发展史上留下了浓墨重彩的不朽篇章。前者宣告所有"自然人"个体都具有民事主体地位,后者正式确立了"法人"制度。《德国民法典》在其第一编用专章专节详细规定了法人制度,包括法人的成立、登记、法人机关、破产等事项。这种法人制度体系被瑞士、日本、意大利等大陆法系国家纷纷效仿。人的集合体即社团、财产的集合体即财团通常被认定为法人,这种情形也显示出"法律人格"意味着并不一定与人性有联系的法律上的特别的资格。[①] 法人成为民法中与自然人并列的"人",也享有民事权利能力。"非人"的集合被抽象为"人",这是民事立法技术的重大创新,"法人"就是立法技术"拟制"的人。法人制度的建立在很大程度上扩大了民事主体的范围,使个人既能以自然人的"原子化"状态"特立独行""独当一面",又能以法人的"分子化"状态"聚沙成塔""抱团取暖"。如果说自然人民事主体地位的普遍确立是人在民法中的第一次大解放,那么法人制度的确立就是人的第二次大解放,它们都为人的自由和发展提供了前所未有的民事法律保障,极大地拓展了人的全面而自由发展的空间,是最能体现民法共享精神的制度构造。

(二) 我国民事主体制度研讨

中华法系源远流长,其指导思想是"外儒内法,剂之以道",春秋战国时期兴起的儒家、法家、道家思想都对中国封建法制产生了重要影响。从西汉武帝采纳董仲舒的建议"罢黜百家,独尊儒术"开始直到清朝末年的两千多年间,儒家思想一直是在中国占据正统和统治地位的指导思想。而儒家强调的"君君,臣臣,父父,子子",坚持"君为臣纲、父为子纲、夫为妻纲"的"三纲"思想,使中国封建社会的法律充满了等级观念和特权思想,与近现代民法中自然人权利能力平等的理念和制度相差甚远。而法家"重刑轻民"的思想和法制传统,也使中国古代民法在刑法的阴影下踟蹰不前,完全无法自主发展出类似欧洲大陆民法中的自然人和法人制度。

---

① [日] 星野英一:《私法中的人——以民法财产法为中心》,王闯译,载梁慧星主编《为权利而斗争》,中国法制出版社 2000 年版,第 340 页。

第四章 民商法治：自由发展与社会安全

清朝末年的修律运动，开启了我国的法律近代化之路。中华民国初期和国民政府时期，法律近代化得以延续并基本完成。1904年的钦定大清律例《商人通例》中的《公司律》即规定公司是能够以自己的名义从事商事活动并独立承担责任的组织体。1908年《大清商律草案》中的"公司法篇"是仿照日本和1900年《德国商法典》编订的。[①] 1911年《大清民律草案》基本上移植了德国式的自然人和法人二元并立的民事主体制度。该草案第5条规定："权利能力于出生完全时为始"，以"出生"而不是财产、职业、性别、民族等"出身"作为取得权利能力的条件，体现了自然人权利能力也就是民事主体资格一律平等的思想。该草案总则第三章对法人的性质、目的、组织形式、设立与消灭、活动方式等方面做了详细规定。其中第60条规定："社团及财团得依本律及其他法律成为法人"，明确了法人的概念和民事主体资格。众所周知，《德国民法典》是1896年颁布、1900年开始施行的，是当时世界上最先进的民法典。而《大清民律草案》于1911年完成，随即爆发了辛亥革命，由于清王朝的统治迅速崩溃，这部民律草案并未正式颁布和施行。虽然如此，《大清民律草案》却在我国民法现代化的历史进程中起到了标志性的作用。特别是该草案完成的时间距离《德国民法典》颁布的时间只有五年，距离后者施行的时间只有一年，可以说几乎保持了与世界先进水平的同步状态，搭上了世界民法现代化的便车，其"与国际接轨"的速度之快、力度之大都是令人叹为观止的。

我国1986年《民法通则》也建立了自然人与法人并列的民事主体制度。该法第二章的标题是"公民（自然人）"，第三章的标题是"法人"。把"自然人"作为"公民"的备注形式，此后遭到许多诟病，被认为是"犹抱琵琶半遮面"的处理方法，因为公民是指具有本国国籍的人，自然人并不考虑国籍问题，也就是包括了外国人。这样的备注会让人误以为二者是同义语，造成民众的混淆。但是，如果考虑到《民法通则》颁布于改革开放初期，新中国的法治建设在遭到挫折后刚刚开始恢复性发展，广大人民群众对"自然人"这样的外来法律概念还相当陌生，而对"公民"的概念是相当熟悉，因此，立法者用这样的立法技术也是无奈之举，实际上

[①] 许中缘：《论法人的独立责任与二元民事主体制度》，《法学评论》2017年第1期。

通过"明修公民之栈道,暗度自然人之陈仓"的方式起到了"普法"的效果,我们应当加以"同情的理解"。在时间过去 21 年之后,2017 年颁布的《民法总则》第二章就抛弃了"公民"这个充满公法色彩的概念,而是直接采用"自然人"作为标题。这显示了我国法治建设的巨大进步,随着依法治国方略的推进和法律教育的发展,立法者已经不再担心民众看不懂"自然人"这样的法律概念了。

作为中国民法领域的统领性法律,《民法总则》在民事主体制度构建方面的进步远不止于此,最为突出的是在新中国民法中确立了自然人、法人、非法人组织的三元并立模式。我国台湾地区的"民事诉讼法"采用"非法人之团体"这一概念。① 我国 1991 年制定的《民事诉讼法》使用了"其他组织"的概念,这一名称也为《担保法》《合伙企业法》《合同法》《著作权法》等法律继续使用。有学者认为,"非法人组织"和"其他组织"属于同一范畴。②《民法总则》中的"非法人组织"是从既有民事立法中的"其他组织"发展而来。③

虽然"其他组织"概念在民事立法上被长期采用,但是不少学者都认为,我国不少立法使用的"其他组织"概念并无确定的内涵和外延,并非科学严谨的法律概念,而应当代之以"非法人团体"或者"非法人组织"等概念。④《民法总则》的立法机关果然不负众望,确认我国一些法律中使用的"其他组织"概念的内涵和外延并不完全相同,不适合继续沿用作为自然人和法人之外的第三类民事主体的法定名称,而采用"非法人组织"这一概念能够准确体现这些不具有法人资格的社会组织的特征,因此以"非法人组织"为名对这些民事主体作出了规定。⑤ 我国《民法典》第一编第四章的名称就是"非法人组织",其中第 102 条规定了非法人组织的内涵和外延,即"非法人组织是不具有法人资格,但是能够依法以自己的

---

① 王泽鉴:《民法总则》,北京大学出版社 2009 年版,第 156—157 页。
② 杨立新:《〈民法总则〉规定的非法人组织的主体地位与规则》,《求是学刊》2017 年第 3 期。
③ 谭启平:《论民事主体意义上"非法人组织"与"其他组织"的同质关系》,《四川大学学报》(哲学社会科学版)2017 年第 4 期。
④ 李永军:《我国未来民法典中主体制度的设计思考》,《法学论坛》2016 年第 2 期;肖海军:《民法典编纂中非法人组织主体定位的技术进路》,《法学》2016 年第 5 期。
⑤ 李适时:《中华人民共和国民法总则释义》,法律出版社 2017 年版,第 325 页。

名义从事民事活动的组织。非法人组织包括个人独资企业、合伙企业、不具有法人资格的专业服务机构等"。

非法人组织明确成为民事主体，使得大量不具有法人资格的社会组织可以享有民事权利并承担民事义务，扩大了组织类民事主体的范围，是人在民法上的又一次解放，是共享发展理念在民事立法领域的贯彻落实，具有突出的不容低估的法治意义、政治意义和历史意义。不过，《民法典》第 103 条规定："非法人组织应当依照法律的规定登记。"这样就把那些海量的没有登记的老乡会、同学会等真正的"非法人组织"拒之于民事主体的大门之外，反映了我国民事立法者还存在较为浓厚的行政管理思维。"非法人组织"并不等于"非法组织"，民法作为"人法""市民法"，应当为人的集合体提供尽量多的生存和发展的制度空间，多一些保障，少一些限制。

在 1986 年颁布的《民法通则》中，法人被分类为"企业法人"和"非企业法人"。《民法总则》和《民法典》放弃这一做法，而采用营利性标准对法人进行分类，将法人分为营利法人、非营利法人、特别法人。根据立法机关关于法律草案的说明，这种分类的理由如下：第一，能够反映法人之间的根本差异，传承《民法通则》的基本思路，符合我国的立法习惯；第二，将非营利组织独立为一个法人类型，不仅可以涵盖事业单位、社会团体等传统法人，也能够容纳基金会和社会专业服务机构等新法人形式；第三，适应我国改革社会组织管理制度、促进社会组织健康有序发展的要求。[①] 不过，营利法人、非营利法人、特别法人并列的做法在逻辑上是不周延的，因为从逻辑思维上讲，"营利"和"非营利"就涵盖了法人的全部类型，并不存在其他的中间状态，因此，"特别法人"在法律文本中的出场显得十分突兀和令人费解。"特别法人"的概念似乎并未概括出该类法人的本质内涵和特征，因为"特别"是与"一般"或者"普通"相对而言的，既然没有出现"一般法人"或者"普通法人"的概念，那么这个"特别法人"就陷入了"皮之不存，毛将焉附"的尴尬境地。从《民法总则》和《民法典》的框架结构看，"特别法人"是与"营利法人"

[①] 参见李适时《关于中华人民共和国民法总则（草案）的说明——2016 年 6 月 27 日在第十二届全国人民代表大会常务委员会第二十一次会议上》，《民法总则立法背景与观点全集》，法律出版社 2017 年版，第 16—17 页。

和"非营利法人"并列的概念,据此推理,应当是把后二者作为"一般法人"或者"普通法人"对待的,而"营利法人"和"非营利法人"又是目的截然相反的两类法人,即是否营利的区别,那么"特别法人"与它们相比较,到底"特别"在何处呢?对此,《民法总则》和《民法典》并未说明。

就法人的分类而言,大陆法系国家一般采用"二分法",将法人分为社团法人和财团法人。但是《民法总则》采用的是营利法人、非营利法人。《民法总则》将"法人的目的"作为依据来区分营利法人与非营利法人的思路和方法,主要着眼于公法对法人的监管和税收政策。① 这是《民法通则》体现的管制思维的延续。但是这种分类并不能反映法人作为社会组织体的根本特征,难以在自治和管制之间实现平衡。② 这样的分类方法反映了立法者的保守性,最严重的问题仍然在于没有明确区分公法人与私法人。③ 法人是否"营利"的判断,主要是通过对"非营利"概念的界定来完成的,但是"非营利"概念的界定标准到底是"法人的主要目的"还是"禁止利润分配",是存在很大争议的,这使得"非营利"概念的内涵和外延很不确定。④ 这也反映出《民法总则》和《民法典》在重要概念界定上的缺失和不足。

《民法总则》在法人分类的立法术语方面,也有待商榷。例如,"捐助法人"就是完全生造的概念,其与公益法人和基金会的关系也需要厘清,倒不如采用"财团法人"这个大陆法系民法通用的也是我国民法学界耳熟能详的经典概念。法治的发展固然需要"创新",但同样需要"守正",从一定意义上讲,后者的价值或许更加重要,这是由法律和法治作为社会秩序稳定器的功能决定的。包括立法在内的法治创新应当带来进步才有价值,否则就是"为创新而创新",可能浪费立法、执法、司法、守法等各方面的法治资源,那就会舍本逐末,得不偿失。

民事主体制度事关在民事生活中享有民事权利和承担民事义务的

---

① 罗昆:《我国民法典法人基本类型模式选择》,《法学研究》2016年第4期。
② 谢鸿飞:《民法总则法人分类的层次与标准》,《交大法学》2016年第4期。
③ 张谷:《管制还是自治,的确是个问题!——对民法总则"法人"章的评论》,《交大法学》2016年第4期。
④ 罗昆:《我国民法典法人基本类型模式选择》,《法学研究》2016年第4期。

"人"的资格问题,是民法典"总则"中不可或缺的重要内容,也是民法典"分则"各部分的前提性制度安排。我国《民法总则》和《民法典》在继承《民法通则》相关规定的基础上,将法人区分为营利法人和非营利法人,在民事主体家族中增加了"非法人组织"这一新成员,具有继往开来的重要意义。[1] 尽管还存在一些瑕疵,但是瑕不掩瑜,作为万众瞩目的中国民法典编纂过程中具有"统领"和"龙头"作用的法律,《民法总则》关于民事主体制度的规定在体现民法作为"人法"的共享发展精神方面留下了令人称道的精彩篇章。

三 民事权利制度:人格权与财产权

(一) 人格权的体系性和开放性

1. 人格权的体系性

民法是调整平等主体之间的人身关系和财产关系的法律的总称。人身关系和财产关系是每一个人都要面对的两种不同性质的社会关系,经过民法规范和调整后就转化为民事法律关系。法律关系的内容就是权利和义务,民法是通过赋予民事主体以民事权利和民事义务的方式来调整民事生活中的社会关系的。这些民事权利主要表现为"人身权"和"财产权"两大类,它们基本覆盖了民事权利的全部范围。民事权利中的"人身权"可以再次细分为两类,即"人格权"和"身份权"。规范身份权的法律主要是《婚姻法》《继承法》《收养法》等,主要涉及的是夫妻关系和亲子关系。人格权的内容更加广泛,发展更加迅速,笔者在此重点讨论人格权。

人格权是法律赋予民事主体享有的以人格利益为内容的、与其主体人身不可分离的权利。从权利的对象和客体来看,人格权指向的客体是人格利益,这使它与以财产利益为客体的财产权区别开来。从权利的性质和效力来看,人格权是一种支配权和绝对权,因而具有排他性和"对世性",任何人都不得妨碍其行使。[2] 此外,人格权还是一种专属于权利人自身的权利,是每个人"与生俱来"的权利,具有伦理性、固有性和"天赋"

---

[1] 李昊、邓辉:《我国民法总则组织类民事主体制度的释评》,《法律适用》2017 年第 13 期。
[2] 姚辉:《人格权法论》,中国人民大学出版社 2011 年版,第 50 页。

的特点，权利人不得转让或者放弃，他人也不得代位行使。人格权与其说是民法"赋予"的，倒不如说是民法"承认"的。人格权概念是现代社会人的伦理价值范围扩张以及支配需要的结果。① 如果说财产权是"后天"获得的，那么人格权就是"先天"得到的。我国台湾地区民法学者王泽鉴先生认为，"人格权是构成法秩序的基石。"② 因为人格权是人成其为人的必要条件，是获得身份权、财产权和其他权利的先决条件。与物权、债权等传统民事权利相比较，人格权属于民事权利家族的新成员，人格权的勃兴是人类寻求进一步自由和解放的努力在民法领域结出的硕果。

人格权是一个集合概念，在其类型化和体系化方面，比较法上能够借鉴的立法例十分有限。③ 我国民法学界也尚未达成共识，其中比较有代表性的观点，是清华大学马俊驹教授根据人格权的客体即人格利益的类型化为依据，将人格权分为四类：人身完整（包括生命权、身体权、健康权）、人格标识（包括姓名权、肖像权、形象权、声音权）、人格尊严（包括名誉权、隐私权、信用权、荣誉权、知情权、环境权、精神纯正权）、人格自由（包括身体自由权、迁徙自由权与居住自由权、住宅自由权、性自由权、工作自由权、意思决定自由权、通信自由权、表达自由权、创造自由权、信仰自由权、思想自由权）。④

我国 2017 年《民法总则》第 110 条采用列举加"等"字的方式，表明人格权的种类繁多、包罗万象，以便对人格利益进行全方位、多层次、宽领域的保护。我国台湾地区民法学者王泽鉴先生认为："人格权的内容随着社会变迁、个人人格觉醒及不法侵害态样，具体化于不同的保护范围，形成个人人格权益，保持一种持续发展及实践的动态发展过程。"⑤ 例如，有学者认为，环境权中的健康要求可以通过法律解释的方法获得健康权的保护，对美好环境的追求是环境人格的独特体现，

---

① 马俊驹、张翔：《人格权的理论基础及其立法体例》，《法学研究》2004 年第 6 期。
② 王泽鉴：《人格权法：法释义学、比较法、案例研究》，北京大学出版社 2013 年版，第 387 页。
③ 徐国栋：《民法总论》，高等教育出版社 2007 年版，第 314—315 页。
④ 马俊驹：《人格和人格权理论讲稿》，法律出版社 2009 年版，第 249—250 页。
⑤ 王泽鉴：《人格权法：法释义学、比较法、案例研究》，北京大学出版社 2013 年版，第 43 页。

需要通过立法予以确认。《民法典》人格权编制定中，应当将环境权法定化的需求与人格权法落实绿色原则的要求结合起来，在人格权的基本规定中明确良好环境权为新型人格权，在健康权条文中加入环境保护的要求，并创设专门的良好环境权条文以及相应的保护规则条文，推进环境权的法定化以及《民法总则》绿色原则在人格权法中落实。① 不过，令人遗憾的是，我国 2020 年颁布的《民法典》并未在"人格权"中明确规定环境权。

尽管如此，列举式的权利种类也难免"挂一漏万"，为了更加周全地保护人格权，民法理论和立法、司法中还出现了"一般人格权"的概念，作为"兜底条款"堵塞法律漏洞，以期对人格权进行"不留死角"的保护。我国《民法总则》第 109 条规定："自然人的人身自由、人格尊严受法律保护。"该条虽然没有出现"一般人格权"的概念，但是在中国社会科学院梁慧星教授看来，该条已构成我国民法上的一般人格权。②

2. 人格权的开放性

2018 年 8 月 27 日，《中华人民共和国民法典各分编（草案）》首次提交第十三届全国人大常委会审议，其中包括"人格权"编。这意味着我国立法机关对民法学界争议良久、分歧甚大的人格权立法模式即人格权在民法典中是否独立成编问题作出了选择。③ 中国人民大学王利明教授认为，设置独立的人格权编突出了人格权保护的重要价值，是对民法典体系的重大完善，也是保障人民美好幸福生活的重要内容。④《民法典各分编（草案）》第 774 条第 2 款规定："除本编规定的人格权外，自然人享有基于人身自由、人格尊严产生的其他人格权益。"这里所用的"其他人格权益"概念实际上就是"一般人格权"的代名词。民法上的一般人格权以人格尊严、人格自由等法秩序内涵的基本价值为基础，在制度功能上具有极强的涵摄能力，可以有效缓解法的安定性与向社会生活开放之间的紧张关系。与民法上的这种功能预设相一致，一般人格权在民法典中的具体表述可以

---

① 刘长兴：《环境权保护的人格权法进路——兼论绿色原则在民法典人格权编的体现》，《法学评论》2019 年第 3 期。
② 梁慧星：《民法总论》，法律出版社 2017 年版，第 92 页。
③ 温世扬：《民法典人格权编草案评议》，《政治与法律》2019 年第 3 期。
④ 王利明：《论人格权请求权与侵权损害赔偿请求权的分离》，《中国法学》2019 年第 1 期。

是"其他人格利益"而非必须采用"一般人格权"概念。① 事实上,我国2020年颁布的《民法典》正是通过列举和"其他人格权益"这样的概括方式来规定人格权的范围。《民法典》第990条第一款规定:"人格权是民事主体享有的生命权、身体权、健康权、姓名权、名称权、肖像权、名誉权、荣誉权、隐私权等权利。"第二款规定:"除前款规定的人格权外,自然人享有基于人身自由、人格尊严产生的其他人格权益。"可以说,"其他人格权益"这一"口袋条款"的出现已经使我国民法对人格权的保护范围建立起全方位的密不透风的制度体系。

随着社会的发展和文明的进步,人格权的开放性还表现在,人格权法对人格利益的保护显现出延伸保护的趋势,成为引人注目的法律现象。这种延伸体现为向自然人生命的两端延伸,其中一端延伸到自然人出生之前的胎儿,另一端延伸到自然人死亡之后的死者。

关于胎儿的利益保护。我国1985年《继承法》第28条明确规定了胎儿的继承权,建立了胎儿特留份制度。2017年《民法总则》第16条的规定比《继承法》的规定更加明确、具体、全面、周到,不仅涉及继承,还涉及接受赠与等胎儿利益保护的其他事项,而且通过"视为"这一立法技术解决了胎儿作为非自然人的有限的民事主体资格问题。中国人民大学法学院王轶教授对此高度评价,他说,"一个国家的民事立法对于胎儿的态度,尤能体现这个国家的文明程度,《民法总则》提升了对胎儿利益的保护程度,这是法治文明程度提高的标志,是人文关怀理念的体现。"②

关于英雄烈士和死者的人格利益保护。我国2017年《民法总则》第185条规定:"侵害英雄烈士等的姓名、肖像、名誉、荣誉,损害社会公共利益的,应当承担民事责任。"该条款是为了回应近年来在社会上出现的侮辱英雄烈士形象的不良现象。英雄烈士作为逝者,人格权的主体已不复存在,但是其姓名、肖像、名誉、荣誉等人格利益对于其亲属和社会公众的历史记忆和现实情感都有重要意义。《民法总则》对英雄烈士之人格利益的保护,实际上可以理解为民法对人格权的延伸保护,笔者对此表示赞

---

① 朱晓峰:《民法一般人格权的价值基础与表达方式》,《比较法研究》2019年第2期。
② 王轶、关淑芳:《论民法总则的基本立场》,《国家行政学院学报》2018年第1期。

同，但是认为目前这种延伸保护在法律层面只限于英雄烈士，范围确实过于狭窄。对于死者的人格利益保护，我国最高人民法院在2001年的相关司法解释中赋予死者近亲属在死者人格利益遭受损害后的精神损害赔偿请求权。[①]但是由于司法解释的法律效力较低，应当在《民法典》中对死者人格利益的保护作出明确规定并加以完善。

我国《民法典》人格权编草案的体系具有完整性，保持了人格权保护的开放性，既有行为规范，又有裁判规范，实现了预防功能与救济功能的兼顾。草案对人格权、人格和人权的概念作了严格区分，采用了利益衡量的方法，设计了法人和非法人组织人格权的规则。人格权编草案的亮点还包括规定了人格权请求权、诉前禁令、人格利益经济利用、预防和禁止性骚扰、隐私权和个人信息保护等。草案关于姓名变更和物质性人格权的规定需要进一步完善，应当增加未成年人人格权保护以及人格权特别保护的规定，应将个人信息确认为权利。在结构安排上，将人格权编放置于《民法典》分编第一编更为妥当。[②] 这样做有利于充分体现我国民法以人为本的精神，展现对人的终极关怀。《德国民法典》创设的五编制模式虽然有其存在的道理，但是由于其过度强调财产权的核心地位，总是给人一种"重物轻人"的感觉。[③] 在《民法典各分编（草案）》中，人格权编是第三编，即在物权编、合同编之后，有"物文主义"之嫌疑。我国最后颁布实施的《民法典》中，人格权编是第四编，处在总则编、物权编、合同编之后，可以说并未回应这一疑问。只有将人格权编提到物权编和合同编之前，才能与《民法总则》第2条规定和第五章规定的民事权利顺序保持逻辑上的一致性。《民法总则》第2条规定："民法调整平等主体的自然人、法人和非法人组织之间的人身关系和财产关系。"显然，人身关系放在第一位，财产关系放在第二位。《民法总则》第五章规定民事权利，也是人

[①] 2001年《最高人民法院关于确定民事侵权精神损害赔偿责任若干问题的解释》第3条规定："自然人死亡后，其近亲属因下列侵权行为遭受精神痛苦，向人民法院起诉请求赔偿精神损害的，人民法院应当依法予以受理：（1）以侮辱、诽谤、贬损、丑化或者违反社会公共利益、社会公德的其他方式，侵害死者姓名、肖像、名誉、荣誉；（2）非法披露、利用死者隐私，或者以违反社会公共利益、社会公德的其他方式侵害死者隐私；（3）非法利用、损害遗体、遗骨，或者以违反社会公共利益、社会公德的其他方式侵害遗体、遗骨。"

[②] 王利明：《民法典人格权编草案的亮点及完善》，《中国法律评论》2019年第1期。

[③] 薛军：《人的保护：中国民法典编撰的价值基础》，《中国社会科学》2006年第4期。

身权在前，财产权在后。如果把民法典比作一个人，那么总则就是大脑和心脏，分则就是人的四肢，显然四肢应当接受大脑的管辖，分则应当与总则保持理念和逻辑的一致性。

中国人民大学杨立新教授认为，在 21 世纪以来全球范围内的民法典编纂活动中，我国编纂的《民法典》是第二部，国内外都寄托了很大的期望，希望中国《民法典》能够代表当今世界民法典的新的立法潮流，而《民法典》人格权编草案应当能够担负起这一重大使命。[①] 人们期待一部先进的民法典，不仅要求其内容和理念的先进，而且要求其形式和结构的先进。人格尊严在法律维护的价值中具有高阶性和优先性，应当优先于财产利益和契约自由而获得特别保护。将人格权编提前到《民法典》分则第一编的位置，将充分彰显《民法典》作为中国特色社会主义法治建设重大成果的人文主义精神，也是民事立法贯彻落实以人民为中心的发展思想和共享发展理念的理想动作和有效实践。

（二）财产权的人格化和知识化

1. 财产权的人格化

根据传统民法理论，人格权与财产权是性质完全不同的两类权利，根本原因在于二者的客体不同：人格权的客体是与人身不可分离的不可转让的人格利益，而财产权的客体是外在于人身的可以转让的有形的物或者其他财产利益。可以简单地说，财产权是人的"身外之物"，而人格权是人的"身内之物"，二者的关系犹如我国古圣先贤老子所描述的小国寡民的社会状态，那就是"鸡犬之声相闻而老死不相往来"。但是，自 20 世纪以来，人格权的财产化倾向和财产权的人格化倾向成为引人注目的鲜活的社会现象。

一方面，人格权的财产化趋势显而易见。照相机、广播、电影、电视、互联网等现代传播技术的出现，使得利用名人为自己的商品或服务进行广告宣传成为经营者屡试不爽的市场营销手段。名人利用自己的姓名、肖像、声音等人格要素为经营者做市场营销，收取不菲的代言费。名人的人格与财产发生了看得见、摸得着的密切联系，人格的商业化利用成为人格权财产化趋势的典型表现。此外，现代医学中的人体器官移

---

① 杨立新：《民法典人格权编草案逻辑结构的特点与问题》，《东方法学》2019 年第 2 期。

植技术和生物科技中的基因技术等方面的进步,使人体组织、血液、精子与卵子等人格要素因为庞大的社会需求而产生了潜在的相当可观的经济价值和财产化的可能。① 有美国学者因此提出了身体权利为有限的财产权的理论。② 虽然在绝大部分国家,人体器官的买卖都是被禁止的,但是由于存在强烈的市场需求,黑市的交易总是屡禁不绝。有学者认为,严格管制不仅会导致非正式市场交易泛滥,而且会削弱供应者的议价能力,而且,迄今为止并没有经验性证据表明人格权市场化会损害社会整体利益。③ 例如,由于基因技术的发展以及基因与人格的密切联系,学术界关于"基因人格权"和"基因隐私权"的讨论并不少见。1997 年《世界人类基因组与人权宣言》第 5 条第 2 款规定,"在所有情况下,应该获得相关个人事先自由的知情同意。" 2000 年,国际人类基因组织发表了《关于分享利益的声明》,呼吁如果基因研究产生了利润,制药公司应当提取 1% 至 3% 的利润返还给受试者。"知情同意"和"利益分享"这两项原则的结合成为基因和基因信息所有人实现其正当权益的制度保障。

另一方面,财产权的人格化也成为民法学术理论研究的关注对象。有学者从功能主义的视角研究了在侵权责任和违约责任中适用精神损害赔偿的必要性和可能性。④ 易继明、周琼认为,具有人格利益的财产可分为具有人格象征意义的财产、寄托特定人情感的财产、源于特定人身体的财产和源于特定人智慧的知识产权四大类;前两类为外在物的内化,后两类为内在自我的外化。依据事实和法律的标准被确定为具有人格利益的财产,相对于可替代财产而言,在立法和司法实践中应该得到更为充分的保护。⑤ 另有学者将人格财产分为五种:来自人格的财产、为了人格的财产、共生的人格财产、遗体财产和负人格财产。⑥

---

① Andrew Wancata, "No Value for a Pound of Flesh: Extending Market-Inalienability of the Human Body", *Journal of Law and Health* (2003), pp. 199 - 200.
② [美] 斯蒂芬·芒泽:《财产理论》,彭诚信译,北京大学出版社 2006 年版,第 35 页。
③ 杨彪:《不可让与性与人格权的政治经济学:一个新的解释框架》,《法律科学》2015 年第 1 期。
④ 常鹏翱:《论物的损坏与精神损害赔偿的关联:一种功能主义的诠释》,《法律科学》2005 年第 1 期。
⑤ 易继明、周琼:《论具有人格利益的财产》,《法学研究》2008 年第 1 期。
⑥ 陈传法:《人格财产及其法律意义》,《法商研究》2015 年第 2 期。

某些特定财产中的人格利益是真实存在的，这是不争的事实，但是对于要不要在法律上予以承认和保护的问题，却存在很大的理论争议。[①]"在今日的欧洲有高度争议的是对物之情感价值的赔偿程度问题。它涉及这样一些案件，一个动物或无生命的物体受到伤害或遭到破坏，它们的市场价值很小但对所有权人或者其他个人的幸福却有重大意义。"[②] 美国学者玛格丽特提出了"人格财产"与"可替代财产"的概念并作了区别，如果某一财产完全可以用另一等值的其他财产替代，那么就是"可替代财产"，反之就是"人格财产"[③]。我国学者冷传莉提出以"人格物"概念来指称包含人格利益的物，并对"人格物"的法理基础、动态发展以及关于"人格物"的实体法和程序法制度建构问题作了比较全面和深入的研究。[④]

对"人格财产"或"人格物"的保护，在国际上有三种不同的立法例。其一是不承认财产中存在人格利益，排除财产权受到侵害时的精神损害赔偿请求权，代表性国家是瑞士，以及《德国民法典》原第847条。其二是承认并通过侵权法保护财产中的人格利益，代表性国家是法国和日本，例如二战后修订的《日本民法典》第710条。其三是有条件地承认财产中的人格利益，代表性国家是荷兰、西班牙、奥地利，例如《奥地利民法典》第1331条承认在财产毁损之情形下，所有权人而且仅限于所有权人存在情感利益。

我国1986年《民法通则》和2017年《民法总则》都未就财产中的人格利益作出规定，甚至对人格权的保护也未提到精神损害赔偿的问题。我国2012年《侵权责任法》第22条规定："侵害他人人身权益，造成他人严重精神损害的，被侵权人可以请求精神损害赔偿。"在这一条款中，因为侵权而造成他人精神损害的赔偿范围仅仅限定于"人身权益"，实际上

---

① Margaret Jane Radin, Property and Personhood, 34 Stanford Law Review 957 – 1015 (1982); Stephen J. Schnably, Property and Pragmatism: A Critique of Radin's Theory of Property and Personhood, 45 Stanford Law Review 347 – 407 (1993); Margaret Jane Radin, Lacking a Transformative Social Theory: A Response, 45 Stanford Law Review 409 – 424 (1993).

② [德] 克雷斯蒂安·冯·巴尔：《欧洲比较侵权行为法》下卷，焦美华译，法律出版社2001年版，第4页。

③ Margaret Jane Radin, Property and Personhood, 34 Stanford Law Review 957 – 1015 (1982).

④ 冷传莉：《论民法中的人格物》，法律出版社2011年版；《民法上人格物的确立及保护》，《法学》2007年第7期；《人格物确立的法理透视》，《政法论坛》2010年第6期；《论人格物的界定与动态发展》，《法学论坛》2010年第2期；《论人格物之实体与程序制度的建构》，《法学评论》2010年第3期。

排除了精神损害赔偿在"侵害他人财产权益"案件中的适用。在立法者保持"风雨不动安如山"的无动于衷状态时，司法实践却为"人格财产"的保护打开了一扇窗户。2001年《最高人民法院关于确定民事侵权精神损害赔偿责任若干问题的解释》第4条规定："具有人格象征意义的特定纪念物品，因侵权行为而永久性灭失或者毁损，物品所有人以侵权为由，向人民法院起诉请求赔偿精神损害的，人民法院应当依法予以受理。"该条款承认了某些特定物上承载着非财产性的人格价值，这已经突破了传统民法中侵犯财产权无法获得精神损害赔偿的教条，值得肯定。由于司法解释的法律效力位阶较低，建议在《民法典》中把"人格财产"的保护上升到基本法律层面并予以更为明确和具体的界定和规范。

其实在上述司法解释出台之前，20世纪90年代我国就发生过关于"人格财产"的真实案件："王青云诉美洋达摄影有限公司丢失其送扩的父母生前照片赔偿案"[1]。原告王青云在1976年唐山地震中父母双亡，当时原告只有3岁。经过多年的苦心寻找，原告才找到父母亲免冠照片各一张。1996年，原告将照片送到被告美洋达摄影有限公司翻版放大，被告收取了14.8元费用。但由于被告保管不善，照片被遗失了。原告起诉至法院，要求被告赔偿精神损失费8万元。一审法院认为双方当事人之间形成了合法、有效的加工制作合同法律关系，被告将照片遗失，给原告造成精神上的痛苦，应当赔偿原告"特定物损失和补偿原告的精神损害"，但原告诉求数额过高，于是判令被告赔偿原告特定物损失和精神损害赔偿费8000元，并退还原告加工费14.8元。一审判决后，原被告双方均未上诉，因此判决发生效力。在该案中，两张照片的经济价值不值一提，但对于3岁时就父母双亡的原告来说，却是其父母的象征，是他怀念父母和寄托哀思的唯一的不可替代也不可再现的物质载体，是具有人格象征意义的财产，其精神价值要远远超过经济价值。

从法哲学的角度看，财产已经不是完全自然的、无意识的东西，它实际已与主体的自我意识相联系。[2] 在民事权利二元性理论视角下，人格权

---

[1] 最高人民法院中国应用法学研究所编：《人民法院案例选》1998年第4辑，时事出版社1999年版，第82页。

[2] 马俊驹：《人格与财产的关系——兼论法国民法的"总体财产"理论》，《法制与社会发展》2006年第1期。

和财产权均内在地具有精神利益和财产利益，只是由于两种利益在二者中的比例不同，从而决定了主体对不同权利客体的处分性也不同。特定社会的科学技术与社会伦理道德是决定两种利益不同比例和权利客体可处分性的重要因素。[①] 财产权的人格化与人格权的财产化一样，都是人的自由而全面发展的需要，这种需要一开始反映在学术研究中，进而在民事立法和司法实践中体现出来。

2. 财产权的知识化

如果说财产的人格化和人格的财产化在当今世界各国的民法中还处在"千呼万唤始出来，犹抱琵琶半遮面"的暧昧不明状态，那么财产的知识化和知识的财产化就处在"潮平两岸阔，风正一帆悬"的高歌猛进之大好局面。正如中南财经政法大学吴汉东教授所言："知识财产法律化带来了财产的'非物质化革命'，这是罗马法以来财产权领域的一场深刻的制度创新与变革。"[②]

据考证，"知识产权"概念最早于17世纪中期由法国学者卡普佐夫提出，后由比利时法学家皮卡第发扬光大，他将知识产权界定为"一切来自知识活动的权利"。1967年《成立世界知识产权组织公约》签订后，"知识产权"这一新的法律概念逐渐被国际社会所普遍使用。知识产权在本质上是一种无形财产权，其客体是无形的知识产品。知识产品与土地、房屋、汽车等有形财产一样，都有价值和使用价值，有些重要作品、专利或驰名商标的价值甚至远高于房屋、汽车等有形财产。

我国《民法通则》和《民法总则》都对知识产权作出了明确规定和保护。在学理上，可以将知识产权分为两大类：一类是著作权，也被称为版权或"文学产权"，是指自然人个人或者社会组织对文学、艺术和科学作品依法享有的一种知识产权。另一类是工业产权，也称为产业产权，是指工商业等各类产业中具有实用的经济价值的无形财产权，主要包括专利权和商标权。

从权利的内容看，知识产权是复合型权利，既包含了精神方面的人身权利，又包含了物质方面的财产权利。人身权利，也称为精神权利，是与

---

① 姜福晓：《人格权财产化和财产权人格化理论困境的剖析与破解》，《法学家》2016年第2期。

② 吴汉东：《财产的非物质化革命与革命的非物质财产法》，《中国社会科学》2003年第4期。

智力成果的创造人的人身不可分离的精神权利。财产权利，也称为经济权利，是指权利人可利用其智力成果取得报酬的权利。例如，作者在其作品上署名的权利，或对其作品的发表权、修改权等，即为精神权利。在知识产权中，著作权是人身权与财产权共存的典型形态。"智力作品虽然是享有复制、发行、翻译等特权的经济商品，但是它不同于其他一切经济商品，因为它是智力创造的成果，在性质上是作者人格的代表。事实上，智力作品中所包含的文字、科学或艺术形式反映了作者的人格以及他的智力能力的程度，他的精神倾向和他的政治或科学意见。作品和作者人身的联系是明显可见的。"① 这些权利从精神和物质两方面为著作权人提供了全方位、多角度的保护。

我国知识产权领域著名学者、中南财经政法大学吴汉东教授认为，知识的财产化，是法制史上自罗马法以来私权领域中最具有革命意义的制度创新。这种革命意义体现在如下几个方面：其一，知识财产的出现改变了传统的单一物化财产权结构。其二，知识财产表现出的"权利束"的组合形式与传统的有形财产所有权的单一形式存在明显不同。其三，知识财产的增长动摇了物化财产权的统治地位。知识产权是知识财产权利化的法律成果。知识产权制度产生于近代，起源于封建特许权制度。直到资产阶级革命时期，知识产权才成为法定权利。知识产权是从特许权到一般财产权变迁的产物。② 作为一种民事权利，与物权等其他权利相比较，知识产权有如下主要特征：一是独占性，即专有性或垄断性，除了法律规定或权利人同意外，权利人以外的任何人都不得行使该权利；二是时间性，法律对知识产权大多规定了一定期限，期满后权利终止，该项知识产品进入公共领域，公众可自由地无偿使用；三是地域性，在一个国家取得的知识产权只在该国境内有效，但是也存在例外情况，就是该国与他国之间存在关于知识产权的双边条约，或共同加入了知识产权方面的国际公约。

虽然从法律性质来看，知识产权是私权即民事权利，也具有独占性，但是由于智力成果是知识产品，其赖以产生的"原材料"是人类共有的知识，具有高度的"公共产品"属性，与文化、科技和产业的发展密切相

---

① 汤宗舜：《著作权法原理》，知识产权出版社 2005 年版，第 62 页。
② 吴汉东：《财产的非物质化革命与革命的非物质财产法》，《中国社会科学》2003 年第 4 期。

关，不宜为权利人长期独占，因此法律保护知识产权的同时，又施加了不少限制。如上所述，知识产权的时间性就是法律从时间维度对知识产权独占性的限制，而知识产权的地域性实际上就是法律从空间维度对知识产权独占性的限制。我国《著作权法》第 22 条规定的合理使用制度就是对著作权的限制制度之一。该条规定，在 12 种情况下使用作品可以不经著作权人许可，不向其支付报酬，但应当指明作者姓名、作品名称，并且不得侵犯著作权人依照本法享有的其他权利。例如，为个人学习、研究或者欣赏，使用他人已经发表的作品。我国《专利法》规定的专利实施的强制许可制度就是对专利权的限制制度之一。该制度是对专利权人许可权的限制，目的是促进专利技术尽快产业化，以造福社会公众。

  知识产权是一种利用人类智慧而不是"汗水"创造财富的财产法制度。人类智慧与人格密不可分，所谓"文如其人"，正是此意。知识产权法需要为知识产品创造者的人格提供保护，"人们同样也认为知识产权可能是保护个体创作者人格利益或者人格的一种方法"[①]。当然，知识产权法的重点还是对知识产品创造者的财产权利的承认和保护，使其获得"名利双收"的效果。在知识产权法出现之前，知识的创造者能获得一定的名声，但一般无利可图。例如，中国古代四大发明之一的造纸术的发明人是东汉的蔡伦，他虽然名垂青史，但是似乎并未发现他本人从这项发明创造中获得经济利益的历史记载，可以说"有知识，无产权"。而当时间流逝18 个世纪以后，在大洋彼岸的美国，爱迪生凭借 1000 多项发明专利特别是电灯的发明，成为当时美国炙手可热的大富翁，而他的名字也在全世界家喻户晓，几乎成了发明家的代名词，可以说是通过专利权这种知识产权而"名利双收"的经典范例，"有知识，也有产权"。

  同样是改变世界的发明家，同样是名震天下，但是在经济利益方面却有天壤之别。这是因为在 1900 多年前蔡伦的时代，完全没有知识产权的概念和制度；而爱迪生所在的 19 世纪后期到 20 世纪前期，知识产权法律制度已经比较成熟，这为爱迪生的发明创造通过申请专利权这一法律途径转化成巨额财富提供了制度管道。"正如人们通常从经济收益的角度来理解

---

  ① Hughes, "Recording Intellectual Property and Overlooked Audience Interests", 77 *Texas Law Review* 923 (1999).

财产权一样，知识产权通常被认为是创造社会财富的最有效手段。有关知识产权的判断和评论从历史上证明着这一公式的正确性，版权和专利权被认为是以最小的成本创造最大社会财富的事先激励结构。"①"知识就是力量""知识就是财富""知识改变命运"，这些广为人知的励志名言在知识经济和知识产权时代才真正展现其名副其实的真理魅力。

知识财产化和财产知识化，为千千万万的普通人利用自己的智慧创造成果来实现人生梦想提供了前所未有的机会，这样的机会不像先天的家庭出身那样不公和让人无奈，也不像后天的血汗工作那样让人"无闲"和不堪重负，而是利用更为体面的充满智慧和创新的劳动来发展自己，也改造世界。知识产权制度是一种促进共享发展的利益分配机制，表现为：其一，为知识产权权利人提供了法律保障，激励创新者努力创新并获得回报，调动了人们从事文学艺术创作和科技发明创造的积极性和主动性，促进创新者充分发展自身；其二，为知识产品的传播和推广应用提供了法律机制，促进智力成果转化为现实生产力，产生巨大的经济效益和社会效益，从而增进社会公共福祉；其三，为国际范围内的文化艺术交流活动和经济技术贸易以及投资提供了必要的法律准则，对于促进经济全球化和人类文明进步具有重要的突出贡献。可以说，关于知识产权的法律制度设计是借助法治思维和法治方式践行共享发展理念的绝佳体现。

2020年11月30日下午，中共中央政治局举行第二十五次集体学习，学习的内容就是加强我国知识产权保护工作。习近平总书记在主持学习时强调，知识产权保护工作关系国家治理体系和治理能力现代化，关系高质量发展，关系人民生活幸福，关系国家对外开放大局，关系国家安全。全面建设社会主义现代化国家，必须从国家战略高度和进入新发展阶段要求出发，全面加强知识产权保护工作，促进建设现代化经济体系，激发全社会创新活力，推动构建新发展格局。中共中央政治局的这次集体学习活动是对知识产权制度与创新发展和共享发展之重要关系的最好诠释。

---

① Justin Hughes, *The Personality Interest of Artists and Inventors in Intellectual Property*, 81 Cardozos Arts and Entertainment Law Journal 126 (1998).

四　民事责任制度：过错责任与严格责任

（一）作为侵权责任一般条款的过错责任原则

归责原则是确定民事责任构成要件的基本规则，即行为人因为何种事由被要求承担民事责任。我国《侵权责任法》和《民法典》第七编"侵权责任"部分体现的侵权责任归责原则包括三种类型：过错责任、过错推定责任、严格责任（无过错责任）。三种归责原则对行为人施加的责任是不同的，其中过错责任最轻，过错推定责任次之，严格责任最重。从受害人的角度考察，法律的保护水平也有区别，过错责任对受害人的保护水平最低，过错推定责任次之，严格责任最高。

过错责任原则是指以过错为归责的依据，并以过错作为确立责任及其范围的基础的归责原则。过错侵权责任的出发点在于所有权人自负其责，故其发生基础通过评价性的"归责"而体现出来。[①] 侵权责任法中的"过错"包括"故意"和"过失"两种情况，前者比后者的过错程度更为严重。过错责任原则是近代民法三大原则之一。1804年《法国民法典》第1382条规定："因过错致人损害者，应对他人负赔偿之责。"该条款是侵权责任一般条款的代表，历经两个多世纪的考验，至今仍然具有旺盛的生命力。总体上看，它在今天仍然是侵权法的基础性原则，并广泛适用于新型领域，其原因在于：一般条款在质地上富有极强的韧性和灵活性，允许法官对一般性的法律范畴作出与时俱进的解释，故而能适应各种环境的考验，存活于各种不同的社会形态。[②] 有法国学者认为，《法国民法典》第1382条确立的过错侵权责任的一般原则，其主要的优点是能够迅速地适应社会发展，及时规范随着工业发展出现的各种新型损害，同时有助于促进现行法律的进步，为一些新型权利的产生创造可能，使得个人权利得到更加周全的保护。然而，这一过错侵权责任一般原则也存在两方面的缺点：一方面，缺乏有效的法律技术工具以限制民事责任的适用；另一方面，在区分过错侵权责任和特殊侵权责任时，产生了一些敏感问题。[③] 这说明过

[①] 朱虎：《过错侵权责任的发生基础》，《法学家》2011年第1期。
[②] 石佳友：《法国民法典过错责任一般条款的历史演变》，《比较法研究》2014年第6期。
[③] ［法］热娜维耶芙·威内：《论过错侵权责任的一般原则》，罗瑶译，《比较法研究》2016年第4期。

错责任原则具有强大的制度生命力和社会适应性，但它对于解决当今的社会问题也是有限度的，这种限度的存在正是特殊侵权责任中要引入严格责任原则的必要性所在。

我国1986年《民法通则》第106条规定："公民、法人由于过错侵害国家的、集体的财产，侵害他人财产、人身的，应当承担民事责任。"这是我国民法中确立过错责任的一般条款，这种类型的侵权被称为"一般侵权"。2009年《侵权责任法》第6条规定："行为人因过错侵害他人民事权益，应当承担侵权责任。"我国《民法典》第1165条也作出了类似规定："行为人因过错侵害他人民事权益造成损害的，应当承担侵权责任。"《民法典》在一般侵权的构成要件上与《侵权责任法》相比较，增加了"造成损害"这一条件，但是在行为人有过错这一点上是高度一致的。《侵权责任法》规定的三种归责原则并不是随意适用的，一般的侵权类型适用过错责任原则，该法特别规定的侵权类型才适用过错推定责任或者严格责任。因此可以说，我国侵权责任法采取的归责原则及其适用规则如下：原则上在一般情况下都适用过错责任，例外地在特殊情况下才适用过错推定责任和严格责任。

我国《合同法》和《民法典》合同编中的缔约过失责任的归责原则也属于过错责任原则。缔约过失责任是指民事活动的当事人在签订合同的过程中，由于故意或者过失而违反民法中的诚实信用原则而要求的"先合同义务"，结果导致合同不能成功订立，或者合同虽然已经成立，但是由于不符合《合同法》规定的生效条件而最终被确认为无效合同，或者合同被变更或撤销，因此给对方当事人造成损失后所应当承担的民事法律责任。这里所说的"先合同义务"，也叫"先契约义务"，是《合同法》规定的在合同订立过程中的附带义务，是指订立合同的当事人为了签订合同而进行接触和磋商，直到合同正式生效前，诚实信用原则要求双方当事人承担的通知、协助、保护、照顾、保密等方面的义务。这种法定义务不需要当事人特别约定，而是《合同法》规定的，是法定义务，它蕴含了深刻的共享发展精神。因为在市场经济社会，签订合同是人们参与民事生活和发展自身事业的十分重要的法律手段，是人们从事市场交易等经济活动的必要途径，当事人之间可能是熟人，但是更多的情况下可能是陌生人，无论如何都应本着诚实信用原则，善意地进行接触和磋商，无论谈判的结果是成功还是失败，谈成了固然皆大欢喜，谈"崩"了也"生意不成仁义在"。合同谈判和签订的目的是要当事人双赢和各得其所，而不是单边主义的尔虞我诈和"零和博弈"。

我国《民法典》第500条是原《合同法》第42条的翻版，该条款确立了缔约过失责任制度的法律依据。该条规定："当事人在订立合同过程中有下列情形之一，给对方造成损失的，应当承担损害赔偿责任：（1）假借订立合同，恶意进行磋商；（2）故意隐瞒与订立合同有关的重要事实或者提供虚假情况；（3）有其他违背诚实信用原则的行为。"在这里，"违背诚实信用原则的行为"就存在非常明显的"过错"。《合同法》第58条规定了缔约过失责任的承担方式，包括返还财产、折价补偿、赔偿损失，其中明确将"过错"作为承担责任的条件之一。不过，缔约过失责任在《合同法》中并不占主导地位，《合同法》中的主要责任形态是违约责任，而违约责任采取严格责任原则。因此可以总结的是，我国《合同法》中的合同责任是以严格责任为主，以过错责任为辅。

（二）过错推定责任原则的适用

过错推定，是指行为人由于故意或过失侵害他人的民事权利或正当利益，按照法律的明确规定，推定行为人具有过错，应当承担侵权责任，除非行为人能证明自己不存在过错的。过错推定原则采取的证明方式是举证责任倒置。在一般的过错侵权案件中，受害人要求行为人承担侵权责任就必须证明对方存在过错。而在适用过错推定原则的案件中，法律并不要求受害人举证对方存在过错，转而要求行为人自己证明自己没有过错，如果行为人不能有效证明自己没有过错，那么法院就认定行为人有过错，从而要求行为人承担侵权责任。我国《侵权责任法》第6条第2款规定："根据法律规定推定行为人有过错，行为人不能证明自己没有过错的，应当承担侵权责任。"我国《民法典》第1165条第2款也作出了几乎相同的规定。从其实质上看，过错推定责任是过错责任的一种特殊情况，它同样以过错为构成要件，只是《侵权责任法》为了平衡侵权人和被侵权人之间的利益关系，将证明过错的举证负担在双方当事人之间作出了重新分配，由原告转移给被告而已。

在我国，过错推定责任的典型表现是道路交通事故责任。根据《道路交通安全法》第76条规定，机动车一方当事人只有在证明自己"没有过错"的条件下,才能承担比较轻微的"不超过百分之十的赔偿责任"。根据该条款,我国道路交通事故责任的分配规则是:首先,法律推定机动车当事人一方有过错,应当承担全部法律责任;其次,如果存在证据可以证明非机动车驾驶人或行人有过错的,考量其过错程度,可以适当减轻机动车一方当事人的赔偿责任;最后,如果机动车一方当事人无法证明自己无过错,就不能享受承担不超过百分之十赔偿责任的"优惠待遇"。

《侵权责任法》第 38 条关于无民事行为能力人在教育机构受到人身损害的责任依据的规定体现了过错推定责任。① 无民事行为能力人包括未满八周岁的未成年人和不能辨认自己行为的精神病人。这两种人要么年幼无知,要么是精神病人,对事物的辨别能力、控制能力和自我保护能力都比较差,属于社会弱势群体,容易受到伤害,应当在法律上给予特殊的倾斜保护。当儿童在教育机构内受到人身伤害的情况出现时,首先就推定该机构存在过错并且因此承担侵权责任,除非其能够证明自身已经尽到法定职责。如此可以督促教育机构事先积极采取防范措施预防和减少事故,以达到保护幼儿的立法目的。

《侵权责任法》第 58 条关于医疗损害的责任依据的规定也是过错推定责任的适用情形。② 当前我国医患矛盾十分严重,解决这些矛盾需要统筹兼顾各方当事人包括患者、医院、医护人员的合法权益和合理关切,法律还必须考虑责任的分配应当助力而不是阻碍医学的发展和进步。在"医疗损害责任"这一章中,同样是在原则上实行过错责任,也就是一般情况下,医疗机构承担民事责任的条件之一是要求患者证明医院或医务人员有过错,但是在法律规定的特殊情况下适用过错推定责任。这是因为医疗行为具有很强的技术性和专业性,作为受害人的患者一般都似懂非懂甚至完全不懂,很难举证证明医疗机构在医疗行为中有过错,倘若适用一般的过错责任原则,则对受害人十分不利。《侵权责任法》第 58 条规定的三种情形中,医疗机构的过错都非常明显,但是作为患者是很难证明的,比如不

---

① 《中华人民共和国侵权责任法》第 38 条规定:"无民事行为能力人在幼儿园、学校或者其他教育机构学习、生活期间受到人身损害的,幼儿园、学校或者其他教育机构应当承担责任,但能够证明尽到教育、管理职责的,不承担责任。"

② 《中华人民共和国侵权责任法》第 58 条规定:患者有损害,因下列情形之一的,推定医疗机构有过错:(一)违反法律、行政法规、规章以及其他有关诊疗规范的规定;(二)隐匿或者拒绝提供与纠纷有关的病历资料;(三)伪造、篡改或者销毁病历资料。

懂诊疗规范,对医疗机构隐匿、拒绝提供、伪造、篡改或者销毁病历资料的行为难以取证,因此,适用过错推定责任原则,将举证责任倒置,有利于促进医疗机构规范医疗,预防和减少医疗事故。

(三)严格责任原则的适用

严格责任,也就是无过错责任,是指行为人致人损害后,都要承担民事责任,不管该行为人有没有过错,除非有法定的可以免除责任的事由。按照民事诉讼法"谁主张谁举证"的基本规则,受害人不需要证明行为人存在过错,这就减轻了受害人在民事诉讼中的举证负担。

根据责任发生根据的不同,民事责任主要有合同责任和侵权责任两种类型。我国《合同法》第107条将违约归责原则定型为严格责任,并通过第119条不可抗力规则和第121条合同相对性规则,将免责范围严格控制在不可抗力导致违约的场合。① 当事人承担违约责任并不以过错为必要条件。违约责任的归责原则,在《合同法》总则部分采取严格责任原则,并且将不可抗力作为免除违约损害赔偿之责任的法定事由。② 清华大学崔建远教授认为,关于违约责任,对于特定合同类型、在特定领域,如出卖人对于买卖物所负的瑕疵担保责任、保管人对于保管物毁损灭失的责任、承揽人对于工作成果承担瑕疵担保责任等,实行无过错责任原则,具有必要性和合理性。但对于更多合同类型、在较为广阔的领域,确立过错责任原则更为合理。其实,问题的关键和实质不在于取名过错责任原则抑或无过错责任原则,而在于法律规定和认可的免责事由、抗辩事由及抗辩权类型的多寡,以及风险负担规则是否全覆盖和是否合理。③ 笔者赞同该观点,法律责任的分配要公平合理,方能体现法律的公平正义精神和共享发展理念,任何"一边倒"的风险负担规则都是很难被真正实行的,也是不可持续的。

我国《合同法》中的违约责任以严格责任为一般性归责原则,适用相对简单易行。而《侵权责任法》中严格责任的适用要复杂得多,笔者以此为主展开讨论。

《侵权责任法》中严格责任的确立是为了应对现代社会的风险活动的

---

① 孙学致:《过错归责原则的回归——客观风险违约案件裁判归责逻辑的整理与检讨》,《吉林大学社会科学学报》2016年第5期。
② 陈自强:《民法典草案违约归责原则评析》,《环球法律评论》2019年第1期。
③ 崔建远:《合同法应当奉行双轨体系的归责原则》,《广东社会科学》2019年第4期。

需要，行为人的侵权责任免责事由受到严格限制。民法学理上把适用严格责任原则的侵权称为"特殊侵权"。这是与适用过错责任原则的"一般侵权"相对而言的。我国《民法典》第 1166 条规定："行为人造成他人民事权益损害，不论行为人有无过错，法律规定应当承担侵权责任的，依照其规定。"这就是我国民法中的特殊侵权适用无过错责任的法律依据。我国《侵权责任法》和《民法典》侵权责任编规定的严格责任主要在以下几种情形下适用。

1. 产品责任

该责任是指产品的生产者、销售者由于产品存在质量缺陷而对他人的生命、身体、健康或财产造成损害而应当承担的民事法律责任。我国《侵权责任法》第五章以专门一章的篇幅规定了产品责任。该法第 41 条规定："因产品存在缺陷造成他人损害的，生产者应当承担侵权责任。"在这个条款中，生产者对产品的缺陷致人损害的责任就是典型的严格责任，并不考虑生产者是否有过错。该法第 42 条和第 43 条实际上确立了产品责任在生产者与销售者之间的分配规则：从实质上看，生产者承担的是严格责任，销售者承担的是过错责任，后者责任要轻一些，因为绝大部分的产品缺陷还是由生产者造成的；从程序上看，被侵权人拥有在生产者和销售者之间选择赔偿主体的权利，销售者不能以自己没有过错而拒绝承担责任，而无过错的销售者在赔偿后有权向生产者追偿。因为被侵权人即消费者与销售者是直接交易的主体，往往距离较近，彼此也更熟悉，由销售者承担责任，一般对消费者更方便。《侵权责任法》对销售者实际上适用的是"二元责任归责原则"，即根据销售者面对的主体不同而分为两种情况：面对受害人消费者时，适用无过错责任归责原则，销售者承担首负赔偿责任；当销售者承担首负赔偿责任后，面向生产者追偿时，销售者与生产者之间如何承担责任适用过错责任原则。①《侵权责任法》第 46 条规定的产品召回制度和第 47 条规定的惩罚性赔偿制度是吸收了我国《消费者权益保护法》和《食品安全法》的成熟立法经验，其目的在于对消费者提供更加全面的保护。

---

① 钱玉文：《论我国产品责任归责原则的完善——以产品质量法第 41、42 条为分析对象》，《中国政法大学学报》2017 年第 2 期。

2. 环境污染责任

这里仅指因为污染环境而引发的民事侵权责任，不包括相关的行政责任和刑事责任。我国1986年《民法通则》没有对环境污染侵权的归责原则作明确规定。《侵权责任法》规定的环境污染责任有如下主要特点：一是确立了严格责任原则。第65条规定："因污染环境造成损害的，污染者应当承担侵权责任。"这就确立了我国民法中污染环境的严格责任原则，即不问行为人是否有过错。污染者即使符合排污标准排污导致损害的，也需要承担侵权责任。二是对因果关系实行举证责任倒置。第66条规定："因污染环境发生纠纷，污染者应当就法律规定的不承担责任或者减轻责任的情形及其行为与损害之间不存在因果关系承担举证责任。"这是确立了举证责任倒置的规则，其原因在于，环境污染案件中的污染行为与损害后果之间的因果关系由于技术复杂、涉及面广、持续时间长等非常难以直接证明，如果由受害人举证，则其获得救济的希望非常渺茫，实行举证责任倒置，由污染者举证证明不存在因果关系，将大大提高受害人获得救济的概率。也就是说，在环境污染案件中，作为原告的受害者只需要证明两件事：一是自己受到损害，二是被告存在污染行为。被告方如果想免责或减轻责任，需要证明自己没有污染的行为，或者尽管存在污染行为，但是符合法律规定的不承担责任或者减轻责任的情况，还必须证明自己的污染行为同原告的损害后果之间不具有法律上的因果关系。三是确立了多个污染者造成损害的按份责任。第67条规定："两个以上污染者污染环境，污染者承担责任的大小，根据污染物的种类、排放量等因素确定。"这明确体现了"谁污染谁负责"的原则，体现了法律的公平正义精神。

3. 高度危险责任

这种责任是指因为行为人存在高度危险的作业活动或者高度危险的物品导致他人的损害而应当承担的民事侵权责任。1986年《民法通则》第123条规定了高度危险责任，其主要内容有三点：一是列举了高度危险作业的种类，并用"等"字表示不完全列举；二是确立了高度危险作业侵权的严格责任原则，不以侵权人有过错为条件；三是将"受害人故意"作为侵权人的免责事由。2009年《侵权责任法》第九章用专章共9个条款规定了"高度危险责任"。该法第69条规定："从事高度危险作业造成他人损害的，应当承担侵权责任。"这是概括性条款，再次确认了《民法通则》

确立的高度危险作业的严格责任原则。第 70—76 条分别对某种高度危险作业规定侵权责任规则。例如，第 73 条规定"从事高空、高压、地下挖掘活动或者使用高速轨道运输工具造成他人损害的"经营者应当承担的侵权责任。与《民法通则》第 123 条对比，该条有如下创新：一是将"高速运输工具"改为"高速轨道运输工具"，指代更明确，其主要是指高速铁路和地铁。二是增加"地下挖掘活动"，这是针对我国当前地铁建造和各类地下管道施工频繁及事故多发的现状。三是增加了减轻侵权人责任的法定事由，即受害人对损害的发生存在过失。这一方面是为了防止经营者动辄得咎，保护其积极性，从而有利于高铁、地铁等公共事业的正常发展，另一方面是为了促进潜在的受害者提高安全防范意识，可谓一举两得。这是通过法律制度设计促进各方共享经济社会发展成果的法治创新。

4. 动物致人损害的责任

这是指动物的饲养人、管理人因为其饲养或管理的动物造成他人的人身或者财产损害后果而依法应当承担的民事侵权的法律责任。1986 年《民法通则》第 127 条一方面确立了动物致人损害的严格责任原则，动物的饲养人或者管理人是否存在过错，在所不问；另一方面规定了动物饲养人或者管理人的免责事由，即受害人的过错，而民法上的过错包括了故意和过失两种情况。2009 年《侵权责任法》第十章用专章共 7 个条款规定了"饲养动物损害责任"。该法第 78 条延续了《民法通则》规定的动物致人损害的严格责任原则，但是在免除责任的法定事由上却存在一些不同，那就是将被侵权人即受害人的"过错"变成了"故意或者重大过失"。"故意"本来就是"过错"之一种情况，在这一点上新法与旧法并无区别；新法"新"在把"过错"之一的"过失"改成了"重大过失"。在民法学理论中，过失包括三种情形：重大过失、一般过失、轻微过失。也就是说，《侵权责任法》把被侵权人的"一般过失"和"轻微过失"排除在侵权人的免责事由之外，这就加重了动物饲养人的法律责任，从而为潜在的受害者提供了更高水平的民法保护。当然，该条的"但书"部分规定了侵权人与被侵权人的"过失相抵"规则。① 这也促使潜在的受害者在面对动物时加强自我防护，避免遭受伤害，维护自身安全。

---

① 郑永宽：《过失相抵与无过错责任》，《现代法学》2019 年第 1 期。

第三节　共享发展理念在商法中的
制度表现及其革新

一　有限责任：鼓励交易的"天才"制度发明

（一）有限责任的法律形态及其内涵

法律责任是指违反法定或约定的义务而应当承担的不利的法律后果。这里所要讨论的有限责任属于民事责任的范畴。民事责任又可以按照不同的标准再作进一步分类。例如，根据民事责任发生原因的不同，可分为违约责任、侵权责任、缔约过失责任；根据责任给付的内容不同，可分为财产责任和非财产责任；根据承担责任的财产范围不同，可分为无限责任和有限责任。责任人以其全部财产作为债务清偿担保的，即为无限责任；责任人仅以其一定限额的财产作为债务清偿担保的，即为有限责任。一般情况下，任何债务人都应当以其全部财产对其债务承担清偿责任，即无限责任，只有在例外情况下才适用有限责任。简言之，在民事责任中，无限责任是常态情况，有限责任是例外情况。

民商法中的有限责任又具体表现为两种形态：第一种是"量的有限责任"或称"人的有限责任"，是指债务人依法以其一定数额的财产为限度来清偿债务，例如公司中的有限责任股东；第二种是"物的有限责任"，是指债务人以其特定的财产而不是一般财产对外偿还债务，例如《继承法》中的限定继承、《海商法》中的船舶所有人的责任。我国《继承法》第33条就是对限定继承的规定。我国《海商法》第56条、第57条、第116条、第117条、第210条、第211条等规定了船舶所有人对于某种债务以本次航海的船舶价值、运费及其他附属费作为应当承担法律责任的限度。物的有限责任是法律在不同主体之间进行利益平衡和取舍的结果。例如，《海商法》规定的赔偿责任限制就是考虑到海上运输的巨大风险，为了促进海上运输和经济贸易的发展，在船舶所有人、托运人、承运人等相关主体之间分担风险的制度安排，在法律制度层面深刻地体现了共建共享的发展思想。

民商法中通常所说的有限责任是指《公司法》中的有限责任，即"量的有限责任"或"人的有限责任"。我国《公司法》第3条是"有限责任"在《公司法》中的经典规定，它在公司、公司股东和公司债权人之间进行了利益协调和责任分配。公司作为拥有独立法人资格的主体，应当以其全部资产对外承担债务清偿责任，对公司本身而言，这就是无限责任。在公司的资产不足以清偿全部债务时，公司的债权人可以向法院申请公司破产，但不得请求公司的股东承担超过其出资义务的责任。实际上，从承担责任的主体来看，《公司法》中的"有限责任"不是公司本身的有限责任，而是指公司股东的有限责任，是公司股东对于公司债权人的有限责任。公司与其股东是不同的法律主体，拥有独立的名称、独立的组织机构、独立的财产、独立的法律责任，因此拥有作为法人的独立人格。赋予公司人格是为了法律关系单纯化而采用的一项法律技术。① 股东有限责任体现的是一个民事主体（股东）与另一个民事主体（公司）之间的法律关系。②

（二）有限责任的风险共担功能和鼓励投资精神

"投资有风险，入市须谨慎。"合理分配投资风险，是商法的重要功能。从投资者立场来看，商法采取的是"以有限责任为主，以无限责任为辅"的风险负担原则。投资者无限责任主要存在于：个人独资企业投资者对企业债务的责任，合伙企业的普通合伙人对合伙债务的责任，以及某些大陆法系国家和地区商法中的无限责任公司股东对公司债务承担的无限连带责任。但是现代商法的显著特征和发展趋势还是以有限责任为主导。在美国，公司法上的股东有限责任已经全部实现。我国《公司法》实行的是完全的有限责任。当然，我国的《个人独资企业法》和《合伙企业法》实行的主要是无限责任。多元化的责任负担方式，为投资者提供了多种选择。在法律和法理中，责任一般情况下总是与权力或权利成正比关系，投资者责任越重，相应地其权利或权力也越大。只是个人独资企业和合伙企业属于比较传统的企业形态，而公司属于现代企业形式，公司股东承担有限责任有利于控制投资风险，从而可以最大限度地刺激投资，以达到发展经济的目的。

公司法与破产法的合作，使得公司独立人格和股东有限责任在现代社

---

① Harry G. Henn&Gohn R. Alexander: Law of Corporations, West publishing Co, 3d, ed, 1983, p. 345.

② 孟勤国、张素华:《公司法人人格否认理论与股东有限责任》,《中国法学》2004年第3期。

会落地生根。各国公司组织形式千差万别,但是有内在的共性。有国外学者提出公司法的五大法律特征:法律人格,有限责任,股份自由转让,董事会结构下的授权经营管理,以及投资者所有权。① 公司法律人格和股东有限责任首当其冲。当公司资不抵债时,可以由公司自己或者股东、债权人向法院申请公司破产。在公司破产时,公司只以其现有的实际财产对债权人承担偿还债务的责任。破产制度是有限责任必然的逻辑结果和制度延伸。

股东有限责任再加上公司破产制度,意味着公司在特定情况下可以"欠债不还",商业信用并不可靠,也意味着公司债权人成为"背锅侠",为作为债务人身份的公司及其投资者即股东承担了相当可观之分量的投资风险责任。这貌似很不公平,但是恰恰体现了公司法作为商法的支柱性法律所具有的鼓励投资的精神。在有限责任和破产制度的加持下,即使一家公司破产了,作为股东的投资者并不会倾家荡产,还可以另起炉灶投资其他企业,从而重整旗鼓东山再起。问渠那得清如许,为有源头活水来。百川归海,积少成多,源源不断的投资成为社会财富生生不息的源头活水。相反,无限责任使投资者不堪重负,"戴着镣铐跳舞",在做投资决定时势必瞻前顾后裹足不前,很难使企业做大做强,特别是对于高风险投资,更是望而却步望洋兴叹。伊斯特布鲁克和费希尔通过经济分析后认为,有限责任可以减低监管成本,刺激管理者有效管理,使市场价格更加真实反映企业价值,有利于投资组合多元化及投资决策最优化。② 可见,无限责任因注重交易安全而抑制了投资,有限责任增加了交易风险但是能刺激投资。商法从商人和商业需要的冒险精神出发,选择了有限责任作为主导的主流的责任形态。

有限公司是现代企业的主要组织形态,是现代社会经济成长的有效杠杆和强大引擎。马克思曾经说过一句著名的令人深受启发的话:"假如必须等待积累去使某个单个资本增长到能够修建铁路的程度,那末恐怕今天世界上还没有铁路。但是,集中通过股份公司转瞬之间就把这件

---

① [美] 莱纳·克拉克曼等:《公司法剖析:比较与功能的视角》,刘俊海等译,北京大学出版社2007年版,第1页。

② Frank. H Easterbrook and Daniel R. Fischel, *The Economic Structure of Corporate Law*, Harvard University Press, 1998, pp. 41 – 44.

事完成了。"① 美国学者巴特尔说，有限责任公司是当代最伟大的发明，其产生的意义甚至超过了蒸汽机和电的发明。② 众所周知，蒸汽机和电分别是第一次工业革命和第二次工业革命的标志性发明创造，代表了人类近现代技术创新的革命性成就；而有限责任的公司制度则代表了人类近现代经济制度和法律制度创新的高水平。美国著名经济学家萨缪尔森精辟地分析了公司制度的作用："大规模的生产在技术上是效率高的，而对投资者而言，大公司也是一种分摊经营风险的有利方式。如果不具备有限的责任和公司的形式，社会就不可能得到相互竞争的大公司所带来的利益，因为大量的资本就不会被吸引到大公司那里，从而就不可能得到大公司所生产的各种各样相互竞争的产品，不可能有风险的分摊，也不可能最好地大规模地对科研成果加以利用。"③ 可以毫不夸张地说，以有限责任为核心理念的公司法律制度，是贯彻商法的营业自由精神或鼓励交易原则的天才的制度发明，是激发普罗大众创造财富之热情的"发动机"和"催化剂"，也是通过制度创新驱动技术创新和经济发展的典范，为人们共享现代文明成果铺就了"制度高速公路"。

二 强制主义：保障安全的法治技术设计

（一）强制主义在商法中的内涵和表现

商法中的强制主义又称干预主义，是指通过商事立法中的强行性规则干预商事活动的商事法治理念。强行性规则又叫强制性规则，指所规定的权利、义务具有绝对肯定形式，不允许以当事人合意或单方意志予以变更的法律规则。此种规则与命令式规则、禁止式规则关联度相对较高。任意性规则是指所规定的权利、义务具有相对肯定形式，允许以当事人合意或单方意志予以变更的法律规则。权利规则一般都属于任意性规则。④ 反之，义务规则一般都属于强行性规则。任意性规则体现了自由主义理念，而强行性规则体现的是强制主义或整体主义理念。商法中的公示主义、要式主

---

① 《马克思恩格斯全集》第 23 卷，人民出版社 1972 年版，第 688 页。
② Tony Orhnial edited: *Limited Liability and the Corporation*, Croom Helm, London & Camberra, 1982, p. 42.
③ ［美］保罗·萨缪尔森：《经济学》（上册），商务印书馆 1982 年中文版，第 152 页。
④ 张文显主编：《法理学》，法律出版社 2007 年第 3 版，第 119—120 页。

义、外观主义、严格责任主义等，其本质都是强制主义在某个方面的具体体现。

例如，公示主义是要求商事主体对于涉及利害关系人的营业上的事实，负有公开告知义务。公司法对公司设立、合并、分立、减资、清算和注销，破产法的破产公告公示制度，证券法关于上市公司财务报告及重大信息的公开、及时、如实披露义务，海商法关于船舶登记的公示等，都是公示主义的制度表现。违反公示义务可能产生民事责任、行政责任甚至刑事责任。公示主义的目的在于保护现实的或潜在的交易相对人的利益。在现代市场经济条件下，商事交易的主体和地域范围日益扩大，交易内容也日益复杂化，知己知彼才能百战不殆，全面准确了解交易相对方的资信状况和履约能力是作出交易决策、降低交易风险的必要途径。公示制度使交易者可查明相对人是否有权利能力和行为能力即交易资格，通过其资信状况、财务状况、相关重大信息来评估其履约能力，从而减少决策的盲目性。公示是手段，公信是目的。公示制度的公开性、透明性、公信力使得善意的交易相对人产生信赖，为市场交易的正常进行提供制度保障。

又如，外观主义是指商法以交易当事人行为的外观为依据来认定商事行为的法律效果。这一理念在大陆法系的法国被称为"表见理论"，在德国学术界被称为"外观法理"，在日本学界也有相似的称呼即"外观主义"，英美法系称为"禁止反言"。商事主体或者商事交易的重要事实要通过一定的外在形式即外观表示显示出来，即使外观表示与内在的事实或真实意思不一致，依据外观主义的商法理论和制度，商事主体仍然必须接受该外观显示的约束，原则上不能撤销该交易。这是为了防止当事人出尔反尔，言行不一，前后矛盾，以致损害善意的交易相对人的信赖利益。外观主义是出于保护社会交易安全的目的而作出的制度安排。有法官在研究实际案例后认为，股东名册、公司章程、工商登记材料记载当事人为股东，这些法定的公示形式使当事人在外观上具备了股东身份，这些形式和外观足以使得善意第三人对此信赖，即使当事人并无作为股东的真实的主观愿望，也应当根据公示主义和外观主义原则，依法确认当事人为股东，以保护善意第三人的合法权益，维护交易安全，稳定经济秩序。而当事人是否实际出资等客观事实，由于其并不具有法律上和实际上的公示性外观特征，无法使第三人对此信赖，因此不应当作为确认股东身份的判断标准和依据。① 票据法中关于票据的无因性与文义性的规定，保险法中关于保险人的弃权与禁止反言的规定，合同法中的表见代理制度和善意取得制度等，也都是外观主义的制度表现。

强制主义的结果是作为私法的商法带有一定程度的公法属性，这也是商法与民法的重大区别之一。尽管民法和商法都存在"私法公法化"的发展趋势，但显而易见的是，商法在"公法化"的道路上走得更远。

（二）商法强制性规范的类型化和法治技术

分类或者类型化是人类认识世界和事物的基本方法，也是十分有用和有效的方法，是人类知识走向精细化、精准化的必经之路。商法中的强制性规范俯拾皆是，对其分门别类是正确认识其功能乃至改造它们的前提性工作。有学者将商法强制性规范分为"私法属性的强制"和"公法属性的强制"，前者重在实现交易便捷和交易安全的商法固有价值，是商法中的原生态规范，具有稳定性；而后者重在实现公共利益和国家利益，是真正的"商法公法化"的产物，具有政策性和变动性。② 这种"两分法"的分类办法的优点是简便而易于理解，但是在"私法公法化"和"公法私法化"语境下，私法规范的特点是任意性，公法规范的特点是强制性，因此可以说强制性规范都是公法性的，于是"私法属性的强制"这种表达方式就存在内涵不清和自相矛盾之嫌疑。也有学者将商法中的强制性规范分为五类：保护型、伦理型、技术型、监管型、政策型。③ 这种"五分法"的分类办法的优点是比较精细，缺点是过于复杂，有的类型例如保护型与伦理型、监管型与政策型可能出现相互交叉的情况，如此反而不容易进行整体的理解。笔者建议将商法中的强制性规范分为两大类，包括"商业技术型"和"社会政策型"。

"商业技术型"的强制性规范是指在商事习惯法基础上发展起来的旨在促进交易效率或交易安全的规范，是商人发明创造的自治性、自律性规范，是商业技术塑造的规范，商法只是"承认"而已。从立法目的看，此

---

① 陈建勋：《商法公示主义、外观主义在股东身份确认案件中的应用》，《人民司法》2011年第6期。

② 张强：《商法规范的公法性与私法性、强制性与任意性辨梳》，《山东社会科学》2010年第6期。

③ 姜燕：《商法强制性规范中的自由与强制——以历史和类型的双重角度》，《社会科学战线》2016年第8期。

类强制性规范主要是为了维护商事主体的私人利益，一般与社会公共利益无关。这类规范又可以分为两种，一种是促进交易的效率，一种是保障交易的安全。前者如票据法，票据行为不仅必须以书面形式作成，而且必须按票据法规定的格式作成。即每一种票据行为应该记载票据法规定的法定的事项，并且其记载的文句、顺序、位置等都是固定的，不允许行为人任意取舍或变更。① 票据方式和格式上的强制性是票据的汇兑功能、支付功能、信用功能和流通功能的担保。这是商主体为了获得更为便捷的支付方式而主动建构的格式化规则，以减少交易成本，从而提高交易效率。前文所述的公示主义和外观主义的商法制度就是保障交易安全的"商业技术型"的强制性规范，它们是商事主体进行商业决策所依赖的信息基础。"商法中的强制性规范，绝大部分是对经济规律的总结，反映了实现交易效率的技术要求，是对交易标准与交易程式进行技术化处理的结果。"② 商法中的权利定型化和权利证券化也属于此类规范，实现了权利义务更加自由的流转，将交易效率提升到相当高的水平。

"社会政策型"的强制性规范是指国家出于保护弱者、维护伦理道德、行政管理、经济政策等方面的考量，旨在保护社会公共利益的商法规范。就保护弱者而言，例如《海商法》第 47 条、第 48 条、第 49 条分别规定了承运人的适航义务、管理货物义务、禁止不合理绕航的义务等内容。这些明显倾向于保护托运人的商法强制性规范的存在，是立法者充分考虑到承运人在充满风险的航海活动方面的专业性和主动性，而托运人对于航海处于相对无知和被动的"弱者"地位。《海商法》通过对强势的一方施加强制性义务以避免"弱肉强食"的不利后果出现，达到交易双方利益的平衡，从而实现我国《海商法》立法宗旨中的"促进海上运输和经济贸易的发展"这一社会公共利益。

就维护伦理道德而言，商法中基于诚实信用原则和公序良俗原则的强制性规范并不鲜见。"诚实信用原则一般是派生强制性规范的基本原则，因此违反诚实信用原则不会导致合同绝对无效……公序良俗原则通常是对应或派生禁止性规范的基本原则，尤其是善良风俗原则通常是派生效力性

---

① 董安生：《票据法》，中国人民大学出版社 2009 年版，第 58 页。
② 曹兴权：《商法的强制性与私法自治：基于法技术视角的考察》，《四川省政法管理干部学院学报》2004 年第 3 期。

禁止性规范的基本原则。所以违反善良风俗原则,合同可能被认定为绝对无效。"① 保险法理论和制度中有最大诚信原则。《保险法》第 16 条规定了投保人如实告知义务以及保险人的撤销权制度。《保险法》第 31 条之所以严密地规定投保人要对被保险人具有法律认可的保险利益,其目的是防止发生道德风险,即防止投保人为了骗取保险金而杀害与其没有利害关系的被保险人的极端情况出现,这是维护公序良俗的客观要求。

就行政管理而言,例如商事登记不仅是为了商事主体交易安全的需要,也是国家对企业征税和日常监管的需要。就经济政策而言,例如我国《公司法》原先对公司注册资本的高标准要求代表了社会主义市场经济体制建立初期的经济政策,而最新的修改和放宽则是改革开放进入深水区之后的中国"要发挥市场在资源配置中的决定性作用"这一改革思想和经济政策的反映。我国知名商法学者、南京大学范健教授指出,与西方国家的商法不同,中国商法的主要特色之一是其具有鲜明的较大程度的政策性特征。②

"由于积极的社会权利的兴起,作为从自由主义国家向福利国家发展的一部分,私法改变了,它变得政治化了,不再表现为私人意图的形式表达,它变成一种法律的、政治的、经济的和其他社会要素的极为复杂的混合。"③ 这实际上就是商法的社会化趋势。自由竞争的资本主义发展到垄断资本主义后,社会经济关系越来越纷繁复杂,社会利益优先的思想在理论界受到重视,传统民法中的所有权绝对、契约自由等原则也开始受到社会利益的限制。而在这种理论思潮和私法发展趋势下,作为民法的"近亲",商法的社会化倾向也日益明显,商法在保护商人个体利益和社会利益之间力求统筹兼顾。④ 商法通过任意性规范和强制性规范相结合这一法治技术设计,为其促进营业自由和维护交易安全以及社会公共利益的多重目标,为实现"自由""公正""安全""共享"等价值观,达成一种微妙的平衡。

---

① 邓辉:《论公司法中的国家强制》,中国政法大学出版社 2004 年版,第 61 页。
② 范健、王建文:《商法论》,高等教育出版社 2003 年版,第 159 页。
③ 贡塔、托伊布纳:《法律:一个自创生系统》,张骐译,北京大学出版社 2004 年版,第 7 页。
④ 任先行、周林彬:《比较商法导论》,北京大学出版社 2000 年版,第 195 页。

第五章　行政法治：法治政府与社会治理的平衡

第一节　行政法治：基本概念和基本原则

一　行政法治基本概念

（一）行政

"行政法治"是一个复合概念，其中至少包含了如下几个具体概念：行政、行政法、法治。法治的概念已在本书第一章有过论述，其字面含义或者形式意义是"法的统治"或"依法而治"，其实质内涵是"良法善治"。广义的"行政"是指政府、企业和事业单位以及其他社会组织对内或对外进行的组织、协调、控制、监督等各种活动的总称。狭义的"行政"是指政治学和法学中所研究的国家权力的一种，是与立法、司法相区别的政府部门，是指国家意志的执行部门及其活动和职能。行政法上的行政特指国家行政机关对公共事务的组织管理活动，它具有公共性质，其目的在于谋求公共利益，维持公共秩序。

美国学者费勒尔·海迪认为，行政是由特定主体通过国家权力所进行的一种特定的活动。[1] 该定义强调了行政的主体特定和活动特定，其特殊之处在于"通过国家权力"。我国学者黄异将行政定义为："依公法所形成的主体，在自主范围内及在广泛的引导及监督之下，为公益的目的，依不同的法规所做的行为。"[2] 这个定义比较全面地概括了行政具有的如下几个

---

[1] ［美］费勒尔·海迪：《比较公共行政》，刘俊生译校，中国人民大学出版社2010年版，第2页。

[2] 黄异：《行政法总论》，三民书局2009年版，第4页。

要素：一是行政主体的形成依据是"公法"，二是行政行为的目的必须是"公益"，三是行政行为必须"依法规"，四是行政行为具有一定的"自主性"，五是行政必须接受"监督"。

（二）行政法

行政法是调整行政关系的法律规范的总称。具体言之，行政法是调整行政组织及其职权设定、行使行政职权的方式、程序以及对行使行政职权的监督等行政关系的法律规范的总称。行政法调整的行政关系主要包括以下四种。

（1）行政管理关系。即行政主体在行使行政职权过程中与行政相对人之间形成的管理与被管理的关系，是行政关系中的主要内容和主体部分，是最基本的行政关系。行政主体包括行政机关、法律法规授权的组织，行政相对人包括公民、法人和其他非法人组织。许多行政行为例如行政许可、行政处罚、行政裁决、行政给付、行政征收、行政强制等，都会在行政主体与行政相对人之间产生行政管理关系。

（2）行政救济关系。行政救济属于行政系统的内部监督制度，旨在通过行政系统内部的程序纠正违法或不当的行政行为，保护行政相对人的合法权益，包括申诉、控告、检举、信访、行政复议、劳动人事争议仲裁制度等。"行政法的最初目的就是要保证政府权力在法律的范围内行使，防止政府滥用权力，以保护公民。"[①] 广义的行政救济除了行政机关系统的内部救济之外，还包括司法机关对行政相对人的外部救济即行政诉讼。对于行政相对人而言，行政机关内部救济与司法救济即行政诉讼相比，一般具有成本低、速度快的优点，但是司法救济作为外部救济也具有地位相对超然和独立的优势，因而更有可能作出客观公正的救济。因此，法律一般授予行政相对人选择权，即可以在行政机关内部救济和司法救济之间作出选择，而且在许多情况下，在选择了行政救济之后又对结果不满意的，还可以再次进行司法救济即行政诉讼，体现了行政法对于行政相对人的全方位救济的包容性理念。

（3）内部行政关系。即行政主体系统内部发生的各种关系，包括上下级行政机关之间的关系，平行即同级行政机关之间的关系，行政机关与公

[①] ［英］威廉·韦德：《行政法》，楚剑译，中国大百科全书出版社1997年版，第5页。

务员之间的关系，等等。

（4）行政法治监督关系。即行政法治监督主体在对行政主体及其公务人员进行监督时发生的各种关系。行政法治监督主体，是指根据宪法和法律的授权，按照法定方式和程序对行政职权行使者及其所实施的行政行为进行法治监督的机关，包括立法、司法和监察机关。

在中国特色社会主义法律体系中，行政法同宪法及相关法、民商法、经济法、行政法、社会法、刑法、诉讼法及非诉讼程序法等一起，是全国人大常委会认可的七个独立的法律部门。其中，从法律性质看，行政法同宪法、刑法、诉讼法都属于公法。

英国学者布拉德利和尤因明确地说，"行政法的正式定义是，它是公法的一个分支，它规定执行公共政策的政府各不同部门的组成、程序、权力、义务、权利和责任。"① 这个定义从性质和内容两个方面界定了行政法。

从法律渊源看，由于行政法管辖的范围和调整的社会生活领域非常广泛多样，而且复杂多变，因而世界各国一般都不会制定一部"百科全书"式的统一的实体行政法典，这一点与宪法、刑法、民商法等法律部门有很大不同。我国也不例外，行政法规范散见于宪法、法律、行政法规、部门规章、地方性法规、地方政府规章以及其他规范性文件中，具有层次多、种类多、名目多、数量多的显著特点。另外，许多国家和地区都制定有行政程序法典，例如美国、德国、瑞士、意大利、西班牙、葡萄牙、荷兰、日本、韩国以及中国台湾地区和澳门地区。中国大陆目前尚无统一的行政程序法典，这也是行政法学界许多学者长期以来积极呼吁和大力推动制定的具有行政法典意义的重要行政法律。

（三）行政法治

本章所讲的"行政法治"概念与学术界和大众媒体中更为常见的"依法行政"和"法治政府"概念大体相当，但是在内涵上更具有包容性。在新中国法治建设史上，在官方文件中，"依法行政"概念出现于20世纪90年代初，而"法治政府"概念出现于21世纪初。在笔者看来，这是两个

---

① ［英］A.W. 布拉德利，K.D. 尤因：《宪法与行政法》（下册），刘刚、江菁等译，商务印书馆2008年版，第527—528页。

既有联系又有区别的概念。联系在于，二者都强调法律或法治对于行政或政府的重要性。区别在于："依法行政"表达的是过程性和工具性意义，意为在行政过程中将法律作为依据或者工具；而"法治政府"表达的是结果性和目标性意义，是指依法行政之后达到的良好的"善治"状态或结果。"行政法治"概念既蕴含了"依法行政"的过程性意义，又融合了"法治政府"的结果性意义，因此内涵更加丰富。其主要内涵有二：其一，突出强调法律对行政的治理，即法"治"政府，必须将法律置于行政权力和行政机构体系之上，通过法律和法治控制行政权力的违法和不当行使，这是行政法治的核心内涵和主要目标；其二，政府要"依法"通过行政来治理国家和社会，要把法治思维和法治方式作为行政的基本思维和基本方式，贯穿在行政的全过程。"行政法治"概念说明了行政与法的关系，在现代民主法治国家，总体的原则应当是行政接受法的控制，因此完全可以说"行政法治原则"是现代行政的根本原则。

法治要解决的问题，实质就是如何限制国家权力以保障公民权利的问题。法国著名启蒙思想家孟德斯鸠曾经以一条十分经典的"权力定律"告诫世人："一切有权力的人都容易滥用权力，这是一条千古不变的经验。有权力的人直到把权用到极限方可休止。"[①] 就限制作为国家权力之一的行政权而言，在宪法层面通过权力分立和制衡，特别是通过立法权来制约行政权，是近现代以来法治国家的通行做法。因此，有些国外学者论述了行政法与宪法的关系，例如德国学者毛雷尔说"行政法是动态的宪法"[②]，日本学者盐野宏说"行政法是现实宪法价值的技术法"[③]。依法行政是近现代世界上实行民主和法治的国家在其宪法和行政法中普遍采用的基本原则，不过各国在称谓方面大同小异，在英国被称为"法治"或者"依法行政"，在美国被法治原则包容，在法国被称为"行政法治"，在德国被称为"依法行政"，在日本被称为"依据法律行政"或"法治行政"。[④]

在英国学者韦德看来，法治原则几乎等同于行政法上的合法原则，其

---

① [法]孟德斯鸠：《论法的精神》，孙立坚、孙丕强、樊庆瑞译，陕西人民出版社2001年版，第183页。
② [德]哈特穆特·毛雷尔：《行政法总论》，高家伟译，法律出版社2000年版，第13页。
③ [日]盐野宏：《行政法》，杨建顺译，法律出版社1999年版，第49页。
④ 袁曙宏：《西方国家依法行政比较研究——兼论对我国依法行政的启示》，《中国法学》2000年第5期。

内容体现在如下四个方面：（1）政府必须在法律的授权下行事，不然就是侵犯了公民的权利或自由；（2）政府的行为依据必须是公认的一整套规则和原则，这些规则和原则要限制政府的自由裁量权；（3）行政行为引发的争议由独立于行政机构之外的司法机构来裁决；（4）政府和公民在法律面前应当被平等对待。这四个方面实际上说明了立法权和司法权在制约行政权方面的不可缺席，特别是立法权的重要性，"几乎在一切场合这都意味着有议会立法的授权"①。

自20世纪以来，美国州际商业贸易委员会等部分行政机关获得了"准立法权"即制定具有法律效力的规章的权力，但是此种立法权并非独立存在的，而是由立法机构授权的。立法机构在实施授权时还必须附带规定行政机关行使该立法权力的明确标准，不允许"空白授权"，其目的是防止行政机关获得不受限制的权力。② 可以说，这种准立法权是从立法权中派生出来的"二手"权力，而不是行政机关独立行使的权力。

在德国，依法行政原则具体涵盖两项原则，一是法律优先原则，二是法律保留原则。根据这两项原则，只有议会制定的正式法律才能称为法律；根据《德国基本法》的规定，只有根据议会立法明确授权或委任，政府制定的法令才可以纳入"法律"的范围。《德国基本法》第20条第3款规定："立法权受宪法的限制，行政权和司法权受法律和权利的限制。"这是德国的法律优先原则即"依法律行政"原则的宪法依据。法律保留原则是指涉及重要事项特别是公民基本权利事项时，议会拥有专属的立法权。德国的依法行政原则要求"行政机关按照议会颁布的成文法律进行活动"③。行政机关的活动必须有法律的授权。日本的依法行政原则与德国基本相似。

行政法治是法治的有机组成部分，也是更大范围的国家治理体系的重要组成部分。正如清华大学何海波教授所言，"行政法治只是法治大厦的一部分，但行政法治无疑是法治建设的一个关键环节。"④ 行政法治化有助于推动公民启蒙、控制权力膨胀、促进规则之治，从而化解中国法治建设

---

① ［英］威廉·韦德：《行政法》，徐炳等译，中国大百科全书出版社1997年版，第25页。
② ［美］伯纳德·施瓦茨：《行政法》，徐炳译，群众出版社1986年版，第31—32页。
③ 于安：《德国行政法》，清华大学出版社1999年版，第25—28页。
④ 何海波：《行政法治，我们还有多远》，《政法论坛》2013年第6期。

的内在矛盾,是中国走向法治的先导和必由之路。① 但是行政法治本身也是一个相对独立的社会现象,是以行政或者政府为治理对象的法治,它要求政府依法行政,目标是建成法治政府。这与将民事生活和商事关系作为治理对象的民商法治有显著的不同。可以说民商法治的主要目标是建成法治社会。

2014年,党的十八届四中全会对全面依法治国进行了顶层设计,除了保留"中国特色社会主义法律体系"的概念之外,还提出了"中国特色社会主义法治体系"的重要概念。相应地,如果说"行政法律体系"体现了静态行政法,那么"行政法治体系"就是动态行政法。行政法体系固然是静态的立法方面的规范体系,也是动态的行政法实施体系、监督体系和保障体系等方面的治理体系。② 健全和完善行政法治体系,是提高行政法治能力以及实现国家治理体系和治理能力现代化的基础设施建设。

二 行政法治基本原则

(一)行政法治基本原则的初创:从"一锤定音"到"百家争鸣"

法律和法治应当有、也必然有理念和原则的指导,只是那些指导理念和原则存在先进和落后之分,有优秀和恶劣之别。行政法治是使公共行政服从良善规则治理的目的性事业,行政法治原则或理念是完成这项事业的先导和指引,是一种让这套规则体系"活起来"的东西——它引领法治事业臻于完善,并阻止法律变成一堆机械的、冷冰冰的规则和"只有知道法律的人才能利用的魔术"③。行政法治的理念或原则是理解和运用行政法规则的一把钥匙。

其实,在我国行政法学界,讨论更多的概念是"行政法基本原则"。这一概念与本章讨论的"行政法治的基本原则"是可以互相通用的。行政法基本原则是行政法的灵魂和精髓,反映了行政法的核心价值和目的,其基础地位是其他任何具体规范或者应用理论无法替代的。④ 我国行政法学

---

① 刘涛、毕可志:《中国法治的行政法治化道路》,《中国人民公安大学学报》(社会科学版)2011年第4期。
② 关保英:《行政法治新的时代精神解构》,《吉林大学社会科学学报》2018年第4期。
③ [日]川岛武宜:《现代化与法》,中国政法大学出版社1994年版,第31页。
④ 杨小君:《行政法基本原则的理论构建与价值追问》,《行政法学研究》2005年第3期。

者对行政法基本原则的认识先后经历了从早期的"行政管理原则论"到晚近之"行政法治原则论"这样一个逐步成熟和发展的过程，但是仍旧存在各种分歧和不足。① 我国行政法学界的领军人物罗豪才先生将行政法的基本原则概括为行政法治原则，并将其具体分解为行政合法性原则和行政合理性原则。② 罗豪才先生曾担任北京大学教授、副校长和全国政协副主席以及致公党中央主席，其学术地位和政治地位都很高，他把行政法基本原则定位于"行政合法性原则"和"行政合理性原则"的学术观点，在20世纪90年代乃至更长时期内影响了我国行政法教材和学术著作，几乎成为通说，似乎有"一锤定音"之奇效。

然而，哲学和物理学都告诉我们，静止是相对的，运动是绝对的。20世纪90年代末，我国行政法学界对行政法基本原则的研究出现了新高潮，百花齐放，百家争鸣，蔚为大观。许多学者纷纷"另起炉灶"，主张重新确立我国行政法的基本原则。例如，应松年教授主张行政法的基本原则就是"依法行政原则"这一项。③ 更多的学者主张有三大原则。薛刚凌在《行政法基本原则研究》一文中主张：自由权利保障原则、依法行政原则、行政效益原则。④ 黄贤宏、吴建依在《关于行政法基本原则的再思考》一文中主张：行政权限法定原则、行政程序优先原则、行政责任与行政救济相统一原则。⑤ 孙笑侠在其专著《法律对行政的控制》一书中主张：有限权力原则、正当程序原则、责任行政原则。⑥ 马怀德在其主编的《行政法与行政诉讼法》教材中把行政法的基本原则总体概括为行政法治原则，具体化为如下几项：依法行政原则、信赖保护原则、比例原则。⑦ 这些关于行政法基本原则的学说各有千秋，见仁见智，从总体上是将行政法基本原则集中定位于"行政法治原则"或"依法行政原则"，这是1997年党的十五大确立依法治国基本方略的政治决断对学术领域的影响日益深化的体现。这些"三分法"的行政法基本原则比"合法性原则"与"合理性原

---

① 周佑勇：《行政法基本原则的反思与重构》，《中国法学》2003年第4期
② 参见罗豪才主编：《行政法学》，中国政法大学出版社1989年版，第35页以下。
③ 应松年主编：《行政法学新论》，中国方正出版社1998年版，第42页。
④ 薛刚凌：《行政法基本原则研究》，《行政法学研究》1999年第1期。
⑤ 黄贤宏、吴建依：《关于行政法基本原则的再思考》，《法学研究》1999年第6期。
⑥ 孙笑侠：《法律对行政的控制》，山东大学出版社1999年版，第180页以下。
⑦ 马怀德主编：《行政法与行政诉讼法》，中国法制出版社2000年版，第38页。

则"的"二分法"在内涵表达上更加明确和具体,是行政法基本原则研究的重要进步。

(二) 行政法治基本原则的精细化:两强相争,各领风骚

行政法治的基本原则,是指其效力贯穿于全部行政法规范之中,能够集中体现行政法的根本价值和行政法的主要矛盾,并反映现代民主法治国家的宪政精神,对行政法规范的制定与实施具有普遍指导意义的基础性或本源性的法律准则。基于此,2003年,时任武汉大学教授周佑勇先生以行政法的根本价值即"法的正义价值"和行政法的基本矛盾即"法与行政的关系"为内在根据,提出应当将行政法的基本原则确立为行政法定、行政均衡和行政正当三大原则。[①] 他将行政法定原则具体化为职权法定原则、法律优先与法律保留原则;行政均衡原则要求实现行政实体内容的"均衡合理"和法的实质正义价值,可具体化为平等对待原则、禁止过度原则和信赖保护原则;行政正当原则具体化为避免偏私原则、行政参与原则和行政公开原则。

浙江大学章剑生教授认为,应当以行政权的"有效率"和"有限制"为逻辑起点,以行政实体法、行政程序法和行政诉讼法为逻辑结构,重构现代行政法基本原则体系:基于有效率的行政权,确立行政行为效力推定原则、行政自由裁量原则和司法审查有限原则;基于有限制的行政权,确立行政职权法定原则、行政程序正当原则和多元控权必要原则。[②] 他主张,行政行为效力推定原则是指行政行为即使存在瑕疵也应当推定为合法有效,必须给予尊重,其所设定的涉及相关组织和个人的义务必须得到履行,如此方能维护社会发展的正常秩序。

上述两位学者关于行政法基本原则的论文几乎同时发表在我国法学界的顶级刊物《中国法学》上,说明他们的观点具有较大的影响力,也大有学术"论战"的态势,可以说两强相争,各领风骚。虽然他们的学术观点迥异,但是在理论建构的方法和特色上却有很大的相似之处:思路宏阔,层次分明,体系庞大,自成一家,是行政法基本原则研究走向精细化的代表。但也存在不足之处,主要体现为理论建构的格局和框架雄心勃勃,可

---

① 周佑勇:《行政法基本原则的反思与重构》,《中国法学》2003年第4期。
② 章剑生:《现代行政法基本原则之重构》,《中国法学》2003年第3期。

是在具体设计方面存在原则数量过多、表达不够清晰或者逻辑不够严谨等瑕疵。

(三) 行政法治基本原则的重构：批判借鉴，正本清源

周佑勇教授的观点可以概括为"三三制"，即从大的方面分为三个大原则，每个大原则之下又包括三个"小原则"，也就是一共有九个"小原则"。笔者认为，三个大原则即"行政法定、行政均衡和行政正当"的思路明确，但是字面表述比较模糊，而小原则虽然表达的内涵清晰，但是数量太多，显得过于庞杂而失去了基本原则的"基本"性。

章剑生教授的观点可以概括为"二三制"，即从大的方面分为"两条路线"，一条是"有效率的行政权"，另一条是"有限制的行政权"，每条路线之下又包括三个"小原则"，也就是一共有六个"小原则"。在笔者看来，这两条路线也就是两大原则，其一实际上是效率原则，其二实际上是"限权"或"控权"原则。但是章教授只是把这两条路线作为思路而已，因为他并没有把它们作为原则概括出来。他概括的行政法基本原则就是两条思路下的六个原则，即"行政行为效力推定原则、行政自由裁量原则、司法审查有限原则"加上"行政职权法定原则、行政程序正当原则、多元控权必要原则"。这首先也存在原则数量过多的问题，更严重的问题是前三个原则都指向行政效率原则，其核心宗旨就是放松对行政权的控制即"放权"，这与后三个原则体现的严格的多元的"控权"思维存在明显的抵牾。例如，行政自由裁量本来只是一个有严格限制条件的观念而已，比如会加上"在法律规定的范围内""一定的"之类的限定语，很难称为一个原则，更遑论上升到行政法基本原则的高度，否则特别容易给人留下行政权不受控制的不良印象。

通过对比分析上述两位教授的观点，笔者更倾向于赞同周佑勇教授的思路，只是也要做一定的改造，即保留、明确、充实三个大原则，取消九个小原则。周教授的"行政法定原则"之下的"职权法定原则、法律优先与法律保留原则"实际上可以只保留职权法定原则，因为法律优先原则和法律保留原则都是对职权法定之"法"的限制而已，可以说是"上下级关系"而不是"平级关系"，并列在一起有不合逻辑、叠床架屋之嫌。法律优先原则是指狭义的法律对于行政立法包括行政法规和规章的优越地位，法律是行政法规和规章的依据和准绳。大陆法系国家的法律保留原则与英

美法系国家的"依法而治"原则相类似,是指在国家法治框架内,有些事项是专属于立法机关通过立法来规范,行政机关不能越俎代庖而擅自作出规定。① 法律保留原则体现了严格的"控制行政权"的思想,旨在防止行政立法权自我膨胀而消减民众权益。法律保留原则存在的初衷和功能在于"明确权力秩序,确立授权禁区"②。法律优先原则和法律保留原则都强调职权法定之"法"是指狭义的法律,即国家立法机关制定的法律。行政均衡原则是要实现行政实体内容的"均衡合理",建议改为"行政实体均衡原则",如此更加明确和具体,便于理解。行政正当原则是指行政权力的行使必须符合程序公正标准,但是从字面却看不出"程序"的含义,因为"正当"也完全可以指向实体意义。有鉴于此,建议直接明确为"行政程序正当原则"或者"行政程序公正原则",由于"公正"比"正当"更能明确体现法律的精神实质,因此用"公正"比"正当"更胜一筹。

综上所述,笔者从行政法的根本价值和现代民主法治精神出发,正本清源,在批判地借鉴现有研究成果的基础上,建议行政法治的基本原则抑或行政法基本原则应当包括三个:行政职权法定原则、行政实体均衡原则、行政程序公正原则。它们分别从形式正义、实质正义、程序正义三个方面体现了行政法治的正义价值。这三个原则都体现了行政法治通过限制行政权力以保障公民权利的根本精神,而行政实体均衡原则一方面具有限制行政权力滥用的功能,另一方面又为行政权力在行使中进行合理的自由裁量和效率考量留下了一定的活动空间,符合现代行政法的发展趋势。

2004年,国务院发布的《全面推进依法行政实施纲要》提出,依法行政的基本要求包括六项:合法行政、合理行政、程序正当、高效便民、诚实守信、权责统一。前三个原则即合法行政、合理行政、程序正当可以认为是行政法治的基本原则,大致跟笔者建议的行政法治三个原则一一对应。即合法行政对应"行政职权法定原则",合理行政对应"行政实体均衡原则",程序正当对应"行政程序公正原则"。后三个原则即高效便民、诚实守信、权责统一实际上是前三个原则派生出来的原则,它们要么涉及行政的合法性问题,要么涉及行政合理性问题或者行政程序正当问题,或

---

① 陈新民:《行政法学总论》,台北:三民书局1997年版,第52页。
② 范忠信、范沁芳:《论对授权立法中授权行为的监控》,《法律科学》2000年第1期。

者同时涉及这些问题。例如，高效便民就包含了"法定时限""法定职责"的合法性要求，而"提高办事效率，提供优质服务"又体现了一定程度的行政合理性要求和程序公正要求。诚实守信要求的"法定权限""法定程序"与行政合法性原则紧密相连，"提高办事效率，提供优质服务"又与行政合理性原则相关。在法定权限、法定程序下提高办事效率，提供优质服务，这并不矛盾，是行政合法性与合理性兼顾的表现。权责统一不过是行政合法性原则的当然要求，而"行政机关违法或者不当行使职权，应当依法承担法律责任"的解释说明中，"不当行使职权"属于违反了行政合理性原则，也就违反了笔者主张的行政实体均衡原则。

第二节 法治政府：全面依法治国的控制性工程

一 法治政府建设与全面依法治国的关系

（一）全面依法治国是法治政府建设的政治前提和外部保障

1997年，党的十五大正式把"依法治国，建设社会主义法治国家"确立为治国方略，是中国共产党执政方略转型的重要标志。1999年，宪法修正案将"实行依法治国"载入宪法，使党的治国方略上升为国家意志。2013年，党的十八届三中全会通过的《中共中央关于全面深化改革若干重大问题的决定》首次提出了"推进法治中国建设"的重大政治命题，强调"建设法治中国，必须坚持依法治国、依法执政、依法行政共同推进，坚持法治国家、法治政府、法治社会一体建设"。2014年，党的十八届四中全会通过的《关于全面推进依法治国若干重大问题的决定》为法治中国建设作了顶层设计，规划了任务书和路线图。2017年，党的十九大提出"成立中央全面依法治国领导小组，加强对法治中国建设的统一领导"。为了更好地落实全面依法治国基本方略，2018年3月，依据中共中央《深化党和国家机构改革方案》，组建中央全面依法治国委员会，作为党中央决策议事协调机构，为法治中国建设提供了组织保证。

全面依法治国的执政方略和战略布局为法治政府建设提供了根本政治前提。中国共产党领导是中国特色社会主义法治的本质特征和最大优势，在法治国家和法治政府建设中起到了"发动机"和"指南针"的双重作用，一方面提供强大的政治动力，另一方面指引和掌控政治方向。依法治国、依法执政、依法行政,层层递进,是从抽象到具体的关系。人民在中国共产党领导下依法治国,中国共产党依法执政,都要具体落实到人民政府依法行政。依法治国、依法执政、依法行政,其实都是一种具有形式性、手段性、工具性的合法性要求,其目的或目标分别指向法治国家、法治政党、法治政府。党的文件与宪法关于"实行依法治国,建设社会主义法治国家"的规定是一体的,实行依法治国的目标,就是建设社会主义法治国家;而法治国家建成的标志就是法治政党、法治政府、法治社会、法治军队的实现。① 这说明法治国家目标中已经包含了法治政府目标。

全面依法治国的"新十六字方针"是科学立法、严格执法、公正司法、全民守法,法治政府建设对应于"严格执法",这需要"科学立法"作为基础,没有国家立法机关的科学立法,政府的严格执法就会成为无源之水、无本之木。"科学立法"不仅要求"有法可依",而且要求"有良法可依",这是法治国家建设的基础性目标。公正司法也是法治政府建设的重要保障,特别是行政诉讼对依法行政具有十分重要的监督作用。法治政府应当是权力受到制约和外部监督的责任政府,如国家权力机关的监督、监察机关的监督、司法机关的监督。这些外部监督机制都需要法治国家建设来建立、健全和完善。因此,法治政府建设必须以法治国家建设为政治前提和外部保障。

(二) 法治政府建设是全面依法治国的关键任务和主体工程

依法执政与依法行政是全面依法治国的关键任务和核心内容。习近平总书记指出:"能不能做到依法治国,关键在于党能不能坚持依法执政,各级政府能不能依法行政。"② 党的十八届三中全会文件中也指出:"依法执政是依法治国的关键。"建设法治国家的任务包括建立完备的法律体系、实现依法执政、加强宪法和法律的实施、实现民主政治的制度化和法律化、实现依法行政、建立法治政府、建设保障社会公正的司法制度、完善权力制约与监督机制以及增强全社会的法律意识和法律素质。③ 在这些多元化的任务和目标中,法治政府建设具有牵一发而动全身的关键作用。

法治政府建设是约束和规范公权力,尊重和保障人权,维护社会公平

---

① 范进学:《"法治中国":世界意义与理论逻辑》,《法学》2018 年第 3 期。
② 习近平:《加快建设社会主义法治国家》,《求是》2015 年第 1 期。
③ 张文显等主编:《法理学》,人民出版社、高等教育出版社 2010 年版,第 369—373 页。

正义，实现国家长治久安的主要方面。法治政府语境下的政府是指狭义的政府即行政机关，与立法机关、司法机关相比，其规模最庞大、职权最广泛、公职人员数量最多，是与人民群众联系最经常、最紧密、最直接的机关。立法权对于人民群众而言具有一定程度的间接性和"高高在上"的特点，立法机关制定的法律需要通过执法、司法、守法，才能变成"行动中的法"，否则就是"一纸空文"和"纸面上的法"，因此法治政府建设将直接影响立法的成果能否落实落地。司法权具有被动性和有限性，遵循"不告不理"原则，行政诉讼的启动必须有行政相对人作为原告来起诉，司法机关并不能主动干预行政活动，对于行政权的监督是有限的。正如北京大学姜明安教授所言：国家即使通过民主立法、科学立法的途径制定了很多"良法"，法院也能依"良法"独立办案，但各级政府却我行我素，公职人员任意违法、滥权、腐败，百姓怨声载道，如此就不能称为"法治国家"[①]。依法治国的关键和核心在于依法治"权"，特别是具有自我膨胀特点和倾向的行政权。限制或控制行政权的根本目的在于保障公民权利，政府能否依法行政，以及法治政府建设的成效，将直接影响人民群众的合法权益能否实现，对于提升人民群众的获得感、幸福感、安全感具有决定性作用。

法治政府建设是弘扬社会主义法治精神，有效推进法治社会建设的必然要求。党的十八届四中全会《决定》提出："必须弘扬社会主义法治精神，建设社会主义法治文化，增强全社会厉行法治的积极性和主动性，形成守法光荣、违法可耻的社会氛围，使全体人民都成为社会主义法治的忠实崇尚者、自觉遵守者、坚定捍卫者。"对于全社会的守法而言，政府依法行政将起到至关重要的表率作用。行政机关及其工作人员是执法者，也是普法者，常言道"言传不如身教"，党政领导干部和公务员率先垂范，执法者先守法，成为全民守法的标杆和榜样，就是弘扬社会主义法治精神最有力、最有效的措施之一。反之，如果政府不能依法行政，将出现上行下效、"上梁不正下梁歪"的局面，法治社会建设就会功亏一篑。

法治政府建设是提升我国国家形象，切实维护国家利益的基本途径。

---

① 姜明安：《论法治国家、法治政府、法治社会建设的相互关系》，《法学杂志》2013年第6期。

法治政府是国家实力的象征，是现代国家政治文明的重要标志。[①] 党的十八届四中全会《决定》指出："积极参与国际规则制定，推动依法处理涉外经济、社会事务，增强我国在国际法律事务中的话语权和影响力，运用法律手段维护我国主权、安全、发展利益。"我国是联合国安理会常任理事国、世界上最大的发展中国家、世界第二大经济体、世界贸易组织成员国、"一带一路"倡议国和发起国，国际影响力与日俱增，积极主动地参与国际治理特别是国际规则制定是题中应有之义。随着对外开放程度的不断加深，我国与一些国家在经贸、领土、军事等方面也存在诸多争议和纠纷。这些争议和纠纷有些可以通过政治和外交途径解决，但是往往存在成本高昂和不可持续的缺陷，而通过法治途径解决国际争议和纠纷更加具有常规性、常态性、可持续性、可接受性。建设法治政府，更多更好地运用法律手段处理涉外和国际经济、政治、社会事务及争议，有利于提升我国的国家软实力和国际竞争力，树立我国作为法治国家的良好的国家形象，切实有效地维护我国主权、安全、发展利益。

综上所述，我们完全可以说，依法行政和法治政府建设是全面依法治国和建设法治国家这一庞大社会工程的关键工程、主体工程、控制性工程。

二　新中国法治政府建设的实践轨迹

（一）1949—1978 年：开局良好，半途而废

从 1949 年新中国成立到 20 世纪 50 年代中期，是新中国行政法制初步创立和早期发展时期，颁布了《中央人民政府组织法》《省人民政府组织通则》《县人民政府组织通则》等一批行政组织法，明确规定了各级行政机关的产生办法、组织机构和职责权限，为新中国的行政体系依法履责提供了法律制度基础。1949 年第一届全国政协通过的《中华人民共和国中央人民政府组织法》规定政务院设立人民监察委员会，负责监察政府机关和公务人员是否履行其职责。

1954 年颁布的《宪法》《国务院组织法》和《地方各级人民代表大会和地方各级人民委员会组织法》，明确规定了各级行政机关的组织活动原

[①] 马怀德：《新时代法治政府建设的意义与要求》，《中国高校社会科学》2018 年第 5 期。

则。1954年，第一届全国人大通过的《国务院组织法》规定，国务院设立监察部。从新中国成立到20世纪50年代中期，在行政监察机关专门的行政监督之外，检察机关还依法享有对行政机关及其公务人员的一般意义上的监督权。1956年，党的八大要求加强对国家机关的监督和人民民主的法制建设，所有国家机关和国家工作人员都必须严格遵守国家制定的法律，使人民的民主权利受到国家的充分保护。[①]

以上历史事实充分证明，在新中国成立后的七年左右的较长时期内，开始在全国执政的中国共产党和人民政府积极主动地推进行政法制建设，比较重视通过法制来规范公权力的运作。作为新生的人民政府，依法行政的开局是良好的，至少做到了有法可依。当然，正如我国行政法学领域著名学者、北京大学姜明安教授所评价的那样，那个时期对法治的认识是不深刻的，并没有将其与民主政治密切地联系起来；所建立的行政法制是不完善的，并没有完全解决民主的法律化和制度化的问题。[②] 1957年以后的20年间，随着反右斗争扩大化以及"文化大革命"的爆发和持续影响，法律虚无主义泛滥成灾，无政府主义横行一时，我国的行政法制建设处于停滞、荒废、脱轨、倒退甚至毁灭性破坏的非正常状态。

（二）1978—1992年：恢复重建，纲举目张

1978年党的十一届三中全会后，随着拨乱反正的进行，法治政府建设得以恢复而走上正轨。邓小平同志强调"实现社会主义民主的制度化、法律化"，坚决遵循"有法必依，违法必究，执法必严，在法律面前人人平等"的原则。[③] 这为改革开放新时期的行政法制建设提供了指导性纲领，特别是对行政立法工作起到了纲举目张的成效。1982年《宪法》首次为行政立法确定权限，并确立了审计机关的法律地位和权限。同年修订了《国务院组织法》和《地方各级人民代表大会和地方各级人民政府组织法》，规范了国家行政机关的组成和职权。

1982年通过的《民事诉讼法（试行）》第3条第2款规定："法律规

[①] 中国行政管理学会：《新中国行政管理简史（1949—2000）》，人民出版社2002年版，第132—135页。

[②] 姜明安：《中国行政法治发展进程回顾——经验与教训》，《政法论坛》（中国政法大学学报）2005年第5期。

[③] 《邓小平文选》第2卷，人民出版社1994年版，第254页。

定由人民法院审理的行政案件适用本法规定"，该条款使行政诉讼得以"借船出海"。截至1989年《行政诉讼法》颁布前夕，我国已有130多部法律和行政法规规定了公民、组织就行政案件可以向人民法院起诉。各级人民法院陆续建立了1400余个行政审判庭。① 新中国行政诉讼制度的雏形初步形成。② 1986年，全国人大常委会决定恢复重建行政监察机关。

1987年，党的十三大报告指出，"为了巩固机构改革的成果并使行政管理走上法制化的道路，必须加强行政立法，为行政活动提供基本的规范和程序。"1989年通过并于1990年开始施行的《行政诉讼法》以国家基本法的形式，使行政诉讼摆脱了在立法上"寄人篱下"和"暗度陈仓"的窘迫处境，为司法权监督行政权提供了正式的制度保障，对保护公民权利具有非凡的意义，也在建设责任政府的道路上迈出了实质性的关键一步。

1990年，国务院制定的《行政监察条例》，对行政监察制度作了较为全面的规定，为行政系统的内部监督提供了行政法规依据。1990年国务院颁布并于1991年开始施行的《行政复议条例》，为维护和监督行政机关依法行使职权提供了制度框架，是我国行政救济法制的重要进步。

（三）1992—2012年：依法行政，更上层楼

1992年，党的十四大作出建立社会主义市场经济体制的历史性决策，对我国的法治政府建设提出了新要求。从此，我国行政法制开始由过去主要执行"管理"职能的模式向更具"规范和控权"职能的模式转化；由推进建设万能政府、政策主导政府、保密政府、秩序本位政府的模式，向推进建设责任政府、有限政府、诚信政府、透明政府、为民和便民政府的模式转化。③ 1993年，时任国务院总理李鹏同志在政府工作报告中提出，"各级政府都要依法行政，严格依法办事。"④ 这是新中国历史上首次正式以政府文件的形式确定了"依法行政"的概念和原则。

---

① 王汉斌在七届人大二次会议上所作的关于《中华人民共和国行政诉讼法（草案）》的说明，载王汉斌《社会主义民主法制文集》，中国民主法制出版社2012年版，第316页。
② 王万华：《新中国行政诉讼早期立法与制度——对104部法律、行政法规的分析》，《行政法学研究》2017年第4期。
③ 姜明安：《中国行政法治发展进程回顾——经验与教训》，《政法论坛》（中国政法大学学报）2005年第5期。
④ 李鹏：《政府工作报告——1993年3月15日在第八届全国人民代表大会第一次会议上》，《国务院公报》1993年第9号，第359页。

1994年通过的《国家赔偿法》使我国的国家赔偿制度得以建立，对于促进国家机关及其工作人员依法行使职权，保障公民获得国家赔偿的宪法权利，具有里程碑意义，是我国人权保障的重大进步，体现了现代法治精神，是建设责任政府的新的法治成就。1996年，第八届全国人民代表大会第四次会议通过《行政处罚法》，该法比较系统地规定了行政处罚的种类、设定、程序、执行、救济等问题，体现了法律优先和法律保留原则，建立了听证制度，具有重大的行政法制创新意义。《行政处罚法》的特别贡献是首次以基本法律的形式对行政程序作出完善的规定，为我国行政程序法治化提供了初始范本。

随着1997年党的十五大明确提出"依法治国"基本方略，并于1999年获得宪法确认，我国的法治政府建设步入快车道。国务院1999年《关于全面推进依法行政的决定》明确指出："依法行政是依法治国的重要组成部分，在很大程度上对依法治国基本方略的实行具有决定性的意义。"1999年颁布的《行政复议法》是我国行政监督和救济制度的新突破。① 2000年通过的《立法法》是重要的宪法性法律文本之一。《立法法》旨在突出解决我国立法工作中长期存在的越权立法、法律冲突、立法质量不高、程序不规范等顽瘴痼疾。②

2003年，第十届全国人民代表大会常务委员会通过的《行政许可法》对于规范行政许可的设定和实施具有重要意义，它明确而且直接地体现了"有限政府"的新理念。《行政许可法》第12条以列举的方式规定了行政许可的范围，进而对于那些即使属于该条规定的行政许可范围内的事项，在特定情况下，也可以不设行政许可，体现了对行政权的必要限制。

2004年，国务院颁布的《全面推进依法行政实施纲要》首次提出了建设法治政府的目标，提出"全面推进依法行政，建设法治政府"，明确了依法行政的基本要求，并提出用十年左右的时间基本建成法治政府的目标。其中，对"合法行政"的要求是："行政机关实施行政管理，应当依照法律、法规、规章的规定进行；没有法律、法规、规章的规定，行政机

---

① 马怀德：《行政监督与救济制度的新突破——〈行政复议法〉评介》，《政法论坛》1999年第4期。

② 顾昂然：《关于〈中华人民共和国立法法（草案）〉的说明》，2000年3月9日在第九届全国人民代表大会第三次会议上。

关不得作出影响公民、法人和其他组织合法权益或者增加公民、法人和其他组织义务的决定。"它将狭义的"法律"扩大至法律、法规、规章，不仅有人民代表大会制定的法律和地方性法规，还包括行政机关制定的行政法规和规章。为了防止行政主体机械地适用法律法规造成不适当的后果，在规定合法行政原则以外，《全面推进依法行政实施纲要》还提出了另外五项基本要求和原则：合理行政、程序正当、高效便民、诚实守信、权责统一。山东大学杨海坤教授认为，该《纲要》作为我国第一部全面规划建设法治政府蓝图的纲领性文件，是探索法治规律与中国国情创造性结合的初始版本，是很值得我们纪念的。[1] 有学者认为，为了贯彻落实执政党"依法治国"的基本方略，国务院的法治政策经历了从"依法行政"到"法治政府"的转变。这个转变意味着政策目标和政策手段的相应改变：依法行政要求政府及政府公务人员遵纪守法，保证政府行为于法有据；而法治政府要求政府更加积极地提供公共服务，保障公民权利。[2] 可以说，"依法行政"的着眼点更多的是防止政府在运用权力时的"越位"，是在消极意义上使用的，而"法治政府"的着眼点更多的是防止政府在为人民服务时的"缺位"，具有更为鲜明的积极意义。这个道理正如做人，一个人首先不能干坏事、做坏人，但是这个要求只是最基本的，仅仅满足于此还是不够的，更重要的还是要干好事、做好人，做一个对社会有贡献的人。

2005年，第十届全国人民代表大会常务委员会通过的《公务员法》加强了对公务员的监督，为促进公务员正确履职尽责再添新规矩。2006年颁布的《各级人民代表大会常务委员会监督法》赋予各级国家权力机关对政府在工作报告、预算、国民经济和社会发展计划、法律法规实施情况等方面的监督权。2007年，国务院颁布的《政府信息公开条例》有利于保障人民群众依法获取政府信息，提高政府工作的透明度，促进依法行政。2010年，国务院出台了《关于加强法治政府建设的意见》。2011年通过了《行政强制法》。中国政法大学马怀德教授认为，以《行政处罚法》《行政许可法》《行政强制法》三部法律为依托，我国初步建立起了具有中国特色的

---

[1] 杨海坤：《走向法治政府：历史回顾、现实反思、未来展望——写在中国行政法研究会成立三十周年之际》，《山东大学学报》（哲学社会科学版）2015年第5期。
[2] 燕继荣、程熙：《从"依法行政"到"法治政府"——对国务院法治政策及其执行状况的考察》，《北京行政学院学报》2013年第5期。

行政行为法体系。①

(四) 2012年十八大至今：法治政府，一体建设

2012年，党的十八大确立了到2020年全面建成小康社会的宏伟目标，其中，法治政府基本建成是重要目标之一。2013年党的十八届三中全会对全面深化改革作了顶层设计，明确了建设法治中国的总体目标，以及建设法治政府在其中的地位与作用，提出了"依法治国、依法执政、依法行政共同推进，法治国家、法治政府、法治社会一体建设"的总体要求。2014年党的十八届四中全会规划了建设法治政府的原则、目标和具体任务，要求加快建成法治政府。2014年修订的《行政诉讼法》在完善我国行政诉讼管辖制度和诉讼程序、保障行政诉讼当事人的诉讼权利等方面作出了创新的制度设计，旨在解决"立案难、审理难、执行难"等行政诉讼法治实践中存在的现实困境。该法修改后的实施效果较好，基本实现了预期的修法目的。②

2015年修订后的《立法法》将立法权首次赋予设区的市，极大地扩充了拥有地方立法权的立法主体范围，非常有力地回应了近年来我国社会发展中普遍存在的对社会治理精细化的迫切需求。③ 2015年，中共中央、国务院发布了《法治政府建设实施纲要（2015—2020年）》，这个纲要是2004年《全面推进依法行政实施纲要》的升级版，是执政党和国家最高行政机关对于行政法治建设的又一次总体谋划，发挥了法治政府建设的"时间表""路线图"和"责任书"的重要作用。④

2016年，第十二届全国人民代表大会第四次会议通过的国家"十三五"规划纲要第75章"全面推进法治中国建设"第2节专节规定"加快建设法治政府"，实现政府活动全面纳入法治轨道。2017年党的十九大报告具体部署了"建设法治政府，推进依法行政，严格规范公正文明执法"的重要战略任务。2017年，全国人大常委会决定再次修改《行政诉讼法》，在第25条增加一款，赋予人民检察院提起行政公益诉讼的法定职权。这表

---

① 马怀德、孔祥稳：《中国行政法治四十年：成就、经验与展望》，《法学》2018年第9期。
② 马怀德：《新行政诉讼法实施一年：变化与问题》，《学习时报》2016年5月12日第4版。
③ 武增：《2015年〈立法法〉修改背景和主要内容解读》，《中国法律评论》2015年第1期。
④ 韩春晖：《新时期法治政府建设的纲领性文件——〈法治政府建设实施纲要（2015—2020年）〉解读》，《光明日报》2016年1月6日第4版。

明我国在法律层面正式宣告建立了行政公益诉讼制度,对于进一步完善我国行政诉讼的框架结构、有效维护国家利益和社会公共利益、有力监督政府依法行政、继续强化行政检察监督等方面具有重要作用。① 2019年4月,国务院修订了《中华人民共和国政府信息公开条例》,为加快建设阳光政府、透明政府再次增添了新动能。

可以说,党的十八大以后,随着中国特色社会主义进入新时代,我国的行政法治建设进入了全面依法治国背景下的法治国家、法治政府、法治社会一体建设和纵深推进阶段。

三 基本建成法治政府的有效路径选择

(一) 行政程序法治路径

1. 正当程序在行政法治中的地位和功能

法律史的研究表明,西方国家的正当法律程序理论和实践是在司法程序基础上发展起来的。② "正当程序"的概念来源于英美法系,具体而言,来源于英国司法程序中的自然公正原则,其主要包含两个方面的具体内容:一是任何人都不能在涉及自身的案件中充当法官,即避免偏私规则;二是一个人在自己将受到权力的不利影响时有为自己辩护的权利,即公平听证规则。③ 在英国,自然公正原则在20世纪60年代从司法程序扩大适用到行政程序,被称为"正当行政程序"。至于如此扩大适用的背景,英国行政法学者韦德作出了令人无奈但很深刻的解释:"随着政府权力持续不断地急剧增长,只有依靠程序公正,权力才可能变得让人能容忍。"④ 正当行政程序的内涵不断丰富和发展,听取申辩、回避、说明理由、公开、透明、参与等都成为正当行政程序的内容。⑤ 正当行政程序的理念构成了英美法系行政法的基石,具有非同一般的优越地位。

在美国,正当程序是宪法原则之一。美国宪法1791年修正案一共有

---

① 孔祥稳、王玎、余积明:《检察机关提起行政公益诉讼试点工作调研报告》,《行政法学研究》2017年第5期。
② 参见[美]约翰·奥尔特《正当法律程序简史》,杨明成、陈霜玲译,商务印书馆2006年版。
③ [英]沃克:《牛津法律大辞典》,李双元等译,法律出版社2003年版,第787页。
④ [英]韦德:《行政法》,徐炳等译,中国大百科全书出版社1997年版,第93页。
⑤ 罗智敏:《论正当行政程序与行政法的全球化》,《比较法研究》2014年第1期。

10条，被称为权利法案，其中第4条、第5条、第6条都涉及正当程序。第4条规定了人民免于不合理的搜查与扣押的权利。第5条规定，未经正当法律程序，不得剥夺任何人的生命、自由和财产。第6条规定了被告在一切刑事诉讼中应享有的权利。可以说，正当程序是美国宪法的重要原则，这必然对其行政法产生深刻影响。

美国行政法学者伯纳德·施瓦茨总结了美国行政法的性质和特点，他说，"行政法更多的是关于程序和补救的法，而不是实体法。"① 1946年，美国国会通过了《联邦行政程序法》，成为美国行政法发展史上的重要标志。该法是关于美国联邦政府制定和实施行政条例、决定及司法复审权的法律，主要规定了两大程序机制，一是行政程序机制，二是司法审查机制。二者都是行政权的外部机制。行政程序机制通过公民程序权利制约行政权力，主要内容包括：（1）在颁布新条例之前要进行通知，包括听证的地点、日期及建议更改的主要内容；（2）在联邦政府纪事中公布所有的通知及新的或修订后的行政命令、规章和条例。司法审查机制通过司法程序制约行政权力，主要内容是：对因行政机构实施活动而受到侵害的任何人，有司法复审权，法院可以撤销行政机构的决定或行为。受规章影响的个人，在听证中有权作出声明，有权请律师代表并有权提问证人等。行政程序和司法审查这两套机制，加强了对行政权力的控制，有利于防止行政权力滥用，从而更充分地保障公众的权利。

在欧洲大陆法系国家，传统行政法理论和制度强调公共利益优先，行政程序观念比较淡薄。它们"把行政法的主要目标放在用法律对行政权力的根据加以说明和对行政权力的范围加以限定上，而原则上对行政作用究竟应通过什么样的程序和过程来进行这一点似乎并不关心"②。德国行政法学者奥托·迈耶的法治主义主张，完备的实体法和完善的行政救济制度就满足了法治的基本要求，行政机关在行使行政权时，形式上符合法律规定即可。如果因行政机关违法而给相对人造成损害，则给予相对人以事后向法院提起救济的机会即已实现法治主义。③ 这是明显的"重实体而轻程序"的行政法治思想。

---

① ［美］伯纳德·施瓦茨：《行政法》，徐炳译，群众出版社1986年版，第3页。
② ［日］和田英夫：《现代行政法》，倪健民等译，中国广播电视出版社1993年版，第15页。
③ ［德］奥托·梅耶：《德国行政法》，刘飞译，商务印书馆2002年版，序言。

人类社会进入20世纪以来，随着行政权力的扩张和人权保障的加强，世界各国的行政法从原则到制度都发生了引人注目的重要变革。特别是在传统上"重实体轻程序"的大陆法系国家，行政程序的法律地位明显地提高了，一些国家制定了行政程序法典。例如，奥地利就开风气之先，在1926年制定了行政程序法，对欧洲大陆其他国家的行政程序法典化产生了示范性的积极影响。波兰与捷克斯洛伐克（1928年）、南斯拉夫（1930年）紧随其后。第二次世界大战后，匈牙利（1957年）、西班牙（1958年）、瑞士（1969年）、德国（1976年）、意大利（1990年）等国家都相继制定了行政程序法。德国于1976年制定《联邦行政程序法》，而且通过行政程序法典化途径，部分地实现了行政法法典化，形成了行政程序法与行政实体法并重的行政法治模式。行政正当程序在各国行政法中逐渐上升到了基本原则的高度。

某些大陆法系国家甚至同美国一样，将正当行政程序这一行政法原则提升为宪法性原则之一，在宪法中对正当行政程序作出直接规定。例如，《西班牙宪法》第105条规定了政府在制定行政性条例和行政活动中应当听取公民意见、公民可查阅档案和行政性注册材料等程序性内容。《葡萄牙共和国宪法》第267条"行政管理结构"第4款规定行政活动程序，确保公民参与决策。该法第268条规定了公民对与自己有关的行政程序的知情权和向法院求助的权利。宪法作为根本大法，能够专门对公民的行政程序权利作出规定，说明了这些国家对正当行政程序的非同寻常的重视程度和宪法对人权保障的高水平。

在世界范围内，特别是在大陆法系国家，行政法治在20世纪的发展趋势，就是行政程序法从"江湖之远"到"庙堂之高"的发达史，就是对行政权的控制手段和方法由传统型的行政实体法控制和司法审查的双重机制，扩展至现代型的行政实体法、行政程序法、司法审查并列并重的三重控制机制。大陆法系行政程序法的地位今非昔比了，从行政实体法的卑微的"婢女"变成了平起平坐的"姐妹"。

制定行政程序法成为全球范围内的流行现象和行政法治发达国家的标准配置。如今，美国、欧盟大部分成员国、日本、韩国，以及中国台湾和澳门地区都已制定行政程序法。行政程序法典化已经成为衡量一个国家或地区行政法治水平高低的重要标志。这种现象主要不是理论塑造的结果，而是行政法对行政权大举扩张的现实所作出的或主动或被动的回应。

随着社会发展速度的加快,经济危机、政治动荡、战争频繁等社会问题也呈现爆炸式增长,传统行政法为政府设定的"守夜人"角色完全无能为力,行政权的扩张有其客观上的必然性和主观上的必要性。但是这种扩张也无异于把法治国家的宪法和行政法花了九牛二虎之力才关进制度笼子里的行政权放虎归山了。"苛政猛于虎",任性而制约不足的行政也猛于虎,或者如脱缰的野马般桀骜不驯,成事不足而败事有余。20世纪乃至21世纪新的时代给行政法出了新考题:如果说传统行政法的任务是控制或限制行政权,把如狼似虎般野性十足的行政权关进法治的笼子,那么现当代行政法就需要把行政权放出笼子去做事,但是只能做为民众服务的好事而不能做侵害民众合法权益的坏事,也就是既要提高政府为公共服务做好事做成事的效率,防止消极不作为,又要确保行政权的公正行使,防止其过于积极的乱作为而侵犯公民权利。这的确是高难度的平衡术。与行政实体法规制和事后司法审查规制机制相比较,对行政权进行过程规范的程序规范机制由于具有其他规范机制无法比拟的优势,成为新的行政权基本规范机制。[①] 中国有句俗话说,"县官不如现管",行政实体法和司法审查犹如高高在上的"县官",虽然有很强的威慑力,但是由于"天高皇帝远",存在"鞭长莫及"的缺陷;而行政程序法拥有"现管"的优势,通过零距离规范行政权行使的过程,达到对行政权"控权"和"放权"的平衡。对行政权的控制而言,行政实体法属于事前控制,司法审查属于事后控制,行政程序法属于事中控制或者过程控制,三管齐下,互相补强,方能织就一张控制行政权力滥用的严密的大网。

2. 我国行政程序法治的缺陷及其克服

如上所述,各国行政程序法乃至宪法规定的正当行政程序具有双重功能:对于公民而言是权利,具有赋权功能;对于行政机关而言是义务,具有对行政权力的控权功能。正当行政程序就是要用公民的程序权利来制约或限制行政机关的实体权力,是以权利制约权力的新方法。改革开放以来,我国的行政法治已经取得了长足的进步,但是也存在一些不容忽视的问题,特别是在行政程序法治方面的缺陷和短板还很突出,主要表现在:

---

① 参见王万华《中国行政程序法立法研究》,中国法制出版社2005年版,第4页。

重实体法而轻程序法，重事后救济而轻过程控制，行政程序立法呈现出分散化、行政化、部门化、地方化的"四化"格局。

长期以来，全国和地方各级人民代表大会及其常委会作为国家的权力机关和立法机关，在行政法立法方面比较关注那些规范行政机关的实体权限的内容，而相对忽视行政机关行使职权的方式和程序，因而缺乏有效的程序规范。目前我国在基本法律层面尚缺少一部综合的规范行政过程的行政程序法。行政程序规范分散在《行政处罚法》《行政许可法》《行政强制法》等各种单行的行政程序法律规范中，呈现出意料之中的"碎片化"局面。

目前我国已经制定的《行政复议法》《行政诉讼法》《国家赔偿法》都是对违法或不当行政行为可能侵害公民合法权益的事后救济机制。由于对行政权进行程序控制和过程规范的法律法规的缺位，实践中行政行为的合理性、公平性、科学性、民主性都难以保证，主要表现在：（1）不少地方和部门的行政执法活动任性妄为，滥用行政自由裁量权，"钓鱼式"执法、选择性执法、执法不作为、执法不公平等现象屡见不鲜。（2）行政决策的暗箱操作、关门主义倾向得不到根本改观，决策过程中"德先生"（民主）和"赛先生"（科学）缺席，不重视听取和吸收专家和民众的意见，民主性不足，科学性不够。有些行政官员"拍脑袋决策、拍胸脯保证、拍屁股走人"，决策失误可能带来公共利益或国家财产的巨大损失，还可能侵犯特定的民众尤其是弱势群体的合法权益，很容易成为群体性事件的导火索，影响社会秩序稳定。

随着全面从严治党和全面依法治国的力度不断加大，行政问责手段被越来越多地作为监督官员认真履行职责的重要且有效的制度工具。2009年，中共中央办公厅、国务院办公厅印发《关于实行党政领导干部问责的暂行规定》。这是党和国家通过法规制度建设加强反腐倡廉工作，进一步完善领导干部行为规范体系的有力措施，对于加强党政领导干部这个"关键少数"的监督和管理，不断增强其责任意识，不断提高党的执政能力和执政水平，具有十分重要的政治意义和法治意义。2016年6月，中共中央政治局审议通过了《中国共产党问责条例》，为全面从严治党，规范和强化党的问责工作提供了党内法规依据。2016年2月，湖北省人民政府发布了《湖北省行政问责办法》，是对行政问责进行地方性立法的代表。然而，党政系统的问责也是事后的惩罚机制，如果对行政权力行使的事中过程缺乏法律制度规定，就会使行政官员的行政过程无所适从，抱着"多一事不如少一事"的消极心态，那么泛化的问责势必引发严重的行政不作为现象，从而损害行政效能和公共利益。

我国行政程序立法的行政化和部门化特征明显。已有的行政程序法规多数是行政机关自己制定的，例如，国务院制定的《行政法规制定程序条例》（2001）、《规章制定程序条例》（2001）、《政府信息公开条例》（2007）、《重大行政决策程序暂行条例》（2019）等在效力层级上都属于行政法规。又如，交通部在1996年颁布了《交通行政处罚程序规定》，2004年颁布了《交通行政许可实施程序规定》，2019年4月，交通运输部又发布了《交通运输行政执法程序规定》。2007年，国家工商行政管理总局发布《工商行政管理机关行政处罚程序规定》。2014年，国家食品药品监督管理总局发布《食品药品行政处罚程序规定》。这些规定属于部门规章，固然表明了行政部门具有较强的依法行政的程序意识，但是由于行政部门立法难以避免利益冲突的存在，这些程序设置的合法性、合理性、科学性、正当性都是存在疑问的。即使不存在这些问题，由于部门业务范围的局限性和部门立法的权限，这些规定的适用范围也是有限的。政府行政立法更容易倾向于"管制"而不是"法治"，突出行政权的"支配"而不是"谦抑"，往往会损害行政程序的公开、公平、公正，同时，行政相对人和社会公众在行政程序中的参与度欠缺，以致行政公信力不高，有的甚至影响社会稳定，或引发重大决策流产的不良后果。

"沉舟侧畔千帆过，病树前头万木春。"在全国统一的行政程序法典陷入难产的背景下，地方性立法却已经开始了破冰之旅。有的地方进行了综合性的行政程序立法。例如，2008年，一个重要里程碑——《湖南省行政程序规定》出台。这是我国第一部对行政程序进行系统规定的立法，其以推进依法行政、建设法治政府为目的，较为系统地规定了重大行政决策程序、规范性文件制定程序等内容，开启了我国地方行政程序立法的序幕，为国家层面制定统一的行政程序法进行了有益探索。[①] 2011年，《山东省行政程序规定》出台。2015年，《江苏省行政程序规定》出台。还有的地

[①] 应松年：《中国行政程序立法的路径》，《湖南社会科学》2008年第6期。

方对重大行政决策程序进行了专门立法。例如，2015 年，《内蒙古自治区重大行政决策程序规定》公布。2015 年，《武汉市人民政府重大行政决策程序规定》公布。2016 年，《上海市重大行政决策程序暂行规定》公布。还有的地方进行了更为微观领域的行政程序立法。例如，2000 年，《广东省行政处罚听证程序实施办法》开始施行。2016 年，《上海市行政处罚听证程序规定》公布。2017 年，《四川省行政处罚听证程序规定》开始施行。总览全国可以发现，各地方推进行政程序立法的积极性和节奏很不均衡，目前只是少数地方推出了相关的立法成果，大部分地方还处在按兵不动或者有所行动但是未见成果发布的摇摆不定的观望状态。

分散化、行政化、部门化、地方化的行政程序立法，对某一类型行政行为具有较强的针对性，对行政部门管理具有较强的适应性。然而，这些立法都体现了特殊性，而无法满足法治的普遍性要求，会造成国家法治的不统一现象，具体表现在：其一，单行的行政程序立法之间由于缺乏内在的逻辑联系，一方面立法不足无法满足行政执法需要，另一方面又在某些领域出现法律规定交叉重叠和互相冲突的现象。其二，各部门、各地方自行进行行政程序立法，造成法治政府建设的"条块分割"局面，在纵向和横向两个方向上的行政法治水平参差不齐。这里的"条"和"纵向"是指各个行政部门，"块"和"横向"代表各个地方。另外，行政程序立法的各自为政也难以促使行政机关及其公务人员树立起应有的程序法治观念。制定一部全国统一的行政程序法，才是解决这些问题的治本之道。

其实早在 2002 年，北京大学公法研究中心行政执法与行政程序课题组的姜明安教授就已经拿出了专家建议稿，即《中华人民共和国行政程序法（试拟稿）》，但是十几年过去了，我国的行政程序法典仍然千呼万唤未出来。我国未来的行政法治建设重心应当放在对行政权的程序机制建构方面，重视对行政权行使过程的规范，发挥行政程序的双重功能，实现法治政府建设进路由重实体控权转向重程序规范，重事后追责转向重过程规范的结构转型。[①] 实现这一转型，可以达成"三个有利于"：一是有利于扩展公民的行政程序权利，通过将扩张性的行政权力关进法律制度的笼子，达到防止行政权力的滥用以及"用权利制约权力"的行政法治目标。二是有

---

① 王万华：《法治政府建设的程序主义进路》，《法学研究》2013 年第 4 期。

利于实现行政决策的民主化和科学化,提高行政管理的效能,增强行政决策的社会认同感,防患于未然,有效预防和减少社会矛盾特别是群体性事件的发生,更好地维护社会和谐稳定的局面。三是有利于提高全社会特别是行政公务人员的行政程序法治意识,通过严格正当的行政程序,在确保行政行为的合法性、合理性、民主性、科学性的同时,积极有效作为,提高行政效能。

(二)行政主体自制的路径

1. 行政主体自制的概念

行政主体自制,也可称为"行政自我规制",是指行政主体自发地而不是被迫地约束其所实施的行政行为,使行政权在合法而且合理的范围内运行的自主行为,即行政主体对自身违法或不当行为的自我控制。① 有学者认为,行政自我规制应当定位于以行政机关为主体,为确保行政运行的合法性、合理性、实效性和效率性,而采取的一系列自主性的措施、手段和制度。② 根据《牛津法律大词典》的专业性解释,"自制"一词具有自我抑制的内涵,是指"放弃正在实施的行为或者不实施某种行为"③。"行政自制"的最大特点是自主性,是行政机关对自身所行使的行政权及其外在表现即行政行为的自我控制。

与"行政自制"概念相近似或邻近的概念有两个,有必要予以区分。其中一个是内涵近似而读音不同的"行政自律",另一个是读音相同而内涵有较大不同的"行政自治"。

"行政自律"与"行政自制"都有行政权自我约束和自我控制的内涵,但行政自律体现的是行政主体的遵守行政道德和法律的主观思想意识,具有柔性化特点,而行政自制体现的是行政主体为实现行政行为的合法性、合理性而进行的客观的制度建设,具有强烈的刚性化特点。"行政自制"比"行政自律"所表达的行政权自我控制的意蕴更加明确,要求达到的标准尺度和内容要求也更严格。行政行为只要符合基本的行政道德和合法性

---

① 崔卓兰、刘福元:《行政自制的可能性分析》,《法律科学》2009年第6期。
② 鲁鹏宇:《法治主义与行政自制——以立法、行政、司法的功能分担为视角》,《当代法学》2014年第1期。
③ [英]M.沃克编:《牛津法律大词典》,邓正来等译,光明日报出版社1988年版,第342页。

要求就做到了"行政自律",而"行政自制"不仅要达到行政自律的要求,还应当满足更高的行政道德标准和严格的行政合理性要求、行政效率要求等。犹如学生的学习和考试,得过且过、考试及格的学生就算"自律"的学生了,而力争上游、成绩优秀的学生才能算"自制"的学生。标准、态度和水平,高下立判。

"行政自治"与"行政自制"也都有"自己管理自己"的含义,但是在排他性方面有很大不同。"行政自制"不具有排他性,并不排斥"他制"也就是来自执政党、立法、司法、社会公众等各方面的制约。而"行政自治"带有明显的排他性特点。根据《布莱克维尔政治学百科全书》的解释,"自治是某个人或集体管理其自身事务,并且单独对其行为和命运负责的一种状态"[①]。"自治"体现的是在法律允许范围内不受或少受外来干涉的相对自由的状态。"行政自治"的概念通常用于描述一个国家的地方政府与中央政府的关系,强调地方政府的自主管理和中央政府的放权。例如,在我国宪法和行政法中,民族区域自治制度和"一国两制"原则下的特别行政区制度就是地方行政自治的典型表现,尽管民族区域自治地方的自治权并不如特别行政区的自治权那么多。改革开放初期建立的经济特区,以及当前不少地方正在建设的自由贸易试验区,实际上都是一定程度的地方"行政自治",是中央向地方"放权"之后形成的在经济或政治上具有相当特殊性的行政自治区域。"行政自治"更多的是宪法层面具有较强静态性的制度安排,而"行政自制"主要是行政法层面具有较强动态性的制度建设。

2. 行政主体自制的可能性

(1) 外在因素:法治体系的压力机制

法治的人性假设是"性恶论",即认为掌握国家权力的人都可能滥用权力,正如法国启蒙思想家孟德斯鸠的名言,"一切有权力的人都容易滥用权力,这是万古不易的一条经验。有权力的人们使用权力,一直到遇有界限的地方才休止。"权力有"支配"或"控制"的含义,意味着一些人对另一些人的支配或控制,必将对受支配者或受控制者的自由和自主空间

[①] [英] 戴维·米勒、韦农·波格丹诺编:《布莱克维尔政治学百科全书》,邓正来译,中国政法大学出版社2002年版,第693页。

构成压缩和限制，如果权力的行使者滥用权力，那么这种压缩和限制必将更加强烈。应当说，权力本身无所谓"善"或"恶"，是"价值中立"的存在，正当行使权力就是"行善"，滥用权力就很容易"作恶"。为了维系人类社会的存在和发展，权力是"必要的恶"，一方面要利用权力"行善"的功能，另一方面要限制其"作恶"的倾向。

现代法治理论的"初心"和核心都是通过"控权"确保公共权力的合法正当行使，从而保障人权。而控权的基本机制有两个：一是"用权力控制权力"，即分权制衡，通过宪法和法律将国家政治权力进行多元化分配，并设置互相制约和平衡的机制，"分而治之"，防止国家权力特别是行政权力的滥用。法治本身就"包含有分权之意"[①]。二是"用权利控制权力"，通过宪法和法律赋予公民广泛的公民权或者说人权，这些权利对应的义务主体就是国家机关，特别是行使行政权力的政府，而义务的强行性就对政府形成了限制。这两种机制对行政机关而言都是来自行政系统外部的压力机制，但是站在法治体系的整体角度而言，它们是现代法治体系内部结构决定的压力传导机制。外部压力机制的存在，迫使行政机关及公务人员不得不加强"自制"，以免出现立法机关的弹劾或者司法机关的司法审查，以及选民用选票迫使政府下台的政治后果。

人民主权原则和法治国家思想及制度，是近代资产阶级民主革命的重要成就。人民选举代表组成议会，议会在理论和逻辑上代表了人民利益和意志，代议制使得人民主权转化为议会主权。议会掌握立法权，将人民意志上升为法律；政府掌握行政权，其实质是执行权，是执行议会制定的法律的权力，要对议会负责；法院掌握司法权，以法律的"监护人"身份存在，既管辖民众之间的"民告民"案件即民事诉讼案件，也管辖民众与政府之间的"民告官"案件即行政诉讼案件，对行政行为的合法性进行司法审查。在现代社会，行政正义处理的核心问题是个人权利与行政机关之间的平衡关系，行政正义所追求的基本价值就是实现宪法所确定的基本原则。[②] "只有在立宪国家基于分权说，剥夺由行政首脑——邦主所独占的立

---

① [英]詹宁斯：《法与宪法》，龚祥瑞、侯建译，生活·读书·新知三联书店1997年版，第34页。

② Rafael A. Benitez, Administrative Justice in a World Transition: Pan-European Values in Administrative Justice, 30 Common Law World Review 434 – 437 (2001).

法权之后，才可以设想通过立法机关制约行政机关，用国家的立法制约国家的行政。"① 行政法把行政权"视为一头必须关在笼子里的狮子"②，要持续不断地防止其跑出来伤人。法律保留制度和司法审查制度就是宪法锁住这只笼子的两把铁锁，其中，法律保留这把锁由议会负责，司法审查这把锁由法院负责，可以说是"双保险"。不论是法律保留还是司法审查，归根结底还是人民意志起作用的结果。现代行政法治理论和制度以限制政府权力为主旨，犹如高悬在政府头上的"达摩克利斯之剑"，随时都有落下"斩首"的风险；又如，中国古代读书人"头悬梁、锥刺股"，用随时到来的切肤之痛迫使自己提高自制力，以奋发图强。来自外部的权力监控体系的刚性对于行政自制的生成具有根本性的刺激和持续性的鞭策作用。

从1997年党的十五大提出"依法治国"基本方略到2014年党的十八届四中全会提出"全面推进依法治国"战略布局，建设社会主义法治国家是中国共产党坚定不移的执政目标之一。不难看出，中国共产党的领导是中国特色社会主义法治体系的本质特征和政治优势，严密的法治监督体系是中国特色社会主义法治体系的重要组成部分，在执政党全面推进依法治国的强大政治压力下，我国的行政主体自制有着来自政治体系和法治体系的双重压力，在中国共产党作为长期执政党的宪制环境下，这种压力也会成为促进行政主体自制的强大动力。

（2）内在因素：行政的自我组织功能

马克思主义哲学告诉我们，任何事物的存在和发展都是内因和外因共同起作用的结果，其中，内因是事物变化的根据即根本原因，外因是事物变化的条件。外部压力和权力监控机制的存在对行政自制而言只是外因，如果没有内在的自觉性和主动性以及组织结构的保障，行政自制也不会发生。有学者认为，"法治和依法行政只是表达了一个基本共识，即行政权只能依靠外力予以硬性约束，而不能依赖于自身的反省和约束，即依赖于他律而不是自律，也即行政权的有效约束只能来自国家代议机关制定的法律，而非来自政府制定的法规。"③ 这种观点看到了行政"他制"的必要

---

① ［德］拉德布鲁赫：《法学导论》，米健、朱林译，中国大百科全书出版社1997年版，第130页以下。
② ［美］伯纳德·施瓦茨：《美国法律史》，徐炳译，群众出版社1986年版，第74页。
③ 王柱国：《依法行政原则之"法"的反思》，《法商研究》2012年第1期。

性，却忽视了行政自制的可能性，是有失偏颇的学术论断，也不符合行政权力运行的实际。

通过立法权和司法权对行政权进行外部规制，是权力制衡思想的通行做法，也是实现行政法治的常规动作。但是，对于行政权而言，作为外部规制力量的立法权存在一定程度的滞后性和非专业性，司法权存在被动性，都有局限之处。古希腊思想家亚里士多德指出，"法治应包含两重意义：已成立的法律获得普遍的服从，而大家所服从的法律又应该本身是制定得良好的法律。"① 这是到目前为止获得最广泛认可的关于法治之真谛的表述，可以概括为"谨遵良法"。而立法机关制定的具有滞后性、非专业性的立法已经不能称为"良法"了。行政面对的社会发展日新月异，专业性不断加强，以至于立法机关在许多情况下完全跟不上节奏，立法的时效性和专业性都会大打折扣，因此才出现了20世纪以来议会授权行政立法的新情况。这并非议会的"甩锅"行为，而是知己知彼、审时度势之后作出的理性选择。司法的超然性和被动性即"不告不理"原则决定了司法机关不可能全方位、全天候地监控行政机关。司法权与行政权的异质性也决定了司法权不可能代替行政权作出决定，实际上，更多的时候，二者处于"井水不犯河水"和"隔岸观火"的相安无事的和谐状态。这也说明将行政法治完全寄希望于外部规制是靠不住的。

行政具有自我组织功能，这种功能一方面来自行政主体主观的自觉意识，另一方面来自行政组织客观的组织功能。

行政自制的自觉性和主动性是行政主体主观方面的思想意识，通常来自行政道德中的"向善"思想。例如，在传统中国，儒家的"仁政""德治"思想就成为行政自制的理论基础；而在当代中国，作为长期执政党的中国共产党，将"为人民服务"的宗旨意识持续不断地在行政系统贯彻落实，领导干部和公务员不是"官老爷"，而是"人民公仆"，这样的定位在政府系统建构起强大的通过行政自制更好地实现为人民服务宗旨的主流意识形态。

行政自制的自觉性和主动性也可能来自维持政权存续的功利主义计算。"水能载舟，亦能覆舟"，现代民主选举产生的执政党和政府只有进行

---

① ［古希腊］亚里士多德：《政治学》，吴寿彭译，商务印书馆1996年版，第199页。

高度的"自制",兑现选举承诺,交出令人信服的执政和行政的成绩单,才具有政治合法性,才能在下一轮选举中保住执政党和政府的执政地位;即使在古代的专制国家,虽然政权并不由选举产生,但是执政者或者说统治者同样会因为关心臣民的感受而主动"自制",因为"官逼民反","王侯将相,宁有种乎",由于不具备民主选举的可能性,如果权力被滥用,遭受损害的被统治者势必揭竿而起,用暴力革命的方式推翻政府统治。在中国长达两千多年的封建社会中,改朝换代的故事几乎都是如此上演的。西方近代的资产阶级革命以及中国的辛亥革命,都是资产阶级推翻地主阶级政权的历史大戏。政权更迭往往说明前任政权的"自制力"不够,无法缓解严重的社会矛盾,或者革命者的诉求超越了当时政府行政"自制"的范围。例如,革命者要彻底推翻国王或皇帝的统治,这种激进的要求是封建专制国家政府无法接受的,因为这样的"自制"意味着"自裁"即自取灭亡。法国大革命和中国的辛亥革命所追求的民主共和制就是这样的典型。如果反对派的诉求相对温和,例如只是希望与国王或皇帝分权,那么或许有机会达成妥协。英国和日本的君主立宪制就是这样的典型。当然,此时的国王或者皇帝会不会选择"自制"还取决于双方的实力对比,如果实力相对均衡,则容易达成妥协,如果反对派实力太弱,那么统治者就会缺乏"自制"的动力和积极性。

行政系统内的官僚制或者说科层制组织结构是行政自制的客观组织基础。官僚制是以多层化的权力结构和"命令—服从"的因果链条传递信息的权力运作体系。① 通过考察大历史可以发现,官僚制度并不是近现代民主法治思想产生的新事物,而是古已有之。例如,中国古代的官僚制度大致分为三个方面,第一是确定官职、官品和官禄,第二是划分官吏的权力和职责,第三是任用官吏的程序。改革官制是"国之大事",关系"国本"和"国运",因此"每个王朝都曾惩前毖后下过一番因时制宜的功夫"②。在唐朝,官员的基本工作程序制度是"四等官连署制",也就是公文周转的完整过程要经过四道工序,其中四等官员各司其责,倘若存在错误,就根据四等官员的工作流程逐级追究其失职的责任。③ 中华文明能够绵延数

---

① 池忠军:《官僚制的伦理困境及其重构》,知识产权出版社2004年版,第1页。
② 王亚南:《中国官僚政治研究》,中国社会科学出版社2005年版,第47页以下。
③ 霍存福:《权力场》,法律出版社2008年版,第265页以下。

千年而不中断，比较发达的官僚制度功不可没。德国学者马克斯·韦伯认为，以法定权力为中心的官僚制度的特征包括依法行事、专业分工、层级节制、用人唯才、人员专任、保障任期、书面档案、所有权与管理权分开、非人格化。① 官僚制度具有强烈的工具理性和形式理性，兼顾了行政组织的专业、效能和公正，与现代法治有许多契合之处，即使在前现代的人治社会，官僚制度的存在对于抑制和矫正人治的"关系网""潜规则"的治理弊端也具有积极意义。

自古以来，在正式的合法的组织形态中，行政组织是最高级、最严密也最强大的组织类型。行政组织处于行政结构的核心地位，是行政权得以存续的组织依托。行政科层制结构的鲜明特征是"金字塔"，上级指挥和命令下级，下级服从和服务上级，对上级负责，正所谓"官大一级压死人"，权力的支配功能被发挥得淋漓尽致。上级组织和领导往往"站得高，看得远"，要么出于"江山稳固"的"忧国"政治考量，要么出于"当官不为民做主，不如回家卖红薯"的"忧民"为民情怀，要么出于追求政绩以图"升官"或者保住公务员"铁饭碗"的"忧己"利己冲动，总是会把自己"做好事，做成事，至少不做坏事"的行政意志向下级传递，这种传递又总是带有不容置疑的强制性特点，因此能带来强大的执行力。这就是行政自制起作用的组织机能。当人们怀疑行政自制即向善的可能性时，往往是夸大了行政的"恶"而忽视了行政的"善"。行政的自我规制兼有可能性和现实性。古今中外，行政权力系统的自我规制是始终存在的，并发挥着维系自身存在的同时也维系国家治理的重要作用。

行政体系自上而下的引导和规范一直是我国行政法治进步的重要推动力。改革开放以来，特别是自 1997 年党的十五大确立依法治国方略以来，我国的行政主体自我规制全面推进的标志性事件，是国务院于 1999 年发布的《国务院关于全面推进依法行政的决定》，2004 年发布的《全面推进依法行政实施纲要》，2008 年发布的《国务院关于加强市县政府依法行政的决定》，2010 年发布的《国务院关于加强法治政府建设的意见》，再到 2015 年由中共中央、国务院发布的《法治政府建设实施纲要（2015—2020

---

① ［德］马克斯·韦伯：《经济与社会》下卷，林荣远译，商务印书馆 1997 年版，第 278 页以下。

年)》。这些规范可以看作作为国家最高行政机关的国务院在推进依法治国基本方略实现方面所作出的努力,其所取得的效果值得认真对待。① 2015年的政府工作报告提出,要公布省级政府权力清单、责任清单,切实做到法无授权不可为、法定职责必须为。2015 年 12 月,国务院发布的《国务院部门权力和责任清单编制试点方案》提出要加快权责事项的梳理、清理和规范工作,对权力运行流程进行优化。2016 年 2 月,国务院发布的《关于全面推进政务公开工作的意见》提出,要建立政务公开负面清单制度,除明确列举的不予公开的事项,都要做到及时公开。2016 年的政府工作报告提出,要以敬民之心,行减政之道,切实转变政府职能,全面公布地方政府权力清单和责任清单。这些决定、纲要、意见、方案等政策性文件尽管算不上行政法规,没有正式的法律效力,不过,由于中共中央和国务院处于我国党政机关序列和行政科层制体系的"金字塔"顶端的权威地位,这些文件能够对全国的行政系统产生非常大的拘束力,是我国行政主体自制的有力证明。

引入行政权力的内部规制具有很强的理论和现实的必要性,但是不能矫枉过正,因此放松外部规制。正如北京大学沈岿教授所提醒的那样,改革开放以降,在法理型统治的选择、民主和法治的意识形态和现实需求、行政的民主合法性压力以及官僚科层制结构等诸多动力之下,行政自我规制一直是推进行政法治的另一重要力量,该力量的效用应予认真对待和积极评价,却不可过分依托,外部规制仍然是更需要发展的。② 放弃或放松了外部规制,行政主体自制就会因为失去了压力而出现动力不足的局面。行政法治需要的是"内外兼修",而不是"顾此失彼"。

3. 行政主体自制的路径

(1) 重视内部行政法的自我规制功能

行政主体自制并不是行政机关及其公务人员的自娱自乐,而是行政法治的当然要求,只不过属于长期被忽视的"内部行政法"而已。美国哈佛大学法学院教授布鲁斯·维曼(Burce Wyman)将行政法区分为"外部行政法"与"内部行政法",外部行政法处理行政机关或者官员与公民的关

---

① 沈岿:《行政自我规制与行政法治:一个初步观察》,《行政法学研究》2011 年第 3 期。
② 沈岿:《行政自我规制与行政法治:一个初步考察》,《行政法学研究》2011 年第 3 期。

系，内部行政法处理行政机关之间以及官员的相互关系。它们在行政权力运作过程之中共同发挥作用，而且只有通过内部行政法的转化，外部行政法的目标才能更好地实现。布鲁斯·维曼对行政法的管辖范围作出如下分析："行政部门之间的外部划分是一个宪法问题，行政机关的内部划分是一个行政法问题。"① 从中可以看出他对内部行政法的重视。

20世纪80年代，美国另一位行政法学者、耶鲁大学法学院教授杰里·马萧（Mashaw）在其专著《官僚的正义》中也为内部行政法的地位和作用振臂高呼，认为"官僚机构"与"正义"并非水火不容的关系。他用充满感性和文学风格的语言论述说，官僚组织的积极行政可以"组成一道正义的风景"，以法院中心主义为制度取向的外部行政法"已变得与我们集体理想的实现越来越远了"，"如果一套被称为行政法的外在控制再也不能安慰我们，那么也许在保持一个规范视角的同时，调头注视官僚机构的内部，我们能更清楚地意识到需要做些什么。难道不可能有一种指导行政官员行为的内在行政法吗？"②

新中国行政法学的启蒙者和奠基人、已故的中国政法大学教授王名扬先生评价说："内部行政法和外部行政法同样重要。制止行政机关滥用权力，不能单靠法院和国会等外部控制手段。行政机关内部的控制有时更有效率。"③ 由此可见，在中外法学家看来，旨在促进行政主体自制的内部行政法与规范行政主体"他制"的外部行政法一道，对于控制行政权力的滥用具有双管齐下、里应外合、殊途同归的行政法治效果，应当引起足够的重视，特别是要改变"重外轻内"的行政法传统思维惯性。

在我国，主流的行政法学理论和行政法制度虽然也认为行政机关的内部关系属于行政法的调整范围，但是似乎并未将其作为一个独立的重要问题来研究和规制。内部行政法和外部行政法的划分方法也未能在行政法学教科书中得到明确的认可，存在"内外不分"的弊端。如今，随着全面依法治国的强力推进和行政法治水平的不断提高，内部行政法通过促进行政

---

① Bruee Wyman, *The Principles of the Administrative Law Governing the Relations of Public Officers*, St. Paul, Minn, Keefe-Davidson Co., 1903, p. 185.

② ［美］马萧：《官僚的正义——以社会保障中对残疾人权利主张的处理为例》，何伟文、毕竞悦译，北京大学出版社2005年版，第3、11、17页。

③ 王名扬：《美国行政法》，中国法制出版社1995年版，第854页。

主体自我约束，达到提高行政效能的目的。从学术理论和法治实践两方面重视内部行政法，能够为行政主体自制提供观念基础和制度前提。内部行政法促使行政体系内部"自我革命"，改进组织结构和运作程序，有望促使法治要素在政府系统内自发地、自觉地生长出来，对于外部行政法规范能起到转化、内化、强化的规制效果，为法治政府建设增添内生动力，为公民权利保障增加一道可靠的制度防线。

(2) 加强行政主体自制的体制机制建设

要促进政府与公民之间的和谐相处，形成互利互惠、共同发展的协调关系，需要进一步探索以政府自身为控制主体的行政自制，完善行政权的自我控制机制。[①] 行政主体自制的机制可以也应当多元化。其中，完善行政裁量基准制度和推广行政内部分权制度，是两种已经在推行或试点并有待加强和改进的机制建设样本。

其一，完善行政裁量基准制度。行政裁量是指行政机关依据行政法律法规设定的原则、范围、标准或者限度，通过综合考量，针对某一事项作出处理的方法。由于现实情况的纷繁复杂，立法不可能面面俱到或者作出过于精细的规定，授权行政机关和司法机关往往在一定原则下进行自主裁量，以便具体问题具体分析，针对特定情况作出恰当的决定或裁判。行政裁量基准是指行政机关颁布的，以细化行政裁量标准为目的、为行政机关提供行政基准的内部规范性文件。[②] 行政裁量基准是行政机关依职权将法定裁量权具体化、操作化、精细化的控制规则，其目的在于防止行政裁量权的不当运用或者滥用，贯彻行政法中的比例原则，以求做到合理行政。

长期以来，行政实践中的行政处罚"同案不同罚"现象备受诟病。例如，《中华人民共和国反不正当竞争法》第二十条对经营者进行虚假宣传的行政罚款数额区间从20万元到200万元，相差十倍之多，如此大的罚款弹性，是立法为了应对严重程度各不相同的违法行为而作出的制度设计，是不得已而为之的行为，因为如果规定一个僵死的罚款数额比如50万元，则又会出现"不同案同罚"的更大的不公平。巨大的处罚弹性空间就赋予了执法人员非常大的行政裁量权。随着经济社会的快速发展，社会关系和社会问题

[①] 崔卓兰、刘福元：《行政自制——探索行政法理论视野之拓展》，《法制与社会发展》2008年第3期。

[②] 胡建淼主编：《行政行为基本范畴研究》，浙江大学出版社2005年版，第122页。

日趋复杂化，行政裁量在现代行政中变得越来越普遍。行政裁量权如果不能得到有效的监督和限制，必将成为行政权力滥用和腐败的温床。

试图消除行政裁量权是不明智的，但是放任其"自由"裁量也是不负责任的。折中而有效的办法是由行政机关自身根据法律的精神和实践的发展而建立起行政裁量的基准。行政机关主动通过良好的行政伦理和周密的内部机制来约束政府自身的行政行为，是控制行政裁量权最为有效的途径。[①] 在国务院的大力倡导和推动下，2008年以来，国务院各部门和地方各级行政机关大都发布了自己的行政执法裁量基准办法或意见。

例如，2008年颁布实施的《湖南省行政程序规定》第92条规定了行政机关制定合理的裁量权基准应当考虑的多重情形和因素，包括立法目的、法律原则、地域差异、社会影响等方面。[②] 该规定作为地方政府规章，明确了制定裁量权的主体、程序、依据及其对行政机关的约束力，体现了地方行政主体自制的鲜明态度和努力成果。

又如，2016年，公安部发布了《关于实施公安行政处罚裁量基准制度的指导意见》，明确规定了裁量基准制度的原则、制定主体、适用规则等内容，为全国公安机关建立裁量基准制度提供了指导方针。该意见规定了裁量基准制度的基本原则包括合法性原则、合理性原则、科学性原则。建立和实施公安行政处罚裁量基准制度，体现了公安机关对执法权进行"自制"的高度自觉性。

从中央部门到地方政府，关于行政裁量基准的规定、办法或者意见的出台是行政主体"自制"的积极信号和努力方向，但是内容都还不够具体，具体的行政裁量基准大多还没有制定出来。因此，加快制定并不断完善具体的行政裁量基准，是加强行政主体自制的重要路径。

其二，推广行政内部分权制度。行政内部分权是指行政主体为防止行政权过于集中而引发专断，自觉地将权力分立为不同角色，并通过相互之间的博弈使行政行为避免被滥用。行政内部分权丰富了传统的权力分立与

---

① 崔卓兰、刘福元：《论行政自由裁量权的内部控制》，《中国法学》2009年第4期。
② 《湖南省行政程序规定》第92条规定，行政机关应当根据下列情形，制定裁量权基准：（1）所依据的法律、法规和规章规定的立法目的、法律原则；（2）经济、社会、文化等客观情况的地域差异性；（3）管理事项的事实、性质、情节以及社会影响；（4）其他可能影响裁量权合理性的因素。

制约理论。① 它实际上是将外部行政法的分权制衡思想和制度借鉴与吸收到内部行政法的制度创新中，是行政主体自制的新思路和新实践。行政权力的分散是行政权的内部监督和制约的前提条件。深圳市试点的"行政三分制"是我国行政内部分权的有益探索。

2002年，党的十六大报告提出，"按照精简、统一、效能的原则和决策、执行、监督相协调的要求，继续推进政府机构改革。"2003年深圳市宣布成为中国唯一推行"行政权三分"试点改革的城市。"行政权三分"是指将行政权划分为决策权、执行权、监督权，它们既相互制约又相互协调，相应地将政府职能部门分为决策部门、执行部门、监督部门三大板块，各自运行又相互制衡。2007年，党的十七大报告明确提出，要"着力转变职能、理顺关系、优化结构、提高效能，形成权责一致、分工合理、决策科学、执行顺畅、监督有力的行政管理体制"，"建立健全决策权、执行权、监督权既相互制约又相互协调的权力结构和运行机制"。

2019年8月，《中共中央国务院关于支持深圳建设中国特色社会主义先行示范区的意见》发布，这个含金量很高的重磅意见对深圳的战略定位之一是"法治城市示范"，要求深圳加强法治政府建设，完善重大行政决策程序制度，提升政府依法行政能力，优化政府管理和服务。作为中国特色社会主义先行示范区和法治城市示范，深圳的行政三分制改革实践应当继续完善并总结出可复制可推广的经验，为全国范围的行政分权制度的普及提供可靠的蓝本，为提高行政主体自制水平和行政法治水平以及国家治理体系和治理能力现代化水平提供有效范本。

第三节 公私合作共治：新时代行政法治的共享进路

一 公私合作共治的概念和理论依据

（一）公私合作共治的概念

新中国成立后的三十年间，由于建立并长期实行高度集中的计划经济体制，作为"第二部门"的市场和作为"第三部门"的社会组织的力量和

---

① 崔卓兰、刘福元：《论行政内部分权——行政自制的实践机制研究》，《法商研究》2009年第3期。

活动空间被高度压缩，而作为"第一部门"的政府在国家和社会治理上事无巨细、面面俱到，在性质上属于"管制型政府""全能型政府"或者"无限政府"。改革开放四十多年来，随着以市场经济为取向的改革不断向纵深发展，以及以"转变政府职能"为主要内容的行政体制改革的推进，我国政府逐步向"服务型政府"和"有限政府"转型。但是时至今日，这种转型仍然是正在进行时态。在政府负担过重和治理绩效欠佳的双重困境下，我国逐渐兴起了政府借助私人力量来完成行政任务的公私合作共治模式。华东政法大学章志远教授认为，公私合作治理是指公共部门与私人部门为履行公共行政任务，经由特定的结构设计进行合作并由公共部门承担最终保障责任的制度安排。① 这种治理模式是公共行政发展的新方向，也是行政法必须直面的新的研究对象。

笔者认为，将"公私合作治理"概念修改成"公私合作共治"更能体现共建共治共享的精神。这种公私合作共治模式并非我国所特有，而是一个具有世界性的普遍现象。实际上，我国行政实践和行政法学研究中的这一主题也主要是从行政法治发达国家借鉴而来的。例如，行政民营化、公私协力②、私人行政、私人规制③、行政私法、公私伙伴关系，这些外来概念表达的含义与公私合作共治的内涵就大体相当。在美国，"合作治理"模式是"新行政法"的重要表现，具有"灵活、投入的行政机关""利害关系人与受影响者参与决定过程的所有阶段""以解决问题为导向""临时性的解决方案""超越治理中传统公私角色的责任"等鲜明特征，能够超越传统行政法秉持的以控制行政裁量权为旨趣的"利益代表"模式。④ 在德国，行政法中的"公私伙伴关系"正被改造为一个涵盖公共行政私有化领域中出现的各种模式的"桥梁概念"或者"纽带概念"⑤。德国行政法学中最早出现了"行政合作法"这一概念，它是与传统行政法中由单一的

---

① 章志远：《迈向公私合作型行政法》，《法学研究》2019 年第 2 期。
② 邹焕聪：《论调整公私协力的担保行政法——域外经验与中国建构》，《政治与法律》2015 年第 10 期。
③ 胡斌：《私人规制的行政法治逻辑：理念与路径》，《法制与社会发展》2017 年第 1 期。
④ ［美］朱迪·弗里曼：《合作治理与新行政法》，毕洪海等译，商务印书馆 2010 年版，第 34 页以下。
⑤ ［德］汉斯·J. 沃尔夫、奥托·巴霍夫、罗尔夫·施托贝尔：《行政法》第 3 卷，高家伟译，商务印书馆 2007 年版，第 453 页。

公权力主体以"命令—服从"为特质的"行政高权法"相对称的学术概念，其关注的重心是"公私权利主体在责任分配下共同合作履行任务"，预期目标是"为各公私合作领域以概括方式进行法秩序的形塑"①。相比较而言，"公私伙伴关系"是一个描述状态的术语，内涵比较宽泛，而"公私合作共治"是一个描述过程的术语，内涵相对明确。

(二) 公私合作共治的理论依据：治理理论

"治理"的概念最早在 18 世纪就出现了。② 而治理理论的繁荣发展却发生在 20 世纪 90 年代以后。治理理论的主要创始人之一、美国学者罗西瑙 (J. N. Rosenau) 将"治理"界定为一系列活动领域的管理机制，它们虽然没有得到正式授权，却能有效发挥作用。与"统治"不同的是，治理是一种由共同的目标支持的活动，这些管理活动的主体不一定是政府，也无须依靠国家的强制力量来实现。③ 治理理论的基本特质表现在如下几个方面：一是治理主体的"去中心化"和"多中心化"，主权国家和中央政府在传统的公共行政中作为权力的唯一来源的核心地位逐渐被打破，非政府的社会组织、国际组织甚至个人，成为独立于政府的新的治理主体。从政府的"集权"治理到政府与社会的"分权"治理，成为国家治理领域出现的一种明显的发展态势。在治理中，政府和公民社会双方在传统政治关系中作为控制者和被控制者的角色已然发生改变，国家或政府的能力和作用主要表现在国家动员、资源整合、秩序管制、目标规划等方面，公民社会则以非政府组织、非营利组织等第三部门作为主要的组织载体，成为积极主动的行政决策的参与者、公共事务的管理者以及社会政策的执行者。二是治理方法的"网络化"和"去市场化"，倡导网络、等级和市场的组合及相互渗透，反对过分夸大市场的作用。三是治理层次的"多元化"和治理工具的"多样化"。治理可以在国际、国家、地方等多个层次展开。治理的工具箱包括规制、通过市场签订合约、回应利益的联合、发展忠诚和信任的纽带等方面，并借助层级和网络的结构使用等工具。④

---

① 李建良主编：《民营化时代的行政法新趋势》，台北：新学林出版股份有限公司 2012 年版，第 104 页；詹镇荣：《公私协力与行政合作法》，台北：新学林出版股份有限公司 2014 年版，第 15 页。
② 杨雪冬：《论治理的制度基础》，《天津社会科学》2002 年第 2 期。
③ 俞可平主编：《治理与善治》，社会科学文献出版社 2000 年版，第 2 页。
④ 王诗宗：《治理理论与公共行政学范式进步》，《中国社会科学》2010 年第 4 期。

治理理论提供了多方主体多边合作的公共服务供给模式，与传统科层制自上而下单向度的制度结构不同，这是一种网络化的非正式制度架构。合作治理是以解决问题为导向，基于当事人相互依赖而且对彼此负责的合作理念，而非冲突的理念。在有关行政机关的协调和促成下，利用利害关系人与受影响者参与，提出解决问题的规则或对策。[①] 从治理理论来衡量行政法治全过程，从立法的决策权到行政的执行权，再到行政诉讼的司法权，都可以在一定条件下转移给非传统的治理主体来具体实施，从而呈现出多元化的治理主体和网络化的治理结构。传统行政法中的行政主体与行政相对人的双边的权利义务关系，因此转变为行政主体、履行行政权限或事务的私人部门、作为相对方的私人之间的三面关系。[②] 传统的行政主体即政府虽然拥有财政、信息等方面的海量资源和专业知识的显著优势，但是仍然无法满足社会公众日益增长的多元化和多样化的需求，面临独木难支、不堪重负的困难局面。"一个篱笆三个桩，一个好汉三个帮"，解决公共问题的最好办法，还是集思广益，群策群力，将政府、市场、社会等不同部门的资源整合起来，共同研讨和应对公共议题。在这样的共同治理模式中，不仅私人部门和非政府组织会参与政府部门的活动，而且政府部门也越来越多地参加企业等营利机构以及非营利组织的活动。这样的治理被称为"分散式公共治理"，是公共力量和私人力量共同努力"合作生产"的结果。[③] 政府部门与私人部门合作发展伙伴关系，以实现公共事务的共建、共治和共享。

在治理框架下，"协商—合作"是连接多中心治理主体的桥梁和纽带，在治理规则的塑造、执行和责任承担方面都是基本的沟通机制。这种机制在规则塑造阶段可称为"共商"，在规则执行阶段可称为"共建"，在责任承担阶段可称为"共担"，在收获治理效益阶段可称为"共享"。当规则的形成并不仅仅依靠国家强制力时，权威就必须是开放性、参与性的，鼓励协商，说明理由，欢迎批评，将同意当作对合理性的一

---

① [美] 朱迪·弗里曼：《合作治理与新行政法》，商务印书馆 2010 年版，第 34—35 页。
② [日] 米丸恒治：《私人行政——法的统制的比较研究》，洪英、王丹红、凌维慈译，中国人民大学出版社 2010 年版，第 21 页。
③ [美] 高和·里兹维：《美国政府创新：观察和经验》，陈雪莲译，《经济社会体制比较》2009 年第 6 期。

种检验。① 多元治理网络的形成就是为了克服政府力量的局限性，在执行行政任务时，政府与私人主体和社会组织以协商与合作为基础的"共建"机制是题中应有之义。多中心的治理模式经常带来多元化的责任网络，可能陷入"三个和尚没水吃"的"治理赤字"状态②，或者陷入"多重责任失序"（Multiple Accountability Disorder）的困境。③ 各方治理主体在协商与合作的基础上形成"共担的责任"体系，构造互相合作又接受约束的治理责任网络，是避免出现上述困局的有效途径。④

治理理论和实践模式的发展是为了克服纯粹的市场化模式和单一的政府管制模式都"孤掌难鸣"的弊端，有利于统筹政府、市场、社会等多方力量合作完成治理任务；但不可否认的是，治理并不是包治百病的万能药，也存在责任承担不明确、投入产出分析复杂化、行动整合难度增大等方面的现实困境。⑤ 面对当代社会日趋繁重的治理任务，为了避免治理网络出现"一盘散沙""一地鸡毛"的松散局面，政府在治理网络中可以在姿态和地位上与其他主体"平起平坐"，但是在功能和作用上不应也不能与其他主体"平分秋色"。治理理论也包含了"元治理"（Mega-governance）的理念。它强调国家或政府在治理中要担当"元治理者"的角色，在地方、国家、地区乃至全球等各层次的治理行动中充当"主导者""平衡者"和"协调者"，在治理启动前承担着提出远景目标和进行制度设计的任务，在治理过程中承担不可或缺的"督促者"和"监控者"角色，而在治理遭遇失败的不利后果时，政府是能对结果承担最终责任的"担保者"和"兜底者"。

在国家、社会与市场之功能的调适中，更应当贯彻责任政府的理念，行政机关应当是最低标准的设定者、多方协商的召集者与促进者、制度能

---

① ［美］P. 诺内特、P. 塞尔兹尼克：《转变中的法律与社会》，张志铭译，中国政法大学出版社1994年版，第111—112页。
② Carol Harlow, Richard Rawlings, "Promoting Accountability in Multilevel Governance: A Network Approach", *European Law Journal*, Vol. 13, No. 4, July 2007, pp. 542 – 562.
③ 龙宁丽：《非政府组织治理中的问责研究》，《国外理论动态》2013年第4期。
④ Yossi Dahan, Hanna Lerner and Faina Milman-Sivan, Mapping the Hard law/Soft Law Terrain: Labor Rights and Environmental Protection: Labor Rights and Environmental Protection: Global Justice, Labor Standards and Responsibility, 12 Theoretical Inq, L. 439, 2011.
⑤ 王瑞雪：《治理语境下的多元行政法》，《行政法学研究》2014年第4期。

力的建设者,同时,更是公共事务的最终责任人。① 如果把治理比作一出戏剧,那么政府在其中既是"演员"又是"导演",事先要设计,事中要督促,事后要负责,与其他普通演员相比,政府作为导演的权力更大,责任也更大。有学者就敏锐地指出,对很多国家的改革而言,最好的路径是在缩减国家职能范围的同时,提高国家力量的强度。② 用通俗的话讲就是"该放的放""该管的管",避免陷入"一管就死""一放就乱"的怪圈。在国家职能上做"减法"——释放部分职能给社会行使或者由社会自治即"简政放权",在国家能力上做"加法"——增强政府提供公共服务和承担治理责任的能力即"提质增效",这就是治理理论的辩证法。

有学者将这种基于治理理论的社会治理新模式称为"行政法的第三形态"。行政法的第一形态以"国家行政权—公民自由权"为主轴,其基本理念是自由,通过法治的确立,保障公民不受政府公权力侵害。行政法的第二形态以"自由权和社会权—国家行政权"为主轴,行政法的任务包括授权、控权和服务三重面向,其基本理念是平等,服务型政府成为目标。行政法的第三形态以"自由权和社会权—公共行政权"为主轴,基本特征是:(1)非政府组织、私人等社会主体从事部分公共事务;(2)公共行政包括国家行政与社会行政两类;(3)合作行政方式兴起;(4)行政法具有三元结构:"国家行政权—相对人权利""社会行政权—相对人权利"以及"国家行政权—社会行政权";(5)行政法的任务在授权、控权和服务之外,需致力于促成并保障社会自治和民主参与;(6)行政法的基本理念是民主。③ 从"自由"到"平等"再到"民主",行政法基本理念的嬗变,反映出行政法从"控权法"到"授权法"再到"分权法"的发展轨迹。行政权从政府独享变成政府与社会分享,这与治理理论的内在精神不谋而合。

二 新时代公私合作共治的实践基础和行政法治建构

(一)新时代公私合作共治的实践基础

党的十九大报告指出,中国特色社会主义进入新时代,社会主要矛盾

---

① [美]乔迪·弗里曼:《私人团体、公共职能与新行政法》,毕洪海译,《北大法律评论》2004年第5卷第2辑。
② 燕继荣:《变化中的中国政府治理》,《经济社会体制比较》2013年第1期。
③ 江必新、邵长茂:《社会治理新模式与行政法的第三形态》,《法学研究》2010年第6期。

的变化对公共服务的提供方式和行政法治的运作模式提出了新的要求,形成"党委领导、政府负责、社会协同、公众参与、法治保障"的共建共治共享社会治理格局的关键是政府与社会之间的有效沟通和良性互动。为了更加高效率和高质量地完成行政任务,我国行政机关已经在许多行政领域和行政环节,与各种社会力量进行多种形式的合作,形成以信任为基础、以多元合作主体间交织互动和共同担责为特征的合作共治新模式,成为新时代行政法治发展的一道亮丽的风景线。① 在"从行政泛化到行政分化、从社会结构的单一化到多元化、从强化控制到优化服务"的改革进程中,"合作国家"的影像逐渐清晰起来。②

1. 公私合作共治的横向领域

就公私合作共治的领域而言,我国早在20世纪90年代初期,就在基础设施和公用事业建设运营方面出现了公私合作的特许经营制度,此后不断推进到更加广泛的公共服务领域。2013年,党的十八届三中全会决定指出,推广政府购买服务,凡属事务性管理服务,原则上都要引入竞争机制,通过合同、委托等方式向社会购买。2014年12月,财政部会同民政部和原国家工商总局联合发布《政府购买服务管理办法(暂行)》。2015年,国家发展和改革委员会、财政部、住房和城乡建设部、交通运输部、水利部、中国人民银行等六部门联合发布《基础设施和公用事业特许经营管理办法》。2018年,财政部公布《政府购买服务管理办法(征求意见稿)》,政府购买公共服务的法制建设正有序推进。

在警察行政领域,警务辅助、治安承包、奖励拍违、消防民营、社区矫正、社区戒毒等私人参与执行警察任务的现象不断涌现,标志着传统秩序行政领域向社会开放。③ 一些在全国具有重要影响的城市先后制定了关于警务辅助人员的地方政府规章。2012年、2015年、2016年,苏州市、大连市、武汉市先后通过并施行了《警务辅助人员管理办法》。2017年,《深圳经济特区警务辅助人员条例》通过,这是我国第一部专门规范警务辅助人员的地方性法规,它创造性地将辅警定位在"公安机关工作人员"

---

① 谢新水:《作为一种行为模式的合作行政》,中国社会科学出版社2013年版,第106页。
② 章志远:《行政法学总论》,北京大学出版社2014年版,第69页。
③ 章志远:《行政任务民营化法制研究》,中国政法大学出版社2014年版,第21页。

的范畴。2016年，国务院办公厅印发《关于规范公安机关警务辅助人员管理工作的意见》，推动警务辅助人员管理实现制度化、规范化、法治化。① 2019年8月16日，根据工作需要，武汉市公安局发布公告，面向社会招聘458名警务辅助人员，具体岗位包括网络通信保障、实验室分析、图像辨识、新闻宣传、人力资源管理，接警调度、资料整理、信息录入、网络巡查、证照办理、视频巡控和留置看护，治安协管、维稳处突、警犬驯导、反扒等，招聘人数之众多和岗位之广泛，令人叹为观止。

2. 公私合作共治的纵向流程

除了横向的行政领域的公私合作实践之外，近年来我国在纵向的行政流程中也出现了诸多公私合作共治的新气象。从行政立法到行政执法，再到行政"准司法"即行政纠纷解决过程，公私合作共治的影子随处可见。

在行政立法活动中，政府逐步改变过去那种"关门立法"和"部门本位"的通病，越来越多地委托第三方的专家学者和教学科研机构以及社会组织，开展行政立法的必要性和可行性评估以及起草行政法规和规章的工作。特别是在2015年修改后的《立法法》将地方立法权赋予了所有设区的市，使得行政立法主体的数量大大增加，但是许多地方的立法能力却无法跟上节奏，难以满足地方立法的现实需要。作为独立第三方的专家学者参与行政立法，是民主立法、科学立法的重要表现，有利于提高政府立法的质量和水平。另外，及时向社会公布行政法规或规章草案，征求公众意见和建议，也是"开门立法"的重要表征，是立法直接反映人民利益和意志的十分重要的表现形式，是通过民主立法之程序获得科学立法之结果即"良法"的捷径。

由于行政活动主要是执法活动，因此行政执法阶段也成为公私合作共治最为活跃的阶段。其中比较典型的表现形式包括：有奖举报、执行和解、行政担保。

有奖举报是政府获取执法信息的重要渠道。行政执法的过程在实际上

---

① 《关于规范公安机关警务辅助人员管理工作的意见》从管理体制、岗位职责、人员招聘、管理监督、职业保障等方面，提出了规范警务辅助人员管理工作的具体措施和要求。该《意见》指出，警务辅助人员是根据社会治安形势发展和公安工作实际需要，面向社会招聘，为公安机关日常运转和警务活动提供辅助支持的非人民警察身份人员；警务辅助人员协助人民警察依法履行职责的行为受法律保护，履行职责行为后果由所在公安机关承担；按照"谁使用、谁管理、谁负责"的原则，严格落实警务辅助人员管理责任。

就是执法信息的收集、积累、利用和提供的过程。① 现实中的违法现象数量庞大,或明或暗,行政机关能够自主发现的只是冰山一角,而"群众的眼睛是雪亮的",我国在食品安全、环境保护、税收征管、交通运输、计划生育、安全生产等领域推行的有奖举报制度,使得执法程序能够及时启动,震慑了违法者,帮助了执法者,是行政执法走群众路线的代表,是公私合作整治违法行为的范例。

对于行政强制执行的和解,我国《行政强制法》第42条规定,实施行政强制执行,行政机关可以在不损害公共利益和他人合法权益的情况下,与当事人达成执行协议。执行协议可以约定分阶段履行;当事人采取补救措施的,可以减免罚款或滞纳金。例如,对违法建筑的拆除,如果该违法建筑内有居民正在居住,由于居民另外找房和搬家都需要时间,考虑到实际需要,负责执行的行政机关就可以与作为行政相对人的居民达成执行和解协议,从而约定实际执行的具体期限。现代政治是基于"同意"的统治,是"接受"的政治。中国的行政法治将迈入"可接受性"的时代,新时代的工作重点是提高行政执法的可接受性。② 美国法学家博登海默说,"只有那些以某种具体的和妥协的方式将刚性与灵活性完美结合在一起的法律制度,才是真正伟大的法律制度。在这些制度的原则、具体制度和技术中,他们把连续性的优长同发展变化的利益联系起来,从而获得了一种在不利的情形下也可以长期存在和避免灾难的能力。"③ 行政强制通常情况下是刚性的,不容谈判和妥协,但是执行和解使得行政强制带有了一定的柔性和刚柔并济的特点,变单向的命令为双向的商谈,体现了公权力机关对行政相对人的尊重和公私合作共治的新的时代特色。

行政担保制度是从民事担保制度借鉴而来,作为确保行政相对人履行义务以及达成预期行政目标的重要制度工具,近年来在我国被广泛运用于海关监管、税收征管、公共工程建设、行政许可、治安管理、环境保护、安全生产等许多领域。行政担保与民事担保都具有担保功能,但是担保的对象不同。民事担保旨在确保实现债权,而行政担保的目的是保障行政目

---

① [日]盐野宏:《行政法总论》,杨建顺译,北京大学出版社2008年版,第216页。
② 王学辉、张治宇:《迈向可接受性的中国行政法》,《国家检察官学院学报》2014年第3期。
③ [美]E.博登海默:《法理学:法律哲学与法律方法》,邓正来译,中国政法大学出版社1999年版,第405—406页。

标的实现，其用于担保的"标的物"是行政相对人或者第三人提供的信用或财产。2005年，国家税务总局制定了《纳税担保试行办法》。① 2010年，国务院颁布了《海关事务担保条例》。该条例第4条第1款规定，有五种情形之一的，当事人可以在办结海关手续前向海关申请提供担保，要求提前放行货物。② 可以说，我国行政担保制度在部分领域实现了有法可依。行政担保也体现了行政主体对行政相对人个人利益的尊重，是行政行为具有可接受性的另一表现。它通过满足行政相对人的合理要求，避免对其个人利益的不必要损害，促使其主动履行法律义务，积极配合行政主体维护公共利益，从而实现行政目的。

在行政"准司法"即行政纠纷解决环节，公私合作的态势也渐趋明朗。例如，在行政复议中，根据2007年《行政复议法实施条例》第40条规定，在行政复议的决定作出之前，作为复议申请人的"民"与作为被申请人的"官"可以在不损害社会公共利益和他人合法权益的前提下自愿达成和解，从而提前终止行政复议程序，这是公私合作解决行政纠纷以促进政府和民众和谐相处的良好制度表现。

2017年最新修订的《行政诉讼法》关于调解、撤诉和简易程序的规定都体现了公私合作共治的行政法治新理念。该法第60条尽管明确规定了人民法院审理行政案件"不适用调解"的一般原则，可是也列出了例外情况，即"行政赔偿、补偿以及行政机关行使法律、法规规定的自由裁量权的案件可以调解"，同时规定调解应当遵循的原则是"自愿、合法"，并且"不得损害国家利益、社会公共利益和他人合法权益"。该法第62条规定实际上赋予了行政诉讼原告以撤诉权，特别是"被告改变其所作的行政行为，原告同意并申请撤诉"的情形，充分展现了在"民告官"案件中的官民互动场景。该法第82条规定了人民法院审理第一审行政案件可以适用简易程序的基本条件是"认为事实清楚、权利义务关系明确、争议不大"，

---

① 国家税务总局2005年制定的《纳税担保试行办法》第2条规定："本办法所称纳税担保，是指经税务机关同意或确认，纳税人或其他自然人、法人、经济组织以保证、抵押、质押的方式，为纳税人应当缴纳的税款及滞纳金提供担保的行为。"

② 国务院2010年颁布的《海关事务担保条例》第4条第1款规定："有下列情形之一的，当事人可以在办结海关手续前向海关申请提供担保，要求提前放行货物：（1）进出口货物的商品归类、完税价格、原产地尚未确定的；（2）有效报关单证尚未提供的；（3）在纳税期限内税款尚未缴纳的；（4）滞报金尚未缴纳的；（5）其他海关手续尚未办结的。"

同时又列举了三种具体情形：被诉行政行为是依法当场作出的；案件涉及款额二千元以下的；属于政府信息公开案件的。即使不属于这三种情形的第一审行政案件，如果当事人各方同意适用简易程序的，也可以适用简易程序。原被告双方对行政诉讼简易程序的"合意"选择，使得"官"与"民"的矛盾和冲突不再那么不可调和，而是具有了更多理性、冷静和效率的考量。

（二）我国公私合作共治的行政法治建构

1. 以共享发展理念推进行政法治建设

作为新发展理念之一的共享发展理念，是管全局、管长远的重要指导思想，自然不能在行政法治建设中缺席。正如我国宪法学和行政法学者、中国人民大学法学院莫于川教授所言，公共管理权力能否分享，社会管理责任能否分担，公共治理风险能否共承，经济政治改革成果能否共享，这是衡量一项改革方向是否正确、是否成功的判断标准。[①] 以共享发展理念推进行政法治建设，至少应当做到如下三个方面。

其一，在宏观层面，着力打造共建共治共享的社会治理格局。党的十九大报告提出，从2020年到2035年要基本建成社会主义现代化国家，其目标之一是要基本形成"社会充满活力又和谐有序"的现代社会治理格局。要完成这一目标，必须运用法治思维和法治方式，推动法治国家、法治政府、法治社会一体建设，从过去自上而下的行政管理模式向扁平化、网络化的社会共治模式转型，加强和创新社会治理，善于把中国特色社会主义制度优势转化为社会治理效能，完善党委领导、政府负责、社会协同、公众参与、科技支撑、法治保障的社会治理体制，下大力气打造和形成共建共治共享的社会治理格局，以社会治理现代化保障广大人民安居乐业。

其二，在中观层面，严格规范公正文明执法，加快构建权责统一、权威高效的行政执法体制机制。严格执法是中国特色社会主义法治体系建设的重要环节。党的十九届四中全会提出，必须严格规范公正文明执法，特别是规范执法的自由裁量权，对于关系群众切身利益的重点领域要加大执法力度；深化行政执法体制改革，要求最大限度地减少不必要的行政执法

---

① 莫于川：《法治政府建设的理念与品格——学习法治政府建设实施纲要》，《中国特色社会主义研究》2016年第1期。

事项；加强整合行政执法队伍，进一步探索实行跨部门、跨领域的综合执法，让执法重心下移，不断提高行政执法能力和水平；全面落实行政执法责任制及责任追究制度。通过严格规范公正文明执法，尽量减少违法或不当行政行为，有效维护经济社会秩序，不断提升中国特色社会主义法治体系的执行力，不断提升广大人民群众对行政执法的满意度。

其三，在微观层面，切实维护人民群众的合法权益和社会公平正义。党的十九届四中全会提出，要健全法治保障制度以维护社会公平正义。要在不断完善中国特色社会主义法治体系的基础上，坚持做到有法必依、执法必严、违法必究。加强对人权的法治保障，保证人民依法行使权利和自由，依法履行义务，引导全体人民做中国特色社会主义法治的忠实崇尚者、自觉遵守者、坚定捍卫者。努力让人民群众在每一个司法案件中感受到公平正义，通过每一次个案公正彰显社会公正。加快健全便捷、公正、高效的多元化矛盾纠纷解决机制，全方位、多层次、立体化地维护人民群众的合法权益，使广大人民有更多获得感、安全感。

2. 完善行政协商制度设计

当前中国社会正处于大变革大转型时期，其中一个重要特点就是社会利益多元化甚至纷繁复杂。社会利益关系的复杂化呼唤政府决策形成方式的现代转型。德国当代著名思想家、西方马克思主义法兰克福学派第二代的中坚人物哈贝马斯主张，"让立法的过程成为商谈的过程，使立法的承受者本身就是规则的制定者，让实现公民自决的民主程序为立法注入合法性力量，现代法律秩序只能从'自决'这个概念获得合法性。"[①] 传统的行政意志决策模式是支配式的，具体表现为决策过程封闭，多为行政机构单方决定或暗箱操作，决策结果自上而下地单向输出，其权威来自权力本身的压制性。行政主体与相对人的关系在一定程度上具有"敌我矛盾"的特性和紧张关系。与此相适应，传统行政程序和行政法律制度的宗旨重在"控权"和"反专制"，控制行政权的滥用，防止其可能对行政相对人造成的损害，具有消极意义。现代公共意志形成模式更多是商谈式或协商式的，具体表现为决策过程透明，受决策影响的利益代表充分参与，行政主

---

① ［德］哈贝马斯：《在事实与规范之间》，童世骏译，生活·读书·新知三联书店 2003 年版，第 685 页。

体与相对人进行平等和理性的对话，决策结果由双方共同决定，政府决策的权威和正当性是建立在说服而不是压制的基础上。行政主体与相对人的关系在一定程度上具有"人民内部矛盾"的特性和友好关系。与此相适应，现代行政程序和行政法律制度的宗旨重在"分权"和"共治"，通过提高行政程序的民主化水平，使得行政相对人从"立法的承受者"转变为"规则的制定者"，让"他决"变成"自决"，从而让行政过程变成消除争议和形成共识的过程。这个过程就是实现公私合作共建共治共享精神的良性过程，具有十分积极的制度价值。

我国的公私合作共治虽然取得了令人注目的成绩，但是也存在不同行政领域和不同地域的公私合作共治发展不平衡不充分问题，与社会转型的需求和人民群众的期待相比仍然存在较大差距。比较典型的体现是在行政决策过程中，行政协商机制运行不畅或者流于形式，导致了不少行政决策的民主性和科学性都比较欠缺的不良后果。

根据新浪网报道，2016年6月25日，湖北省仙桃市有不少居民为抗议垃圾焚烧发电厂建设而走上街头。当地官方试图说服市民，建设发电厂对仙桃市具有很大的环境、经济和社会效益。而抗议民众认为，垃圾焚烧发电厂从选址到招标和建设已经超过两年，只有官方在网上进行公示，更多居民无从知情，而且该垃圾焚烧发电厂在施工过程中也未打标语，甚至连附近居民都不知晓其用途，显然市政府在刻意隐瞒此事。仙桃市市长周文霞亲自上街与抗议民众对话。事发15小时后，事态不仅没有平息反而恶化了，仙桃市市委书记冯云乔才从其在武汉的家里赶回仙桃现场处置该群体性事件。最终，仙桃市委市政府研究决定停止该项目。因为冯云乔在处置重大群体性事件中领导不力、工作失职，造成恶劣影响，湖北省委决定免去其仙桃市市委书记职务，终止其提拔任用程序。同时，对仙桃市市长周文霞和市委秘书长郑章均作诫勉谈话处理。[1] 显然，这是一起地方党委和政府在施政和行政过程中缺乏与民众的协商和对话而引发的群体性事件，不仅没有收到预期的环境、经济和社会效益，而且浪费了国家和社会的资源，损害了党和政府的形象。

行政协商程序应当是一种以公民的程序性权利为核心而构建起来的程

---

[1] http://news.sina.com.cn/o/2016-08-24/doc-ifxvctcc8362650.shtml.

序机制，它以主体之间的平等关系而非隶属关系为前提，而且这种平等关系"必须强到足以保证所有公民包容在协商之内，并将外在的或内生的影响，如权力、财富和已有的社会不平等排除在外的地步"①。行政协商作为一种注重公民主体意志与权利的表达，集中诠释了民主行政、服务行政、平衡行政及程序行政等现代行政法治理念。在很大程度上，行政协商是现代行政法治理念催生的典型行政方式，推进行政协商的广泛应用乃我国行政法治发展的必然选择。② 然而，行政协商在我国的推行并不尽如人意，面临着许多现实困境。

在我国的行政救济领域，行政协商程序已经得到法律的确认。《国家赔偿法》（1994年颁布，2010年第一次修正，2012年第二次修正）第13条第1款规定，"赔偿义务机关应当自收到申请之日起两个月内，作出是否赔偿的决定。赔偿义务机关作出赔偿决定，应当充分听取赔偿请求人的意见，并可以与赔偿请求人就赔偿方式、赔偿项目和赔偿数额依照本法第四章的规定进行协商。"这可以说是我国行政法对行政协商程序最为明确的规定。虽然国家赔偿法的行政协商规则还比较原则性，看起来还比较单薄，更加具有完整性和可操作性的规则还有待进一步构建，其实践效果还有待观察，但是，应当承认的是，它是行政协商程序在我国行政救济领域的可贵探索，是体现共建共治共享精神和协商民主的经典法律文本。

在我国的行政处理领域，以《行政处罚法》和《行政许可法》为主要法律依据所确立的听证制度就是行政协商的重要表达方式之一。听证是指行政机关在作出有关行政决定前，听取行政相对人的陈述、申辩、质证的程序，是听取利害关系人的意见的重要法律程序。听证的基本精神是通过程序的公正来确保结果的公正，体现了浓厚的现代民主政治色彩。"听证"一词最早来源于英国的司法程序，即司法听证，后来传播到美国，并且从司法程序扩展到行政程序和立法程序。1946年美国制定的《联邦行政程序法》，首次将听证程序作为行政程序的核心。1996年，我国《行政处罚法》首次将听证制度纳入我国的行政执法程序，在行政机关作出责令停产停业、吊销营业执照或许可证等对行政相对人有重大影响的决定前，行政

---

① [美]詹姆斯·博曼：《公共协商：多元主义、复杂性与民主》，黄相怀译，中央编译出版社2006年版，第32—33页。
② 蔡武进：《现代行政法治理念下的行政协商》，《天津行政学院学报》2013年第3期。

相对人有权要求举行听证。① 2003年《行政许可法》第46条也规定了实施行政许可的听证程序。②

一般而言，听证程序承载着人们对行政程序公正性的期待。当政府的决定或行政行为可能影响行政相对人权益的时候，当事人应当被赋予了解有关信息并为自己利益辩护的机会。听证程序就是这样的机会。在听证过程中，行政相对人获得为自己辩护的程序性权利，通过与行政机关的互动、协商和博弈，最终可能对政府的决定产生一定程度的实质性影响。听证程序一般表现为听证会。听证的内容，既包括对案情或者与立法相关的客观事实的描述、反映和确认，也包括听证陈述人基于自身立场提出的主观意见。与其他听取意见的方式例如座谈会、论证会相比较，听证会的显著特点在于其公开性，会议公开举行，允许社会公众旁听，允许媒体记者采访和报道。在美国行政法中，听证会通常由行政机关指派一位行政法官来主持，对立的双方除了发表观点，还可能提出自己的证人和其他证据文件来支持自己的观点。听证会完全类似法庭辩论，行政法官作出最后的裁决，该裁决要尽可能详尽地回应双方的观点，否则可能在后续的司法审查中因为程序瑕疵而被认定为无效。

从听证的内容看，我国的听证程序包括三大类型：一是1996年建立的行政处罚听证，二是1997年建立的价格决策听证，三是2000年建立的立法听证。

我国原国家发展计划委员会2002年就发布了《政府价格决策听证办法》，该办法在2008年修订为《政府制定价格听证办法》，新的办法又在2018年进行了全面修订。2018年版《听证办法》扩充了听证事项的范围，除了具体的价格水平可以听证，直接影响价格水平的定价机制也是可以听证的。应当说，随着改革开放的持续扩大和社会主义市场经济的深入发展，我国的价格决策听证制度也在不断地完善。但是它在现实中运行并不尽如人意。我国的价格听证会多数是解决涨价问题，听证的结果通常也是

---

① 1996年制定并于2017年修改的《行政处罚法》第42条规定："行政机关做出责令停产停业、吊销许可证或者执照、较大数额罚款等行政处罚决定之前，应当告知当事人有要求举行听证的权利；当事人要求听证的，行政机关应当组织听证。当事人不承担行政机关组织听证的费用。"

② 2003年《行政许可法》第46条规定："法律、法规、规章规定实施行政许可应当听证的事项，或者行政机关认为需要听证的其他涉及公共利益的重大行政许可事项，行政机关应当向社会公告，并举行听证。"

涨价，因此被一些民众戏称为"听涨会"。听证会为何异化为"听涨会"？其原因比较复杂，既有制度设计即立法层面不科学的原因，也与某些行业或地区在执行层面即执法的扭曲操作和不严肃有关，还有现实中各方面利益博弈的不平衡之故。

立法听证在西方发达国家是一种比较成熟和完善的立法民主制度。20世纪60年代，伴随着民权运动的兴起和发展，西方社会公众参与立法和行政等国家事务的呼声日益高涨，美国法律中的立法听证制度应运而生，并受到西方社会的广泛认同和效仿。在西方发达国家，议会通过的法案不仅要在议员中进行辩论，还要经过公众听证这一重要环节。与司法听证和行政听证相比，国外的立法听证更为简单，听证代表的产生办法是古老但是容易操作的抽签，针对法案内容的必要性和合理性发表观点或者进行辩论，这些听证代表的观点将作为议员们在进行立法投票时的重要参考依据，但是并不像行政程序中的听证会那样具有刚性的法律拘束力，这是因为议员们的言论和表决拥有免责权。不过，在现代民主国家，议员由民主选举产生，为了维持选票的考虑，他们很难对立法听证会上的选民意见视而不见、充耳不闻，正因为如此，立法听证会对法案能否出台以及其内容必然产生实质性的重要影响。

在我国，《立法法》《行政法规制定程序条例》《规章制定程序条例》都规定了听证制度。[①] 立法听证是实现立法民主化和科学化的重要举措，是人民群众依法参加国家管理的重要形式，是依法治国的重要制度创新。2005年9月27日，全国人大法律委员会、财政经济委员会和全国人大常委会法制工作委员会在北京举行个人所得税工薪所得减除费用标准听证会，这是全国人大常委会首次在立法过程中公开举行听证会，至今仍为人津津乐道，成为我国立法机关推行民主立法、开门立法的标志性事件，具有里程碑意义，必将载入我国立法史册。受此影响，我国地方立法中也越来越多地采用了立法听证会的形式广泛地听取和收集民意。

我国《行政法规制定程序条例》第13条第1款规定，起草行政法规，起草部门应当深入调查研究，总结实践经验，可以采取召开座谈会、论证

---

① 我国《立法法》第36条第1款规定："列入常务委员会会议议程的法律案，法律委员会、有关的专门委员会和常务委员会工作机构应当听取各方面的意见。听取意见可以采取座谈会、论证会、听证会等多种形式。"

会、听证会等多种形式，广泛听取有关机关、组织和公民的意见。① 我国《规章制定程序条例》第 16 条第 2 款规定，当起草的规章涉及重大利益调整或者存在重大意见分歧等情况时，起草规章的单位应当举行听证会听取意见。② 该条例还明确规定了立法听证会的程序。与《立法法》和《行政法规制定程序条例》相比较而言，《规章制定程序条例》的进步之处在于，它通过明确规定立法听证会的程序，实际上赋予了立法听证会对规章起草单位的法律拘束力，特别是"应当说明对听证会意见的处理情况及其理由"的规定，使得规章起草单位必须直面而不是回避听证会意见，在较大程度上体现了民主立法、科学立法、依法立法的先进理念。

可以看出，从我国的《立法法》到《行政法规制定程序条例》，再到《规章制定程序条例》，对立法听证会的态度都是"可以采取"而不是"应当采取"，即使起草的法案或规章"涉及重大利益调整或者存在重大意见分歧，对公民、法人或者其他组织的权利义务有较大影响，人民群众普遍关注"的，后面还加了一句"需要进行听证的"，起草单位才"应当举行听证会听取意见"。如此，立法听证会在我国立法中成为一个"可有可无"的制度设计，法案起草单位对是否举行听证会拥有巨大的自由裁量权，这种裁量权可能使得社会公众在立法中应有的知情权、参与权和监督权最终落空。正因为如此，在我国的行政立法实践中，立法听证会的运用还不够广泛，听证的效果还不够明显，立法听证制度还有很大的完善空间。与座谈会、论证会相比较，立法听证会的优越性在于公开性和参与性更强，透明度更高，对问题的调查和观点的表达更加全面、充分和深入。从内容看，立法听证会为立法者提供了全面地获取信息和发现事实的机会，可以弥补立法者在法案涉及的专业知识方面的不足，从而提高法案的起草质量。从程序看，立法听证会为社会各个利益群体和一般公众提供了

---

① 我国《行政法规制定程序条例》第 13 条第 1 款规定："起草行政法规，起草部门应当深入调查研究，总结实践经验，广泛听取有关机关、组织和公民的意见。涉及社会公众普遍关注的热点难点问题和经济社会发展遇到的突出矛盾，减损公民、法人和其他组织权利或者增加其义务，对社会公众有重要影响等重大利益调整事项的，应当进行论证咨询。听取意见可以采取召开座谈会、论证会、听证会等多种形式。"

② 我国《规章制定程序条例》第 16 条第 2 款规定："起草的规章涉及重大利益调整或者存在重大意见分歧，对公民、法人或者其他组织的权利义务有较大影响，人民群众普遍关注，需要进行听证的，起草单位应当举行听证会听取意见。"

影响立法决策的正式渠道，为协商民主提供了对话平台，使立法决策更具有根本上的合法性和正当性。听证会也是面向公众进行法制宣传的良好契机。

笔者的建议有两个方面：一是将我国《立法法》《行政法规制定程序条例》和《规章制定程序条例》对立法听证会的规定修改为"应当采取"，从弹性规定升级为刚性规定；二是将《规章制定程序条例》第16条第2款对听证会程序的规定普及到《立法法》和《行政法规制定程序条例》，使得立法听证会不仅必须举行，而且对法案起草单位要有法律拘束力。我国一向具有"重实体而轻程序"的法律文化传统，强调立法程序的正当性对于当今中国特色社会主义民主法治建设而言具有特殊而重要的意义。立法听证会有助于立法机构和人民群众树立起法治程序意识，认识到立法中的民主程序与法案的实体内容一样是富有价值的存在，而不是可有可无的装饰品。尽管立法听证会可能在一定程度上提高立法成本，但这些成本对于提升法案的质量和民主的价值来说，仍然是非常"值得"的制度创新。

第六章　经济法治：市场调节与政府调控的合作

经济法是我国法律体系中一个独立的法律部门，是调整国家在协调国内经济运行过程中发生的经济关系的法律规范的总称。经济法并不能简单地理解为"与经济有关的法"，那样就不适当地扩大了经济法的外延。经济法调整的社会关系是经济关系，但并非全部经济关系，而是特定经济关系，这种经济关系仅限于国家在协调本国经济运行中发生的社会关系。现代国家经济运行离不开国家协调。经济法中的国家协调，是指政府根据法律和国家权力机关的授权，综合运用法律的、行政的或其他合法手段，使经济持续、稳定、健康发展的行为。

调整对象的特定性，使经济法与民法、行政法、国际经济法等部门法能够区分开来。例如，民法调整平等主体之间的人身关系和财产即经济关系，一般情况下与国家无关；行政法调整的社会关系虽然与国家有关，但主要属于政治关系而非经济关系。国际经济法是调整国际经济关系的各种法律规范的总称，国际性是其重要属性。经济法是国家协调本国经济运行的法。经济法是促进资源优化配置的重要手段，是运用法治思维和法治方式深化改革、扩大开放的重要途径，对于建立和完善社会主义市场经济体制，建设现代化经济体系，促进社会主义现代化建设，实现全体人民共享改革发展成果，都具有十分重要的意义。与民法、刑法等其他传统的部门法相比较，经济法产生得比较晚，属于新兴的法律部门。

第一节 经济法简史：危机应对和公共精神

一 作为"分配法"的概念启蒙和空想色彩

经济法概念的出现可以追溯到18世纪中叶。1755年，法国空想社会主义者摩莱里在其《自然法典》一书中首次提出了"经济法"这一概念。他提出了不少法律草案，其中一个称为"分配法或经济法"，在他那里，"经济法"就是"分配法"的代名词，是由社会管理机构根据一定的标准将自然产品或人工产品进行平均分配而禁止买卖和交易的法律。1843年，法国另一位空想社会主义代表人物德萨米出版的《公有法典》第三章的名称就是"分配法或经济法"，以此作为指导思想来建造其精心设计的未来社会基本单位——公社。他主张实行公有制，取消贸易。这些空想社会主义者的"经济法"思想与分配问题紧密联系，具有平均分配和按需分配的强烈倾向，在一定程度上体现了社会成员共享发展的精神内涵。虽然他们的思想与现代经济法相去甚远，但是也暗含了国家干预经济思想的萌芽，在这一点上与现代经济法存在相通之处。

1865年，法国无政府主义代表人物蒲鲁东在其出版的《工人阶级政治力量》一书中也使用了"经济法"概念，认为经济法是政治法和民法的补充和必然产物。在此，蒲鲁东看到了经济法与调整政治关系的公法和调整民事关系的私法之间的不同之处，这种不同使得经济法的产生具有必要性和必然性。这一思想已经比较接近现代经济法产生的客观现实了，可谓具有相当程度的"先见之明"。蒲鲁东在1869年出版的《战争与和平》这一著作中又论述了"经济法权观念"。不过，正如恩格斯在《再论蒲鲁东和住宅问题》一文中指出的那样，"蒲鲁东在法学和哲学方面，也如在其他一切方面一样，却不过是一个涉猎者"[①]。由于当时的资本主义市场经济还处于自由竞争阶段，各国也还未产生现代意义上的经济法，可以说当时的"经济法"还处在"有名无实"的"头脑风暴"阶段。

---

① 《马克思恩格斯选集》第2卷，人民出版社1972年版，第538页。

二 作为"竞争法"的现代经济法的产生及其社会根源

在世界范围内,一般认为经济法的诞生还是 19 世纪末的事情,距今不过一百余年。1890 年美国的《谢尔曼反托拉斯法》和 1896 年德国的《反不正当竞争法》等,通常被视为现代经济法的开端,也同当时作为新兴大国的美国和德国的强势崛起过程紧密相连。当代德国著名学者哈贝马斯认为,从 1873 年经济大萧条以后,自由主义时代走到了末路,美国反托拉斯法、德国反不正当竞争法应运而生,并使得这两国的发展超过了法国和英国。① 此后,作为解决市场失灵问题的重要制度设计,随着国家职能的变化、政府与市场关系的重塑、法律体系的拓展,经济法在 20 世纪以来的现代国家发展史上一路前行,留下了不可磨灭的印迹,并在现代国家经济治理体系中持续发挥不可替代的重要作用。

1906 年,德国学者莱特(Ritter)在《世界经济年鉴》中第一次使用了指代国家经济方面立法的"经济法"概念,这一概念的内涵和外延比较宽泛,与现代意义上的经济法尚有一定距离。1916 年,德国法学家赫德曼(Hedmen)在《经济学字典》中也使用了"经济法"概念,把关于经济法制特别是监督卡特尔等垄断组织的法律称为经济法,并提出了经济法是部门法的主张。其时,包括德国在内的西方主要国家已经从自由资本主义阶段进入垄断资本主义阶段,经济法规不断涌现,成为重要的法律现象。一战爆发后,为了战争的需要,德国议会颁布了《确保战时国民粮食措施令》(1916)等法令。战后,德国又制定了《煤炭经济法》(1919)和《钾盐经济法》(1919)等一系列经济法规,是世界上最早的以"经济法"为名称的法律。这些法律在立法上突破了西方国家长期奉行的自由放任主义的经济发展原则,确认政府有权直接干预经济,实施社会化的政策。至此,经济法从概念、理论到实践都进入现代阶段。

现代经济法产生的社会根源在于,西方资本主义国家从自由竞争阶段进入垄断阶段以后,资产阶级国家职能发生重大转变,由原先对社会经济生活采取的自由放任主义立场转变为政府主动干预经济的新立场,政府从

---

① [德]哈贝马斯:《公共领域的结构转型》,曹卫东等译,学林出版社 1999 年版,第 171—172 页。

"守夜人"变成了"运动员"。由于资本的高度集中和垄断组织的不断出现,各种社会矛盾丛生并日益尖锐。垄断窒息了自由竞争,导致生产的无政府状态,严重威胁资产阶级统治的稳定性。为了维护资本主义的经济基础,资产阶级国家直接动用国家机器,通过颁布各种经济法律规范,使政府摆脱传统观念的束缚,直接介入、干预和控制经济,从而在客观上促成了经济法这种以国家干预经济为特征的新的法律部门的出现。如果说,在自由资本主义阶段,以维护自由竞争和保护私人利益为重要目标的民法和商法还能如鱼得水的话,那么到了垄断资本主义阶段,它们已经力不从心、捉襟见肘了,而以恢复自由而公平的竞争秩序、促进公共利益为目标的经济法应运而生。

三 作为"危机应对法"的当代经济法新发展

从全球视野来看,经济法在二战前后取得了长足的发展。1933年,美国政府开始大刀阔斧地实行的"罗斯福新政",成为经济法大展身手并奠定其显赫地位的重要历史舞台和具有显著的标志性意义的里程碑事件。新政的目的是通过政府直接或间接干预经济的方式,应对1929年开始的大萧条造成的经济危机和社会矛盾。新政的核心是"3R":救济(Relief)、复兴(Recovery)、改革(Reform)。即救济穷人和失业者,将经济恢复到正常水准,改革金融系统以防止重现大萧条。在新政期间,美国制定了《农业调整法》《全国工业复兴法》《紧急银行法》《证券法》《社会保险法》等一系列贯彻国家干预经济思想的法案。二战爆发后,罗斯福新政基本结束,但新政时期建立的许多经济法制度或相关机构,例如美国证券交易委员会、联邦社会保障基金、联邦存款保险公司、田纳西河谷管理局等运营至今,并且在全球范围内产生了重大影响。

二战结束后,为满足战后重建的需要,联邦德国和日本等国的经济法进入大规模发展的"井喷"时期。西德政府颁布了《反卡特尔法》《防止不正当竞争法》等数以千计的经济法规,占其同期颁布的全部法规的绝大部分。日本颁布了《工业标准化法》《企业合理化促进法》《煤炭合理临时措施法》《机械工业振兴临时措施法》《中小企业基本法》《禁止垄断法》《物价管理法》《专利法》《银行法》等经济法律。在日本1979年出版的《六法全书》中,经济法被单列为一编,共计11章,收录225个重要的经济法规。德国和日本都形成了较为完备的经济法律体系，经济法作为一个独立的法律部门受到重视。

四 经济法的公共性和共享发展精神

纵观经济法的发展历史不难看出，经济法总是与经济危机和战争等社会危机紧密联系在一起，可以说"受任于败军之际，奉命于危难之间"，正因为如此，人们将早期的经济法称为"危机对策法"或"战时经济法"。考察经济法在过去一个多世纪的全球实践，如果说经济法是解决危机的"灵丹妙药"可能言过其实的话，那么说它是被寄予厚望、挽狂澜于既倒、扶大厦于将倾的"锦囊妙计"，则一定不是夸张之语。经济法是"为了补充由市民法残留下来的法的空白状态，相对于市民社会私的侧面，内置公共性侧面的法律"[①]。经济法应对和解决危机是为了国家和社会更好地存续和发展，是站在社会整体和公共利益的立场上进行的制度创新，因此我们可以说，共享发展理念和公共精神是经济法与生俱来的制度追求，是"经济法的精神"。

经济法要解决的基本矛盾，从经济利益关系来看，是个体营利性与社会公益性之间的矛盾，而从价值取向来看，是自由、效率价值与平等、公平价值之间的矛盾。在利益和价值的天平上，经济法对社会公益、平等和公平价值给予了更多的关注。经济法的诸多领域和制度涉及利益分配问题，例如财政法通过预算制度直接和广泛地参与国家经济资源的分配，税法中"起征点"的提高、税率的改变、房产税等新税种的开征都直接关系到国民收入的再分配，反不正当竞争法、消费者权益保护法、产品质量法、反垄断法都是维护公平竞争市场秩序和共享发展格局的重要法律。党的十八大以来，习近平总书记提出的精准扶贫、精准脱贫的战略部署，以社会主义本质理论中的"共同富裕"为理论基础，是以人民为中心的发展思想和共享发展理念的具体实践，正持续推动我国脱贫事业取得举世瞩目的伟大成就。[②] 脱贫攻坚的实践既是党和政府的政策实践，也是以经济法

[①] 张世明、王济东、刘亚丛：《经济法体系化与方法论：竞争法的新发展》，社会科学文献出版社 2017 年版，第 28 页。

[②] 谭晨：《新发展理念的经济法释义：关联、定位及内涵》，《西安交通大学学报》（社会科学版）2019 年第 6 期。

为主体的法律实践，通过财政法上的转移支付制度、税法中的税收减免制度、产业政策法中的鼓励创业制度等各方面制度，确保如期完成脱贫攻坚的历史任务和全面建成小康社会的宏伟目标。

第二节　经济法治的核心要义：处理好政府与市场的关系

一　经济法主线与经济学理论的关系

本书所称的"经济法治"，是指现代国家运用经济法对经济进行有效治理的过程和良法善治的状态。"经济法是市场经济之法"，这是学术界普遍达成的基本共识。① 经济法的基本分析范式是国家与市场的互动，经济法理论的两条主线，一是国家干预观，二是市场调节观。② 经济法的这两条主线与经济学理论的变化和发展密不可分，可以说是经济学理论在法律领域的映射，或者说是经济学理论制度化、法律化的必然结果。在近现代以来的西方经济学发展史上，从经济自由主义到国家（政府）干预主义是大势所趋，但是二者并非线性的递进关系，而是你中有我、我中有你、此起彼伏、交织交融、螺旋上升的复杂关系，而经济法被赋予处理好这种复杂关系的历史使命。经济法治的核心要义，简而言之，就是要处理好政府与市场的关系。

二　经济自由主义与民商法的"在场"

经济自由主义在资本主义发展的"上半场"发挥了"定海神针"般的历史作用。英国著名经济学家亚当·斯密（1723—1790）被誉为"经济学之父"，他的代表作《国富论》（即《国民财富的性质和原因的研究》，1776年出版）是经济自由主义的"圣经"。在斯密看来，人类的行为是由自爱、同情、追求自由的欲望、正义感、劳动习惯和交换倾向等六种自然的动机所推动形成的。这些动机经过各种社会机制的平衡，使个人利益不会与他人利益产生强烈对立，个人的自利行动必然会考虑到他人利益，这就是人类动机的自然平衡和自然秩序。基于这一确信，斯密提出了"看不

---

① 邱本：《论经济法的共识》，《现代法学》2013年第4期。
② 李昌麒、张波：《论经济法的国家干预观与市场调节观——对国家与市场分析范式的一种解读》，《甘肃社会科学》2006年第4期。

见的手"的著名论断,即自利的个人都会被一只"看不见的手"引导,去达到并非出于其本意之目的。斯密的自由主义经济学理论和政策主张正是以此为基础的。在经济政策方面,他主张在个人自由和自律基础上,建立起一种由市场自生自发调节的经济秩序。而政府只需要维持治安、提供教育和国防等最低限度的公共事业;政府无需也不应干预经济事务,要放任每一个人进行自由行动的愿望,任凭"百花齐放,百家争鸣",如此会自然而然地实现公共利益的最大化,达到"万紫千红总是春"的成效。这种学说可以概括为五大原则,即"自由市场、自由经营、自由竞争、自动调节、自动均衡",认为在自由竞争的条件下,经济都能通过价格机制自动达到均衡,一切人为的干预,特别是政府干预都是多余的。这就是人们所谓的"管得越少的政府越是好政府",政府承担"守夜人"的角色,也就是说要建立"小政府、大社会"。经济自由主义者相信,自由放任的经济体制是市场经济能够顺利运行和经济增长的最好条件。在19世纪末期以前的一个多世纪里,经济自由主义被自由资本主义时代的西方各国奉为国家发展的指导思想而长盛不衰。

与自由资本主义的时代特征相适应,传统法律家族中的民法和商法始终保持"在场"状态,它们能够应对自如、游刃有余,经济法似乎并无"出场"的必要性和迫切性。

三 政府干预主义与经济法的"出场"

政府干预主义在资本主义发展的"下半场"扮演了"救火队长"的关键角色。从19世纪后期到20世纪初期,自由竞争的资本主义发展到垄断资本主义即帝国主义,可以说资本主义社会的发展进入了"下半场"。根据列宁的论断,垄断资本主义国家的经济具有不同以往的新特点:一是垄断组织的出现使得生产和资本高度集中,并决定了资本主义的经济命脉;二是工业资本与银行资本联姻成为金融资本,进而发展为金融寡头;从商品输出一统天下过渡到资本输出越发重要;资本家在国际范围内形成垄断同盟,并在全世界划分势力范围;全球各国的领土已经被最大的几个资本主义大国强国瓜分完毕。在垄断阶段,资本主义经济危机在数量和规模上有增无减,而且随着经济全球化程度的加深,经济危机的影响力和破坏力迅速扩展到几乎所有的资本主义国家乃至全世界,在20世纪上半叶的20

多年时间里连续引发了两次世界大战,造成人类历史上空前严重的大劫难。如果说自由资本主义时代的天空只是"黑云压城城欲摧""山雨欲来风满楼"的话,那么垄断资本主义的早期时代就是充满"血与火"的人间炼狱。在战火硝烟、战后重建和接连不断的危机处置过程中,经济自由主义者的"无为而治"思想显得不合时宜,国家或政府从经济治理的"幕后"走向"前台",担当"救火队长"角色,主动干预经济,成为过去一个世纪以来的时代强音。在纷繁复杂的学说和思想中,影响最为深远的经济学理论,就是凯恩斯主义。

约翰·凯恩斯(1883—1946)来自英国,是20世纪最具影响力的经济学家,他创立的宏观经济学与爱因斯坦的相对论和弗洛伊德的精神分析法,并称为20世纪人类知识界的三大革命。1936年,凯恩斯的代表作《就业、利息和货币通论》出版,论证了国家直接干预经济的必要性,提出了以财政政策和货币政策为核心的宏观经济学思想,创立了现代宏观经济学的理论体系,被称为"凯恩斯主义"。凯恩斯认为,在现实生活中存在着边际消费倾向递减、资本边际效率递减和流动偏好三大心理规律,这些规律的存在导致消费需求不足和投资需求不足,以至于总需求小于总供给,造成有效需求不足,使企业生产的东西卖不出去,企业停产乃至破产,也就是出现了生产过剩的经济危机和大规模失业,这是市场价格机制无能为力的。他主张,复兴经济和解决失业问题的最好办法是政府干预经济,国家要采用扩张性的经济政策,通过采取赤字财政政策和膨胀性货币政策以扩大政府开支,降低利息率以达到刺激消费和增加投资的目的,从而提高有效需求,实现充分就业,促进经济增长,维持经济繁荣。凯恩斯提出的国家干预经济的一系列政策主张,与传统的经济自由主义针锋相对,为20世纪30年代以来资本主义国家制定国家干预经济的政策提供了理论依据,也为其他国家的经济发展政策提供了理论参考,影响力覆盖全球,以至于被称为"凯恩斯革命"。

在20世纪七八十年代之交,凯恩斯主义在资本主义世界的统治地位在一定程度上被奉行新古典学派"自由企业精神"的新保守主义经济学所取代。[①]

[①] 傅殷才、颜鹏飞:《自由经营还是国家干预——西方两大经济思潮概论》,经济科学出版社1995年版,第289页。

但是随着全球范围内的经济危机例如1997年亚洲金融危机、2008年以来的国际金融危机以及新冠疫情引发的全球经济和社会危机不断爆发，主张干预经济的凯恩斯主义又"满血复活"大行其道，各国政府的"救市"举措接二连三，令人目不暇接。国家干预主义与经济自由主义的"论战"和"实战"，随着近现代以来世界经济的发展周期，在理论上莫衷一是，你方唱罢我登场，在实践中此消彼长，各领风骚数十年。

自垄断资本主义产生的一百多年来，由于自由竞争的稀缺和"市场失灵"的普遍存在，传统法律家族中的民法和商法作为"老革命"遇到了"新问题"。市场失灵是指依靠市场配置资源时不能实现资源的优化配置的情形。一般认为，市场失灵出现的原因包括垄断、外部性、公共物品和信息不对称等因素，垄断造成的竞争不充分、不自由、不正当局面，以致损害社会公共利益，可以说是市场失灵最常见也是最主要的根源。国家的法律体系必须承担起反垄断的任务，以克服市场失灵，恢复自由和公平的竞争秩序。以自由为核心价值并因此对国家和政府保持警惕和戒备的民法和商法，无力承担反垄断的使命。正所谓"长江后浪推前浪"，作为"后浪"的经济法，以法律家族新成员的姿态，在一百年来世界各主要国家的经济治理中呼风唤雨，乘风破浪，中流击水，一路高歌猛进。

四 经济法治：政府与市场的平衡术

随着商品经济的不断发展，在确立市场经济体制的国家和经济体中，市场既是有形的实体，也是无形的存在。市场的"有形"表现在：它是商品交换的场所或者沟通交易双方的媒介，这也是市场的直接作用和传统功能。市场的"无形"表现在：它已成为资源配置的重要手段和体制机制，在市场经济条件下调节经济运行过程中发挥着至关重要的决定性作用，所谓"看不见的手"即为此意。不过，市场也并非包治百病的万能良药，市场机制存在的"唯利是图"和"后知后觉"等缺陷，使得市场竞争并不总是充分和有效，市场也有失灵之时。也就是说，市场这只"看不见的手"一般情况下能够实现资源的优化配置，但是由于各种原因，有时"看不见的手"不起作用。[①] 市场机制的出发点和立足点是微观的个体，而个体的

---

① ［美］曼昆：《经济学原理》，梁小民译，生活·读书·新知三联书店2002年版，第12页。

理性并不必然带来整体的理性,从市场经济的历史和实践看,个体的自利动机和营利行为在许多情况下会带来整体的非理性后果甚至灾难性危机。

纯粹的市场机制可能导致经济生活中的垄断而且难以消除,不能避免经济活动给他人带来的负外部性即消极的外部影响,它无意也无法自动实现国家经济总量的平衡,无法提供公共产品,难以实现法律的公平正义价值等,都是市场失灵的表现形式。市场机制的内在缺陷和市场失灵的客观存在,呼唤一种外在于市场的力量来矫正这种缺陷和克服市场失灵现象。这种外在于市场的力量需要足够的强制力和执行力,而代表国家的政府无疑是最为符合这些要求的选项。因为代表国家的立法、执法、司法机构乃至军队都是看得见、摸得着的实体性存在,它们的强制力和执行力是其他力量所无法比拟的。因此,相对于市场这只"无形之手"或者"看不见的手",政府被称为"有形之手"或者"看得见的手",两只手互相合作,方能完成促进经济持续健康发展的目标。

考察国家的发展史不难发现,经济管理职能是政府的固有职能,即使在奴隶社会和封建社会这样的前现代社会,管理经济也是国之大事。例如,在中国封建社会长期奉行的"重农抑商"思想和政策就是国家管理经济的鲜明例证。只是在人类社会进入近代以后,古典自由主义和新自由主义者出于发展自由资本主义的社会需要,刻意地淡化甚至取消国家的经济职能,而实际上,他们也不否认国家政府保有最低限度的干预经济的职能。不管当时的主流思想是接受还是排斥政府干预,各国在面对经济困境或危机时,通常都会采取比较务实的态度,采取引导、促进甚至强制等手段将政府干预经济的设想付诸实践。

根据马克思主义基本原理,国家是阶级矛盾不可调和的产物,是阶级统治的工具。这种统治有各种表现形式和方式,可以是人治、德治,也可以是法治。由于法律具有权威性、规范性、稳定性、可预期性等重要特征,通过法律来干预经济是保障这种干预取得实效的理性选择。在近现代以来的法治国家,政府干预一般都通过法律来实现。特别是在当代厉行法治的国家或地区,经济法对于国家干预经济既有保障的功能,更承担着确认和规范国家干预经济范围、方式和力度的任务。经济法对国家干预经济的确认功能,其目的是为国家干预经济提供法律依据,为国家干预经济行为"背书",使国家干预获得正当性基础;经济法对国家干预经济的规范功能,其旨意是制衡国家干预,控制国家权力的滥用。正如习近平同志所言,"要加强对权力运行的制约和监督,将权力关进制度的笼子里"①。因为"绝对的权力导致绝对的腐败"。市场不是万能的,政府也不是万能的,政府也存在腐败、缺位、越位等"政府失灵"现象。经济法既是对政府的"授权",也是对政府的"限权",确保政府干预经济的权力在正确的轨道上运行,防止其恣意妄为,以保护市场主体的自由。经济法出现的目的在于弥补民法的不足,通过构建对私权利和公权力的"双重限制"来寻求平衡,一方面以私法自治为出发点,又对私权利加以限制,另一方面为避免过分压缩个人自由的空间,又对这种限制本身进行严格的约束。② 经济法的本意不是用政府代替市场,而是如中共十八届三中全会通过的《中共中央关于全面深化改革若干重大问题的决定》提出的重大理论观点,要"使市场在资源配置中起决定性作用和更好发挥政府作用"。经济法就是市场机制和政府权力之间的平衡术。

第三节 经济法治的治理效能:市场规制法和宏观调控法

一 经济法与国家治理的关系

从广义上讲,国家治理包括一个国家范围内的所有治理活动,涉及经济、政治、文化、社会、生态文明、国防军队、执政党建设等各个领域各个方面的治理,其中经济治理居于首要地位,是国家治理的基础和核心。恩格斯深刻地指出,"一切政治权力起先都是以某种经济的、社会的职能为基础的"③。在经济治理中,国家权力是一把双刃剑:如果运用得当,就能从正面促进经济发展;相反,如果运用不当,就会从反面阻碍经济发展。因此,经济治理的关键,就是确保国家权力特别是经济权力的正确行使。这里的"确保",对政府干预经济的权力而言,一方面是确认和授权,

---

① 《习近平谈治国理政》,外文出版社2014年版,第388页。
② 张占江:《反不正当竞争法属性的新定位:一个结构性的视角》,《中外法学》2020年第1期。
③ 《马克思恩格斯文集》第9卷,人民出版社2009年版,第190页。

另一方面是保障、规范和限权。经济法通过确认和规范国家干预经济的权力和职能，旨在确保国家权力对经济发展的正向促进作用而不是反向阻碍作用。经济法中的国家干预是国家为了应对市场失灵、实现公共目标而有限介入经济生活的国家行为。国家干预的方法包括调控和规制，二者都要采取法律的形式，经济法正是确认和规范国家干预经济的法律。① 经济法是现代市场经济和法治的最主要交集，是现代市场经济国家和法治国家经济治理的最重要法宝之一。

推进国家治理体系和治理能力现代化，是 2013 年中共十八届三中全会提出的全面深化改革的总目标。国家治理的现代化与法治化，其内在精神是高度统一的，其外在特点是十分契合的。正如中共中央党校卓泽渊教授所言，法治化是国家治理现代化的重要内容和有力保障，法治体现在国家治理现代化的各个方面，是推进国家治理体系和治理能力现代化的重要杠杆。② 经济法是国家经济治理体系和治理能力的核心内容，对于实现国家治理体系和治理能力的法治化与现代化具有重大意义。③ 经济法是调整市场规制关系和宏观调控关系的法律规范的总称。其中，市场规制法以反垄断法、反不正当竞争法、产品质量法、消费者权益保护法为代表性法律，宏观调控法主要包括发展规划、财政金融、产业政策等方面的法律。经济法调整的市场规制关系和宏观调控关系，是关系国计民生和国家长治久安的重大社会关系，是国家经济治理体系和治理能力的重要基石。现代国家经济治理主要是国家运用经济法特别是市场规制法和宏观调控法进行治理。经济法确认的国家制度体系和机构体系是国家经济治理体系的主体架构。现代市场经济国家和法治国家的经济治理能力主要是国家制定、运用和执行经济法的能力。国家经济治理的现代化和法治化，其主要内容是经济法的现代化和经济治理法治化。经济法是现代国家经济治理体系的主要载体，经济法治是提高国家经济治理能力的重要路径。

二　市场规制法：促进自由竞争和公平竞争的利器

市场决定资源配置是市场经济的一般规律，市场经济本质上就是市场

---

① 卢代富：《经济法中的国家干预解读》，《现代法学》2019 年第 4 期。
② 卓泽渊：《国家治理现代化的法治解读》，《现代法学》2020 年第 1 期。
③ 刘春山、江之源：《论经济法与国家经济治理》，《社会科学战线》2019 年第 6 期。

决定资源配置的经济。政府在规制市场运行过程中发生的经济关系,即市场规制关系,是经济法的重要调整对象。调整市场规制关系的经济法可称为市场规制法,其功能是通过制止不正当竞争,反对垄断,维护自由竞争和公平竞争的市场经济秩序,维护正当经营者和消费者的合法权益,从而达到维护广大民众获得感和安全感之目的。尽管竞争自由未必在宪法规范中直接表述,但是完全能够从有关一般行为自由、职业自由、言论自由等基本权利条款中引申出来。① 良好的竞争秩序离不开有效的政府规制。竞争秩序需要自由,也需要公平。自由和公平是社会主义市场经济的核心价值观。自由竞争是公平竞争的基础,公平竞争是自由竞争的保障。经济法的特殊性就在于其维护市场经济秩序的整体视角。② 这种整体视角就是经济法维护社会公平正义和实现共享发展理念的"上帝视角"。

在市场规制法中,反垄断法是最"资深"的,可谓是经济法的"源头活水"。1890年,美国国会推出的《谢尔曼法》是世界上最早出现的专门的反垄断法,是作为判例法系国家的美国制定的第一部成文经济法。美国俄亥俄州参议员谢尔曼是制定该法的倡议者,他说,"如果我们不能容忍政治上的专制国王,我们也同样不能容忍控制生产、运输、销售生活必需品的专制国王。"③ 由此可见,立法者制定该法的目的是防止经济领域出现"专制国王",也就是要捍卫自由竞争。美国最高法院布莱克法官说,"无限制的竞争力的相互作用将产生最佳的经济资源配置、最低的价格、最高的质量和最大的物质进步。由此所提供的环境将有助于保持我们民主的政治和社会制度。"④ 反垄断法通常被称为"经济宪法"和"自由企业大宪章",这足以说明反垄断法在国家经济治理中的重要作用。垄断的本意是独占,是指同一个市场上的经营者数量极少,或者是唯一的,或者是少数几个经营者。反垄断法又被称为反托拉斯法,就是打破市场

---

① 参见[德]罗尔夫·施托贝尔《经济宪法与经济行政法》,谢立斌译,商务印书馆2008年版,第111—126页。

② [德]弗里茨·里特纳、迈因哈德·德雷埃尔:《欧洲与德国经济法》,张学哲译,法律出版社2016年版,第28页。

③ A. D. Neale, D. G. Goyder, *The Antitrust Laws of the U. S. A*, Cambridge: Cambridge University Press, 1980, p. 16.

④ [美]马歇尔·霍华德:《美国反托拉斯法与贸易法规》,孙南申译,中国社会科学出版社1991年版,第1页。

垄断格局和保护市场自由竞争的法律制度，是市场经济国家的基本法律制度。

近现代以来的经济学理论普遍主张，自由竞争的市场机制能够促进市场主体尽可能地发挥自身优势、提高管理水平、推动持续创新，以取得竞争优势，使自身利益最大化；同时，自由竞争能够促进市场主体多元化，带来商品和服务的丰富多彩和物美价廉的结果，在给消费者提供多元化选择的同时，也使全社会的经济效益和整体福利趋向最大化。从这个意义上说，自由竞争状态是经济社会发展的最佳状态。相反，如果压制市场主体之间的自由竞争，放任单个市场主体依靠竞争优势独霸市场，或者个别市场主体之间形成垄断协议，控制市场定价，独占或分割市场份额，可能造成商品或服务的质次价高局面。这不仅侵害了其他竞争对手的商业利益，也对消费者的经济利益和选择自由造成实质的或潜在的伤害。由于反垄断在促进自由竞争方面的关键核心作用，反垄断法成为市场经济国家不可或缺的法律，乃至成为"经济宪法"和经济法律体系的"领头羊"。是否制定和有效实施反垄断法，是衡量一个国家或地区的市场经济发展水平的醒目的"晴雨表"，也是检验一个国家或地区的经济治理体系和治理能力现代化程度的重要"试金石"。

《中华人民共和国反垄断法》于2007年8月30日通过，自2008年8月1日起施行，共8章57条，基本建立了我国的反垄断法律制度框架。该法第一条明确规定其立法宗旨，是"为了预防和制止垄断行为，保护市场公平竞争，提高经济运行效率，维护消费者利益和社会公共利益，促进社会主义市场经济健康发展"。我国的《反垄断法》自颁布实施以来，在打击垄断和维护竞争秩序方面发挥了积极作用，但是因为经济形势的改变、简约型立法思维和法律解释机制的局限性等原因，该法律文本在实践中经常呈现规范供给不足的结构性缺陷，难以满足垄断规制的现实需求。具体而言，该法律文本存在语词表达过于原则、逻辑结构不够周延、规范回应性不足等问题，很难通过法律解释机制来解决，因而适时启动我国《反垄断法》的修订工作具有很强的必要性和紧迫性。[1] 修订《反垄断法》应当

---

[1] 金善明：《〈反垄断法〉文本的优化及其路径选择——以〈反垄断法〉修订为背景》，《法商研究》2019年第2期。

加强竞争政策在我国经济治理中的基础性地位,弥补制度缺陷,消减错位条款,更好地适应中国特色社会主义新时代和建设现代化经济体系背景下的垄断规制需求。近年来,由于国家明确提出竞争政策是国家的基本经济政策,产业政策相对而言退居次要地位,因此修订《反垄断法》的重要任务之一,就是提高竞争政策在《反垄断法》中的地位。①

我国《反垄断法》第 1 条将"保护市场公平竞争"作为立法宗旨之一,这样表达不算错误,但是并不全面和准确。反垄断法以维护正常的市场竞争秩序为出发点和落脚点,通过禁止经营者之间的共谋行为,限制企业之间可能造成限制竞争的并购活动,禁止在市场上占有支配地位的企业滥用其优势地位,反对非法垄断和限制竞争行为,达到保障消费者选择自由和提高消费者社会福利的目的。可以说,反垄断法的根本价值理念主要是保护竞争的自由性,保护竞争的公平性只能算它的次要目标。而反不正当竞争法才是保护公平竞争的主力军,它主要反对的是经营者通过不正当手段攫取相对于其他竞争者的竞争优势,反对经营者违反诚实信用原则和商业道德的行为。正如我国《反不正当竞争法》第一条规定的立法宗旨之一"鼓励和保护公平竞争"。反垄断法的"主业"是保护自由竞争,但是这一任务在我国现行有效的《反垄断法》的立法宗旨中却不见踪影,这在理论上是不周延的,使得我国反垄断法的功能大打折扣。这可能与 2007 年该法制定时部分民众甚至立法者或多或少地将"自由竞争"与资本主义意识形态相联系有一定关系。众所周知,2012 年召开的党的十八大已经将"自由"与"平等""公正""民主"等价值观一起作为社会主义核心价值观的重要内容。"自由"包括很多面向,例如哲学上的意志自由、法律中的政治自由和人身自由、经济社会生活中的竞争自由和发展自由等方面。西方社会有一句著名的口号说"不自由,毋宁死",还有匈牙利诗人裴多菲的诗"生命诚可贵,爱情价更高。若为自由故,二者皆可抛"。中国人总是说"人命关天",而在西方人眼中,自由具有超越生命的价值,可见自由在人类社会美好生活中的基础性地位。习近平同志多次说过,"人民对美好生活的向往,就是我们的奋斗目标。"反垄断法修订时应当旗帜鲜

---

① 孙晋:《新时代确立竞争政策基础性地位的重大意义和法律实现》,《政法论坛》2019 年第 2 期。

明地将"保护市场自由竞争"作为立法宗旨之一。

我国《反垄断法》的修订应当综合考虑我国经济体制改革的进程和反垄断执法机关的现状。从外部环境看，国家要继续加大经济体制改革的力度，发挥市场在资源配置中的决定性作用，同时更好地发挥政府的作用；从反垄断自身的体制机制看，需要国家更加重视反垄断法执法机关的能力建设。例如，《中华人民共和国反垄断法》第51条把认定和处置行政垄断行为的执法大权赋予涉嫌违法机关的上级机关，这对于禁止行政垄断是否有效果，非常值得怀疑，原因之一是上级机关在认定垄断方面的专业性问题，原因之二是上下级关系带来的独立性不足及其可能造成的"官官相护"问题。参考各国通行的办法，滥用行政权力限制竞争的行政垄断案件应当由反垄断执法机关来管辖。[①] 着手修订我国《反垄断法》，需要真正落实竞争政策作为国家基本经济政策的最新定位，建立并建强具有独立性、专业性、权威性的反垄断执法机构，达到维护竞争秩序、提高市场活力、改善消费者社会福利的目的。

三 宏观调控法：促进资源优化配置和共享发展的法宝

社会主义市场经济不是完全自由放任的市场经济，而是在社会主义国家宏观调控下的市场经济。我国《宪法》第15条明确规定，"国家实行社会主义市场经济。国家加强经济立法，完善宏观调控。"这是我国的宏观调控法存在的经济体制背景和宪法依据。在社会主义市场经济体制下，政府可以而且应当综合运用发展规划、财政金融、产业政策等手段，发挥价格、税收、利率等经济杠杆的作用，引导和促进经济结构调整，确保经济社会持续、稳定和健康发展。而这些宏观调控行为，都应当在法律特别是宏观调控法设定的轨道上进行。宏观调控法是经济法律体系的重要组成部分，是调整国家在对经济运行进行宏观调节与控制过程中产生的经济关系的法律规范的总称。宏观调控法的内容包括明确规定政府的调控权力、职责、手段和程序等方面。

从目标导向看，宏观调控法具有维护社会公共利益的鲜明特征。宏观调控主要着眼和着力于物价、就业、经济增长速度等宏观经济方面，调控

---

① 王晓晔：《我国反垄断法修订的几点思考》，《法学评论》2020年第2期。

目标是保持物价基本稳定、实现充分就业、保持经济适度增长，旨在维护社会整体的经济利益或公共经济利益，这是实现全体国民共享经济发展成果的必要的经济环境和社会条件。从调整对象看，宏观调控法具有宏观性和全局性特征。例如，国家经济发展规划、财政税收政策、货币金融政策、产业发展政策制定和实施中的经济关系，都具有全局性和"牵一发而动全身"的特点，直接影响到整个国民经济的运行和社会稳定。从调整方法看，宏观调控法具有间接性，是"政府调控市场，市场引导企业"的间接干预的法律机制。它通常不会直接干预某个市场主体的具体经济行为，而是尊重和充分利用市场机制，通过规划、物价、财税、货币、金融、产业等方面的法律，运用一定的经济或行政手段对市场施加影响，从而引导、规范和调节市场主体的经济活动，实现社会经济资源的重新组合和优化配置，以达成宏观调控的预期目标。

例如，当新冠疫情导致经济发展受阻、企业经营困难和社会失业率增加等不利局面时，政府通过减税降费等手段为企业减负，通过财政补贴等手段鼓励自主创业和发展新兴产业，通过降低利率的手段以刺激投资，这些手段和措施都能起到增加就业和促进经济增长的作用。这种作用的发挥是间接的引导、诱导和促进，而不是对某个市场主体下达直接的行政指令。根据经济规律和市场主体的趋利避害本能，各市场主体在面对这些调控手段时具有较大的选择权，有的可能"闻鸡起舞"，有的可能"无动于衷"，但是都不会引发行政处罚等不利后果。宏观调控法与市场规制法的主要区别之一，就是在理论基础和调整方法上，前者是间接干预，后者是直接干预。例如，当某一市场主体的行为被市场监管机关认定为不正当竞争行为或垄断行为时，将面临直接的行政处罚如罚款、吊销营业执照等，情节严重的甚至要承担刑事责任。

财政税收法律是宏观调控法的主干性法律。财政是国家治理的基础和重要支柱。科学合理的财政税收制度，不仅在经济层面能够激发市场活力、优化资源配置，而且在社会层面和政治层面能够推动社会民主、促进社会公平，从而实现国家长治久安。美国的开国元勋之一富兰克林曾经说过一句名言："世界上只有两件事是不可避免的，那就是税收和死亡。"财政和税收是国家存续和发展的经济基石，也是国家与其国民的经济连接点和纽带，合理的财税制度可能带来国泰民安的盛世，不合理的财税制度可能会导致社会冲突甚至社会革命。考察资本主义列强发展的历史可以发现，从英国的资产阶级革命到美国的独立战争，再到法国的大革命，不合理、不适当的财政制度和征税措施都是革命或战争爆发的导火索和直接原因。我国历史上的历次变法、改革、革命，也几乎都与财政税收制度存在直接或间接的关系。变法或改革的措施往往包括增税或减税，革命爆发的原因往往是为了反抗过重的苛捐杂税，例如历代农民起义的口号中大多包含"均田免粮"的内容，这里"免粮"的本质就是"免税"，减轻民众的税收负担。

当前，我国的财政税收法律制度和体制在构建社会主义市场经济体制中发挥了"四梁八柱"的重要作用，但也存在权责不够清晰、预算不够规范、财力不够协调、收支不够透明、税负不够公平等问题，严重影响国家宏观调控和经济治理的效能。我国的财政税收立法还不完善，虽然已经制定了《预算法》《税收征收管理法》《企业所得税法》《个人所得税法》等法律，但是还缺少一部专门的财政基本法和《增值税法》等重要法律，以致政府的财政税收权力缺乏足够的法律约束，可能造成财政规模过度扩张和政府包揽的范围过大，降低经济活力，损害财政的效率和公平，增加权力寻租和腐败的风险。有鉴于此，必须健全和完善我国财税立法，建立现代财税法律制度，明确财权和事权，建立事权和支出责任相适应的财政制度，建立全面规范、标准科学、公开透明、程序严格、约束有力的预算制度，全面实施绩效管理，提高财政效率；改革税收体制，进一步完善分税制，建立权责清晰、区域均衡、财力协调的中央和地方财政关系，发挥中央和地方两个积极性，减轻企业和个人税费负担，让利于民，藏富于民，不断增强企业竞争力，不断增强人民群众的获得感。

鉴于《财政法》在财政法律体系中的统领性和基础性作用，建议全国人民代表大会及其常务委员会将《财政法》的立法工作尽快提上议事日程。该法应当涵盖所有的政府资金，明确财政收入和支出的权限；坚决贯彻税收法定原则，行政性收费和罚款、具有强制性的政府性基金收费和社会保险基金的缴款、具有垄断性质的国有企业产品或服务的政府定价，其收入的立项和标准应当通过人大审批；一般公共支出、政府性基金支出、各项社会保险基金支出、集中性的国有资本经营预算支出，其支出标准应当通过人大审批。

目前，增值税是我国第一大税种，但是其立法问题却不令人满意。1993年，国务院公布了《中华人民共和国增值税暂行条例》，自1994年起开始征收增值税。2008年、2016年、2017年，国务院对该条例进行了修订。作为国家重要税种，在长达27年的时间里，只是以"暂行条例"的行政法规而不是国家立法机关制定的法律作为征税依据，有违税收法定的经济法治精神。日本学者北野弘久认为："租税是租税法律的创造物。在不存在租税法律的地方，实际上也就不产生租税关系。"[①] 这是对税收法定原则的深刻阐述。令人欣慰的是，为完善我国税收法律制度，提高立法的公众参与度，广泛凝聚社会共识，推进科学立法、民主立法、依法立法，财政部、国家税务总局已经起草了《中华人民共和国增值税法（征求意见稿）》，并于2019年11月27日开始向社会公开征求意见，期限为一个月。2020年2月26日，财政部条法司发布了"2020年财政部立法工作安排"，根据这一安排，财政部将力争于2020年内完成增值税法的起草工作，及时上报国务院。根据我国《立法法》，该法的立法权限在全国人大及其常委会，财政部和国务院只是起草法律草案而已。如此可以预见，我国《增值税法》的出台即使不是指日可待，也至少为期不远了。

个人所得税是国家与个人之间就个人劳动所得进行分配的重要税种，它具有筹集财政资金和调节收入分配的双重功能。个人所得税法的制定和实施的基本原则应当是税收公平、量能课税，根据纳税人的税收负担能力，确定其应当承担的纳税义务。[②] 在新中国成立后到改革开放前的30年间，由于国民收入水平普遍较低，我国一直没有开征个人所得税。直到1980年才正式颁布了《个人所得税法》，并于1993年、1999年、2005年、2007年、2011年、2018年先后进行了7次修订，其中2007年修订了两次。2018年《个人所得税法》的修订标志着我国在个人所得税税制综合化改革进程中迈出了重要一步，体现了国家建设现代税制体系，促进收入公平分配，实现让利于民和藏富于民，以及保障个人生存权和发展权等基本人权的经济和法治目标。从税收公平理念看，最新版《个人所得税法》在设置综合所

[①] ［日］北野弘久：《税法学原论》（第4版），陈刚、杨建广等译，中国检察出版社2001年版，第158页。

[②] ［印］阿玛蒂亚·森：《以自由看待发展》，任颐等译，中国人民大学出版社2002年版，第13页。

得、提高基本费用扣除标准、增设专项扣除、优化税率级距等方面取得了较多成果，但是对于是否调整最高边际税率等问题还需要继续探讨和整体考量，坚持改革的民主和法治路径，实现税收的实质法定和程序正义。①

由于现实社会生活的复杂性，以及国家税收价值目标的多元性，个人所得税的分类所得税制和综合所得税制都需要差异化的规制思路。新修订的《个人所得税法》对"所得"的分类进行了改革和完善，提升了税收的公平性，但仍然暴露出个人所得分类税制的局限性，应当继续通过深化改革和法律修改，过渡到综合税制。② 为了更好地贯彻量能课税原则，个人所得税的税前扣除应当尽早实现据实扣除，并在税前扣除中增加考量家庭因素，充分尊重纳税人税负能力的差异，促进个人所得税的税收公平。③ 面对我国国民收入分配失衡的现有格局，《个人所得税法》应当而且能够有所作为。财政汲取、资源配置与收入分配是税法的三大基本功能。④ 税法的收入分配功能存在二元结构，即强制性分配和诱致性分配。我国2018年最新修订的《个人所得税法》在强制性分配方面有明显改进，而在诱致性分配方面的改进相对较少。为强化个人所得税的收入分配功能，我国未来的《个人所得税法》修订应当在综合所得税制、基本费用扣除标准、专项附加扣除、税率结构、慈善捐赠税收优惠等方面进行调整、优化和变革。⑤ 吉登斯指出，"同其他领域一样，税收激励可以同其他形式的管制混合使用。例如，对慈善事业的积极鼓励可以起到同对财产的直接转让征税一样重要的作用。"⑥ 社会捐赠总额的增长虽然不全是税收减免的结果，但不能否认的是，税收激励是至关重要的，捐赠量总是与税收激励力度呈现正相关性。⑦ 我国《个人所得税法》的分配功能还有待进一步发挥，它在

---

① 刘剑文：《个税改革的法治成果与优化路径》，《现代法学》2019年第2期。
② 邢会强：《个人所得的分类规制与综合规制》，《华东政法大学学报》2019年第1期。
③ 蒋遐雏：《个人所得税税前扣除的概念厘清与制度完善——以混合所得税制改革为背景》，《法商研究》2020年第2期。
④ See Reuven S. Avi-Yonah, "The Three Goals of Taxation" 60 (1) Tax Law Review 1-28 (2006).
⑤ 何锦前：《个人所得税法分配功能的二元结构》，《华东政法大学学报》2019年第1期。
⑥ [英]安东尼·吉登斯：《第三条道路及其批评》，孙相东译，中共中央党校出版社2002年版，第104页。
⑦ Dierk Herzer and Peter Nunnenkamp, Private Donations, Government Grants, Commercial Activities, and Fundraising: Cointegration and Causality for NGOs in International Development Cooperation, Kiel Working Paper No. 1769, April 2012, p. 4.

矫正分配格局、实现共享发展、促进社会公平正义方面的重要作用还有待进一步挖掘。

第四节　经济法治的中国道路：经济改革法治化

一　新中国 70 年经济体制与经济法治的联动

新中国已经走过了 70 余年的历程，这 70 年绝不是风平浪静、岁月静好的 70 年，而无疑是波澜壮阔、负重前行的 70 年。1978 年党的十一届三中全会开启了改革开放的大幕，成为这 70 年举世瞩目的分水岭。以此为界线，可以将新中国 70 余年的历程分为两个阶段，即改革开放前的 30 年和改革开放后的 40 余年。在前一个阶段，随着计划经济体制的确立和推行，我国的经济法制度日渐衰微、沉降，几乎遁形；在后一个阶段，随着市场经济体制的逐步建立和完善，经济法制度日益强盛、浮升。① 新中国 70 余年，经济体制与经济法治的联动现象十分鲜明。

中华人民共和国成立初期，我国确立了计划经济体制。计划经济是依据政府计划安排经济活动、决定资源配置的经济运行体制。生产什么、生产多少、为谁生产，都由政府说了算，基本取消市场的作用。这是一种将国家干预经济的功能发挥到极致的资源配置方式和制度模式。更准确地讲，在计划经济体制下，国家对经济的"干预"实际上已经达到了"控制"和"统制"的程度。新生的人民共和国选择了计划经济体制，既有理论认识的主观原因，也有现实环境的客观原因。

其一，这是中国共产党在经典的马克思主义理论指导下的主动选择。刚刚执掌全国政权的中国共产党人在理论上遵循了马克思主义关于社会主义基本特征的理论，将计划经济与社会主义相联系，将市场经济与资本主义相联系。② 毛泽东同志说过，"资本主义道路，也可以增产，但时间要长，而且是痛苦的道路。我们不搞资本主义，这是定了的，如果又不搞社会主义，那就要两头落空。"③ 换言之，"爱屋及乌"，搞社会主义就必然要

---

①　张守文：《回望 70 年：经济法制度的沉浮变迁》，《现代法学》2019 年第 4 期。

②　廖心文：《从计划经济体制向社会主义市场经济体制的转变——试论毛泽东、邓小平对我国经济体制的探索》，《党的文献》2008 年第 6 期。

③　《毛泽东文集》第 6 卷，人民出版社 1999 年版，第 299 页。

搞计划经济，这是当时的朴素认识。

其二，这是中国人民在建设实践中借鉴苏联经济模式的结果。苏联在其建国初期，由于险恶的国内和国际环境，建立和实行了中央高度集权的计划经济体制，该体制在苏联快速实现工业化、农业集体化和赢得反法西斯战争胜利的进程中发挥了至关重要的历史作用。由于新中国面临的巩固政权和恢复经济的任务与苏联建国初期非常相似，因此，苏联"老大哥"推行计划经济的经验对新中国就有了"样板"的意义。毛泽东同志也坦言，"对搞建设，我们是懵懵懂懂的"，"只能基本上照抄苏联的办法"①。换言之，新中国的计划经济体制也是"拿来主义"的结果，是新中国这个"学生"对苏联这个"老师"进行模仿性学习的结果。

其三，这是新中国面对的现实经济状况所迫。新中国成立初期，一穷二白，百废待兴，国际环境恶劣。战后重建、巩固政权、恢复经济，是刚刚开始在全国执政的中国共产党和人民政府必须回应的重大现实问题。计划经济在国家财政和经济管理方面能实现高度的中央集权，大规模地推行国营经济，最大限度地调动全国范围的物力、人力和财力进行经济建设，这些特点和优势与新中国的现实需求不谋而合。新中国成立初期选择计划经济体制，可以说水到渠成，是天作之合。

从经济体制的变迁看，从1949年新中国成立到1956年底"三大改造"基本完成，在这个过渡时期，我国是多种经济成分并存的不发达市场经济。中央人民政府制定了不少经济法规，例如《全国税政实施要则》《关于统一国家财政经济工作的决定》等。1956年底，对农业、手工业和资本主义工商业的"三大改造"基本完成，标志着以公有制为基础的高度集中的计划经济体制在新中国落地生根。② 此后，由于计划经济的"指令性"和计划经济条件下政府的"全能型"特点，政府权力高度膨胀和扩张，市场几乎被消灭，在这种情况下，以克服"市场失灵"为己任的经济法实际上已无存在之空间。经济法的目的是矫正"市场失灵"而不是取消市场，是希望市场能够继续"显灵"的，这与计划经济体制试图消灭市场的初衷是背道而驰的。计划经济可以说是"人治经济"，与经济法存在天

---

① 《毛泽东文集》第8卷，人民出版社1999年版，第117页。
② 武力：《略论新中国60年经济发展与制度变迁的互动》，《中国经济史研究》2009年第3期。

然的隔阂。尽管如此,我们不能说计划经济体制就是一无是处的,它在新中国前30年的发展史上在恢复国家经济和实现快速工业化等方面发挥了重要的历史作用,是符合当时的国家整体利益和人民共享发展需求的理性选择。

我国从计划经济体制到市场经济体制的转型,并非在一夜之间完成,而是经历了十几年甚至几十年的思想解放过程和实践探索过程。1978年召开的党的十一届三中全会作出了改革开放的重大决策,其中经济体制改革首当其冲,权力过于集中的计划经济体制成为改革的对象。20世纪80年代,我国先后提出了"计划经济为主,市场调节为辅""有计划商品经济"等理论命题和改革思路。1992年召开的党的十四大明确提出建立社会主义市场经济体制,"使市场在资源配置中起基础性作用"。再到2013年党的十八届三中全会召开,提出"使市场在资源配置中起决定性作用和更好发挥政府作用"。改革开放40多年来,党和政府以及人民群众对政府与市场之关系的认识不断深化,我国经济的市场化程度不断提高,社会主义市场经济体制经历了从萌芽、成长到日益成熟和完善的发展历程。我国经济体制改革的过程就是不断优化政府角色、完善市场规则的过程,是不断塑造政府与市场的互补关系的过程。政府作用与市场作用的互补和互动,通过国家制定和实施经济法的方式体现出来,《个人所得税法》《反不正当竞争法》《消费者权益保护法》《预算法》《中小企业促进法》《企业所得税法》《反垄断法》等数以百计甚至千计的经济法律和法规陆续问世,蔚为大观,一方面有效地克服了垄断等"市场失灵"现象,另一方面在很大程度上减少了腐败等"政府失灵"现象。经济法是市场经济的基本法,在我国社会主义市场经济体制建立和完善的过程中发挥了关键作用。

二 中国经济法治:经济改革与依法治国的合奏

现代意义上的中国经济法是在1978年改革开放之后出现的。邓小平同志在1978年12月曾指出,国家和企业、企业和企业、企业和个人之间的矛盾也有不少,要通过法律来解决。[①] 1982年,时任全国人大常委会副委

---

① 参见《邓小平文选》第2卷,人民出版社1994年版,第147页。

员长彭真同志也说过,"我们的各种法中最重要、最繁荣的是经济法。"①从生成路径看,西方发达国家的经济法产生于高度发达的资本主义市场经济,主要着眼于"授权"政府"有限介入"市场;而中国经济法产生于政府全面控制经济资源的高度集中的计划经济体制向社会主义市场经济体制的转型和改革之际,主要着眼于"监督"政府权力"有限退出"以培育市场,增强经济发展的动力和活力。在改革和转型时期,中国经济法的基本功能是限制政府长期拥有的过大过宽的经济管制权力,向市场"放权"。

在1979—1992年这一时期,经济体制改革的要求是国家权力要主动退出部分经济和社会领域,逐渐改变国家权力过于集中的态势,原来政治、经济和社会系统相互嵌套整合的体系开始松动。② 1992年以前的经济改革和经济法的重点是在国家计划框架下对商品经济和市场调节的有限认可。1992年中共十四大确立社会主义市场经济体制的改革目标后,中国经济法也开始全面减少行政权力对经济的直接干预,全面吸收和借鉴西方发达国家的市场经济法律。1997年中共十五大将依法治国确立为基本治国方略,经济改革与依法治国的步调趋向一致,我国的经济法治迎来了又一个春天。此后,随着《反垄断法》等法律的出台,中国经济法在理论研究和法治实践上逐渐与国际接轨,国家以维护公共利益为目标而干预经济的经济法功能不断凸显。在改革开放和社会主义现代化建设的历史进程中,中国经济法体系从无到有地建构起来,展现了立法者对建构理性主义的自信。③建构理性主义认为人类天生具有的智识和道德禀赋能够根据理性原则对社会作精心规划,尽可能地克服一切非理性现象。④ 建构理性主义是现代化理论和法治理论的重要维度,人类社会现代化、法治化的过程也是理性化的过程,这一点在中国经济现代化、市场化、法治化过程中得到了鲜明的体现。

考察当今世界各国的经济体制和资源配置方式,大致可以划分为市场经济和计划经济两大类型,它们代表了人们对于政府与市场之关系的截然

---

① 彭真:《在全国第一次经济法制工作经验交流会上的讲话》,《中国法制报》1982年9月24日第2版。
② 彭勃、邵春霞:《改革后中国社会转型的政治逻辑》,《浙江社会科学》2009年第9期。
③ 王腊梅:《中国经济法的生成反思及完善路径——基于我国全面深化改革背景》,《河北法学》2018年第4期。
④ 张宜浩、陈柳钦:《经济学中的建构理性主义和进化理性主义》,《社会》2004年第9期。

不同的理解，一种是亚当·斯密主张的"自由放任"模式，另一种是"中央经济体制"或者"指令经济"模式。① 历史和实践证明，两种模式都会造成以竞争无序或者竞争不足为主要表现形式的竞争失范。② 如果将政府与市场的关系进行光谱化、谱系化对比研究的话，那么我们可以用"蓝色"代表"自由放任的资本主义市场经济"，用"红色"代表"高度集中的计划经济"，用"黄色"代表"凯恩斯主义的国家干预资本主义市场经济"，用"橙色"代表"国家宏观调控下的社会主义市场经济"。蓝色、黄色、橙色、红色，国家对经济干预的强度依次增加。西方发达国家的经济法作用于黄色区域，而中国经济法早期作用于红色区域，在1992年以后则主要作用于橙色区域。

习近平总书记关于市场公平竞争和竞争法治的重要论述是其治国理政思想的具体体现，更是我国现代化经济体系建设和社会主义市场经济法治体系构建的指导理论。③ 习近平同志在浙江工作时就深刻地指出，"深化市场取向的改革，关键是要处理好政府与市场的关系，即'看得见的手'与'看不见的手'这'两只手'之间的关系。"他进一步阐述了如何处理这种关系，即"随着改革的不断深入，要切实转换政府这只手的职能，把政府职能切实转换到'经济调节、市场监管、社会管理、公共服务'上来，努力建设服务型政府、法治政府，发挥好、规范好、协调好这'两只手'的关系"④。2013年，习近平总书记在党的十八届三中全会上指出："市场决定资源配置是市场经济的一般规律，市场经济本质上就是市场决定资源配置的经济。健全社会主义市场经济体制必须遵循这条规律，着力解决市场体系不完善、政府干预过多和监管不到位问题。"2017年，习近平总书记在党的十九大报告中提出，"清理废除妨碍统一市场和公平竞争的各种规定和做法。"2019年，党的十九届四中全会通过的决定强调，"建立高标准市场体系，完善公平竞争制度，强化竞争政策基础地位，落实公平竞争审查制度，加强和改进反垄断和反不正当竞争执法。"习近平总书记把社

---

① [美]维托·坦茨：《政府与市场——变革中的政府职能》，王宇等译，商务印书馆2014年版，第47—48页。
② 孙晋、李胜利：《竞争法原论》，法律出版社2019年版，第5页。
③ 孙晋：《习近平关于市场公平竞争重要论述的经济法解读》，《法学评论》2020年第1期。
④ 习近平：《之江新语》，浙江人民出版社2013年版，第182页。

会主义市场经济与经济法立法、执法紧密地联系在一起，全面深化经济体制改革与全面依法治国的理论和实践，合奏出中国特色社会主义新时代铿锵有力的交响乐。

　　法治的基本内涵是"法的统治"，以社会优先于国家、独立于国家为前提，法治社会的基本价值取向，是社会在其自治领域内只接受法的统治，不接受国家权力的非法干涉。① 法治思想映射于经济生活领域，就是法治经济理念。现代国家已经由原先主要关注统治阶级利益向兼顾社会利益转变，体现了国家的社会公共职能，是"政治国家"向"社会性国家"演化的重要一步。② 在市场经济领域，国家调节经济的职能主要通过经济法来实现，其目的是促进竞争而不是限制竞争。意大利籍社会学家和经济学家乔万尼·阿瑞吉认为，从发展驱动的核心国家和地区的转变史来看，其兴也，以公平竞争为导向；其衰也，金融垄断和势利眼的拜物教阻碍了生产性竞争的展开。③ 自由而公平的竞争是促进国家发展的不二法门，经济法的使命就在于通过促进自由而公平的竞争来促进国家发展。一言以蔽之，经济法是竞争促进法，也是发展促进法。

　　市场经济是法治经济，经济法存在的正当性来自市场经济对法律的诉求。国家通过经济法的立法和法律实施，对市场机制的缺陷作出有效回应，矫正市场失灵。经济法是法治经济的产物，它对市场经济的调节彰显了典型的"法律治理"理念。④ 北京大学法学院张守文教授认为，与传统部门法相比较，经济法具有突出的现代性，对于建立统一开放、竞争有序的现代市场体系，建设体现新发展理念的现代化经济体系，有效解决现代经济问题和社会问题，都具有不可替代的作用。⑤ 中国经济法治是完善社会主义市场经济体制、全面深化改革、全面依法治国、实现共享发展理念、建成社会主义现代化强国等宏大时代主题的连接点和切入点，必将继往开来，行稳致远。

---

　　① 刘旺洪：《国家与社会：权力控制的法理学思考》，《法律科学》1998年第6期。
　　② 漆多俊：《经济法基础理论》（第3版），武汉大学出版社2000年版，第24页。
　　③ ［意］乔万尼·阿瑞吉：《亚当·斯密在北京：21世纪的谱系》，路爱国等译，社会科学文献出版2009年版，第208页。
　　④ 陈婉玲：《经济法调整：从"权力干预"到"法律治理"》，《政法论坛》2014年第1期。
　　⑤ 张守文：《改革开放与中国经济法的制度变迁》，《法学》2018年第8期。

第七章　社会法治：社会安全和社会促进

第一节　社会法的定位：从第三法域到独立部门法

一　作为"第三法域"的社会法

（一）大陆法系的"社会法"概念

将法律分为两大法域，即私法与公法，这是古罗马法学家乌尔比安的杰作。私法是调整私人与私人关系的法，以个体利益为本位；公法是调整国家与私人关系的法，以国家利益或公共利益为本位。随着人类进入资本主义社会，工业革命和自由竞争带来社会结构的巨大变化，也造成了经济危机、劳资矛盾、环境污染等严重的社会问题，传统的私法和公法疲于应付、捉襟见肘，"私法公法化"和"公法私法化"浪潮汹涌，出现了私法与公法相互交融的"第三法域"，以解决工业化和市场化带来的社会问题。这样的"第三法域"一般被称为"社会法"。

德国是大陆法系的代表性国家之一，也是社会法理论和实践的高地。19世纪下半期，德国历史法学派的重要代表人物基尔克等学者将"社会法"概念引入德国。基尔克从人的个体性和社会性的双重属性出发，把法律划分为个体法和社会法，而社会法要规范的是团体的法律地位和结构，兼有公法和私法的内容，可称为社团法。20世纪初期，德国社会法理论界的代表人物是辛茨海默和拉德布鲁赫，他们都认为社会法属于私法、公法之外的第三法域。[①] 辛茨海默被称为"德国劳动法之父"，其社会法思想以

---

① ［德］拉德布鲁赫：《法学导论》，米健等译，中国大百科全书出版社1997年版，第77—78页。

"去人格化""集体化"为取向,关注的是集体意志和团体协议。拉德布鲁赫的社会法思想是"个体化"取向的,试图再现人在法律中的个性特征,扶弱抑强,主张从平等到均衡、从交换正义到分配正义的法律观。

二战后,德国社会法在两个维度展开,一是作为社会政策法的社会法,包括劳动法、住宅法、消费者保护法等法律,二是作为社会安全法的社会法。后者将社会法等同于社会安全法的认识为主流观点,现已成为德国学术、政治、司法和社会的共同概念与话语。① 德国的社会法概念发展围绕两条主线:一条线是反思个人主义,另一条线是回应社会问题。② 1975年生效的德国《社会法典总则》第1条明确规定,"社会法典中的权利为实现社会公正和社会安全,包括社会扶助和教育扶助而建构。其应贡献于:保障人有尊严的存在;为人格发展,尤其是青年人的发展创造同等的前提;保护和促进家庭;使通过自由选择的职业获得生活来源成为可能;以及防止和平衡生存负担,包括通过对自助的扶助。"德国社会法与社会政策马普研究所教授乌尔里希·贝克尔(Ulrich Becker)认为,"社会法旨在令人在与他人的共同生活中仍保有自由。社会国家内部的政治共同体为此承担法律责任。"③ 德国学者汉斯·察赫认为,"在当今福利社会国家,重新定位'社会法'的概念,对国家、社会和法律都具有崭新的核心意义。"④

法国的社会法概念和理论兴起于第二次世界大战之前。1938年,法国学术界创办了一份关于劳动和社会保障问题的法学刊物,名为《社会法》(Droit Social),它至今还是法国劳动法和社会保障法领域的权威期刊之一。该杂志提出的"社会法"概念是关于劳动法和社会保障法的法律规范的总称,这些法律是对工业化进程中产生的劳动者的健康和生存问题等社会问题的回应。主张"社会互助"或者"社会联结",通过政府干预,建立"福利国家"或"社会国家",是法国社会法的理论依据。从实体法律规范

---

① 竺效:《关于社会法概念探讨之探讨》,《浙江学刊》2004年第1期。
② 沈建峰:《社会法、第三法域与现代社会法——从基尔克、辛茨海默、拉德布鲁赫到社会法典》,《华东政法大学学报》2019年第4期。
③ [德]乌尔里希·贝克尔:《社会法:体系化、定位与制度化》,王艺非译,《华东政法大学学报》2019年第4期。
④ [德]汉斯·察赫:《福利社会的欧洲设计:察赫社会法文集》,刘冬梅、杨一帆译,北京大学出版社2014年版,第87页。

看，法国没有像德国那样制定"社会法典"，但是分别制定了《劳动法典》和《社会保障法典》。从诉讼体制看，法国分别设立了一审的劳动法庭和社会法庭，二审统一合并到上诉法院的社会法庭。在法国的大学，一般没有称为"社会法"的教材，但是有分别编写的劳动法教材和社会保障法教材。从法律性质看，法国"社会法"中的劳动法属于私法，而社会保障法兼有公法和私法色彩。然而，在法国，"社会法"概念的广泛使用并没有改变"公法—私法"这种法律分类上的二分法。①

(二) 日本和英美法系的"社会法"概念

日本在第一次世界大战前后引进了"社会法"概念。日本的社会法理论受到德国的强烈影响，但是也有自己的本土特色和独到之处。日本学者们先后提出了"法的社会化"论和"生存权的社会法"论等理论学说。经过长期发展，前者已演变为日本现代劳动法的基本理念，后者则成为日本现代社会保障法的理论依据。二战后，日本《宪法》第25条规定的生存权，第26条的受教育权，第27条的劳动权，第28条的团结权、集体交涉权和其他集体行动权等基本人权，要求国家对国民生活作出积极保障。这些被称为"社会权"的权利，成为社会法的宪法根据。近年来，从日本《宪法》第13条规定的"生命、自由以及追求幸福是国民的权利"出发，以"自由权"为基础构建的社会法理论在日本学术界受到关注。该学说认为，社会法中的个人不应该是被保护的、被动的客体，而是有能动的选择自由和参与自由的主体；国民有决定自己的生活方式的自由，社会法要在制度设计上防止国家过度介入个人生活；国家有义务维持国民在基本生活保障方面的实质性平等；国家要积极确保而不能妨碍国民实现追求幸福的权利。在日本，社会法领域的实定法不断走向成熟化和精细化，社会法研究不再拘泥于争论抽象的概念和构建统一的理论体系，这对我国的社会法研究具有一定的启发和借鉴意义。②

在英美法系国家的英国和美国，"社会法"概念一般在广义上理解和使用。英国称其为"社会安全法"或"社会保障法"（Social Security Law）。美国通常称其为"福利法"（Welfare Law）。"福利国家"的发展被

---

① 郑爱青：《法国"社会法"概念的历史缘起和含义》，《华东政法大学学报》2019年第4期。

② 田思路：《日本"社会法"：概念·范畴·演进》，《华东政法大学学报》2019年第4期。

认为是英国 20 世纪的重大社会成就之一。1935 年，美国国会通过的《美国联邦社会保障法》（US Federal Social Security Act）最早使用了"社会保障"一词。① 美国学者海伦·克拉克在《社会立法》（Social Legislation）这一著作中说："我们今天所称之'社会法'，其立法意义上一是为了保护在特别风险下的人群利益，另一方面是为了大众的利益。"② 不难发现，美国社会法理论和实践不仅关注保障部分特殊群体的生存安全，还进一步致力于保障整体社会安全。

（三）中国的"社会法"概念

在 20 世纪 30 年代至 40 年代，法律社会化思潮"西风东渐"，在欧美和日本的社会法学说和方兴未艾的社会立法的巨大影响下，中国法学界也出现了一批社会法理论著作。它们借鉴西方国家的社会法概念和理论元素，也对当时日益突出的社会立法问题给予了必要的理论观照，为构建中国近代社会法学起到了奠基性作用。但是由于缺乏国家层面的社会立法实践的支撑，这些理论成果未免呈现出一种形而上的倾向。民国时期的学者在社会法研究方面的理论建树，是不容忽视的知识遗产，为当下的社会法研究者提供了重要的学术参考。③

改革开放以来，特别是 20 世纪 90 年代以来，随着《劳动法》《劳动合同法》《社会保险法》等社会法立法的不断涌现，我国学术界的社会法研究掀起了热潮，众说纷纭，见仁见智，取得了数量可观的研究成果，但是远未成熟和完善。关于社会法的概念、地位、性质和范围等重要理论问题，尚未达成普遍接受的共识。现有的研究成果大多采用多维度、多层次的分析方法来界定社会法的概念，因此形成了广义说、中义说、狭义说并立的理论格局。

广义说认为社会法是与大陆法系传统的法律分类方法中的公法、私法相对称的"第三法域"。④ 社会法作为公法与私法相互融合而产生的第三法域，是国家以保障社会利益为目的，通过加强对社会生活和私人经济的干

---

① p. Watson, *Social Security Law of the European Communities*, Oxford: Mansell, 1980, p. 1.
② 林嘉：《论社会保障法的社会法本质——兼论劳动法和社会保障法的关系》，《法学家》2002 年第 1 期。
③ 蔡晓荣：《民国时期社会法理论溯源》，《清华法学》2018 年第 3 期。
④ 董保华、郑少华：《社会法——对第三法域的探索》，《华东政法学院学报》1999 年第 1 期。

预，解决工业化和市场化造成的社会问题，促进经济、社会和生态可持续发展，在私法公法化和公法私法化的过程中逐步发展起来的。① 有学者认为，社会法是关于弱势群体生存、宏观经济安全、市场秩序、公序良俗以及生态环境保护的，而且不属于传统私法和传统公法的法律规范的总和领域。② 上述学说都属于广义说，可统一称为"法域社会法说"。广义说突破了以调整对象为基础的"部门法"或"法律部门"的传统认识框架，从法律功能、利益本位和调整机制等方面，使社会法与公法、私法并驾齐驱，平分秋色，拓展和创新了大陆法系传统的法域理论。

中义说认为社会法是特指一个国家或地区法律体系中一个类别的法律或一个独立的法律部门。具体的观点也并不完全一致。主流的观点认为社会法是具有特定调整对象的一类法律，此类法律与宪法、行政法、民法、经济法、刑法、诉讼法一起构成中国特色社会主义法律体系。③ 还有一种代表性观点特别区分了社会法与经济法，认为二者都属于第三法域下两个并列的法律部门，社会法是第三法域中除去经济法部门的剩余部分。④ 实际上这种观点是认为第三法域包括经济法和社会法两个部分。还有一种观点认为社会法是由劳动法和社会保障法共同构成的整体。⑤ 该观点明确说明了社会法的范围，但是该范围有些偏狭和封闭，可以说劳动法和社会保障法是社会法的主要构成部分而非全部。

狭义说也认同社会法作为一个独立的部门法，但是把社会法等同于或仅限于社会保障法。⑥ 按照狭义说，"社会法"实际上就是"社会保障法"的代名词或简称。如此虽然社会法的内涵和外延清晰而且确定，但是其内容明显过于单薄，也很难有体系性，自然难以成为与民法、刑法、经济法等法律部门等量齐观的独立法律部门。因此，狭义说意义上的社会法观念

---

① 董保华：《社会法原论》，中国政法大学出版社 2001 年版，第 11 页。
② 钱叶芳：《"社会法法域说"证成——大陆法系和英美法系融合的一个例证》，《法学》2017 年第 4 期。
③ 郑尚元：《社会法的定位与未来》，《中国法学》2003 年第 5 期。
④ 李昌麒、单飞跃、甘强：《经济法与社会法关系考辨——兼与董保华先生商榷》，《现代法学》2003 年第 5 期。
⑤ 陈海嵩：《经济法与社会法关系之我见》，《中南民族大学学报》（人文社会科学版）2003 年第 4 期。
⑥ 林嘉：《论社会保障法的社会法本质——兼论劳动法与社会保障法的关系》，《法学家》2002 年第 1 期。

未能获得学术界和法律实务界的广泛认可。

笔者认为,广义说和中义说的社会法都是可以接受的,二者是可以并行不悖的。广义说的"法域社会法"是理论研究意义上的,是对大陆法系传统的法域理论的改造和发展,是从法律性质和利益本位出发对法律体系从"大类"上作出的划分,认为社会法是介于私法和公法之间的以社会利益为本位的法律族群。中义说的社会法是实定法意义上的部门法,是根据调整对象划分的"小类"的法律部门。在此可以做一个类比,例如我们通常根据地理方位把中国划分为东部、西部和中部,这种地域的划分就类似于法域;而湖北省是一个省级行政区,类似于一个法律部门。一个法域可以涵盖若干法律部门,正如中部地区包括但不限于湖北省一样。由于"社会"这一概念存在的多义性特点,相应地,"社会法"概念的多面性就在所难免,也应当不难理解。

二 作为独立部门法的社会法

将社会法作为独立的部门法的观点,在我国学术界最早出现于20世纪90年代,但是获得官方的正式认可,已经是21世纪之初的事情。2001年3月,全国人大常委会工作报告首次高规格地明确承认了"社会法"与宪法、民商法、刑法、行政法、经济法、诉讼法等法律部门并列的独立部门法地位。[①] 该报告还对"社会法"的概念、原则和立法目的作出了说明,指出"社会法是调整劳动关系、社会保障、社会福利和特殊群体权益保障等方面的法律规范,遵循公平和谐与国家适度干预原则,通过国家和社会积极履行责任,对劳动者、失业者、丧失劳动能力者以及其他需要扶助的特殊人群的权益提供必要的保障,以维护社会公平,促进社会和谐"[②]。国家最高立法机关的"背书"极大地提高了社会法的地位,从法学理论到法律实践,社会法开始从边缘走向中心,成为中国特色社会主义法律体系的七大部门法之一。2008年2月28日,国务院新闻办公室发表了《中国的

[①] 该报告指出:"关于法律部门,法学界有不同的划分方法,常委会根据立法工作的实际需要,初步将有中国特色社会主义法律体系划分为七个法律部门,即宪法及宪法相关法、民法商法、行政法、经济法、社会法、刑法、诉讼与非诉讼程序法。"参见李鹏《全国人民代表大会常务委员会工作报告》,《人民日报》2001年3月20日第1—2版。

[②] 李鹏:《全国人民代表大会常务委员会工作报告》,《人民日报》2001年3月20日第1—2版。

法治建设》白皮书，指出了当代中国法律体系的构成，可以说完全继承了2001年全国人大常委会工作报告对我国法律部门的划分方法。

2010年，全国人大常委会法制工作委员会设立了"社会法室"，专门负责社会法的研究、立法、执法检查等工作。按照全国人大法工委社会法室的解释，社会法是调整劳动关系、社会保障和社会福利关系的法律规范的总和，主要保障对象包括劳动者、失业者、丧失劳动能力的人和其他需要扶助的人。社会法的立法目的是从社会整体利益出发，对前述各种人实行必需和切实的保障，包括劳动用工、工资福利、职业安全、社会保险、社会救济、特殊保障等方面的法律。[①] 20世纪90年代以来，我国有一大批骨干性的社会法立法相继问世。例如，《劳动法》（1994年）、《残疾人保障法》（1990年）、《未成年人保护法》（1991年）、《工会法》（1992年）、《妇女权益保障法》（1992年）、《老年人权益保障法》（1996年）、《职业病防治法》（2001年）、《劳动合同法》（2007年）、《就业促进法》（2007年）、《社会保险法》（2010年）、《慈善法》（2016年）、《境外非政府组织境内活动管理法》（2016年）、《公共文化服务保障法》（2016年）、《公共图书馆法》（2017年）等，都是社会法部门的重要标志性法律，它们与社会法方面的行政法规、部门规章、地方性法规和政府规章一起，形成了中国特色的社会法律体系。

社会法的主要宗旨是保护弱势群体的合法权益以及全体公民的社会权利，以促进社会公平正义为使命。古往今来，人们因为个人能力、性别、年龄、知识水平、努力程度等个人条件和家庭背景、地域等各种主客和客观的多重因素的影响和制约，必然产生强弱之别，而市场经济的竞争机制会导致强者愈强、弱者愈弱的"马太效应"和优胜劣汰的格局。这些弱者和被淘汰者可能面临生存困难，可能产生失业、贫困等严重的社会问题，在某些时候甚至造成社会危机，而社会法的制定和实施就成为现代市场经济国家应对社会问题和社会危机的理性选择。因此，中国人民大学郑功成教授认为，社会法的本义就是人民的社会权利法、国家的民生保障法和社会公正法。[②] 从这个意义上讲，在部门法家族中，社会法是最能体现共享

[①] 王维澄：《关于有中国特色社会主义法律体系的几个问题》，载全国人大常委会办公厅研究室编：《全国人大常委会法制讲座汇编（第2辑）》，中国民主法制出版社2000年版。

[②] 郑功成：《中国社会法：回顾、问题与建设方略》，《内蒙古社会科学》2020年第3期。

发展理念的法律部门。

第二节 社会法的发展：代际更替和功能演变

部门法的相对独立性，不仅在于其调整对象的独特性和重要性，也在于其法律功能的独特性和不可替代性。社会法的基本功能是促进社会安全、社会保护，这是社会法在法律体系中确立其独立地位的重要条件。[①]与民法的平等保护不同，社会法主要着眼于对法律关系中处于弱势地位的当事人的倾斜保护，以及对社会生活中处于弱势地位的社会成员的基本生存权的保护。当然，社会法也有对社会促进的转向和兼顾。[②]对于社会法的理念和社会功能，吉林大学法学院冯彦君教授的概括如下："保护社会弱者，促进社会实质正义；维护社会安全，促进社会和谐发展；保障公民社会权利，促进社会可持续发展；增进民生福祉，促进社会文明发展。"[③]社会法是对市场化运动造成的后果进行"反向运动"和矫治的时代产物，是资本主义市场经济制度调整的重要方面，是现代市场经济不可或缺的构成要素。在现代法律的庞大家族中，社会法属于新兴的法律部门，虽然起步较晚，但是更新换代的脚步很快，在并不久远的发展过程中，社会法的功能也随着它的代际更替而与时俱进。根据社会法的功能变化，可以将其划分为"三代"。第一代社会法的功能比较单一，主要是"社会保护"，保护弱势群体的生存利益；第二代社会法的功能是"社会保护为主、社会促进为辅"，重在普遍保障社会权利；第三代社会法的功能模式属于"社会保护与社会促进并重"，统筹兼顾公平与效率。资本与社会的矛盾运动，基于公平价值的社会保护与基于效率价值的社会促进之间的复杂关系，是社会法代际更替和功能演变的机理和主要动因。[④]

一 第一代社会法：弱者生存利益的社会保护

第一代社会法起源于1601年英国的《济贫法》，主要是社会救助，兴

[①] 陈甦：《社会法学的新发展》，中国社会科学出版社2009年版，第11—12页。
[②] 吕世伦、马金芳：《社会法的几个基本理论问题研究》，《北方法学》2007年第6期。
[③] 冯彦君：《中国特色社会主义社会法学理论研究》，《当代法学》2013年第3期。
[④] 陈步雷：《社会法的功能嬗变、代际更替和中国社会法的定位与建构》，《现代法学》2012年第3期。

盛于 19 世纪后期 20 世纪初期，以早期的劳动立法和社会保障立法为主体，以 1919 年国际劳工组织成立为高峰。

(一) 第一代社会法在英国："济贫法"和"工厂立法"

社会法最早产生于英国。作为第一次工业革命的起源地和首个率先完成工业化的国家，英国也是最早立法提供社会救助的国家。进入工业革命的近代英国社会面临的突出社会问题是贫困、流浪、失业、社会动荡。现代化早期最大的政治问题是如何救助穷人。[①] 16 世纪，英国"羊吃人"的圈地运动使大批农民被迫背井离乡成为失业流浪人员，严重影响社会稳定，因此救济贫民以维护统治秩序，成为英国统治者的重要关切。英国于 1572 年开始征收济贫税，四年后又设立了教养院以收容流浪人员并且强迫他们劳动。

1601 年，伊丽莎白一世颁布了《伊丽莎白济贫法》，史称"旧济贫法"。该法授权治安法官以教区为单位负责管理济贫事务，并将贫困者分类对待：对于丧失工作能力的老弱病残者，在家接受救济；对于无依无靠的贫困儿童，在指定的人家寄养，等到达一定年龄时再送去当学徒；对于有劳动能力者，不予救助并且强制其做工养活自己；对于流浪者，要关进监狱或者送进教养院。救济资金来源于三项：济贫税、自愿捐款和罚款。1662 年，斯图亚特王朝颁布了《住所法》，规定贫民要在其所在教区居住一定年限才能获得救济。1723 年《济贫法》规定设立"习艺所"，要求受救济者必须入所，由于其弊端严重，1782 年又作出相反的规定，将原料发放给有劳动力的贫民，让他们在家里做工，只集中救济老年人和丧失劳动能力的人。

1834 年，英国颁布了《济贫法（修正案）》，被历史学家称为"新济贫法"。该法将救济对象限定为习艺所中收容的从事苦役的贫民。中央层面设立"三人委员会"，在地方各教区组成济贫委员会。1847 年，中央的三人委员会改为"济贫法部"。1871 年，改由"地方政府部"管理济贫事务。由于存在明显的简单粗暴的特点，以社会救助为主要内容的英国的济贫法在政治经济、社会文化、伦理道德和理论政策等方面一直充满争议。[②]

---

① [英] H.T. 狄金森：《十八世纪英国的大众政治》，陈晓律等译，商务印书馆 2015 年版，第 1—5 页。

② 刘继同：《英国社会救助制度的历史演变及其核心争议》，《国外社会科学》2003 年第 3 期。

20世纪以后，随着社会保险的广泛普及，英国济贫法的重要性日益削弱甚至丧失作用。

在自由资本主义时代，工业化和市场化运动所向披靡，资产阶级在就业年龄、劳动强度、工资、工时、劳动保护等方面，对劳工进行高强度的剥削，严重损害劳动者健康，产生了工人罢工乃至革命等激烈的工人运动，资本主义到了危机四伏的境地。为了挽救危机，英国从就业年龄、最长工时、最低工资、劳动保护等方面入手，开始了"工厂立法"，对资方的行为作出了最低限度的限制。1802—1833年间，英国先后颁布了五部劳动法。英国1802年通过的《学徒健康和道德法》成为资本主义社会劳动立法的奠基之作。1850年的工厂法把英国全部重工业部门的劳动关系纳入其调整范围。1848年出台的《公共健康法》，开创了英国的公共健康时代。[1] 与济贫法的调整对象仅限于穷人有所不同的是，工厂法和公共健康立法的调整对象扩大到全民，地域范围也由乡村扩大至城市。但是此时的工厂法也存在内容贫乏、修改和补充的时间太长、实施不力等问题。[2] 英国于1871年制定了《工会法》，承认工人的结社权，使工会走向合法化。英国的工人运动与宪章运动相互促进，工人阶级在获得选举权后就迫切要求进行社会立法，并通过他们的政治力量去推动实现更多的社会民主化改革。[3]

（二）第一代社会法在德国：首开社会保险立法先河

德国在1870年实现国家统一后，面临缓和阶级矛盾、稳定统治秩序、防止社会革命等多重挑战，为了防止出现类似法国巴黎公社那样的社会革命，分化工人运动，以"铁血宰相"俾斯麦为代表的德国领导人强力推动社会改革，贯彻国家主义和"社会国家"的政治理念，达到促进社会整合和民族凝聚的目标。1881年，德皇威廉一世颁布了"德国社会政策大宪章"，进行了一系列的社会立法，对德国保护劳动力资源、推动工业化、实施"赶超战略"、积极争夺国际生存空间乃至谋求世界霸权，都发挥了重要作用。德国社会法的产生是其统治集团从国家生存与发展的需要出

---

[1]　［英］罗伊·波特等：《剑桥医学史》，张大庆等译，吉林人民出版社2000年版，第230页。
[2]　姚挺：《世界第一部劳动法——英国工厂法的借鉴作用》，《东南学术》1999年第6期。
[3]　R. R. Palmer, Joel Colton, Lloyd Kramer. A History of the Modern World. 10th ed. New York: McGraw-Hill Companies, Inc., 2007: 487.

发，自觉主动地实施的内外基本战略。

德国在世界范围内首开社会保险立法之先河。德国议会于1883年通过了《疾病保险法》，1884年通过《意外事故保险法》，1889年通过《老年和残废保险法》，1911年通过适用于寡妇和孤儿的《遗族保险法》，实行了《雇员保险法》，并通过了由当时所施行的各保险法汇编而成的《工人保险法典》。德国也通过了《工厂法》和《童工法》，对劳动条件作出明确规定，并且通过劳工介绍所帮助失业的工人实现再就业。此时的德国社会保险立法已经形成体系，适用范围比较广泛，由国家强制力保证实施，并设立了社会保险监管机构。19世纪德国的社会法、社会政策和社会保险制度是此前英国式济贫法的升级换代，对社会问题和社会风险，由济贫法的消极性的事后补救，演变为社会保险法的积极性的社会预防，是人类生存智慧的制度结晶，为全民共享发展成果、共担社会风险作出了重大的制度创新，为后世构建福利社会提供了制度模板，在世界范围内具有里程碑和划时代意义。

（三）美国早期社会立法和国际劳工组织的成立

美国的自由主义传统浓厚，其社会立法相对落后于欧洲。由于工人运动不断发展，19世纪末期的美国也不得不制定劳动法规，内容包括规定就业年龄、限制工作时间、保障职业安全等方面，并推动工会组织走向合法化。但是，美国在社会保障方面的立法出现比较晚，直到第二次世界大战之前的经济"大萧条"之后才最终面世。

1914年爆发的第一次世界大战，终结了自由主义至上的资本主义市场经济的黄金期。1919年，根据巴黎和会签订的《凡尔赛和约》，作为国际联盟附属机构的国际劳工组织成立，主要开展国际劳工立法、制定公约和建议书、提供援助和技术合作。其宗旨包括：促进充分就业和提高生活水平；促进劳资双方合作；扩大社会保障措施；保护工人生活与健康。该组织制定的大量国际公约和建议书，成为各国社会法的重要参考依据。国际劳工组织的成立及其活动，是第一代社会法发展到顶峰的标志。

第一代社会法的出现是资本主义从自由竞争阶段发展到垄断阶段以后，资本主义国家基于内忧外患的社会矛盾，或被动、或主动地对经济和政治制度进行重大调整和转型的结果，是自由资本主义终结的重要标志，也是对冷酷无情的"社会达尔文主义"的一定程度的抵制。第一代社会法的制定初衷，是从国家层面对劳动者等社会弱势群体的生存安全利益和国家人力资源进行特别保护。其动因来自两个方面：一方面是因为工人运动对资本主义国家的持续压力，另一方面也是资本主义国家为了延续资本主义制度，对传统的"夜警国家"进行改革并建立"社会国家"的政治纲领在法律领域的反映。

二 第二代社会法：社会保护和社会权利保障

第二代社会法产生于20世纪30年代的资本主义"大萧条"时期。这一时期，资本主义国家的劳动法走向健全，代表劳动者的工会组织成为与资本权力分庭抗礼的强大力量；社会保障制度走向普惠化；公民的社会权和相应的国家给付义务与责任得到法律确认。第二代社会法存在国内法、国际法两个层次和面向。其中，在国内法方面，第二代社会法的主要成就包括：一是在法律和实行机制上确立了"劳动三权"即自由结社权、集体谈判权和罢工权；二是建立了以社会保险为主、社会救助为辅的"福利国家"及其制度体系。

（一）"罗斯福新政"与美国的社会保障立法

1929年爆发于美国的西方资本主义世界的经济大危机及其产生的大量社会问题是第二代社会法产生的催化剂。1935年，美国制定了《联邦劳资关系法》《社会保障法》，作为"罗斯福新政"的重要内容，通过为就业者提供的强制性保险，以及联邦和州财政联合出资的公共援助项目，试图解决失业、伤残、疾病、贫困、养老等社会问题。美国因此在世界上首创了"社会保障法"概念，不但开创了20世纪30年代开始的西方社会保障立法和社会保障制度的新典范，而且产生了广泛而深远的世界影响力。[①]正如自由女神像所代表的那样，美国的主流文化是典型的自由主义和个人主义，反对具有"集体主义"和"社会主义"色彩的"社会福利"理念，而更倾向具有最低限度社会保护含义的"社会保障"概念。从核心价值观来看，社会福利重在体现平等，而社会保障着眼于安全。1935年之后，美国政府虽然也设置了社会福利制度和福利服务项目，但总是顽固地坚持"亲社会保障，反社会福利""大社会保障，小社会福利"的文化和历史传

---

① 史探径：《世界社会保障立法的起源和发展》，《外国法译评》1999年第2期。

统,凸显了美国特色,使得美国成为唯一没有建立福利制度的西方大国,也是"为何美国没有社会主义"的文化根源。①

在美国特色的社会保障法制度框架之下,美国政府刻意淡化国家福利,弱化社会福利,在社会保障和社会福利中突出市场力量的基础性作用。例如在医疗卫生服务体系方面,欧洲福利国家中的英国提供全民健康服务,其他欧洲国家也几乎都提供社会福利性质的健康保险体系,只有美国没有建立覆盖全体国民的健康保险,是主要通过市场化模式运作医疗卫生服务的发达国家。② 作为曾经的英国殖民地,美国在很大程度上继承了英国的文化传统,但是崇尚自由精神的美国人似乎并未继承英国文化中的保守传统和"绅士"风度,而是"我行我素"地创造了"美国化"的法律制度和文化。③ 美国的社会保障立法和制度实践也不例外。当然,美国的政治法律文化不是铁板一块,也不是一成不变的。20世纪60年代,民权运动、反贫困运动、环境保护运动、女权主义运动等各种社会运动和公民权利革命在美国风起云涌,自下而上地推动了美国民主政治和社会福利体系的发展。④

(二)英国《贝弗里奇报告》与"福利国家"建设浪潮

20世纪40年代初期及以后的20多年时间,是以英国为代表和典范的欧洲各福利国家立法及相关制度建设的黄金时期。英国1942年提出的《贝弗里奇报告》设计了一整套包含社会保障和社会服务在内的"从摇篮到坟墓"的社会福利制度。⑤ 这套制度在二战后得到全面实施,形成了"为所有贫困的和需要帮助的社会成员提供保护的社会保护制度"⑥。英国版的福利国家立法和制度模式,为西方国家提供了"抄作业"的样板。

---

① [德]维纳·桑巴特:《为何美国没有社会主义》,孙丹译,电子工业出版社2013年版,第1页。
② 刘继同:《世界卫生保健体制的基本类型与中国卫生体制改革的宏观思路》,《长春市委党校学报》2006年第2期。
③ [美]劳伦斯.M.弗里德曼:《美国法律史》,苏彦新等译,中国社会科学出版社2017年版,第45—50页。
④ [美]迈克尔·舒德森:《好公民:美国公共生活史》,郑一卉译,北京大学出版社2014年版,第112—115页。
⑤ [英]W.贝弗里奇:《贝弗里奇报告——社会保险和相关服务》,华迎放等译,中国劳动社会保障出版社2004年版,第1页。
⑥ P. Watson. Social Security Law of the European Communities. Oxford: Mansell, 1980: 1.

1944年及其后四年间通过的《国民保险部组织法》《国民救济法》《家属津贴法》《工业伤害法》《国民保险法》等一系列社会立法，成为二战后英国向世界贡献的制度遗产。根据英国学者的全面总结和深入研究，英国特色的福利国家模式的主要原则包括以下几个方面：一是实现充分就业，二是面向全民实施最低生活保障制度，三是免费提供平等的教育机会和医疗服务，四是中央政府对教育、医疗、社会保障和部分住房领域承担主体责任，五是国家兼有福利筹资主体和社会服务提供主体的双重身份。英国的福利国家模式并不是"从天而降"的完全创新，而是具有连续性和可持续性的新旧融合式制度创新。① 英国著名社会学家、经济学家马歇尔根据英国经验，将公民权利分为三类，即政治权利、民事权利和社会权利，为福利国家制度和社会福利立法奠定了法理基础。②

"福利国家"或"福利社会"是一个著名的但也充满争议的核心概念，它的基本内涵是指那些能够满足其国民在充分就业、基础教育、卫生保健、社会平等、保护弱势群体、经济安全和社会保障等方面需要的国家或社会。③ 1948年，英国的工党政府宣布建立世界第一个福利国家。此后，德国、法国、意大利、荷兰、瑞典、丹麦、芬兰、加拿大等欧美国家争相建立福利国家。20世纪五六十年代，是欧洲经济繁荣发展的二十年黄金时代，也是福利国家蓬勃发展的黄金二十年，福利国家建设和"社会福利运动"大潮席卷欧美各国，开启了社会福利和社会政策立法的新时代。④ 第二代社会法除了健全集体劳动立法和建立普惠性社会保障制度，还注重应对形形色色的社会边缘化和社会排斥问题。从50年代开始持续20年之久的美国民权运动，其本质是以非洲裔美国人为代表的少数族裔争取社会权利、促进社会政策和社会立法的社会运动。以社会法构建的福利国家制度取得了较好的政治和经济成效，正如英国学者吉登斯所言，"通过使劳工

---

① [英] 霍华德·格伦内斯特：《英国社会政策论文集》，苗正民译，商务印书馆2003年版，第1—2页。

② [英] T. H. Marshall：《公民权与社会阶级》，刘继同译，《国外社会科学》2003年第1期。

③ 参见[美] 威廉姆·H. 怀特科等《当今世界的社会福利》，解俊杰译，法律出版社2003年版，第28—35页。

④ 参见[英] 贾森·安奈兹《解析社会福利运动》，王星译，格致出版社、上海人民出版社2011年版，第1—3页。

参与政府管理,福利国家变成了阶级妥协的符号,明显地解决了长期存在的'社会问题',同时也保护了经济的有效性。"[1]

20世纪中期的欧美发达国家大都制定了各种各样的社会福利方面的法律,实施福利国家政策和法制,促使西方资本主义国家广泛地形成了"福利资本主义和资本主义福利国家化"的局面。[2] 与福利国家建设有关的社会政策和社会立法,成为西方国家选举政治议题的枢纽。这在很大程度上改变了世人对早期资本主义国家的野蛮、掠夺、残暴的国家形象的认识,现代资本主义国家的社会立法和社会政策为资本主义平添了许多温情的色彩。其实,资本主义与社会主义并不是"老死不相往来"的陌路,而是"鸡犬之声相闻"的邻居,是"不打不相识"和"相爱相杀"的对手,在二战后资本主义和社会主义两大阵营长期对峙的紧张局势下,资本主义或自觉或不自觉地从它的邻居和对手那里学习了"社会主义"的理念和精髓并发扬光大,演绎了隐秘的"东风西渐"的传奇故事。

(三) 国际法层面的第二代社会法:"社会权利"的勃兴

在国际法方面,联合国的《世界人权宣言》和《经济、社会及文化权利国际公约》是第二代社会法的代表作。经济、社会、文化类权利成为"第三代"基本人权,具有国际性的社会法已经成为国际人权法的重要组成部分。《联合国宪章》第55条规定了联合国的社会职能,即"联合国应当促进较高的生活程度、全民就业及经济与社会进展,国际经济、社会、卫生及有关问题之解决,国际文化及教育合作"。《世界人权宣言》将劳动权、社会保障权、文化教育权等社会权利正式纳入基本人权范围。国际劳工组织也制定了许多公约和建议书,其中,《结社自由与保护组织权利公约》(1948年通过)、《组织权利与集体谈判公约》(1949年通过)是社会法的代表性成果,公约所确立的"劳动三权"和集体谈判机制,成为现代市场经济的核心机制。[3]《美洲国家组织宪章》(1948年)第7章就规定了

---

[1] [英]安东尼·吉登斯:《超越左与右——激进政治的未来》,李惠斌、杨雪冬译,社会科学文献出版社2000年版,第142—143页。

[2] 参见[丹麦]哥斯塔·埃斯平-安德森《福利资本主义的三个世界》,苗正民等译,商务印书馆2010年版,第18—20页。

[3] 陈步雷:《以劳权看待发展——劳权的权利论与功能论的多维度解释框架》,《中国劳动关系学院学报》2009年第4期。

"社会标准"①。欧洲是社会法、社会民主主义的主阵地，《欧洲社会宪章》（1961年）对社会权利作出了一系列规定。《非洲人权和民族权宪章》（1981年）第15条也规定，"人人有权在公平合理和称心如意的条件下工作，并且享受同工同酬的待遇。""社会权利"（social rights）成为国际法中的新型人权概念，对于防止传统的"自由权"的空洞化，促进全体公民尤其是弱势群体的实质平等具有重要意义。

第二代社会法的主要功能在于：拓宽了人权保护的范围，从而加强了人权保护的力度；丰富了法律上"人"的形象，从传统私法中享有物权、债权、知识产权、股权等私权的"自然人"形象，以及传统公法中享有选举权和言论自由等政治权利和自由的"公民（国民）"，逐渐进化到全面获得经济、社会、文化等各类"社会权"的"社会人"形象；社会保护与公平分配是主要功能，同时兼顾社会促进功能。国家干预经济和社会生活的权力以及对国民收入的再分配职能，在社会法的"背书"下，带来了西方资本主义在20世纪50年代至70年代发展的"黄金时期"，并因此形成了市场机制和政府干预并行的混合型的资本主义新型市场经济体制。可以说，第二代社会法是混合资本主义的催化剂，也是现代市场经济的加速器。

三 第三代社会法：社会保护和社会促进并重

（一）第三代社会法的时代背景："福利国家"的两难困境

第三代社会法肇始于20世纪70年代后期，是在与新自由主义和保守主义的较量和纠葛中产生的，是社会保护和社会促进功能并重的社会法。第三代社会法的出现是对第二代社会法的制度理念的反思及其带来的新的社会问题的回应。第二代社会法的基本理念是通过加强政府的"再分配"功能，全面提高全体国民的社会保障水平。在这种理念的支配下，社会福利水平、税收负担水平、就业状况、国家干预的力度，成为西方发达国家

---

① 《美洲国家组织宪章》（1948年）第7章即"社会标准"，其中第29条规定：所有人类都有权在自由、尊严、机会平等和经济安全的情况下，获得物质福利和精神发展；工作是一种权利，也是一种社会责任；要尊重集会自由和工人尊严；要在保障生命、健康和适当生活水平的条件下工作。《修订美洲国家组织宪章的议定书》（1967年）第9条继续完善了"社会标准"，强调工作条件应当确保工人及其家属的生存、健康而体面的生活，工人都享有集体谈判权和罢工权，建立社会保险和社会救助制度。

内政的中心议题,并成为划分政治倾向"左"和"右"的试金石。为了竞选的需要,左翼政党一般主张增加福利,以促进社会平等为目标,但是对增税比较敏感和谨慎,因为那样会触怒选民而丢失选票;右翼政党通常主张减轻税收负担以迎合选民,并减少国家干预,却不敢主张大幅度地降低福利水平,因为那样也会"吓跑"选民。作为"经济人"的选民总是希望"高福利、低税收",但这显然是"又要马好,又要马不吃草"的想法,是无法实现的。因为政府并不能直接创造财富,只能分配财富,没有高税收作支撑,高福利就只能是无源之水、无本之木。政治竞争带来的结果,似乎只能是"高福利、高税收"的福利国家的延续。

"三十年河东,三十年河西",20 世纪 70 年代中期之后,由于石油经济危机的重创和福利国家制度本身的缺陷等因素,西方发达国家出现了严重的社会问题,被称为"福利病"或"福利危机",具体表现为经济增长放缓、失业率提高、通货膨胀严重、财政入不敷出。于是持续近三十年的福利国家赞歌戛然而止,代之以普遍的怀疑之心和激烈的批判之声。究其原因在于:一是高福利带来的高税收导致企业和个人经济负担过重,降低发展能力和竞争能力,经济活力和社会活力下降,而减税又会减少政府财政收入,造成入不敷出的局面,无法维系高福利政策,因此骑虎难下,进退两难。二是政府对社会成员的信息搜集和辨别能力不足,信息不对称使得社会救助的"精准性"和"有效性"较低,特别是那些客观上有劳动能力但主观上缺乏劳动意愿的成员也成为社会福利救助的对象,"钻空子""搭便车"等机会主义倾向使得"福利依赖"现象越演越烈,导致部分社会政策和福利产生了严重的道德危机,在一定程度上沦为"养懒汉"的温床,上述问题长期成为自由主义者、保守主义者攻击社会福利制度的主要论据。[1] 高福利使劳动者就业意愿降低,高税收压制了企业投资和经济增长的动力。政府与市场、社会政策与经济政策、紧缩和削减福利支出、改革福利国家制度,成为当时欧美国家政治中最核心、最主要的共性议题。[2] 20 世纪后期的三十年是福利国家政策和法律改革、调整、治理和结构转型

---

[1] P. Edelman. The Welfare Debate: Getting Past the Bumper Stickers. Harvard Journal of Law and Public Policy, 2003, (27).

[2] [英] 保罗·皮尔逊编:《拆散福利国家——里根、撒切尔和紧缩政治学》,舒绍福译,吉林出版集团有限责任公司 2007 年版,第 1—2 页。

的新时期。

(二) 福利国家改革的理论指南：福利多元主义

福利国家的转型和改革是在各种理论和政策争论议题中向前推进的。这些争论议题反映了不同的乃至相反的价值观、利益关系和理论视角，包括但不限于如下论题：国家和市场、效率和公平、权利和义务、就业和福利、个人主义和集体主义、家长制和平等伙伴关系、福利依赖和个人责任、普惠主义和选择主义。① 关于社会福利立法、社会政策、福利国家的争议，结束了20世纪50年代西方社会在福利国家建设方面的社会共识和一致行动的状况，出现了明显的多元化趋势，产生了"福利多元主义"的理论体系，政府、市场、社会组织、个人、家庭、社区共同承担社会福利责任，正式体系和非正式体系共同发挥提供社会福利的作用，最终形成国家福利、市场福利、企业福利、家庭福利、社区福利和非正式福利并存共生状况。②

福利多元主义的实质是推进福利供给主体的多元化，在一定程度上减轻和分散政府在提供福利方面的责任，使得"福利国家"向"福利社会"转变。价值基础和理论依据的重大历史转变，促使"政府包办"的福利国家部分走向福利的市场化、民营化、社会化，第三部门、社会企业、企业社会责任、慈善志愿服务等成为这个过程中的关键词。例如，为了破除"养懒汉"的福利国家制度弊端，美国建立了以就业即工作为中心的新型福利制度，其主要宗旨是将获得福利的资格与其就业意愿和就业能力挂钩，基本上否定了社会福利作为公民社会权利的理论认知，其实质是在福利国家中重建更加隐蔽和高级化的"工作济贫"，体现了新自由主义福利观。③ 20世纪70年代以来，应对老龄化成为世界性难题，老年人家庭和社会照顾特别是失能失智老年人的生活照顾、医疗健康服务和社会福利，成为严重的社会问题。1994年，德国开始实行的长期照顾保险制度，成为西方社会福利立法和制度建设的新的重点

---

① [英] 艾伦·肯迪：《福利视角：思潮、意识形态及政策争论》，周薇等译，上海人民出版社2011年版，第1—2页。

② 周缘园：《"福利多元主义"的兴起——福利国家到福利社会的转变》，《理论界》2013年第6期。

③ [美] 罗伯特·索洛：《工作与福利》，刘文忻等译，中国社会科学出版社2010年版，第1页。

内容之一。① 西方福利国家的福利法律和福利制度的结构和功能都在升级换代。

(三) 第三代社会法的进步：从社会保护到生产促进

在西方发达国家，以英国和欧盟国家为代表，各路主要的政治势力，无论是左翼还是右翼，基本达成了一个难得的共识，那就是跳出第二代社会法的"要福利，还是要发展"的"鱼和熊掌不可兼得"的二选一"单选题"泥潭的重要性。他们试图寻求既能实现社会保护和社会安全，又能实现经济发展和社会效率的社会法制度模式。于是，以生产促进职能与社会保护职能并重的第三代社会法应运而生。社会法从第二代到第三代的变革，关系到社会法的基本观念、制度设计和功能演进等诸多面向。

第二代社会法的主要关注点是赋予社会成员以广泛的经济社会文化类人权并给予足够的保护，其社会法和社会政策的总体思路是"再分配主义"和实现"分配正义"，是在国家经济和财政的"蛋糕"大小已经确定的前提下如何"公平地切分蛋糕"的问题，可以说是"分配型"或"消费型"的社会法。而第三代社会法的理念是把"分好蛋糕"和"做大蛋糕"并重，社会法不再被局限为纯粹的解决收入分配、财政支出和社会负担问题的制度工具，它还可以是促进社会生产和经济发展、"把蛋糕做大"的重要制度设计，是"生产型"或"投资型"的社会法。这种"生产型"或"投资型"主要表现在两个方面：一是将社会法与经济政策融合，形成社会性投资，直接增加经济产出；二是其预防、缓和、解决冲突等功能可以直接减少损失。在第二代社会法下形成的社会政策与经济政策"两张皮"和"水火不容"的"负相关"关系，让位于第三代社会法下社会政策与经济政策"你中有我、我中有你"的相互融合、相互促进的"正相关"关系。

欧盟于 2000 年制定的《社会政策议程》是第三代社会法的重要代表作。欧盟将社会政策视为一种生产性要素，致力于实现欧洲社会模式的现代化。"欧洲社会模式"具体表现为具有欧洲特色的社会法和政策体系，主要以欧洲战后重建的经验和福利国家制度的成功实践为基础和根据，坚

---

① 和红：《德国社会长期护理保险制度改革及其启示：基于福利治理视角》，《德国研究》2016 年第 3 期。

持在欧洲经验中已经被确证的那些社会法和政策原则,包括公平、自由、社会重于市场等方面。欧盟在"冷战"结束后新的经济社会形势和国际格局下进行社会法变革的原因在于,它希望在坚持"欧洲社会模式"的同时,将社会因素提高到前所未有的"生产力因素"的地位,表明欧洲对社会因素的重视不会削弱而是增强欧洲的竞争力,因而借此坚持其独特的经验和价值观。[1]

总体而言,第三代社会法在继承第一代、第二代社会法的社会保护功能的同时,又开发了社会法的社会促进、生产发展的功能,是社会公平与经济效率兼顾、分配正义与经济自由并重的制度创新成果。毋庸讳言,第二代社会法确实在保障社会权和社会公平方面取得了显著成效,但是在较大程度上导致了社会福利与经济发展的明显冲突和两难选择,使得福利国家的经济活力和国家竞争力遭遇不同程度的打击,社会法制度模式难以持续。从第二代社会法向第三代社会法的转型并非一蹴而就、朝秦暮楚的简单游戏,而是千锤百炼、千磨万击的艰难长征。例如,英国、法国、德国、意大利等欧洲国家的社会保障支出与 GDP 的比例,在 20 世纪 70 年代为 20% 左右,经济发展速度已经放缓;到 80 年代,当这一比例平均达到 24% 时,这些国家的经济就更加明显地衰退了。[2] 可以看出,欧洲国家此时的社会保障与经济增长的反比例、负相关关系十分显著。

2008 年国际金融危机爆发后,希腊、意大利、西班牙等欧洲国家的主权债务危机的本质就是其社会法转型不够成功,社会保护与社会促进之间未能达成相对平衡状态,以致出现了过重的社会福利负担,经济效率下降,表现为政府财政支付能力严重透支的危机。而德国、英国、荷兰等国由于从第二代向第三代社会法的转型比较及时和顺利,较好地协调了社会政策与经济政策的关系,经济发展状况更为理想,福利负担也在政府和社会可以承受的范围内,因此在面对金融危机时就能相对从容。

西方特别是欧洲国家的保护功能与生产功能并重的第三代社会法,与亚洲国家和地区如日本、韩国、新加坡、中国台湾和香港地区的"生产型社会政策"存在明显的区别。所谓"生产型社会政策"就是经济发展优

---

[1] 李东屹:《欧盟社会政策发展与欧洲社会模式》,硕士学位论文,中国人民大学,2007年。
[2] 景天魁:《底线公平与社会保障的柔性调节》,《社会学研究》2004年第6期。

先、经济目标优先于社会目标的社会政策，认为政府对公民的福利只承担有限的而不是全面的给付义务，相信经济增长与社会福利存在正比例关系，认为经济增长是社会福利的必要条件，为了经济成长的需要而控制社会福利的规模，通过经济增长来实现公共福利。在这种社会法或社会政策模式下，社会保护与经济发展并不是平分秋色即"并重"的关系，而是存在鲜明的主次之分，即重经济发展而轻社会福利。如果抛开道德评价和价值观的主观评判，只从客观的现实来观察，上述亚洲国家和地区在经济增长的动力、活力和绩效方面的确比欧洲国家更胜一筹。

总而言之，西方社会立法历史演变的主要趋势是共同性或普遍性与多元化或特殊性并存。[①] 共同性或普遍性指向社会立法中对人类社会共享需求或价值观的观照，例如安全、平等、民主、幸福等；特殊性或多元化指向社会立法中人类社会的个性存在，例如民族、种族、文明、风俗等。现代各国社会立法的总体发展趋势表现为普遍性或共同性因素不断增加，各国社会法趋同化的趋势明显。

随着社会的发展和时代的变迁，社会法也实现了代际更替和功能演变，经历了扩展、进化和转型的历史过程。在这个过程中，社会保护是社会法最基本的职能，也是其不变的坚守。但是社会保护的范围是在扩展的，从第一代社会法的保护弱者，扩展到第二代、第三代社会法对全体国民的普遍保护。社会保护的理念也是在进化的，从第一代社会法为了延续资产阶级统治和保护国家人力资源的需要而"手段性"地保护弱者，到第二代、第三代社会法出于人权保障的需要而"目的性"地赋予公民以社会权，社会保护也从国家和政府的"恩赐"和"德性"变成了"义务"和"责任"。这样的扩展和进化，是体现共享发展理念的"社会主义"和"社会国家"理念在西方发达国家从政策到法律领域率先实践的结果。

至于社会法的社会促进或生产促进、经济发展功能，在第一代社会法中是难觅踪影的，在第二代社会法中是作为社会保护的附属功能而出现的，是"犹抱琵琶半遮面"的状态，而它在第三代社会法中就与社会保护功能并驾齐驱、平分秋色了，基于社会法的社会政策与经济政策融合、协

[①] 刘继同：《欧美社会福利立法典范的制度演变与历史规律》，《甘肃政法学院学报》2017年第5期。

调、共进的态势日益明显。如果说第一代社会法是在选择性地"送蛋糕",那么第二代社会法就是在普遍性地"分蛋糕",而第三代社会法在"分好蛋糕"和"做大蛋糕"的微妙平衡中,努力实现社会与经济、公平与效率、平等与自由、守正与创新等冲突性价值观的共商、共建、共享、共荣。

(四)第三代社会法成型的重要动因:经济全球化

第三代社会法的成型还与经济全球化的驱动和促进作用密切关联。经济全球化打破了主权国家的界线,资本、技术和人力资源的全球流动,使国家和地区在全球范围内成为直接的经济竞争主体,争相吸引国际资本投资,降低劳动力等生产成本,增强经济的国际竞争力。国际竞争成为各国制定经济政策和社会政策时重要的考量因素。世界体系理论认为,世界各国并非均质的存在,而是存在"中心—半边缘—边缘"这样的等级体系,发达国家居于中心位置,发展中国家处于半边缘位置,最不发达国家处于边缘位置。欠发达国家的发展目标就是改变自己在世界体系中的位置,从边缘、半边缘向中心靠近。即使是发达国家,其发展水平也分三六九等,同样存在国际竞争的冲动。例如欧盟和美国,虽然同为发达经济体,但是其社会法和社会政策也存在显著差别,欧洲国家更看重社会保护和社会安全,而美国通常更看重经济发展和社会活力,也因此,美国的经济增长速度和国际经济竞争力明显比它的欧洲伙伴占优。在世界上"呼风唤雨"的发达国家尚且如此,发展中国家的经济发展冲动当然更为强烈,而对社会保护和社会福利的兴趣自然就退居次要地位了。日本以及亚洲"四小龙"韩国、新加坡、中国台湾和香港地区在20世纪50年代到80年代的崛起,及其所形成的"生产型社会政策"模式就印证了上述判断。这为其他后发国家和地区提供了鼓舞人心的样板,因为"榜样的力量是无穷的","依葫芦画瓢"的成本是最低的。

无论是国内还是国际,资本的逐利性和机会主义趋向根深蒂固,高福利和高税收是资本的"死敌",于是各国政府为了留住本国资本,并吸引国际资本投资,一般都会减税、降低福利水平。醉心于保障社会权的第二代社会法在事实上成了不受欢迎的对象,受到许多国家政府和大小资本的冷遇,向第三代社会法转型,兼顾社会保护和经济发展,成为社会法发展的必由之路。在经济全球化大潮中,一个国家和地区社会法和社会政策的理想状态应当是，一方面能参与国际性的社会保护运动，另一方面使本国的社会政策与经济政策、社会保护与社会促进之间，形成合作和共进的良好关系，寻求既适合本国又具有国际竞争力的发展模式。①

第三节　社会政策变革的"多国演义"："欧风美雨"无穷期

20世纪70年代末以来的40年极不平凡，是中国改革开放的40年，也是西方各国社会政策和福利国家变革的40年。在这场"多国演义"中，英国社会政策变革的"第三条道路"、美国在民主党与共和党"驴象之争"下反复无常的社会政策改革、北欧福利国家模式及其发展，成为这场变革大潮中引人注目的"弄潮儿"，它们掀起的"欧风美雨"从过去进行时到现在进行时，各显神通，各得其所，未有穷期。

一　英国的社会政策变革："第三条道路"

"西方不亮东方亮"，与欧美的福利国家模式造成的困境形成鲜明对比的是，东亚国家促进生产的社会福利政策取得了更高的经济效率。② 内部问题和国际比较，迫使欧美国家开始反思福利国家的合理性和可持续性，并着手进行重大改革。由于人性中客观存在并且无法消除的"偷懒"和"捡便宜"倾向，在制定和实施社会法、推行弱者救助等相关社会保护政策时，要尽量避免出现"逆向激励"效应，要实行正向激励，激发受助者的自强自立精神而不是过着"衣来伸手，饭来张口"的不劳而获、坐享其成的生活。用中国话语讲就是"授人以鱼，不如授人以渔"。以凯恩斯主义和福利主义为指导思想的第二代社会法建构的西方福利国家制度，在新自由主义者的猛烈批判下，从20世纪30年代开始持续四十年左右的无上荣光变得黯然失色。欧美国家的社会法和福利政策变革已经箭在弦上不得不发。其中，英国和美国以新自由主义为指南的变革最为引人注目，在世界范围内引发了巨大反响，许多国家纷纷效仿。

---

① 徐崇利：《经济全球化与国际法中"社会立法"的勃兴》，《中国法学》2004年第1期。
② 刘金婧：《东亚社会政策的特点：促进生产的福利资本主义》，《国外理论动态》2001年第12期。

在英国，1979 年，著名的"铁娘子"、代表保守党的撒切尔夫人上台担任英国首相，其执政时间长达十余年。在此期间，英国政治"向右转"，作为当代西方"新自由主义"和"保守主义"的"混血儿"，"撒切尔主义"指导的英国保守党政府在削减社会福利的政策方面却完全不够"保守"，采取了一系列强硬的改革措施，例如削弱和打压工会组织、提高个人的社会保障费率、开征社会保障所得税、控制医保开支、消减福利性补贴和住房补助，推动社会保障和福利供给的私有化、市场化，这对于英国20 世纪 80 年代至 90 年代的劳动生产率和国家竞争力的提高具有一定的成效。①

1997 年，作为左翼政党的英国工党上台，为了解决长期存在的"福利国家陷阱"，也不得不进行改革，激励和帮助适龄人口尽量就业，将社会福利与工作挂钩，打击并预防形形色色的福利欺诈行为。工党与保守党的政策实际上在走向折中和调和，尽管工党在削减社会福利方面还不像保守党那么"积极"。通常被认为代表"富人"、奉行自由主义的右翼政党，与一般被认为代表"穷人"、更倾向平等主义的左翼政党，在福利政策改革和社会法的调整方面达成了一定程度的妥协和让步，就是要更加务实地从"消极的"即"给予型"的社会法制度，向"积极的"即"激励型"的社会法制度转型。吉登斯等学者主张的"第三条道路"得到重视和实行。②第二代社会法的调整和转变，是西方资本主义国家"左"和"右"的意识形态斗争的结局，也是市场经济条件下经济效率和社会公平价值进行平衡和协调的客观需要。

二 美国的社会政策变革："驴象之争"与"跷跷板"游戏

在美国，1981 年，代表共和党的里根就任总统，也拉开了大刀阔斧的改革大幕。里根政府实行了大规模的减税计划，紧缩社会福利支出，减轻联邦政府的财政负担，扩大私人经济和地方经济的规模，减少联邦政府对经济的干预，促进经济更加自由化、市场化，实行刺激经济增长的货币政

---

① ［英］戴维·柯茨：《资本主义的模式》，耿修林、宗兆昌译，江苏人民出版社 2001 年版，第 51—62 页。
② ［德］柯武刚、史漫飞：《制度经济学：社会秩序与公共政策》，韩朝华译，商务印书馆 2000 年版，第 521 页。

策。里根政府的改革政策为应对长期困扰资本主义国家的"滞胀"局面发挥了一定的积极作用,也为美国带来了高财政赤字、高贸易赤字的新难题。

1992 年,代表民主党的克林顿当选美国总统,1993 年,美国国会通过了《年预算调整法》,克林顿随后也签署了《削减赤字法案》,通过增加税收的办法来削减赤字总量。增税的税种包括个人所得税、公司税、医疗照顾保险税、社会保险税、运输燃油税等。例如,社会保险税的增税计划使得缴纳社会保险的人数快速增长,有统计数据表明,工薪阶层缴纳社会保险的人数由 1991 年的 55% 上升到 1996 年的 84%,使联邦政府额外增加了高达 270 亿美元的税收收入。1997 年,已获得连任的克林顿总统又签署了《年平衡预算法案》,该法案延续了其一贯的削减财政赤字和增加税收收入的立场和思路。增税计划使得政府推行社会政策的行动不至于成为"无米之炊"。

克林顿政府的社会政策比较积极,主要致力于医疗、环境保护和教育方面的改革。虽然其着力推动的医疗改革因为重重阻力无果而终,但是在环境保护政策和促进教育发展方面卓有建树。克林顿政府比较重视环境保护,在行政部门如国务院、行政管理和预算局、国家安全委员会中任用许多环保主义者,大力推动环境外交,通过直接的经济援助和缩减不发达国家外债以用于环境保护的方法,对亚洲、非洲和拉丁美洲一些比较落后的国家实行环境外交援助,以应对不断恶化的全球环境问题。克林顿政府在美国历史上首次提出了环境外交报告,大力推行环境外交,其最突出的环境外交成就是在削减温室气体排放以应对全球变暖方面。1997 年,旨在限制温室气体排放量以抑制全球气候变暖的《联合国气候变化框架公约的京都议定书》在日本京都获得通过。在美国国会尚未核准该议定书的情况下,克林顿总统于 1998 年 3 月签署了《京都议定书》,彰显了其重视环境保护的立场和决心,在当时的世界上很好地树立了美国的大国形象。

无独有偶,2016 年 4 月 22 日,美国民主党执政的奥巴马政府和中国政府同时签署了旨在应对全球气候变化的《巴黎协定》。与此形成鲜明对比和反差的是,2017 年 6 月 1 日,代表共和党执政的美国总统特朗普发表了美国退出《巴黎协定》的决定。2019 年 11 月 4 日,美国国务卿蓬佩奥发布声明，向联合国通报美国正式退出《巴黎协定》。美国的民主党和共和党及作为其代言人的美国总统，在环境保护政策方面的"驴象之争"，似乎比其他领域来得更加激烈和白热化。

促进教育发展是20世纪90年代执政的美国克林顿政府鲜明的社会政策。克林顿将教育视为国家繁荣发展的关键。他在其备受瞩目的总统就职演说中强调，"最重要的是，让我们把教育置于第一优先的位置。"克林顿在1997年的国情咨文中进一步表态说，"在通往未来的必经之路上，此刻要迈出最重要的一步，在接下来的四年工作的首要任务就是确保所有的美国人享受到世界上最好的教育。"根据有关统计，在八年的总统生涯里，克林顿发出的教育政策倡议多达120次，美国国会也通过了5部教育立法，其主要方面包括增加"开端计划"资金，资助预防暴力计划，改革学生贷款计划，颁布《学校通向就业机会法》等。在总统任期内，克林顿的教育改革措施和行动计划覆盖各个教育领域，从基础教育到高等教育再到职业教育，其特点包括如下方面：增加政府财政投入，促进教育发展，在贯彻教育平等理念、强调全民教育的同时，关注弱势群体，实现教育均衡，利用市场竞争机制大力发展特许学校；立足一流教育，促进教育改革，制定统一标准，重视教育质量，推进现代化教学，实施绩效责任制，完善评价体系，重视教育信息技术等方面。

在社会法制度和社会政策倾向方面，与英国的工党和保守党达成的相对平衡局面明显不同，美国的民主党和共和党似乎总是势同水火，不仅是"道不同不相为谋"，而且做着互相拆台的游戏。作为左翼的民主党政府一般倾向于增加税收、提高福利水平，而作为右翼的共和党政府总是更喜欢减税、降低福利水平。两党的轮流执政使得美国的社会政策和社会法犹如"跷跷板"，此起彼伏，此消彼长，飘忽不定。这也说明第二代社会法在美国根深蒂固，改革的难度可想而知。

三　北欧福利国家模式：社会与经济协调发展的典范和传奇

（一）北欧福利国家模式的背景和特征

"沉舟侧畔千帆过，病树前头万木春。"在20世纪70年代以后的西方福利国家改革浪潮中，不少国家的改革进展并不顺利，有的国家甚至折戟沉沙，但是"远在天边""世外桃源般"的北欧诸国的福利国家模式却浮出水面，成为现代福利国家引人注目的亮点。① 北欧国家一般是指瑞典、芬兰、丹麦、挪威和冰岛五国。从地理环境和人口数量看，它们都属于"小国寡民"，国土面积最大的瑞典不足 45 万平方公里，人口 900 万左右，最小的冰岛国土面积约 10 万平方公里，人口仅有 30 多万。北欧国家没有西欧和南欧国家如英国、法国、德国、意大利那样悠久的历史和灿烂的古代文明，但是它们在现代福利国家建设和改革方面却独树一帜，为世界贡献了"北欧模式"，用实践和事实证明：在成熟的福利国家，在政府财政高支出、高税收和广覆盖的社会保障和社会福利背景下，社会平等感强，贫富差距小，经济仍然能够维持较好的竞争力。

19 世纪末之前的北欧国家大都非常贫穷，不少北欧人被迫移民到国外特别是美国。1870 年左右，作为北欧最大的国家，瑞典启动了工业化进程，经济迅速发展。20 世纪初以来的一个多世纪里，主要代表中下层民众利益的左翼政党——社会民主党，在北欧国家的绝大部分时间都处于执政地位，主导了北欧各国的政治走向，并在建立福利国家方面发挥了重要作用。北欧国家福利模式的形成，与其特有的社会和历史基础密不可分，例如没有封建社会的经历、盛行平等主义和平民主义价值观，而且经历了二战后长达 40 余年的持续快速的经济增长，积累了比较丰厚的物质基础。

在 20 世纪 50 年代至 80 年代，北欧国家推出了堪称全球最全面、最慷慨的社会福利体系，与其他福利国家相比，具有如下的独特之处：一是政府享有高度信誉，在社会保障制度体系中承担了更重要、更积极的主导性作用，提供覆盖面广泛的基本养老金、免费或高额补贴的医疗保险等各类社会保障，私人部门基本退出社会保障市场。社会服务提供者大多是地方政府而不是中央政府。北欧国家提供的服务补助远多于现金补助，例如托儿所、养老院提供的托幼和养老服务，向老弱病残者提供居家服务。二是面向社会大众提供基本福利，无论职业、阶层和收入差异，甚至无论是否就业。基本福利所需资金来源于普通税，而不是专门的"贡献税"，只是一些非基本福利与个人是否缴纳"贡献税"以及收入有关，因人而异。这种高度平等而有差别的福利国家模式获得了北欧民众的普遍支持。放眼全

---

① ［挪威］斯坦恩等：《北欧福利国家》，许烨芳、金莹译，复旦大学出版社 2010 年版，第 1 页。

球，北欧各国的福利国家模式无疑是最接近社会主义的一种制度形态。

在北欧国家中，社会保障和福利支出占国内生产总值的比重都比较高，例如瑞典为35%左右，芬兰达到38%。比较而言，美国的这一比重为18%左右，日本为11%左右，同为发达国家，高下立判。"羊毛出在羊身上"，高福利依赖于高税收。北欧国家普遍实行高额税收和大幅度的收入累进税，以保证社会福利支出。欧盟统计局公布的数据显示，芬兰的最高所得税超过50%，其税收占GDP的比例达43%，瑞典的这一比重更高，达52%，瑞典人交纳的各种税费平均要占其收入的60%以上。根据欧洲统计局的数据，北欧国家的基尼系数稳定在0.25左右，是全世界贫富差距最小的地区。

（二）北欧福利国家模式的挑战和改革措施

北欧福利国家模式也并非一帆风顺，而是遭遇了同欧洲其他福利国家类似的问题和挑战。一是高福利使不少有工作能力的人习惯了即使不工作也能过上养尊处优的生活，于是懈怠懒散，就业意愿下降，坐享其成，社会活力和奋斗精神也随之下降。二是为了避免高额的税收负担，一些企业和个人向税负较低的国家或地区转移，经济全球化进程为这种转移提供了可行性和便利性。三是越来越多的移民涌入，并成为全民社会保障体系的受益者，加剧了福利国家的财政支出困难。

20世纪90年代以来，北欧国家适时进行了福利国家制度改革，其目的和改革方向在于减轻政府在福利方面过大的财政支出，调动企业和个人的生产积极性和工作动力，实现社会福利与经济发展之间的协调与平衡。

其一，在就业政策改革方面，实施更加主动的就业引导政策，确认国民负有参加工作的法定义务，通过职业教育、企业实习等途径提高失业者的再就业能力，鼓励失业者接受政府安排的工作，否则将会失去公共津贴。

其二，在养老金改革方面，放弃以往根据确定的比例向公民发放养老金的"一刀切"做法，在确保基本养老金的情况下，将养老金数额的确定与个人的退休年龄、毕生总收入情况和国家总体经济发展状况等多种因素相关联，兼顾公平和效率原则，鼓励民众努力工作并延迟退休。

其三，在医疗改革方面，将对医院的预算由固定制改成浮动制，使预算拨款与医疗效果挂钩，控制医疗服务支出，引入竞争机制，赋予公民在一定范围内对医院的自由选择权、引进企业投资医疗服务领域等，以提升医疗服务的质量和效率。

其四，在税收改革方面，用降低所得税税率的方式来调动企业的投资热情，增强公民个人发展的动力。在20世纪90年代初以前，瑞典的个人所得税最高税率是72%，改革后小幅降低到68%，企业所得税更是从50%大幅度调整至30%。1992年，挪威把普通劳动者的个人所得税降为48.8%，个体经营者所得税降为51.7%，公司的所得税降为28%，降税幅度从9%到22.8%不等。

（三）北欧福利国家改革的成效及其原因

通过全面的改革，北欧国家有效控制了公共支出增长过快的势头，在一定程度上改善了就业状况，失业率有所降低，就业率高于经济合作与发展组织（OECD）成员国的平均水平，较好地实现了社会与经济的协调发展。究其原因，一是更加积极的就业政策激励人们去努力工作，二是更加全面的社会服务体系也提供了充足的工作机会。北欧各国许多原本属于家务劳动的服务，例如养老、托幼、病人护理等，大多都移交给养老院、幼儿园、医院等机构，从而变成社会服务，这为无业或失业人员尤其是广大女性提供了大量的得心应手的工作机会，将女性从家务劳动中解放出来，实现了这些劳动或服务的经济价值，也提高了女性的社会地位，成为一举多得、多方共赢的成功的改革举措。

北欧国家推行的公平的教育政策和充分就业的政策，使其福利国家模式具备了可持续发展的坚实的"社会资本"。北欧各国的公民普遍享受政府提供的从幼儿教育到义务教育、从高度教育到职业技术教育的全程全方位的近乎全部免费的教育。从教育支出占国内生产总值的比重这一指标来看，北欧国家总是长期超过发达国家的平均水平，丹麦和瑞典两国更是领先世界。"问渠那得清如许，为有源头活水来"，公平的教育机会为就业、经济发展和社会公正创造了源头活水。基本免费的高质量的教育，有利于提升全体民众的劳动技能和整体素质，培养高素质劳动者，使北欧国家获得了在全球范围内都十分具有竞争力的人才资源优势，在发展知识经济和提高国家创新能力方面得到了强大的人才和智力支持。

2020年1月18日，美国彭博社公布了"2020彭博创新指数"排行榜，对全球最具创新能力的国家进行了排名。该榜单显示，北欧的瑞典、芬兰、丹麦全部进入前十名，分别为第5名、第7名、第8名，高于第9名的美国。挪威排在第17名，也高于第18名的英国、第20名的澳大利亚、第22名的加拿大。北欧小国冰岛也表现不俗，占据了第23名的位置。优良的教育政策培养了高素质的国民，因此提高了国家创新能力，因此提高国家经济竞争力，反过来维持高福利国家模式和全球最高的幸福指数，北欧国家走出了一条"公平的教育—创新能力强—经济竞争力强—高福利—民众幸福指数高"的良性循环通道，完成了世界上绝大多数国家想做而做不了，或者在做但是做不成、做不好的大事。

2020年6月16日，瑞士洛桑管理学院发表《2020年全球竞争力报告》，通过"经济表现""政府效能""商业效能"和"基础设施"这四个指标评估了全球63个经济体的竞争力表现，并进行排名，结果显示，北欧的丹麦排名第二，仅次于新加坡，而瑞典、挪威、芬兰分别取得了第6名、第7名、第13名的优异成绩。再比较一下发达国家的表现，美国第10名，德国第17名，英国第19名，法国第32名。由此不难得出结论，如果以区域为单位，从国家竞争力这一标准看，北欧国家的竞争力在世界各大区域中，毫无疑问是"一骑绝尘"的传奇存在，其他区域难以望其项背。

世界著名的民意测验机构盖洛普（GALLUP）每年都要在联合国计划下发布年度《全球幸福报告》，报告通常会综合近两年150多个国家的国民对其所处城市、社会和自然环境等因素进行评价，再依据他们所感知的幸福程度对各个国家进行排名。2020年3月20日，联合国发布了2020年版《全球幸福报告》，其调查数据来自156个国家，从人均实际GDP、社会支持、自由度、健康预期寿命等方面进行评估。其中北欧的芬兰再度蝉联全球最幸福国家榜首，同为北欧兄弟国家的丹麦、冰岛、挪威、瑞典分别位居第2名、第4名、第5名、第7名。在前7名中，只有同为欧洲国家的瑞士跻进第3名，荷兰位居第6名。从全球民众幸福感的比较来看，北欧国家堪称"人间天堂"，创造了其他国家和地区梦寐以求的人间奇迹。

北欧国家政府与市场、政府与社会的和谐关系，为北欧福利国家模式的可持续发展提供了良好的政治和社会环境。与其他欧美发达国家相比，北欧国家政府对经济和社会的干预力度更为强大，拥有规模庞大的健全的公共服务机构体系。虽然政府的作用很强，但是市场在经济和社会资源配置中的重要作用同样受到重视。政府的角色和用力方向集中表现在制定宏观政策、建设公平竞争的营商环境等市场机制不能有效发挥作用的地方，即克服"市场失灵"。此外，北欧国家的公民社会很发达，政府与工会和行业协会等非政府组织之间建立了良好的合作伙伴关系和信任关系，社会公众能够通过组织化、制度化的管道与政府进行沟通，形成了通过对话合作解决问题和作出决策的优良传统，形成了理性、平和、开放的政治和社会环境，为建立、发展和改革福利国家制度提供了得天独厚的政治空气和社会土壤。

"天时不如地利，地利不如人和"，这是中国古代大思想家孟子说过的至理名言。正是在天时、地利特别是"人和"的多重因素孕育和复合作用下，低调、沉稳、含蓄、"小而美"的北欧福利国家演绎了社会与经济协调发展的全球典范和"风景这边独好"的不朽传奇。

第四节 我国社会建设的法治方略和路径

一 我国社会法治建设的成就

在我国，社会法调整和规范的是社会建设和社会治理方面的社会关系，主要集中于民生领域，具体包括劳动就业、社会保障、文化教育、卫生健康、扶贫帮困、公益慈善、环境保护、社会治理等领域。社会法是从社会公共利益出发，以维护社会公平正义和促进社会和谐为宗旨，通过政府和社会途径保障公民的社会权益。我国是中国共产党领导的人民当家作主的社会主义国家，"为人民服务"是执政党的根本宗旨，"为中国人民谋幸福"是执政党的初心和重大使命，社会建设、民生保障是人民幸福的基石，是人民最关心、最直接、最现实的利益诉求，因此也成为中国共产党和人民政府下大力气解决的问题。在社会建设过程中，党和政府一方面运用政策和行政手段，另一方面运用立法、执法、司法等法治方法来推进民生保障和改善。就立法而言，新中国成立70多年来的社会立法就走过了一条曲折的不平凡的道路。

新中国最早出现的社会法立法，是中央人民政府1950年颁布的《中华人民共和国工会法》和1951年颁布的《中华人民共和国劳动保险条例》。《工会法》明确规定"工会是工人阶级自愿结合的群众组织"，对工会组织在新民主主义国家政权下的法律地位与职责作出规范，为全国工人阶级更好地组织起来，发挥他们在新民主主义建设中的应有作用，提供了国家层面的法律规范。在计划经济时代，我国最重要也是最紧要的社会保障是面向城镇企业职工及其家庭成员的综合性社会保障，《劳动保险条例》为这一社会保障提供了法律依据。①

  1954年颁布的《中华人民共和国宪法》规定了公民或劳动者享有的各项社会权利。例如第91条规定的劳动权，第92条规定的休息权，第93条规定的劳动者在年老、疾病或者丧失劳动能力的时候有获得物质帮助的权利，第94条规定的受教育权，第95条规定国家保障公民进行科学研究、文学艺术创作和其他文化活动的自由，并对公民从事科学、教育、文学、艺术和其他文化事业的创造性工作给予鼓励和帮助。"五四宪法"还突出国家对特定群体如青年的关怀，例如第95条专门强调"国家特别关怀青年的体力和智力的发展"；另外尤其突出国家对妇女、儿童等弱势群体的保护，第96条规定妇女在政治、经济、文化、社会和家庭生活等各方面享有与男性平等的权利，强调国家保护婚姻、家庭、母亲和儿童。虽然"五四宪法"对公民的社会权利作了比较全面的规定，但是由于此后的20多年里，法制建设总体上并没有受到应有的重视，在"文革"期间甚至遭到严重破坏，因此社会建设方面的立法也停滞不前，陷入长期的沉寂状态。

  改革开放以后，我国的社会主义法制建设也走上了正轨，由于党和国家确立了"以经济建设为中心"的基本路线，从1979年到20世纪80年代末的十余年时间里，为了提供经济建设最急需的法律保障，国家的立法主要集中于经济法和民商法，社会法并不在优先考虑之列。1986年制定的《义务教育法》属于这个时期制定的少有的社会法。

  20世纪90年代，社会法立法正式提上了我国立法机关的议事日程，并且很快形成了第一个立法高潮期，相继制定了《残疾人保障法》（1990年）、《未成年人保护法》（1991年）、《工会法》（1992年）、《妇女权益保障法》（1992年）、《矿山安全法》（1992年）、《红十字会法》（1993年）、《教师法》（1993年）、《劳动法》（1994年）、《母婴保健法》（1994年）、《教育法》（1995年）、《体育法》（1995年）、《食品卫生法》（1995年）、《职业教育法》（1996年）、《老年人权益保障法》（1996年）、《高等教育

---

① 江宇：《论中华人民共和国前30年的社会保障》，《社会保障评论》2018年第4期。

法》（1998年）、《社会团体登记管理条例》（1998年）、《民办非企业单位登记管理暂行条例》（1998年）、《公益事业捐赠法》（1999年）、《城市居民最低生活保障条例》（1999年）、《住房公积金管理条例》（1999年）等多部社会法律和行政法规。特别是《劳动法》的制定和实施，为我国建立劳动力市场和社会主义市场经济体制起到了"四梁八柱"式的重要支撑作用。在教育领域密集出台的五部法律特别引人注目，不仅制定了教育基本法，还有教师法以及体育、职业教育和高等教育领域的重要法律，集中体现了党和国家"科教兴国"战略的强烈影响。这一时期的立法为残疾人、未成年人、妇女、老年人这四个特定的弱势群体权益的保障提供了法律依据，体现了社会法"保护弱者"的基本理念。《红十字会法》《公益事业捐赠法》为发扬人道主义精神、促进和平进步和公益事业发展提供了基本的法律遵循。《城市居民最低生活保障条例》属于社会救助方面的行政法规，建立了我国城市居民的"低保"制度。

21世纪初，随着改革开放的不断深化和持续扩大，我国的社会关系和社会利益也日趋复杂化和多元化，生产安全、劳动纠纷、就业困难、食品安全、社会保障、慈善欺诈、卫生健康等许多新的社会问题也暴露出来，成为改革发展进程中的"拦路虎"。2002年党的十六大以后，时任中共中央总书记胡锦涛同志提出了"科学发展观"和"构建社会主义和谐社会"的指导思想，强调科学发展观的第一要义是发展，核心立场是以人为本，基本要求是全面、协调、可持续，根本方法是统筹兼顾。胡锦涛同志明确提出了"社会和谐是中国特色社会主义的本质属性"这一重要论断。[1] 这一指导思想直接指向社会建设并将其提升到空前的政治高度，也为我国的社会法立法提供了空前难得的历史机遇。

在这一背景下，我国社会领域的立法出现了第二个高潮期，《职业病防治法》（2001年）、《人口与计划生育法》（2001年）、《安全生产法》（2002年）、《民办教育促进法》（2002年）、《工伤保险条例》（2003年）、《城市生活无着的流浪乞讨人员救助管理办法》（2003年）、《基金会管理条例》（2004年）、《农村五保供养工作条例》（2006年）、《劳动合同法》

---

[1] 中共中央文献研究室：《十六大以来重要文献选编》（下），中央文献出版社2011年版，第673页。

(2007年)、《劳动争议调解仲裁法》（2007年）、《就业促进法》（2007年）、《食品安全法》（2009年）、《社会保险法》（2010年）、《自然灾害救助条例》（2010年）、《军人保险法》（2012年）、《精神卫生法》（2012年）、《社会救助暂行办法》（2014年）、《慈善法》（2016年）、《境外非政府组织境内活动管理法》（2016年）、《公共文化服务保障法》（2016年）、《公共图书馆法》（2017年）、《基本医疗卫生与健康促进法》（2019年）等重要法律和行政法规先后出台，形成了中国特色社会法律体系中的骨干性法律群。在这些法律中，以2010年颁布的《社会保险法》为高峰，建构了我国社会保障领域的基本法律。2007年制定的《劳动合同法》进一步完善了我国与市场经济相适应的劳动关系。该法立法前后引起的学术界和社会舆论关于我国劳动关系的大讨论，令人印象深刻，成为我国立法史上的标志性事件，必将产生深远的影响。慈善领域基本法的出台是对近年来出现的"诈捐""骗捐"等公益慈善领域失信事件的回应，也为规范扶贫济困、扶老救孤、恤病助残、环境保护等社会救助公益慈善活动提供了法律依据。另外，劳动安全和卫生健康领域的法律也密集出台，反映了人民群众对健康工作和健康生活的新期待。这一时期的社会立法，连同20世纪90年代制定的社会法一起，形成了我国社会法的基本框架。

2018年，社会救助法、退役军人保障法等已经进入了第十三届全国人大常委会列出的优先立法项目清单，表明我国的社会法制建设正在有条不紊地推进。随着习近平总书记提出的"以人民为中心的发展思想""在发展中保障和改善民生"和共享发展理念等新理念新思想新战略的贯彻落实，我们完全有理由相信，我国的社会法立法节奏将会进一步加快，有望迎来新的社会法立法高潮。

在加快工业化建设、建立和完善社会主义市场经济体制的进程中，从20世纪90年代初期以来的30年间，我国的社会法从无到有、从少到多地建立起来，成为一个独立的法律部门。通过建立健全劳动法体系，保护劳动者合法权益，建立和谐的劳动关系；通过社会保障立法，有力而有序地建立起广泛覆盖城乡居民的基本养老、医疗保险制度，建立起世界上最大规模的社会保障网络；初步建立了社会救助制度。这些立法和制度至关重要，从微观方面看，它们有利于公民应对工业化进程中出现的个人在人身上和经济上的双重安全需求，就业、教育、医疗、扶贫、养老等问题的解决，可以切实提升个人的获得感、幸福感、安全感；从宏观方面看，这些制度有利于国家建设社会主义和谐社会，维护长治久安的政治局面和社会秩序。

从世界各国社会法的发展历程来看，社会法是伴随着国家工业化、市场化、城市化、现代化的过程而产生和发展的，是为了解决这个过程中的社会问题而存在的，是默默无闻、甘为人梯的"铺路石"，也是逢山开路、遇水搭桥的"先锋官"，功不可没，善莫大焉。从1601年英国的《济贫法》算起，西方发达国家的社会法经历了400多年的发展史和发达史，贯穿了英国、德国、美国等西方大国的现代化进程，在大国崛起中发挥了举足轻重的历史作用。作为现代化道路上的后发国家，我国真正意义上的连续不断的工业化和市场化进程是从1978年的改革开放开始的，至今不过40多年。同其他国家一样，我国社会法的产生也是对我国工业化、市场化、城市化、现代化过程中伴生的各种社会问题的法治回应。社会法在我国建设社会主义和谐社会、促进全民共享改革发展成果的过程中发挥了重要的推动作用和保障作用。我国用30年左右的时间，取得了西方国家400多年才能取得的社会法治文明成果，是非常了不起的法治建设成就。

二　我国社会法治建设的不足

改革开放以来特别是20世纪90年代以来，我国的社会法治建设取得了令人瞩目的巨大成就，一大批属于社会建设和社会治理领域的法律法规被制定出台并有效实施，但是这并不能掩盖其客观存在的这样那样的缺陷和不足。在推进全面依法治国的时代背景下，在全面建成富强、民主、文明、和谐、美丽的社会主义现代化强国的新征途中，认真检视我国的社会法建设存在的问题，尽快补上社会法滞后的"短板"，是完善中国特色社会主义法律体系和法治体系的内在要求，也是切实保障人民社会权利、实现社会公平正义的现实需要。中国政法大学马怀德教授认为，通过法律、法规和规章等形式，我国已经基本建立起以改善民生为导向的社会法体系，但是社会立法的现状并不乐观，存在重点立法领域的欠缺以及立法层次不够鲜明等诸多问题和不足之处。[①] 具体表现在如下方面：其一，社会法体系不健全，有些重点领域无法可依；其二，社会法立法质量不高，修

---

① 马怀德：《中国社会立法现状分析》，《法治社会》2016年第1期。

法不及时,执法不严;其三,社会法回应性不足,不少新的社会问题难以解决。

(一)社会法体系不健全,有些重点领域无法可依

在我国全国人大常委会认定的七大法律部门中,如果从立法的时间和完整性来看,社会法是最年轻也是最不成熟的法律部门,其中一个重要表现就是一些重点的社会领域还存在法律空白即无法可依的情况。以社会法发达国家为参照,例如社会救助法、劳动基准法、医疗保障法、社会福利法、社会组织法、社会补偿法等理应在社会法体系中起支柱性作用的法律都处于"缺席"状态,有的只有更低层级的行政法规或部门规章,有的则连法规和规章都没有。总体上,我国在社会建设和社会治理方面的直接依据主要还是政策性的"红头文件",在许多情况下甚至是行政主管部门临时发布的"通知",由于其法律依据不足,在具体的操作过程中,"人治思维"就容易取代"法治思维","人治方法"就容易取代"法治方法",与党中央全面依法治国的战略部署相去甚远。这也使得我国社会领域成功的改革举措和实践经验不能及时通过立法走向定型化和法律化,无法使人民群众获得稳定的安全预期,公民和社会组织的发展无法获得应有的清晰指引和有效激励,对构建社会主义和谐社会造成不利影响。

例如,在我国的社会救助领域,现行的法律依据是2014年国务院颁布的《社会救助暂行办法》,它从立法层级看属于行政法规,而且"暂行"的名称也表明其临时性和不成熟的特点。社会救助法是保障公民的生活水平不低于一定的标准,维护公民最基本的生存和发展权利的法律,是"保底线"的法律。以英国的《济贫法》为代表的社会救助法实际上是现代社会法的起点和基础性法律。近现代社会以来,政府层面的社会救助已经超脱于那种偶然的而且多少带有"恩赐"或者"侮辱"色彩的慈善行为。[①] 社会救助已经进化为现代社会法律制度,成为现代社会安全底线的守护者和各国社会法体系不可或缺的重要组成部分。

目前我国已经建立的社会救助制度中,最低生活保障、农村五保供养、流浪人员救助、灾害救助存在对应的行政法规,而在教育救助、医疗救助、就业救助、住房救助等方面,只在《社会救助暂行办法》中有原则

---

① 丁建定:《从济贫到社会保险》,中国社会科学出版社2000年版,第159页。

性规定，而没有专门的行政法规进行详细规定。虽然社会救助体系比较全面，但是制度化、规范化不足。我国改革开放已经 40 多年，在市场经济竞争中出现的大量下岗失业者、创业失败者、"三无"人员、流浪者、遭受侵害而无力维权者、遭受天灾人祸者等社会弱势群体，特别是在我国精准扶贫、精准脱贫、全面建成小康社会的过程中，对城乡贫困居民进行的广泛而持久的救助和帮扶行为，都应当属于社会救助法的调整范围。但是在如此紧迫和重大的社会问题面前，我国的《社会救助法》却迟迟不能出台，是社会法体系不够健全的重要例证。

又如，我国在社会组织法领域存在明显缺失。社会组织是社会建设和社会治理的基本载体和组织保障，而目前我国也缺乏一部管总的"社会组织法"，只有国务院颁布的《社会团体登记管理条例》（1998 年）、《民办非企业单位登记管理暂行条例》（1998 年）、《基金会管理条例》（2004 年）等三部行政法规，除了立法层级较低外，其名称中的"管理"字样也使得这些行政法规平添了许多行政管制而不是社会服务的意蕴，而且它们实施的时间长度都在 20 年左右，已经远远不能适应新时代社会组织发展的需求。

再如，住有所居是民众的基本需要，住房保障是社会保障的重要内容。许多发达国家例如英国和美国都制定有《住宅法》，日本有《住宅住宿事业法》，德国更是有《住房建设法》《住房储蓄法》《租房法》《租房补助金法》等关于住房保障的一系列法律。而我国目前仅有国务院 1999 年制定的《住房公积金管理条例》属于住房保障方面的行政法规，而且已经实行了 20 多年，虽然在 2002 年、2019 年一共修改过两次，但是仍然没有解决立法层级低的问题，没有上升到法律层面。该条例只能规范住房公积金这一专门问题，并不能代替功能更为广泛的住房法。在住房问题被称为我国城市居民"新三座大山"的时代背景下，在党中央确定的"房子是用来住的，不是用来炒的"这一定位下，住房法的社会保障法性质已经确定无疑，而"住房法"的长期缺位显然成为我国社会法体系的重大缺失，也使得我国的住房保障政策和房地产市场调控措施不得不游离于"法治思维"和"法治方法"的边缘，是导致许多城市特别是大城市房价过高和房价增长过快的制度原因之一，在解决人民群众住房需求乃至部分群众住房困难方面的效果并不理想，遭遇"空调"的尴尬和质疑。

(二) 社会法立法质量不高，修法不及时和执法不严

根据中国人民大学劳动人事学院郑功成教授的观点，我国现行有效的社会法律普遍存在质量不高、滞后于实践、执法不严等现实问题。[①] 笔者对此表示赞同。

一方面，现有社会法律普遍存在规范性和可操作性不足的问题。社会法是规定公民的各种社会权利的法，也是社会治理的依据，只有清晰地赋予权利，明确地规定责任，才能使公民的社会权利真正落实，使社会治理有据和有序。由于我国实行的是"渐进式"改革，包括社会领域的许多改革措施都是在"自下而上"的"摸着石头过河"中推进的，"试点方案"多，而"顶层设计"少，因此在改革开放以后的大部分时间内，包括社会法在内的立法思路都是"宜粗不宜细"，以期为改革留下空间，结果是法律中出现原则性、宣示性的规定多，而具体化、可操作性的规定少，有的没有明确规定法律责任，使得不少社会法律不够"硬核"，几乎成为"倡议"性的"软法"，存在先天不足的局限性。

另一方面，我国的社会法律"授权立法"、修订不及时和执法不严的现象也广泛在。我国有俗语说"县官不如现管"，一针见血地说明了决策权或决定权与执行权或行政权的关系，立法权与行政权的关系与此十分类似。古今中外，行政权的自我膨胀都是难以遏制的客观现象，这正是以限制行政权为重要任务的行政法存在的价值。由于我国长期存在的行政权力主导的历史传统，以及立法机关力量相对薄弱的客观事实，我国包括社会法在内的法律中出现了广泛的"授权立法"现象，授权国务院制定行政法规，甚至授权行政部门制定部门规章。这种现象造成的后果是社会领域许多政策的法律依据明显不足，行政机关集"立法权"与执法权于一身，"政出法随"，既当"运动员"又当"裁判员"，社会法执法的合法性和合理性都颇值得怀疑。在社会法实践中，行政部门发布的政策性文件成为执法依据，实际上已经凌驾于法律之上。当然，有些在实践中行之有效的做法属于改革中的创新，是应当鼓励但是也应当及时上升为法律的。由于法律对稳定性的需要，不可能朝令夕改，以及立法机关的立法规划和立法技术问题，社会法的修改和完善很不及时，结果落后于实践发展的现象就在

---

① 郑功成：《社会法建设的滞后与发展》，《中国机构改革与管理》2015年第11期。

所难免。

此外，我国社会法执法不严的现象也十分明显。例如，全国人大常委会2010年颁布的《社会保险法》中明确规定，我国的基本养老保险实行全国统筹，但是到目前为止，省级统筹的目标也未能全面实现。[①] 又如，医疗保险领域中存在的"骗保"等违法现象比较普遍却难以治理，也与缺乏相关法律的有效规制存在关联，而各级行政部门制定的形形色色的医保政策也难辞其咎。这与党中央多次强调的"坚持依法治国、依法执政、依法行政共同推进，坚持法治国家、法治政府、法治社会一体建设"的执政理念并不协调一致。

（三）社会法回应性不足，不少新的社会问题难以解决

社会法的产生和发展本身是对社会问题的回应。西方发达国家历史上著名的社会法，例如英国的《济贫法》、德国的《社会保险法》、美国的《社会保障法》，都是因为及时有效地回应和解决了当时的社会问题而名垂青史的。衡量这种回应性是否充分的观察指标，一是时间，即看其立法是否及时，二是质量，即看法律内容及其实施是否有效地解决了社会问题。我国的社会法当然也在一定程度上回应了改革开放以来的社会问题和时代需求，但是这种回应性还存在明显的不足，除了存在前文所述的社会领域重要立法缺失和法律质量不高之外，还有一个主要方面，就是我国社会法对新时代出现的许多新情况、新问题、新挑战不能及时有效地通过立法和法律实施进行解决。

随着社会主义市场经济体制的建立健全和依法治国方略的全面推进，特别是中国特色社会主义进入新时代，人民群众的福利诉求和维权意识日益高涨，新技术、新业态不断涌现，引起社会关系的急剧变化和新的社会问题产生，而我国社会法往往对此反应迟钝，很难启动立法、修法或废止过时法律的程序，使得许多新的社会问题"野蛮生长"。例如，社会信息化和互联网技术发展带来的数字经济属于有别于传统产业的新业态，在数字经济中，就业形态不再是一个劳动者对应一个雇主的传统劳动关系，而完全可能是一个劳动者对应多个雇主或者雇主不明确的劳动关系；在共享

[①] 郑功成：《中国养老金：制度变革、问题清单与高质量发展》，《社会保障评论》2020年第1期。

经济中出现的共享员工、短期租赁员工、钟点工等各种新型的用工形式；还有大量存在的在校大学生进行社会兼职是否能适用劳动法的问题。在这些情况下，对于劳动者的正当权益特别是社会保障权益的维护问题，我国现有的劳动法和社会保障法明显无能为力，而且在短期内还没有通过立法或者修法加以解决的迹象。

又如，社会补偿法在发达国家社会法中占有举足轻重的地位，一般是为了解决国家的合法行为导致对公民的损害而应当承担的补偿责任问题。德国的社会补偿法明确维护因为战争、药物、刑事案件等造成的受害者的社会权益。我国虽然存在一些针对特定对象的社会补偿政策，但并未制度化、规范化、法律化。例如，对于因执行国家计划生育政策的"失独"父母，我国当前采用的是社会救助的办法，解决失独人士的生活、医疗、养老和心理问题。[①] 但是，近年来引起广泛关注的"失独"问题是典型的计划生育政策和法律留下的后遗症，是国家执行《人口与计划生育法》这一合法行为在客观上造就了数以千万乃至亿计的独生子女家庭，从概率上讲，这些家庭中必然会有一少部分因为子女病亡或者意外事件、刑事案件死亡而成为"失独"家庭。这种风险大小与计划生育法律和政策存在不可否认的联系，因为多子的家庭全部失去孩子的风险显然大大低于独生子女家庭。在"多子多福"的传统文化影响下，我国许多独生子女家庭不是自主选择的结果，而是"守法"的结果，可以说是计划生育法律造成了系统性风险，这种风险一旦变成现实，由国家来承担补偿责任，相当于一种社会保险，是合情的，也是合理的，如果能通过相关法律如单独立法或者《人口与计划生育法》来加以规定，将是失独家庭之幸，也能体现"责任政府"的理念。

总之，在全面建成社会主义现代化强国的新征途上，建成公平正义的"和谐社会"是党和政府追求的重要目标，社会法治建设是实现这一目标的最有力手段，但是我国社会领域的法治建设却明显滞后于时代需求和群众期盼，这不仅对社会建设和社会发展造成消极影响，也不利于推进社会治理以及国家治理体系和治理能力现代化。

---

① 王景迁、方卫：《失独家庭社会救助现状与对策研究》，《北京大学学报》（哲学社会科学版）2019年第5期。

三 加快我国社会法治建设的路径

（一）加快社会立法，健全社会法制体系

社会法是与社会主义制度高度契合的法，在缓和社会矛盾、维护社会稳定、构建和谐社会方面发挥积极而重要的作用，随着改革开放的不断深化，社会法的重要性将更加凸显。[①] 社会法治建设是社会建设与法治建设的交集，既关系到民生保障和人权保护，也关系到社会治理和国家治理现代化，更关系到社会文明进步和公平正义。北京大学公共卫生学院刘继同教授认为，中国社会立法将是未来30年中国特色社会主义法律制度框架建设战略重点。[②]

2011年10月，国务院新闻办公室发布的《中国特色社会主义法律体系》白皮书特别强调要"突出加强社会领域立法"。2014年10月，党的十八届四中全会通过的决定明确指出，要"加快保障和改善民生、推进社会治理体制创新法律制度建设。依法加强和规范公共服务，完善教育、就业、收入分配、社会保障、医疗卫生、食品安全、扶贫、慈善、社会救助和妇女儿童、老年人、残疾人合法权益保护等方面的法律法规。加强社会组织立法，规范和引导各类社会组织健康发展"。2017年10月，党的十九大报告提出，要打造共建共治共享的社会治理格局，加强社会治理制度建设，完善党委领导、政府负责、社会协同、公众参与、法治保障的社会治理体制，提高社会治理社会化、法治化、智能化、专业化水平，使全体人民在共享发展中拥有更多安全感和获得感。2019年10月，党的十九届四中全会通过的《中共中央关于坚持和完善中国特色社会主义制度，推进国家治理体系和治理能力现代化若干重大问题的决定》首次提出了"民生保障制度"的概念，即"坚持和完善统筹城乡的民生保障制度，满足人民日益增长的美好生活需要"。上述重要论述的密集出台表明，在全面推进依法治国和国家治理现代化，法治国家、法治政府、法治社会一体建设的时代背景下，加快社会立法以补齐社会法制建设的短板，健全社会法制体系，具有政治必要性和现实紧迫性。

[①] 谢增毅、刘俊海：《社会法学在中国：任重而道远》，《环球法律评论》2006年第5期。
[②] 刘继同：《中国特色现代社会立法的战略地位与体系特征》，《社会科学研究》2016年第4期。

加快社会法立法，首先需要树立科学的立法理念和原则。我国的社会法立法应当以引领社会建设和社会发展、切实保障和改善民生、维护社会权益并推动社会治理现代化为立足点，清晰赋权、明确定责，尽力而为、量力而行，与经济社会发展水平相适应，坚持中国特色与广泛借鉴国外有益经验相结合，坚持民生为本、开放治理、共享发展、公平正义的立法取向，坚持共商共建共治共享的基本精神，不断满足人民的美好生活需要，促进社会和谐与社会公正。[①]

加快社会法立法，需要加强顶层设计，坚持立法和修法并举。根据党的十九大作出的战略部署，到2035年我国的奋斗目标是"社会主义现代化基本实现"。2019年召开的党的十九届四中全会作出的《决定》也提出，"到2035年，各方面制度更加完善，基本实现国家治理体系和治理能力现代化。"作为国家治理体系的重要方面，社会法应当切实遵循并有力服务于上述战略目标。包括社会法在内的法律体系的完备，是"基本实现国家治理体系和治理能力现代化"的必要条件。社会建设、社会治理、民生保障涉及的领域十分广泛，这决定了社会法立法的任务十分繁重，需要加强顶层设计，分清主次、轻重、缓急，循序渐进地推进社会立法工作。建议全国人大常委会根据上述战略部署，确定在2035年前全面建成完备的中国特色社会法律体系，并且以此制定我国社会领域立法的短期（5年）、中期（10年）和长期（15年）规划，明确时间表、路线图、计划书和任务清单，既要加快立法进度，更要确保立法质量。

基于我国社会法的现有框架、社会建设任务和实现公民社会权利的需要，我国的社会法体系调整的社会关系主要包括四个领域，即劳动就业、社会保障、特殊群体权益维护和社会治理。可以设定基本法（综合法）和专门法两个类别，以基本法或者综合法统领专门法，以专门法具体落实基本法规定的相关制度。例如，在劳动就业法领域，作为基本法和综合法的《劳动法》要作较大修改，突出基本法的一般规制功能，再通过就业促进法、劳动合同法、劳动基准法、工资法等专门法律进行具体规制，以维护劳动者合法权益，构建和谐的劳动关系。同理，可以修订《社会保险法》并将其作为社会保险领域的基本法或综合法进行一般规制，将医疗保险、

---

① 郑功成：《中国社会法：回顾、问题与建设方略》，《内蒙古社会科学》2020年第3期。

养老保险、工伤保险、失业保险、生育保险等具体制度通过制定专门法律进行具体规制，以解除人民群众生活上的后顾之忧，以提升民众的安全感，并不断增进人民福祉，以提升民众的幸福感。

对于那些尚未"到位"的本来应当在社会领域起"四梁八柱"作用的支撑性法律，应当尽快启动或加快立法程序，填补立法空白。目前，"社会救助法"和"退役军人保障法"已经进入立法程序，有望尽快出台。2020年7月8日，"国务院2020年立法工作计划"在中国政府网发布，其中提到"社会救助法"草案拟于2020年提请全国人大常委会审议。2020年6月18日，"退役军人保障法（草案）"已经首次提请全国人大常委会审议。2020年6月22日，《中华人民共和国退役军人保障法（草案）》在中国人大网公布并公开征求意见。此外，还应当尽快制定社会组织法、医疗保险法、住房保障法、社会福利法、社会补偿法等基本法或综合法，同时要适时推进一些急需的专门法立法，例如劳动基准法、劳动保护法、职业培训法、社会保险基金法、基本养老保险法、社会工作法、志愿服务法、儿童福利法、残疾人福利法、老年人福利法、临终关怀法、殡葬法等。对于那些已经制定并实施多年而明显过时的法律，要适时启动法律修订程序。

（二）保障社会权利，完善社会治理体系

在社会关系中，"十个指头有长短"，由于自然的、社会的、客观的、主观的等各种因素的复杂影响，人类社会自然会产生强势群体和弱势群体之分，当然这种强弱之分是相对的，而且可能随着时间、地点、条件的变化而变化。技术的进步和市场经济优胜劣汰的竞争机制会自发地导致强者越强、弱者越弱的"马太效应"，使现代社会成为不确定性日益增加的高风险社会，每个人都可能在某些情况下成为"弱者"。"弱肉强食"的"丛林法则"是动物界的自然法，尽管在人类社会还有一定的市场，但毕竟不是主流的价值观。保护弱者是现代文明社会的基本理念。只有通过国家公权力和社会力量的介入来保护弱势群体的正当利益，才能扭转社会关系的失衡状态，避免出现严重的社会危机。在现代法治社会，法律的介入和治理是改变这种失衡状态的必然选择和必由之路。依法保障公民的社会权利，完善社会治理体系，对于构建社会主义和谐社会具有重大和深远的现实意义。①

社会法律关系具有主体多元和内容复杂的鲜明特点，要切实保障公民社会权的实现，除了通过立法赋权之外，还需要遵循党中央关于"依法治国、依法执政、依法行政共同推进，法治国家、法治政府、法治社会一体建设"的要求，不断进行社会法的治理体系创新。其一，要切实推进依法行政，加快建设法治政府。要理顺行政管理和社会治理体制，明确各级政府的事权和各个行政部门的"权力清单"和"责任清单"，明确行政给付的主体、权限、程序、责任，切实做到"法无授权不可为，法定职责必须为"，"有权必有责，违法须担责"。其二，要鼓励和支持社会组织更加广泛地参与社会协商和社会服务。通过引入竞争机制以发动社会组织参与社会服务，通过政府向社会组织购买服务等方式推动公共服务的社会化。其三，要健全和完善多元化的纠纷解决机制，实现协商、调解、仲裁、行政裁决、行政复议、诉讼等纠纷解决机制的无缝对接，使社会法的治理体系能够有效、有序地运行，以达到社会治理的理想效果。

社会治理法律的主要任务是支持和确保社会成员和社会组织有序参与社会治理和社会服务，构建持久和谐的社会关系。我国目前已经制定和实施的《工会法》《红十字会法》《慈善法》《公益事业捐赠法》《境外非政府组织境内活动管理法》等法律涉及社会治理问题，但只是关于工会、红十字会等慈善组织、境外非政府组织参与社会治理的问题，并不能覆盖所有社会组织。我国也有《社会团体登记管理条例》《基金会管理条例》等涉及社会组织的行政法规，但是立法层级较低，法律效力有限，法律内容狭窄，不足以作为社会治理法的主要依据。制定一部《社会组织法》作为公民参与社会治理的基本法律，是社会治理民主化、法治化的迫切需要，也是落实宪法赋予公民的结社自由权利的当务之急。

（三）回应社会需求，解决社会现实问题

改革开放以来的40多年是我国经济大发展、社会大转型大变革的时代。以社会主义市场经济为取向的经济体制改革，日益打破传统社会结构和社会秩序，人口流动空前频繁，使中国从"熟人社会"走向"陌生人社

---

① 刘俊海、谢增毅：《社会法的发展和前沿问题》，《中国社会科学院院报》2006年7月27日第8版。

会"。社会主体多元化，社会利益关系复杂化，各种新型的社会矛盾和纠纷增多，各种社会问题不断涌现，民生问题日益突出。例如，跟劳动法相关的就业问题、收入分配问题、劳动安全问题，跟社会保障法相关的养老问题、看病难看病贵问题、住房困难问题。还有一些社会问题更加复杂，例如农民工问题，则涉及劳动法、社会保障法、教育法等多个社会法领域，是考验社会法能否回应社会需求、解决突出的社会现实问题的试金石。

党的十九大报告作出一个重要判断，就是我国社会的主要矛盾已经转化为人民日益增长的美好生活需要同不平衡不充分的发展之间的矛盾。这个矛盾说到底就是供需矛盾，作为供给一方的社会发展不平衡不充分，无法满足人民对美好生活的需要。人民美好生活需要的内涵在扩充，层次在提升。社会发展也只有不断地提挡升级，进行社会建设和社会治理层面的"供给侧结构性改革"，方能在一定程度上解决这种矛盾。人民对美好生活的需要除了经济或物质层面，还有社会和精神层面，而且后者的比重在不断提高。社会的现实需求与人民群众的切身利益诉求是一个问题的两面，是我国加强以保障和改善民生以及创新社会治理为重点的社会建设的催化剂。[1]

在中国共产党全面推进依法治国、推进国家治理体系和治理能力现代化的时代背景下，社会法在我国的社会建设和社会治理中具有越来越明显的基础性乃至决定性地位，起到引领和保障作用，应当也能够对关系到人民切身利益的社会问题作出制度化、规范化、法治化的回应。例如，劳动法要回应社会主义市场经济条件下劳动力市场的灵活性与安全性的关系问题，延迟退休问题，互联网时代共享经济从业人员的劳动权益保障问题，以及人工智能大发展对劳动力市场的冲击问题等。社会保险法要回应收入分配制度改革中养老双轨制的并轨问题、公平可持续的制度构建问题、养老保险和医疗保险的全国统筹问题。社会治理相关法律要回应社会参与有序化和社会协商机制构建问题。人口和计划生育法要回应人口老龄化以及生育意愿下降背景下的计划生育制度调整问题。社会发展的过程是机遇和挑战并存的过程，社会法治建设要通过立法、执法、司法、守法等各个环节，积极回应社会需求，解决社会现实问题，实现良法善治。

---

[1] 林嘉：《中国社会法建设40年回顾与展望》，《社会治理》2018年第11期。

第八章　刑事法治："罪刑法定"与"宽严相济"

第一节　罪刑法定：刑法基本原则中的共享理念

一　我国刑法的基本原则体系及其内部关系

一般认为，我国现行刑法确立了三个基本原则，即罪刑法定原则、适用刑法人人平等原则、罪责刑相适应原则或罪刑均衡原则。我国《刑法》第三条规定，"法律明文规定为犯罪行为的，依照法律定罪处刑；法律没有明文规定为犯罪行为的，不得定罪处刑。"这是对罪刑法定原则的具体规定，在理论上概括为"法无明文规定不为罪，法无明文规定不处罚"。这一重要原则的确立，并不是我国古代刑法自然演变的"不忘本来"的结果，而是借鉴和吸收西方发达国家近现代刑法原则的"吸收外来"的结果。

作为人类法治文明进步的重要成果，罪刑法定原则最早可以追溯到1215年英国的大宪章第39条的规定，即"凡是自由民除经其贵族依法判决或遵照国内法之规定外，不得加以拘留、监禁，没收其财产，夺其法律保护权，或加以放逐、伤害、搜索或逮捕"。针对封建社会时期刑法的罪刑擅断和司法专横的弊端，17—18世纪的英国思想家洛克和法国思想家卢梭提出了"天赋人权"思想作为克服专制王权的理论依据，法国思想家孟德斯鸠提出了"三权分立"理论以防止权力的腐败和恣意妄为，意大利法学家贝卡利亚提出"超出法律规定的刑罚是不公正的"这一体现刑罚法定化的论断。从英国的大宪章到欧洲大陆启蒙思想家的各种理论学说，为罪刑法定原则提供了丰富多彩和系统完备的思想基础。1789年法国的《人权宣言》第 8 条规定，"法律只应规定确实需要显然不可少的刑罚，而且除非根据犯法前已经制定，且系依法实行的法律之外不得处罚任何人。"这是罪刑法定原则从"百花齐放"的思想理论层面跃升至"定于一尊"的法律制度层面的显著标志，从此被近现代各国刑法奉为圭臬。罪刑法定原则一方面坚持了刑法通过打击犯罪以维护社会秩序的传统功能，另一方面也是近现代法治思想更强调的是刑法特别注重保护个人自由和权利不受滥用的司法权的侵犯。

罪刑法定原则在新中国刑法中的确立过程并不顺利。从 1950 年开始，中央人民政府法制委员会开始了刑法典的起草准备工作。而刑法典的正式起草工作是在 1954 年宪法颁布之后，由全国人大常委会办公厅法律室于 1954 年 10 月组织刑法典起草班子开始的。由于后来的"文革"对法制建设的严重破坏，刑法典的立法过程被迫中断。在新中国成立后的前 30 年间，由于刑法典和现代法治精神的缺席，罪刑法定原则在我国刑事司法实践中难觅踪影。1979 年 7 月，新中国第一部刑法典正式诞生。由于这部刑法采取的是"宜粗不宜细"的立法思路，刑法分则部分的条文数量仅有 103 条，无法覆盖所有具有严重的社会危害性的行为，而在刑法没有明文规定的情况下，实行了有条件的类推制度，而类推制度是明显违反罪刑法定原则的，可以说我国 1979 年刑法并未确立罪刑法定原则。直到 1997 年新刑法取消了类推制度，罪刑法定原则在中国刑法中才得到最终确立，至今不过 20 多年的时间。

我国《刑法》第四条规定，"对任何人犯罪，在适用法律上一律平等。不允许任何人有超越法律的特权。"这是对适用刑法人人平等原则的具体规定，是"法律面前人人平等"的现代法治原则在刑事法治领域的直接反映。在实践逻辑上，适用刑法人人平等原则包括定罪平等、量刑平等和行刑平等。[①]

我国《刑法》第五条规定了罪责刑相适应原则或罪刑均衡原则，即"刑罚的轻重，应当与犯罪分子所犯罪行和承担的刑事责任相适应"。这一原则也是借鉴大陆法系刑法中"罪刑相称"或者"罪刑相当"原则的结果。18 世纪意大利著名刑法学家贝卡里亚被誉为"刑法学之父"，他在其

---

① 参见刘艳红《刑法学》，北京大学出版社 2016 年版，第 46—48 页。

名著《论犯罪与刑罚》中深刻地指出,"公众所关心的不仅是不要发生犯罪,而且还关心犯罪对社会造成的危害尽量少些。因而,犯罪对公共利益的危害越大,促使人们犯罪的力量越强,制止人们犯罪的手段就应该越强有力。这就需要刑罚与犯罪相对称。"① 这是对罪刑相当原则的经典表述。

从总体上看,我国刑法的三个基本原则是相互蕴含的关系,在刑法基本原则体系中,罪刑法定原则是"基础"和"龙头",罪责刑相适应原则是"中枢",发挥承上启下的作用,而适用刑法人人平等原则是前两个原则的自然延伸,在刑法基本原则中起到"补强"的作用。② 我国刑法典确立的三大基本原则并非机械地并列在一起,而是存在内在的价值联系。"刑法第一位的机能是保护法益,第二位的机能是保障国民自由。"③ 可以说,正是由于"保护法益"与"保障国民自由"的内在价值联系,我国刑法的三个基本原则才能成为一个有机联系的整体。

二　罪刑法定原则的形式意义和实质意义

在我国刑法典确立的三大刑法原则构成的体系中,罪刑法定原则是居于首要地位的"帝王原则"。近现代以来的大陆法系刑法理论也大都将罪刑法定主义作为刑法的根本原则。罪刑法定原则具有形式意义和实质意义两个层面。其形式意义是指刑法明文规定犯罪的具体种类、构成要件和刑罚内容,司法机关不得超出其范围来定罪量刑。具体包括如下四个方面:一是法律主义或成文法主义,二是禁止事后法即禁止不利于行为人的溯及既往,三是禁止不利于被告人的类推解释,四是禁止不定期刑和绝对不定期刑。④ 这是"形式法治"在刑法领域的直接体现。形式意义的罪刑法定原则来自近现代法治对自由和人权保障的诉求。刑法明文规定"罪与罚",使得国民能够比较明确地预测自己的行为是否可能触犯刑法,从而自由地安排自己的生活,也才能避免"法不可知,则威不可测"的人治对人权的肆意剥夺。

形式意义的罪刑法定原则的重要理论依据是三权分立和制衡的思想。

---

① [意]贝卡里亚:《论犯罪与刑罚》,黄风译,北京大学出版社2008年版,第17页。
② 马荣春:《罪刑法定原则与刑法基本原则体系的结构性》,《时代法学》2019年第2期。
③ [日]西田典之:《日本刑法总论》,王昭武、刘明祥译,法律出版社2013年版,第31页。
④ 张明楷:《罪刑法定与刑法解释》,北京大学出版社2016年版,第26—27页。

作为三权分立思想最著名的倡导者和启蒙运动的领袖人物之一、法国思想家孟德斯鸠说过,"如果司法权不同立法权和行政权分立,自由也就不存在了。如果司法权同立法权合而为一,则将对公民的生命和自由施行专断的权力,因为法官就是立法者。如果司法权同行政权合而为一,法官便将握有压迫者的力量。"① 三权分立思想的更深层理论依据来自人民主权和人民民主思想,具体表现为代表人民进行立法的议会主权、议会至上,人们信任立法权而不信任司法权和行政权,因为司法官员和行政官员通常并非由民主选举产生,如果不加限制,势必成为专制的力量而伤害民众的自由。刑法上的罪刑法定原则、行政法上的依法行政原则都是基于这一思想而形成的,前者重在限制司法权的恣意妄为,后者在于限制行政权的膨胀和扩张。

罪刑法定原则要求司法机关严格执行议会代表人民制定的刑事法律,而不能在刑法之外"另起炉灶",从而贯彻自由、民主、人权等核心价值。贯彻形式正义,是形式法治的根本目的。"形式正义的概念,也即公共规则的正规和公正的执行,在适用于法律制度时就成为法治。"② 使国家行为具有体现民主精神的代议机关制定的法律依据,是形式法治的核心要义。形式意义的罪刑法定原则要求国家司法部门在定罪和量刑的全过程都必须做到"以法律为准绳",而不能依据伦理道德或风俗习惯等不确定因素。这与民法和行政法有很大不同。我国民法上的"公序良俗"原则可以成为法官判案的依据,我国行政法上也有"行政合理性"原则赋予行政机关一定的自由裁量权。由于刑事责任相对于民事责任和行政责任的严厉性,必须小心行使方能保障自由和人权,因此罪刑法定原则几乎否定了司法权在定罪量刑方面的任何自由裁量的可能性,这是贯彻和体现形式法治的必然要求。

但是如果仅仅停留于此,将难以避免"形式法治"所带来的"恶法亦法"的困境,即"恶"的法律是不是法律、要不要执行的问题。与"形式法治"相对,"实质法治"主张"恶法非法"。因此,从"实质法治"的层面而言,实质意义的罪刑法定原则要求刑法本身是"良法",必然蕴含

---

① [法]孟德斯鸠:《论法的精神》(上册),张雁深译,商务印书馆1961年版,第158页。
② [美]约翰·罗尔斯:《正义论》,谢延光译,上海译文出版社1991年版,第64页。

罪责刑相适应或罪刑均衡的因素。如果实质意义的罪刑法定原则和罪责刑相适应原则能够得到严格的贯彻落实，那就会产生"同等情况同等对待"的结果，也就是实质意义的适用刑法人人平等的结果。用我国现行刑法的基本原则来衡量，我国古代儒家思想主张的"刑不上大夫"的做法明显违反了适用刑法人人平等这一原则，其原因正在于"刑不上大夫"将官和民区别对待，同罪不同罚，没有做到罪刑均衡。因此可以说，罪刑法定原则和罪刑均衡原则已经蕴含了适用刑法人人平等原则。如此来看，罪刑法定原则、罪刑均衡原则与适用刑法人人平等原则之间存在层层包含和依次递进的逻辑关系及内在联系。

三 刑法基本原则蕴含的共享发展理念

如果将我国刑法上的基本原则体系与社会主义核心价值观建立联系的话，那么罪刑法定原则因为其对人民主权和成文法律的推崇，可以说是对社会主义核心价值观的国家层面的"民主"价值观和社会层面的"自由"和"法治"这两个价值观的贯彻落实。

实行罪刑法定原则是我国人民民主专政的国体决定的。民主是法治的内在精神，法治是民主的外部保障。从人类历史长河到当下各国的治理现实，从实质意义上的民主和法治而言，二者是相互依存和相互交融的关系，你中有我，我中有你。民主国家的法律应当是人民主权的反映，是人民共同意志的集中体现。我国的法律包括刑法是中国共产党领导人民通过民主和立法程序而制定的，反映人民的共同意志，体现全体人民的根本利益和现实利益。在法律家族中，刑法是保护人民利益的最后一道"防线"，也是最严厉的"大杀器"，具有极大的威慑力，是治国之"重器"，不可轻易动用，否则必将导致人人自危的可怕局面，甚至会重蹈我国古代历史上出现过的严刑峻法导致民怨沸腾乃至政权不保的结局。刑法规定的犯罪和刑罚问题同每个人的生命安全、人身自由和财产利益息息相关，是"关天"的国之大事，相对于其他法律，更应当由人民的代议机关通过国家立法来明确界定犯罪行为的种类、表现、构成条件及其对应的刑罚，使司法者和守法者"了然于胸"，而不是由司法人员随心所欲地自行决定或作出难以预测的类推解释，也不应当是专制社会"法不可知，则威不可测"的让民众无所适从的神秘规则。罪刑法定原则是社会主义民主的必然要求。

实行罪刑法定原则是贯彻落实我国《宪法》中明文规定的"国家尊重和保障人权"这一宪法原则的直接体现和必然要求。一个人的行为只有符合刑法规定的犯罪的构成条件时才应当受到刑法处罚，即"罪"与"非罪"必须根据刑法来确定；即使构成犯罪，也必须在刑法规定的刑罚范围内处罚，可以考虑犯罪情节、自首、立功等情况，但是不能毫无根据地畸重畸轻滥施刑罚。这实际上就是刑法对人权的平等保护。联合国的《世界人权宣言》明确规定了罪刑法定原则，即"任何人的任何行为或不行为，在其发生时依国家法或国际法均不构成刑事罪者，不得被判为犯有刑事罪。刑罚不得重于犯罪时适用的法律规定"。我国2004年的宪法修正案旗帜鲜明地规定"国家尊重和保障人权"。人权保障的内容广泛，既要保障公民的行为自由，又要保障公民的安全和安全感。安全感来自可预期性，不可预知往往给人们带来不安感。只有罪刑法定，由刑法提前"约法三章"，公民才能事先预测自己的行为是否构成犯罪，如果构成的话要承担什么后果即刑罚，从而作出理性的行为选择。唯其如此，才能保障公民的人权，才能使每一位公民去自由地追求自己的正当权益而避免动辄得咎。

罪责刑相适应原则或罪刑均衡原则的基本要求就是"罚当其罪"，也就是"重罪重罚、轻罪轻罚、无罪不罚"，这种"相适应"或"均衡"说到底就是"公正"即"公平正义"，正如民法上的公平原则要求的利益平衡一样，刑法上要求的是"罪与罚"的平衡。例如在2007年发生、2008年判决的备受全国人民关注的许霆案中，许霆在银行的ATM取款机发生故障的情况下，恶意取款17.5万元人民币，被广州市中级人民法院以盗窃罪判处无期徒刑，引起学术界和社会公众的强烈争议，绝大多数人认为量刑过高，超出了常识可以接受的范围。被告人许霆上诉后，改判为有期徒刑五年，得到多数人接受，此案也终于尘埃落定。该案之所以获得全国人民的广泛关注，是因为在许多人看来，许霆的"轻罪"甚至"无罪"却被"重罚"了，并且"设身处地"地联想到自身可能面临相同或类似的处罚，因此要"挺身而出"以"伸张正义"。此案说明，"罪责刑相适应"虽然是"高大上"的刑法基本原则，但它也是普通人心中"罚当其罪"的"自然法"。有鉴于此，有刑法学者提出了"常识主义刑法观"[①] 或"共识

---

① 周光权：《论常识主义刑法观》，《法制与社会发展》2011年第1期。

刑法观"①。共识是共建共治共享的前提和基础，我国刑法理论界和实务界只有与社会公众建立广泛共识，才能充分发挥刑法在社会多元治理和促进共享发展中的重要作用。虽然说民意不能代替刑法，但是社会公众共享和公认的有关定罪量刑和刑罚公平的理念应当在刑事立法和司法中得到合理反映，因为有效吸收社会公众直觉正义观念的刑法制度及其实施能够体现刑罚的公平性，获得社会认可，这有助于实现刑法预防和控制犯罪的实用功能。②

适用刑法人人平等原则的基本要求是"同罪同罚"，即不能因为行为人或被告人身份的不同而被区别对待，任何人犯罪都必须按刑法处罚，而不论其家庭出身、社会地位、政治面貌、财产状况、职业性质、才能业绩、历史功勋等因素。但是刑法明文规定的某些特殊情况除外，例如对未成年人、正在怀孕的妇女和年满七十五周岁的老年人犯罪的更为宽松的刑罚，主要是出于人道主义的考虑。适用刑法人人平等，主要体现在三个方面，一是定罪上一律平等，二是量刑上一律平等，三是刑罚执行上一律平等。这是社会主义核心价值观中的"平等"原则在我国刑事立法和司法中的鲜明体现。

2019 年引发全国人民广泛关注的云南"孙小果案"可以说是刑法基本原则在刑事司法中的集中展现，尽管其展现的方式是"先抑后扬"的"U"字形反弹。1992 年入伍的孙小果曾经是武警昆明某部的上等兵。1998 年，孙小果因犯强奸罪、强制侮辱妇女罪、故意伤害罪、寻衅滋事罪数罪并罚，被昆明市中级人民法院一审判处死刑，云南省高级人民法院二审维持原判后，死刑未被核准而改判为死缓。后来法院通过再审，最终判处孙小果有期徒刑 20 年，后又通过多次非法减刑，孙小果于 2010 年 4 月出狱。此后孙小果依然在昆明为非作歹。在 2019 年全国扫黑除恶专项斗争中，全国扫黑办将云南"孙小果案"列为重点案件挂牌督办。2019 年 5 月，云南省扫黑除恶专项斗争领导小组办公室作出的情况通报显示，孙小

---

① 马荣春：《共识刑法观：刑法公众认同的基础》，《东方法学》2014 年第 5 期。
② J. E. Kennedy, Empirical Desert and the Endpoint of Punishment, In Paul H. Robinson, Stephen P. Garvey &Kimberly Ferzan（eds）, Criminal Law Conversation, New York: Oxford University Press, 2009；保罗·H. 罗宾逊：《民意与刑法：社会观念在定罪量刑实践中的合理定位》，谢杰、祖琼译，《中国刑事法杂志》2017 年第 1 期。

果母亲孙鹤予是昆明市公安局官渡分局原民警，因为包庇孙小果1994年强奸犯罪被开除公职，1998年被判处有期徒刑五年；继父李桥忠1996年从部队转业到昆明市公安局五华分局并担任副局长，1998年因为在孙小果1994年强奸案中帮助孙小果办理取保候审受到留党察看两年、撤职处分。2019年7月26日，云南省高级人民法院依法对孙小果案启动再审，被查的涉案公职人员和重要关系人增加到20人，其中包括对云南省监狱管理局原副巡视员刘思源、云南省监狱管理局原副局长朱旭、云南省高级人民法院审判委员会原专职委员梁子安、昆明市中级人民法院审判监督庭原副庭长陈超以及孙小果重要关系人等11人采取了留置措施。11月8日，孙小果出狱后涉黑案一审被判有期徒刑25年。12月15日，"孙小果案"牵涉的公职人员和重要关系人的系列职务犯罪案件在云南省数个相关的地方法院一审公开宣判，19名被告人分别被判处相应期限的有期徒刑，最短的2年，最长的达20年。12月17日，孙小果出狱后涉黑案二审宣判，维持原判。12月23日，孙小果再审案宣判，决定执行死刑。2020年2月20日，孙小果被执行死刑。

"孙小果案"之所以能引起全国瞩目乃至极大公愤，主要是因为该案的"神通"操作严重伤害了天理、国法和人情。1998年的死刑判决在一系列公职人员织成的关系网和"保护伞"的笼罩下，被两次改判，从死刑立即执行改变为有期徒刑20年，并在刑罚执行过程中通过徇私舞弊的非法手段获得减刑，最后实际服刑仅12年左右，使得罪大恶极的孙小果逃脱了死刑的严厉惩罚，并在出狱后继续作恶多端，超出了社会公众的情感和道德底线，也严重违反了刑法的基本原则。本应严肃的死刑判决被"神奇"地两次改判，首先违反了罪刑法定原则和罪刑相适应原则。而能够获得重罪轻罚的结果，又同孙小果的家庭出身有莫大关系，正是由于其母亲和继父都在公安局任职，而且其继父担任公安局副局长，因此才"近水楼台先得月"，不仅自己包庇犯罪行为，而且"疏通"了市中级人民法院副庭长、省高级法院审判委员会委员和省监狱管理局副局长等一众身居高位、大权在握的公职人员，在量刑和刑罚执行环节都导致了"同罪不同罚"的后果，这是严重违反适用刑法人人平等原则的。有句话说得好，"正义可能会迟到，但永远不会缺席"。正如最高人民法院院长周强2020年5月25日在第十三届全国人民代表大会第三次会议上所作的《最高人民法院工作报告》中所说,"依法审理孙小果案、杜少平操场埋尸案,对主犯孙小果、杜少平坚决判处并执行死刑,让正义最终得以实现。"孙小果在"偷生"了22年后终于伏法,彰显了刑法基本原则的神圣不可侵犯性,保护了社会公众共享的"王子犯法,与庶民同罪"的传统法律文化和"法律面前人人平等"的现代法治情感。

人类社会近现代刑法以及我国当代刑法确立的罪刑法定和罪刑均衡等基本原则,是对民主、自由、平等、公正、法治、人权等核心价值观的弘扬和坚守,是对奴隶社会、封建社会时期严刑峻法和充满等级差别的非人道刑法的否定和抛弃,是刑法制度从野蛮走向文明的标志,也是我国建立社会主义和谐社会的必然要求和重要的制度支撑。从共享发展理念的角度考察,适用刑法人人平等原则是"全民共享"在刑事法治领域的具体落实,全民在刑法面前的待遇一律平等,人身和财产权益受到平等保护,一旦成为犯罪嫌疑人或被告人,也将接受"同罪同罚"的后果。

以罪刑法定原则为核心的刑法基本原则对刑事立法具有重要意义,有利于促进刑法内容的完备和立法技术的科学化。罪刑法定原则首先也必然要求刑法内容的完备性,明文规定犯罪与刑罚的对应关系,因此在刑事立法过程中必须全面考察现实社会生活的各个方面,力求把那些具有严重社会危害性的行为纳入刑法的调整范围,尽最大努力减少疏漏,如此才能达到"不枉不纵"的立法效果。否则,"挂一漏万"的刑法对于严重危害社会的行为及其行为人就是"养虎遗患""放虎归山",必将后患无穷。同时,罪刑法定原则也能促进刑法立法内容和立法技术的科学化,因为该原则要求关于犯罪构成要件和刑种、刑度的规定都必须确切和严谨,如此才能实现刑法的良法善治。通过科学的立法技术制定的完备的刑法典,将对公民的人身和财产权利以及社会秩序提供全方位的保护,这正是共享发展理念中"全面共享"的鲜明体现。

只有在刑事法治领域切实地保障人权,才能避免"人人自危"的风险,才能创造民主、自由、平等、公正、法治的社会环境,使人民获得真正的解放,激发人民"共建共享"和谐社会的积极性、主动性和创造性。我国现行刑法的三个基本原则在1979年版的"旧刑法"中是没有明确规定的,而是在1997年版的"新刑法"中正式确立的,从立法、司法到守法,从刑法理论的研究到法治文化的宣传,都有一个渐进的过程,这个过程是随着改革开放特别是依法治国方略的推进而推进的，经过40多年特别是1997年新刑法颁布以来20多年的发展，这些原则在当今中国的学术界特别是法学界和司法实务界已经深入人心，在社会层面的法治文化方面也获得广大人民群众的广泛认可和接受。在刑法基本原则指导下，人权保障的水平不断提升，自由、平等、公正的法治环境和社会环境逐渐形成，这正是共享发展理念中"渐进共享"的生动实践。

第二节　宽严相济：中国刑事政策中的共享精神

一　宽严相济刑事政策的内涵

所谓政策，可以简单理解为"政治策略"，是指政党、国家机关或其他政治组织为了实现其代表的阶级或阶层的利益和意志，以权威的标准化形式规定其在一定时期内的奋斗目标、行动原则、政治任务、工作方式、一般步骤和具体措施等。政策与法律在制定主体、约束对象、表现形式、效力范围、灵活程度、实施机制等方面存在很大不同，但是二者都属于上层建筑的范畴，在国家治理和社会治理中存在千丝万缕的联系，特别是对执政党和国家机关而言，政策和法律在大多数情况下是同向同行、互相促进的关系，在一定条件下还可以互相转化。例如，1997年中共十五大将"依法治国，建设社会主义法治国家"确立为党领导人民治理国家的基本方略，这就是执政党的政策，在这个政策指引下，包括刑法在内的一系列法律法规被制定出来，法治国家、法治政府、法治社会一体建设，成为中国共产党治国理政的新思想、新理念、新战略、新思维、新方式。

刑事政策，也可称之为刑事政治，是指刑事立法、刑事司法和刑罚执行的指导思想。宽严相济的刑事政策，是中共中央在构建社会主义和谐社会新形势下提出的一项重要政策，是我国目前以及一个较长时期内的基本刑事政策，它贯穿于我国刑事立法、刑事司法和刑罚执行的全过程，是此前推行的"惩办与宽大相结合"的形势政策在21世纪新时期的继承、发展和完善，是国家立法机关和各级司法机关正确实施刑法、惩罚犯罪、预防犯罪、保障人权、保护人民的指导思想和行动指南，具有十分重要的政治意义和现实意义。

"宽"字在生活语言中是宽容或宽宥的意思，在政策语言中有减轻、放宽、宽松的含义,在刑事立法和司法活动中,它是非犯罪化、非刑罚化以及刑法规定的各种从宽处理的情节,通常表述为"不认为是犯罪","可以"或"应当"从轻、减轻或免除处罚。宽严相济中的"严"就是严格、严厉。严格是指刑事司法认真遵守或执行刑法,不偏离原则,一丝不苟,该定罪的就定罪,该判刑的就判刑,不容马虎。严厉即"严肃而厉害",一般是指对犯错的人不姑息,给予厉害的、高层度的惩罚。刑法的严厉表现为判处刑罚时"该重就重"。"严"就是刑事立法和司法活动中的犯罪化和刑罚化,通常表述为"从重处罚""不得假释"等。在宽严相济刑事政策中,与"宽"和"严"相比,"济"也很关键。"济"的本意是"过河、渡过",在这里可以理解为协调、结合、调剂。宽严相济刑事政策的精神是:对待犯罪行为,宽和严不是截然对立的,而是相互结合和平衡的,要做到"严中有宽、宽以济严","宽中有严、严以济宽"。宽严相济刑事政策的基本内容和要求是"该严则严,当宽则宽;严中有宽,宽中有严;宽严有度,宽严审时"①。

例如,我国《刑法》第 29 条规定:"教唆他人犯罪的,应当按照他在共同犯罪中所起的作用处罚。教唆不满十八周岁的人犯罪的,应当从重处罚。如果被教唆的人没有犯被教唆的罪,对于教唆犯,可以从轻或者减轻处罚。"在这里,"应当从重处罚"的原因在于未成年人心智尚不成熟,因而教唆未成年人犯罪更容易得逞,毒害未成年人的心灵,其社会危害性更严重;"可以从轻或者减轻处罚"的原因是考虑教唆的实际后果,由于被教唆的人没有犯被教唆的罪,社会危害性相对较轻,用"可以"而不是"应当"的表述,就给了法官酌情处罚的空间,因为这种教唆犯罪的行为本身已经具有严重的社会危害性,只不过因为被教唆人的"免疫力"比较强而没有"依计行事"而已。该条款可以说是我国宽严相济刑事政策在刑法中被娴熟运用的典范之作。

二 宽严相济刑事政策的渊源

(一)中国古代法律文化中的"宽猛相济"

宽严相济刑事政策是对中国古代法制史和法律文化中长期存在的"宽

---

① 马克昌:《宽严相济刑事政策研究》,清华大学出版社 2012 年版,第 75 页。

猛相济"刑事政策的创造性转化和创新性发展。中国历史上的刑事政策经历了漫长的发展演变过程，而宽严相济可以说是其核心所在。① 在中国法律文化史上，宽严相济思想具有深厚的历史和文化的"遗传基因"。《尚书·吕刑》中说："轻重诸罚有权，刑罚世轻世重。"《周礼·秋官·大司寇》说："一曰刑新国用新典，二曰刑平国用中典，三曰刑乱国用重典。"如上经典论述的含义是说刑罚的轻重不应当刻板地理解和执行，而应当权衡当时的社会情况例如"新国""平国""乱国"而具体问题具体分析，有所变通，因时制宜。这些内容都体现了宽严相济的刑罚理念。

春秋时期，儒家经典《左传》中记载了"宽猛相济"的政策。当时，郑国的政治家子产提出"夫火烈，民望而畏之，故鲜死焉。水懦弱，民狎而玩之，则多死焉，故宽难"。这样的理念赢得了"至圣先师"孔子的热情点赞："善哉！政宽则民慢，慢则纠之以猛；猛则民残，残则施之以宽。宽以济猛，猛以济宽，政是以和。"（《左传·昭公二十年》）孔子所言的"政"应当是指广义的"政事"，在我国古代行政权与司法权并无严格分立的语境下，"刑事"也是"政"的重要方面和主要内容之一。孔子言论中的"猛"，同当下刑法理念中的"严"基本相同。孔子赞同的"宽猛相济"为政理念与当今我国"宽严相济"刑事政策在表述上有所不同，但二者的基本精神是相似和相通的，即"宽"与"猛"或"严"要结合、平衡、互补、互济，才能达到预期的治国理政效果。

"乱世用重典"是中国历史上历代执政者和普通老百姓都广泛信奉的治国理念，但是它并非简单的"重典治国"思想，而是宽严相济的治国或刑罚思想。"重典"是针对"乱世"的，而不是不加选择地滥用。其言外之意，对"平世"即太平社会，是不需要、也不应当用"重典"的。"乱世用重典"的逻辑推论就是"平世用轻典"或最多"平世用中典"。晋、唐、明、清等朝代，都有体现宽严相济理念的刑事政策或法规。例如，《唐律疏议·名例》"老小即有犯"条有如下规定："八十以上、十岁以下及笃疾，犯反、逆、杀人应死者，上请。"该条体现了对八十岁以上的老年人和十岁以下的未成年人犯死罪者的刑罚的宽宥。

---

① 卢建平、郭理蓉：《宽严相济的历史溯源与现代启示》，《刑事政策评论》第 1 卷，中国方正出版社 2006 年版，第 45—67 页。

又如，明太祖朱元璋是中国历史上众所周知而且公认的实行重典治国、重典治吏的最著名人物之一，但是，《明史·刑法志》在评论其刑事政策时却说："盖太祖用重典以惩一时，而酌中制以垂后世。故猛烈之治，宽仁之诏，相辅而行，未尝偏废也。"① 这里所说的宽猛"相辅而行""未尝偏废"，也就是宽猛相济或宽严相济的含义。从这一权威论述看，人们多注意到朱元璋的"猛烈之治"，而忽视其"宽仁诏书"，因此得出的结论是有失偏颇的。朱元璋还是中国古代"宽猛相济"的继承者和实践者，而不是否定者，只不过他的刑事政策中"猛"的一面比较突出，"宽"的一面不那么明显而已。

（二）中国共产党和新中国刑事政策中的"宽严相济"

毛泽东同志有一句名言，"政策和策略是党的生命"。刑事政策也是中国共产党和新中国历史上非常重要的政策。在抗日战争已进入相持阶段的1940年12月，毛泽东同志在《论政策》一文中实际上已经提出了"镇压与宽大相结合"的思想，即"应该坚决地镇压那些坚决的汉奸分子和坚决的反共分子，非此不足以保卫抗日的革命势力。对于反动派中的动摇分子和胁从分子，应有宽大的处理"。1942年11月颁布的《中共中央关于宽大政策的解释》再次指出，"镇压与宽大是必须同时注意，不可缺一的。"该文件非常明白地表达了镇压与宽大相结合的精神，但是在文字上尚未提出"镇压与宽大相结合"的明确表述。

新中国成立之初，为了肃清国内反革命势力，维护新生的人民政权稳定，毛泽东同志在1950年6月党的七届三中全会报告中论述"肃反"问题时明确提出"镇压与宽大相结合"的政策。他说，"在这个问题上，必须实行镇压与宽大相结合的政策，即首恶者必办，胁从者不问，立功者受奖的政策，不可偏废。"经过几年的发展，随着国内的主要矛盾逐渐从敌我矛盾转变为人民内部矛盾，镇压反革命势力的需求也转变为惩办普通犯罪分子的需求。相应地，"镇压与宽大相结合"的政策就发展为"惩办与宽大相结合"，从而扩展适用于普通的犯罪类型。1956年9月，中国共产党第八次全国代表大会的政治报告中明确提出，"我们对反革命分子和其

---

① 其大意是，明太祖用重典惩治犯罪众所周知，只不过是一时的权宜之计，而酌情采取适中的法制是为了给后代垂留典范，因此既采用猛烈的法制治理国家，又下达宽仁的诏书，相互辅助而行，并不曾偏废某一方面。

他犯罪分子一贯地实行惩办与宽大相结合的政策。"这标志着"惩办与宽大相结合"已经正式成为新中国的主要刑事政策。

在改革开放之初的1979年，新中国历史上的第一部刑法典将"惩办与宽大相结合"的刑事政策法律化，提升了该政策的制度刚性。该法第一条旗帜鲜明地规定："中华人民共和国刑法……依照惩办与宽大相结合的政策……制定。"但是，1983年开始的"严打"斗争使得"惩办与宽大相结合"的刑事政策在一定程度上被暂时"搁置"了。"严打"是我国改革开放后出现的司法名词，是"依法严厉打击刑事犯罪分子活动"的简称，是为了解决一定时期突出的社会治安问题而依法进行的打击严重刑事犯罪的活动。1983年，邓小平同志对公安部部长刘复之强调："对于当前的各种严重刑事犯罪要严厉打击，判决和执行，要从重，从快；严打就是要加强党的专政力量，这就是专政。"开展"严打"的时代背景是由于"十年内乱"的消极影响和诸多"后遗症"，社会上存在一大批活动猖獗的打砸抢分子和流氓团伙犯罪分子以及故意杀人、抢劫、强奸等暴力犯罪行为，严重破坏社会治安和改革开放大局稳定，严重危害人民群众的生命和财产安全。

1983年8月25日，中共中央召开了全国政法工作会议，并且作出《关于严厉打击刑事犯罪的决定》，决定以三年为期，组织三次"战役"，按照依法"从重从快，一网打尽"的精神，对刑事犯罪分子予以坚决打击。与这一决定相适应，1983年9月2日，第六届全国人大常委会颁布了两个实施"严打"的决定：一是《关于严惩严重危害社会治安的犯罪分子的决定》，规定对一系列严重危害社会治安的犯罪，"可以在刑法规定的最高刑以上处刑，直至判处死刑"；二是《关于迅速审判严重危害社会治安的犯罪分子的程序的决定》，规定在程序上对严重犯罪要迅速及时审判，为此，将《刑事诉讼法》规定的10天的上诉期限缩短为3天。"严打"对于维护社会治安和良好的社会风气起到了十分重要的历史作用，但是对"从严从重从快"惩罚犯罪的过分强调，容易重视"惩办"而忽视"宽大"，导致轻罪重罚的重刑化倾向和对程序正义的漠视，甚至造成一些冤假错案，违反了实事求是的基本精神，也偏离了法治的轨道。1997年大规模修订刑法时，"惩办与宽大相结合"的刑事政策在新版《刑法》中虽然有所体现，但是并无明确表述。

进入 21 世纪，在 2004 年 12 月召开的中央政法工作会议首次明确和清晰地表达了"宽严相济"这一刑事政策。① 此时，宽严相济刑事政策是同"惩办与宽大相结合"的刑事政策并列提出的。时隔一年，2005 年 12 月召开的全国政法工作会议明确指出，"宽严相济"是我国在维护社会治安的长期实践中形成的"基本刑事政策"。这一提法使"宽严相济"首次成为我国独立的、基本的刑事政策。在 2008 年 3 月召开的全国两会上，最高人民法院工作报告指出，"严格执行宽严相济的刑事政策，做到该宽则宽，当严则严，宽严相济，罚当其罪。"最高人民检察院工作报告也作了相似的表述："认真贯彻宽严相济的刑事政策。坚持该严则严、当宽则宽、区别对待、注重效果。"这表明，宽严相济的刑事政策已经成为我国刑事司法机关的基本遵循。

2007 年 1 月，最高人民检察院发布了《关于在检察工作中贯彻宽严相济刑事司法政策的若干意见》，对检察机关如何贯彻宽严相济的刑事政策提出了具体要求。该意见指出，"宽严相济是我们党和国家的重要刑事司法政策"，要求检察机关根据社会治安形势以及犯罪分子的具体情况，实行区别对待，重视宽和严的统一，宽严互补，宽严有度，依法从严打击严重的犯罪行为，依法从宽处理轻微犯罪，还要充分考虑严重犯罪中的从宽情节以及轻微犯罪中的从严情节，从刑事诉讼的实体到程序两个维度都必须贯彻宽严相济的刑事政策。

2010 年 2 月，最高人民法院印发了《关于贯彻宽严相济刑事政策的若干意见》，对人民法院在刑事审判工作中贯彻落实宽严相济的刑事政策，提出了具体和明确的要求。该意见指出，"宽严相济刑事政策是我国的基本刑事政策，贯穿于刑事立法、刑事司法和刑罚执行的全过程。"在刑事审判中体现宽严相济刑事政策，要考量犯罪的不同情形区别对待，准确理解和处理宽与严的关系，切实做到"宽严并举"，必须努力排除"重刑主义"和轻刑化思想的双重影响，防止片面从严或一味从宽，从而孤立和打击极少数情节严重的犯罪分子，感化、教育和挽救大多数情节轻微的犯罪分子，尽最大努力减少社会矛盾，实现国家的长治久安。

---

① 时任中共中央政治局常委、中央政法委书记罗干同志在会议上指出，正确运用宽严相济的刑事政策，对严重危害社会治安的犯罪活动严厉打击，绝不手软，同时要坚持惩办与宽大相结合，才能取得更好的法律和社会效果。

最高人民检察院和最高人民法院这两个"意见"的出台,成为宽严相济刑事政策在我国刑事司法领域走向具体化、制度化、规范化、系统化的标志。但是这两个意见对"宽严相济"的定位有所区别,前者将其称呼为"刑事司法政策",而后者将其定位于"基本刑事政策",显然后者的定位更高。这说明宽严相济刑事政策的地位问题在我国司法界内部尚未达成一致的意见。从我国法律理论界到实务界,对宽严相济刑事政策的定位确实存在一些不同的观点,例如有学者主张"宽严相济刑事政策应回归为司法政策"[1]。尽管如此,从我国刑事法治实践看,宽严相济并不仅仅是刑事司法政策,实际上也是刑事立法和刑罚执行的政策。为了达成统一认识,明确宽严相济刑事政策的地位,建议从两个方面进行:一是在执政党的重要会议及其作出的决定中明确规定宽严相济为党的基本刑事政策;二是可以通过修法的方式,在《刑法》第1条明确将宽严相济规定为基本刑事政策,也就是将政策法律化、法典化。

三 宽严相济刑事政策的成效

从我国法律实践看,宽严相济刑事政策自其被明确提出以来,在我国的刑事立法和刑事司法活动中产生了十分重要的导向作用。笔者拟从刑事立法成效和犯罪治理成效两方面来考察宽严相济基本刑事政策的实施效果。前者是制度建设层面的,后者是社会效果层面的。

(一) 刑事立法成效

我国现行刑法是1997年颁布的,此后并未进行大规模"大换血"式的修改,而是采取了刑法修正案的方式,"小步快走",小规模地、渐进地、积极又稳妥地修改刑法。截至2020年8月,"九七刑法"已经有了十个修正案,达到了平均每两年就有一个修正案的修法节奏。由于宽严相济的刑事政策要统筹兼顾"宽"和"严"这两个截然相反的要求,存在很大的弹性空间,还由于不同时代的犯罪形势也会因时而异,宽严相济刑事政策在历次刑法修正中的存在感也有所区别。宽严相济刑事政策对我国刑事立法的明显而重大的指导和影响作用突出地体现在最近几次的刑法修正案中。

---

[1] 孙万怀:《宽严相济刑事政策应回归为司法政策》,《法学研究》2014年第4期。

1. 刑法修正案（一）至（七）

从 1999 年的《刑法修正案（一）》到 2005 年的《刑法修正案（五）》，这五个修正案的条文都不超过十条，它们主要是为了治理当时社会上出现的新的或者关注度比较高的犯罪现象。包括 2006 年通过的《刑法修正案（六）》，虽然其条文达到了 21 条之多，但是其主要特点跟前五次刑法修正案相比并无太大的变化。总体上说，这几次刑法修正继承了改革开放早期推行的"严打"的思维模式，以"犯罪化"即扩大"犯罪圈"为主，刑法修正的范围不够大，仅在刑法分则部分做文章，未能修改刑法总则，表现出单向度的犯罪化趋势以及严密刑事法网和严加惩处犯罪的价值取向，没有出现任何非犯罪化或者从宽的操作，因此与宽严相济的刑事政策相去甚远。[①]

究其原因，除了现实的需求之外，刑事立法政策的影响也不能忽视。从"七九刑法"到"九七刑法"，我国刑法虽然也有不少"宽"的制度表现，但是从总体看都是偏"严"的。由于在改革开放带来的社会急剧转型中，犯罪呈现高发态势，因此从官方到民间，"严打"成为共同的意识，这必然影响到刑事立法。2004 年 12 月中央政法工作会议提出宽严相济的刑事政策后，立法机关必然存在一个理解、消化、吸收的过程，因此在 2005 年的《刑法修正案（五）》和 2006 年的《刑法修正案（六）》中未能体现宽严相济刑事政策，也就不难理解了。当然，我们也可以理解为这两个修正案是贯彻了宽严相济中的"严"的要求，因为宽严相济是"相机行事"，并不要求在同一个修正案中必须同时体现"严"和"宽"两个方面。无论如何，这两个修正案因为没有呈现"宽"的因素，作为宽严相济刑事政策的实践成果，不免有些牵强。

2009 年通过的《刑法修正案（七）》是宽严相济刑事政策在我国刑事立法中的首次"试水"。例如，将巨额财产来源不明罪的法定刑提高，是对社会各界普遍反映的该罪名刑罚处罚力度偏轻的立法回应，继续表现了"严"的风格；但是该修正案也表现出"宽"的色彩，设置了逃税罪"出罪"制度，将绑架罪的法定刑予以减轻，其法定最低刑由此前的有期徒刑十年减少为五年。该修改案在"九七刑法"的修改历史上，首次展现了宽

[①] 卢建平：《宽严相济与刑法修正》，《清华法学》2017 年第 1 期。

缓的刑事政策。①

2. 刑法修正案（八）

同此前的《刑法修正案（七）》相比较，2011年通过的《刑法修正案（八）》显然是体现宽严相济这一刑事政策的更为经典的立法作品。2010年8月23日，当时的全国人大常委会法制工作委员会主任李适时在第十一届全国人大常委会第十六次会议上所作的"关于《中华人民共和国刑法修正案（八）（草案）》的说明"中指出，"根据宽严相济的刑事政策，在从严惩处严重犯罪的同时，应当进一步完善刑法中从宽处理的法律规定，以更好地体现中国特色社会主义刑法的文明和人道主义，促进社会和谐。"

（1）《刑法修正案（八）》的"宽"，主要表现在四个方面：

其一，死刑罪名的大幅度减少。此次刑法修正案废除了走私文物罪等13个经济型非暴力犯罪的死刑，占我国当时死刑罪名总数的近五分之一，这可以在一定程度上改变我国刑事立法中死刑罪名繁多、刑事司法中适用死刑数量庞大的状况，在全球半数左右的国家已经明确废除死刑或事实上已经废除死刑的国际形势下，我国限制死刑适用的刑法修正行动有力地彰显和宣示了我国坚持轻刑化和刑罚人性化的改革方向，顺应了国际潮流。

其二，对于老年人、未成年人、怀孕的妇女等特定人员犯罪的从宽处罚。该修正案增加规定："已满七十五周岁的人故意犯罪的，可以从轻或者减轻处罚；过失犯罪的，应当从轻或者减轻处罚。""审判的时候已满七十五周岁的人，不适用死刑，但以特别残忍手段致人死亡的除外。"已满七十五周岁的人属于高龄老年人，刑法对此类人犯罪的从宽处罚特别是原则上不适用死刑的规定，是我国宽严相济基本刑事政策和人道主义精神的重要体现。该修正案还对不满十八周岁的人、怀孕的妇女和已满七十五周岁的人因犯有轻罪而宣告缓刑方面规定了更为宽松的"待遇"，即如果他们被判处拘役或三年以下有期徒刑、犯罪情节较轻、有悔罪表现、宣告缓刑对所居住社区没有重大不良影响的，"应当宣告缓刑"，而对于其他群体则"可以宣告缓刑"，两字之差，境遇迥然不同。这一规定进一步放宽了我国刑法本来就存在的对未成年人犯罪和怀孕的妇女犯罪的刑罚。

其三，增设"坦白从宽"制度。"坦白从宽，抗拒从严"是我国各类

---

① 卢建平、翁小平：《论宽严相济刑事政策的法典化》，《人民检察》2010年第17期。

刑事司法机关长期奉行的和广大人民群众耳熟能详的具体刑事政策之一，但是长期以来，"坦白"在我国刑罚制度中并未获得像"自首""立功"那样的存在感，后两者在量刑中具有举足轻重的显著影响。此次刑法修正案增加规定："犯罪嫌疑人虽不具有前两款规定的自首情节，但是如实供述自己罪行的，可以从轻处罚；因其如实供述自己罪行，避免特别严重后果发生的，可以减轻处罚。"这次修正使"坦白"从边缘走向中心，使"坦白从宽"政策在立法层面得到落实，也是我国刑法"宽"的一面的又一个标志性制度。

其四，在刑罚执行方法上正式引进了社区矫正制度。本次刑法修正案规定，对管制、缓刑、假释等犯罪分子依法实行社区矫正。在西方法治发达国家，社区矫正是一项比较成熟的刑罚执行制度。我国在2003年已进行了社区矫正的尝试，可是因为涉及刑罚执行制度这一重大问题，各方反应不一，《刑法修正案（八）》正式赋予社区矫正制度以明确的法律地位，将其作为我国刑罚执行方面的"缓冲性"制度设置，顺应了刑罚执行社会化的国际潮流，也为人身危险性不大的犯罪分子融入社会、适应社会生活提供了重要的制度管道，是共享发展精神在刑事立法和司法中的鲜明体现，也是我国刑法建立"共建共治共享"之治理模式的重要尝试。"共建"精神呼唤刑法治理方式由"强调刑罚威慑效应"向"多元手段协同治理"转型，"共治"精神要求刑法治理功能由"基于威慑和惩罚的被动守法"向"基于认同与合作的主动守法"转变，"共享"精神要求刑法治理理念摒弃"工具主义刑法观"，而转向"人本主义刑法观"[①]。

（2）《刑法修正案（八）》的"严"，主要表现在以下四个方面：

其一，死缓变更制度更加严格。死刑缓期两年执行考验期满后减为有期徒刑的年限，"九七刑法"原先规定是"减为十五年以上二十年以下有期徒刑"，使得被判处死缓的犯罪分子可能因重大立功等原因而骤减刑期，引发较大的社会争议。此次修正案规定，对于判处死刑缓期执行的，如果没有在死刑缓期执行期间故意犯罪，两年期满后减为无期徒刑，若确有重大立功表现，两年期满后减为二十五年有期徒刑。修正案还规定，对被判处死缓的累犯，以及因故意杀人、强奸、抢劫、绑架、放火、爆炸、投放

---

① 徐伟：《共建共治共享：刑法治理模式之变革》，《中国政法大学学报》2019年第2期。

危险物质或者有组织的暴力性犯罪被判处死缓的犯罪分子，人民法院可以根据犯罪情节等情况同时决定对其限制减刑。修正案对死缓限制减刑，有利于提高死缓制度的威慑力和严肃性。

其二，提高了数罪并罚的总和刑期的最高年限。修正案将数罪并罚的有期徒刑的最高年限由原来的二十年提高到二十五年。这实际上缩小了数罪并罚的有期徒刑与无期徒刑和死刑之间的刑度差距，也是数罪并罚制度更加严厉的表现。

其三，扩大了特殊累犯的范围，加大对黑社会性质的组织犯罪、恐怖活动犯罪的惩罚力度。"九七刑法"原先规定的特殊累犯仅限于危害国家安全犯罪，修正案将恐怖活动犯罪、黑社会性质的组织犯罪也纳入特殊累犯的范围中，体现了严厉打击这两类犯罪的立法态度。

其四，严格限制减刑，以确保犯罪分子有合理的实际服刑时间。对于被判处无期徒刑的犯罪分子减刑后实际执行的刑期，刑法原先的规定是"不少于十年"，此次修正案规定"不能少于十三年"，提高了无期徒刑减刑后的实际服刑期限。包括上述对死缓的限制减刑，也属于这种情况。严格限制减刑的规定有助于遏制减刑的过度使用甚至滥用，从而维护刑法的社会威信。

3. 刑法修正案（九）

毋庸置疑，2015年通过并施行的《刑法修正案（九）》也较好地贯彻落实了宽严相济这一刑事政策，只是与其"兄长"即《刑法修正案（八）》相比，它在"宽"的一面着墨较少，而在"严"的一面更为突出。

此次修正案的"宽"集中体现在继续进行死刑改革方面。具体而言是在《刑法修正案（八）》大幅减少死刑罪名的情况下，更进一步将走私武器弹药罪等九个死刑罪名从我国《刑法》中"除名"。这一举措的目的在于贯彻落实2013年党的十八届三中全会通过的决定中明确提出的"逐步减少死刑罪名"之具体要求，本次刑法修正案是对这一要求的明确回应和有效落实，也是我国死刑制度改革走向深化的表现，使逐步减少死刑乃至将来废除死刑成为我国刑事立法中引人注目的趋势。

此外，《刑法修正案（九）》的"宽"还体现在一些"细节"方面。例如，在刑法总则部分，此次修正案在一定程度上提高了对死刑缓期二年执行的罪犯实际执行死刑的条件限制，这就是在"故意犯罪"的条件之后附上了"情节恶劣"这样一个新的条件,实际上使死缓变为实际执行死刑的可能性降低了,从而限制了死刑的适用范围。这与直接减少死刑罪名有异曲同工之效。同时,由于死缓适用于许多罪名,其适用范围要远大于某个具体的死刑罪名,因此对死缓实际执行死刑的限制实际上比减少某个死刑罪名的做法在限制死刑适用的力度和效果上要更加明显。同时在刑法分则部分,虽然没有取消绑架罪的死刑罪名,但是提高了在绑架罪中适用死刑的难度,其限制死刑的理念一以贯之。

《刑法修正案(九)》的"严"集中体现在扩大"犯罪圈",将以前不是犯罪的行为"入罪"。具体表现为一次性增加了 20 个新罪名。这些修正和新罪名分布在六个方面:一是严惩恐怖主义、极端主义犯罪,新增罪名如宣扬恐怖主义、极端主义,煽动实施恐怖活动罪。二是继续加强对公民人身权利的刑法保护,新增罪名是虐待被监护、看护人罪。三是严厉惩治失信、背信行为,新增罪名如组织考试作弊罪。四是加大对网络犯罪行为的惩处力度,新增罪名如非法利用信息网络罪。五是强化维护社会治安和社会秩序,新增罪名如扰乱国家机关工作秩序罪。六是严密惩治腐败犯罪的法网,新增罪名是"对有影响力的人行贿罪"。

与《刑法修正案(九)》的大规模修正不同的是,2017 年通过的《刑法修正案(十)》属于"定点"修正,只涉及我国《刑法》第 299 条,增加了"侮辱国歌罪",加强了对侮辱国歌的犯罪行为的惩治力度,可以说也是"宽严相济"中"严"的一面的继续。用宽严相济刑事政策纵观我国"九七刑法"的十个修正案,不难发现其总体呈现出"严多宽少"的局面,刑法在社会问题治理中的"积极"形象跃然纸上。有学者对此持批评态度,认为我国近年来刑事立法已经呈现出明显的"情绪立法""风险驱动"和"象征主导"等不良趋向。[①] 也有学者对我国社会治理"过度刑法化"提出质疑。[②] 当然,也有学者对我国刑法修正表达了"力挺"的态度,主张我国刑事立法应当从相对保守和消极的传统刑法观,渐进地向活性化和

[①] 刘宪权:《刑事立法应力戒情绪——以〈刑法修正案(九)〉为视角》,《法学评论》2016 年第 1 期;邵博文:《晚近我国刑事立法趋向评析——由〈刑法修正案(九)〉展开》,《法制与社会发展》2016 年第 5 期;程红:《象征性刑法及其规避》,《法商研究》2017 年第 6 期。

[②] 何荣功:《社会治理"过度刑法化"的法哲学批判》,《中外法学》2015 年第 2 期。

功能性的积极刑法观转型。① 实际上，我国处在急剧的社会转型期，刑法观念的变动和徘徊实属正常。有学者从创新社会治理体系的视角提出了兼顾传统与现代的"混合式"刑法观，即"构建起以传统刑法观为基准，兼以民生刑法观为导向，以风险刑法观为补充，以敌人刑法观为例外的三级层次的三元化刑法理念"②。在笔者看来，这种明显属于"第三条道路"的刑法观能够为我国略显频繁的刑法修正实践和宽严相济刑事政策提供更为确切和有力的辩护。

（二）犯罪治理成效

自 2004 年中央政法委会议提出宽严相济刑事政策以来，该政策实践在犯罪治理和维护社会和谐稳定方面取得了良好的成效。根据我国司法统计资料，纵向比较可以发现，宽严相济的刑事政策在我国刑事立法和司法中贯彻落实后，我国的犯罪态势有一定改变。虽然犯罪的绝对数量有一定增加，可是增加的幅度已经在趋于缓和，重罪和暴力犯罪在减少，交通肇事罪、危险驾驶罪等轻罪或微罪的比重在上升，人民法院判决的重刑率在逐年降低。例如，2014 年除了强奸罪数量有略微增加以外，其他严重暴力犯罪均在减少。2014 年全国法院生效判决涉及被告人 118.4 万人，比 2013 年上升 2.24 个百分点。其中，重刑犯即判处五年以上有期徒刑至死刑的有 11.1 万人，占生效判决人数的 9.43%，重刑率比 2013 年下降了 1.36 个百分点。③ 相比之下，在轰轰烈烈的"严打"期间，我国法院判决的重刑率要远高于此，例如 1995 年高达 45%，2003 年降为 21.2%，到 2014 年进一步大幅度降为 9.43%，2015 年继续小幅降至 9.37%。重刑率的显著降低说明了重大刑事犯罪高发的态势得到了有效遏制，充分证明了宽严相济刑事政策在犯罪治理方面的有效性，也是我国犯罪治理体系日益完善和治理能力日益进步的有力明证。

在国际范围内进行横向比较不难发现，我国的犯罪治理成效和社会安全程度要显著超过那些同我国发展水平相当的发展中国家以及不发达国

---

① 付立庆：《论积极主义刑法观》，《政法论坛》2019 年第 1 期。
② 齐文远、夏凉：《徘徊于传统与现代之间的刑法观——以创新社会治理体系为视角》，《武汉大学学报》（哲学社会科学版）2015 年第 1 期。
③ 袁春湘：《依法惩治刑事犯罪，守护国家法治生态》，《人民法院报》2015 年 5 月 7 日第 5 版。

家，甚至完胜那些被普遍认为是治理"标杆"的发达国家。根据《中国法律年鉴》和联合国毒品与犯罪办公室（UNODC）发布的数据，2003年至2012年，我国的年平均犯罪率为40.4起/万人，美国、德国、加拿大、澳大利亚的年平均犯罪率分别为214.67起/万人、249.61起/万人、181.96起/万人、240.43起/万人，都在中国的4倍到6倍。在公认的犯罪治理"模范生"、社会治安状况较好的日本，年平均犯罪率也达到52.22起/万人，虽然可以傲视西方各大国，但是在中国的数据面前明显黯然失色，犯罪率超过中国近30%之多。进入21世纪以来，全球平均犯罪率已经上升到3000起/10万人上下，欧盟国家的平均犯罪率稳定在6000起/10人万上下，部分北美国家的犯罪率更高，一般在7000起/10万人以上。[①] 不难看出，中国的犯罪率在全球处于较低水平，犯罪治理成效属于"良好"甚至是"优秀"级别，因此应当坚定对中国特色刑事法治的道路自信、理论自信、制度自信、文化自信。

事实胜于雄辩，随着犯罪治理的良好绩效不断显现，近年来我国人民群众对社会治安的满意度和安全感都在不断提升，这是在刑事法治领域促进共享发展的生动实践。事实证明，宽严相济刑事政策实施以来，我国的犯罪特别是严重暴力犯罪呈现下降趋势。这为宽严相济刑事政策的正确性和有效性提供了有力证明，也为我国今后的刑事立法活动和刑事司法实践坚定贯彻落实这一刑事政策打下了坚实的实践基础。在全面建设社会主义现代化国家的新征程中，在国家治理现代化的"进行时"和"将来时"，宽严相济仍然是我国必须长期坚持的基本刑事政策。为提高宽严相济政策的制度刚性，建议在下一次刑法修正案中将其明确规定在刑法总则中，从而更加旗帜鲜明地彰显其作为我国基本刑事政策的权威地位。鉴于"宽严相济"存在较大的制度弹性和解释空间，价值导向比较模糊，可以参考世界范围内的轻刑化潮流以及我国刑罚在事实上总体趋缓的进程，将宽严相济刑事政策发展为"宽严相济，以宽为先"。

---

① 张筱薇：《新型国际犯罪研究》，法律出版社2012年版，第1—2页。

第九章　国际法治：从"和平共处"到"人类命运共同体"

国际法，又称国际公法，是指由若干国家或国际组织参与制定或者国际公认的，调整国家之间关系的法律规范的总体。国际法就是各国在国际交往过程中形成的规则或者习惯。① "法者，治之端也。"正如法治化是实现一个国家长治久安的重要保障一样，生活在同一个地球村的国际社会也只有法治化，才能实现国际和平，促进共同发展。"法治化是推进全球治理体制变革、构建世界新秩序的必然要求，建设国际法治和全球法治是推进全球治理现代化和世界秩序法治化的必由之路。"② 国际法治是运用法治理念和国际法调整国际关系的过程和状态。要实现国际法治，一是要有内在品质良好的国际法，二是需要国际社会全面遵守国际法，即实现国际社会的良法善治。国际法治就是国际法的良法善治，它要求国际社会对国际法的尊重和善意履行。③ 1992 年以来，法治一直是联合国大会的一个重要议程项目。当今世界，人类面临气候变化、难民问题、武装冲突、反恐怖主义、践踏人权等全球挑战，国际法治是应对这些挑战的基本途径。国际法治要求国际社会各行为主体共同制定并崇尚和遵守体现人本主义、持续发展、和谐共存的国际法律制度，在国际层面约束各自行为，界定各自权利义务，确立相互关系，处理国际事务。④

中国是世界第一人口大国、世界上最大的发展中国家、世界第二大经

---

① 周鲠生：《国际法》上卷，商务印书馆 1981 年版，第 40—41 页。
② 张文显：《推动全球治理变革，构建世界新秩序——习近平治国理政的全球思维》，《环球法律评论》2017 年第 4 期。
③ 何志鹏：《国际法治：一个概念的界定》，《政法论坛》2009 年第 4 期。
④ 何志鹏：《国际法治论》，北京大学出版社 2016 年版，第 44 页。

济体、联合国五大常任理事国之一，是国际社会的重要成员。新中国成立70多年来，中国既是国际法的模范遵守者和主动践行者，也为国际法治的创新和发展贡献了诸多中国智慧和中国方案。在这些重要贡献中，中国共产党和中国政府在20世纪50年代提出的"和平共处五项原则"和2012年中共十八大以来提出并践行的"人类命运共同体"理念，是最为国际社会瞩目和最具有国际影响力的国际政治理念，也是最能体现共享发展精神的国际法治理念，是共享发展理念在国际法治和全球治理领域的具体体现。人类命运共同体理念与和平共处五项原则既一脉相承又与时俱进。它们已经或正在对全球治理体系和国际法治发展产生重要的促进乃至引领作用，为世界持久和平和人类共享发展的正义事业贡献中国力量。

第一节 和平共处原则：国际法治中的共享精神典范

一 和平共处五项原则：国际法治中的中国贡献

（一）和平共处五项原则的确立及意义

和平共处五项原则是中国、印度和缅甸三国于1954年向国际社会共同倡导的处理国际关系的五项基本准则，具体是指：互相尊重主权和领土完整、互不侵犯、互不干涉内政、平等互利、和平共处。[①] 1954年6月28日《中印联合声明》和1954年6月29日《中缅联合声明》都将和平共处五项原则作为指导两国关系的基本原则。[②] 中国与印度、中国与缅甸之间的两个联合声明，使和平共处五项原则不仅成为处理中印、中缅双边关系的指导原则，具有现实意义，还赋予了和平共处五项原则作为国际关系基本

[①] 1953年12月31日，中国和印度两国政府代表团在北京就两国在中国西藏地方的关系问题举行谈判，在与印度代表团的谈话中，周恩来总理提出："新中国成立后就确立了处理中印两国关系的原则，那就是互相尊重领土主权、互不侵犯、互不干涉内政、平等互惠和和平共处的原则。"这是中国领导人第一次正式表述和平共处五项原则。参见《周恩来外交文选》，中央文献出版社1990年版，第63页。

[②] 1954年4月29日，经中印两国政府协商同意，和平共处五项原则被写入双方共同签署的《中印关于中国西藏地方与印度之间的通商和交通协定》的序言中。1954年6月28日，《中印联合声明》发表，强调中印双方将以和平共处五项原则作为指导两国关系的基本原则，并且认为和平共处五项原则"不仅适用于各国之间，而且适用于一般国际关系之中，它们将形成和平与安全的坚固基础"。就在当天，周恩来总理赴缅甸开展了为期两天的访问。1954年6月29日，《中缅联合声明》发表，重申双方将以和平共处五项原则作为指导中缅关系的基本原则。

准则的普遍意义。

1955年4月18日至24日，由29个亚洲和非洲国家和地区的政府代表团参加的亚非会议在印度尼西亚万隆召开。周恩来总理率领中国政府代表团参加了亚非会议。这是亚非国家和地区首次在没有殖民国家参加的背景下独立自主地讨论关系亚非人民切身利益的大型国际会议。该会议通过的《亚非会议最后公报》宣布了十项国际法原则，这些原则就是由和平共处五项原则引申而来。[1] 这是和平共处五项原则作为处理国际关系的基本原则，首次由双边走向多边的重要标志，为其最终成为国际法基本原则打开了十分广阔的空间。由于周恩来总理在和平共处五项原则的提出、确立和传播中的卓越贡献，印度总理尼赫鲁称"周恩来是和平共处五项原则之父"[2]。

1956年8月29日，在审阅党的第八次全国代表大会政治报告稿时，毛泽东主席特别增加了如下内容："我国的外交政策是以和平共处五项原则为基础的。为了缓和国际紧张局势和支援反殖民主义的民族解放运动，我国政府和人民已经做了许多有益的工作。今后还应当做更多的工作，争取世界上一切和平力量，使它们更加发展，以有利于世界的持久和平，也就有利于我国的建设。"[3] 这是党和国家最高领导人对新中国外交政策立足点和主要目标的集中阐述，深刻地表达了通过贯彻和平共处五项原则来建立"有利于世界持久和平"之国际秩序的基本主张。[4] 毛泽东同志还在多个外交场合就和平共处五项原则进行了理论阐述和实践推动。

作为中国共产党和新中国第一代领导集体的重要成员以及第二代领导

---

[1] 1955年亚非万隆会议通过的《亚非会议最后公报》宣布了由和平共处五项原则引申出来的以下十项国际法原则：（1）尊重基本人权、尊重《联合国宪章》的宗旨和原则；（2）尊重一切国家的主权和领土完整；（3）承认一切种族的平等、承认一切大小国家的平等；（4）不干预或干涉他国内政；（5）尊重每一国家按照《联合国宪章》单独地或集体地进行自卫的权利；（6）不使用集体防御的安排来为任何一个大国的特殊利益服务；任何国家不对其他国家施加压力；（7）不以侵略行为或侵略威胁，或使用武力来侵犯任何国家的领土完整或政治独立；（8）按照《联合国宪章》通过如谈判、调停、仲裁或司法解决等和平方法以及有关方面自己选择的任何其他和平方法来解决一切国际争端；（9）促进相互的利益和合作；（10）尊重正义和国际义务。

[2] Russel H. Fifield, The Five Principles of Peaceful Co-existence, American Journal of International Law, Vol. 52, No. 3, 1958, p. 505.

[3] 中央文献研究室编：《建国以来毛泽东文稿》（第6册），中央文献出版社1992年版，第148页。

[4] 李珍：《毛泽东的世界和平思想及其历史影响》，《马克思主义与现实》2020年第3期。

集体的核心，邓小平同志也对和平共处五项原则高度赞赏，他说，"处理国与国之间的关系，和平共处五项原则是最好的方式。其他方式，如'大家庭'方式，'集团政治'方式，'势力范围'方式都会带来矛盾，激化国际局势。总结国际关系的实践，最具有强大生命力的就是和平共处五项原则。"① 不仅如此，邓小平同志在改革开放后提出的"和平与发展是当今世界两大主题"的著名论断，以及"韬光养晦，有所作为"的外交战略，可以说正是对和平共处五项原则在改革开放和社会主义现代化建设新时期的有效继承和创新发展。

毋庸置疑，和平共处五项原则是中国首创的具有中国特色的当代国际关系与外交政策新理念，是对马克思列宁主义关于国际关系理论的新发展。② 和平共处五项原则是一个严密的原则体系，其各项原则之间并非简单堆砌，而是存在逻辑联系的统一体。其中，"互相尊重主权和领土完整"是首要的原则，是实现其他四项原则的前提和基础。"互不侵犯"原则和"互不干涉内政"原则要求国家承担"不侵犯、不干涉"的消极义务，而"平等互利"与"和平共处"要求国家承担起在经济上促进"互利"和政治上维护"和平"的积极义务，反对国家之间的经济剥削和武力压迫，发展互利与和平的新型国际关系。和平共处原则与另外四项原则是相辅相成的关系，它将另外四项原则作为前置基础和先决条件，是它们的逻辑结果和实践结果，又对它们起到维护和加强的作用，因此是可以代表这五项原则的核心原则。

和平共处五项原则是新中国为国际法走向后殖民时代作出的重要贡献，它作为中国同世界各国开展国际外交活动的总路线，是中国进入国际政治经济体系和参与国际法治建设的总方针。和平共处五项原则通过融入国际关系和国际法体系，促进了20世纪50年代以来的国际关系和国际法向更加积极和健康的方向发展，成为中国基本的国际法立场。和平共处五项原则的核心指向是国家的独立和平等，代表了中国对于国际关系和国际法的现实主义立场。③ 和平共处五项原则并不仅仅是政治观念，更不是出

---

① 《邓小平文选》第3卷，人民出版社1993年版，第96页。
② 中国社会科学院中国特色社会主义理论体系研究中心：《和平共处五项原则的确立及其历史意义》，《红旗文稿》2014年第17期。
③ 何志鹏、孙璐：《国际关系的现实主义维度——和平共处五项原则的立场探究》，《吉林大学社会科学学报》2014年第6期。

于装饰目的的政治宣言,它塑造了中国在国际关系和国际法中和平发展的大国形象。[①] 和平共处五项原则是一套展示了中国立场、中国自身决意遵守的法律原则。[②] 和平共处五项原则仍然是当代中国与国际法协同发展的重要内容。2014年6月,习近平主席在纪念和平共处五项原则发表60周年的重要讲话中强调,当今要弘扬和平共处五项原则,要做到"六个坚持",一是坚持主权平等,二是坚持共同安全,三是坚持共同发展,四是坚持合作共赢,五是坚持包容互鉴,六是坚持公平正义。这说明和平共处五项原则不仅具有深远的历史意义,而且具有重要的现实意义,必将行稳致远。

(二) 和平共处五项原则对国际法治的影响和贡献

1. 和平共处五项原则对联合国相关决议和宪章的影响

1957年12月14日,联合国大会通过了1236号决议,即《国家间和平与善邻关系》的决议。该决议明确提出的原则包括"互相尊重,互利,互不侵犯,尊重彼此之主权、平等、领土完整及不干涉彼此内政……发展各国间之和平容忍关系"[③]。这些原则几乎就是和平共处五项原则的重述,只是在原则的排列顺序和措辞上有所区别,例如将"和平共处"改成了"和平容忍",将"平等互利"拆分成"平等"和"互利"。这实质上是和平共处五项原则首次通过联合国大会决议的形式获得国际社会的普遍认可,的确是"五项原则自从1954年正式宣布以来的一个有意义的步骤"[④]。"不到长城非好汉",不进联合国的国际法原则也是令人质疑的。诞生仅仅三年多的和平共处五项原则现身联合国决议,用事实证明了它在国际法界的"好汉"实力,也生动地诠释了"自古英雄出少年"的中国气魄。

1961年12月2日,印度尼西亚和柬埔寨等国向联合国大会提出

[①] 何志鹏、孙璐:《大国之路的国际法奠基——和平共处五项原则的意义探究》,《法商研究》2014年第4期。

[②] 参见王铁崖《国际法引论》,北京大学出版社1998年版,第226—233页。

[③] 《国家间和平与善邻关系》决议明确,大会"考虑到增强国际和平和发展各国间的和平善邻关系的急迫性和重要性,无论各国之异同或其政治、经济、社会发展之相对阶段及性质如何","认识到有必要在与宪章相一致的前提下,在互相尊重,互利,互不侵犯,尊重彼此之主权、平等、领土完整及不干涉彼此内政并实践宪章之宗旨与原则的基础上促进这些目标和发展各国间之和平容忍关系"。

[④] Russell H. Fifield, The Five Principles of Peaceful Co-Existence, American Journal of International Law 52 (1958), pp. 504–510.

《审议关于各国和平共处的国际法原则》的议案。联合国大会第六委员会随即也提出了这项议题。但是因为"和平共处"的表述遭到美国等相关国家的反对，于是该议程的题目后来被修改为《审议关于各国依联合国宪章建立友好关系和合作之国际法原则》。① 经过长达10年的不懈努力，1970年12月24日，《关于各国依联合国宪章建立友好关系和合作之国际法原则之宣言》作为联合国大会第2625号决议被通过。可以说，该宣言虽然在名义上起源于联合国宪章，但是实际上起源于和平共处五项原则，因为该宣言确认的国际法七项基本原则的内容与和平共处五项原则十分相同或相似。这也说明和平共处五项原则与联合国宪章存在内在的共通性和互补性。"千呼万唤始出来，犹抱琵琶半遮面"，用这句诗来表达和平共处五项原则与《国际法原则之宣言》之间的关系，十分贴切。

1974年12月12日，在联合国大会第3281号决议通过的《各国经济权利和义务宪章》中，和平共处五项原则更是占据了十分醒目的位置。该宪章第一章规定的"国际经济关系的基本原则"包括十五项。② 很容易看出，在这十五项基本原则中，前六项几乎就是和平共处五项原则的复制和翻版，只是将和平共处五项原则中的第四项"平等互利"原则拆分成"主权平等"和"公平互利"，为了更加突出强调"所有国家主权平等"而已。"会当凌绝顶，一览众山小"，和平共处五项原则在《各国经济权利和义务宪章》确立的国际经济关系基本原则中首屈一指的显赫地位，使其成为无可争议的国际法基本原则，为国际社会所共享。

2. 和平共处五项原则对双边和多边国际法文件的影响

作为我国倡导的处理国际关系的一贯主张和我国外交政策的重要原则，和平共处五项原则屡次出现在我国同各国发表的联合声明、建交公报

---

① The Yearbook of the United Nations, United Nations, 1961, pp. 521–525.
② 联合国大会第3281号决议通过的《各国经济权利和义务宪章》第一章规定的"国际经济关系的基本原则"包括十五项，分别是："(a) 各国的主权、领土完整和政治独立；(b) 所有国家主权平等；(c) 互不侵犯；(d) 互不干涉；(e) 公平互利；(f) 和平共处；(g) 各民族平等权利和自决；(h) 和平解决争端；(i) 对于以武力造成的、使得一个国家失去其正常发展所必需的自然手段的不正义情况，应予补救；(j) 真诚地履行国际义务；(k) 尊重人权和基本自由；(l) 不谋求霸权和势力范围；(m) 促进国际社会正义；(n) 国际合作以谋发展；(o) 内陆国家在上述原则范围内进出海洋的自由。"

以及签订的各种双边或多边条约和协定中。可以说,和平共处五项原则是新中国外交的创新成果,是中国人民的智慧结晶,也是中国共产党和中国政府对世界和平事业作出的重大贡献。① 据统计,和平共处五项原则至今已得到一百多个国际条约的全面承认。

1972年2月,美国总统尼克松应邀访华,开启了"破冰之旅"。2月28日中美签署的上海《联合公报》中声明:"双方同意,各国不论社会制度如何,都应该根据各国主权和领土完整,不侵犯别国,不干涉别国内政,平等互利,和平共处的原则来处理国与国之间的关系。"将中国首倡的和平共处五项原则载入作为世界第一强国的美国的外交文献中,这种史无前例的破格举措使当时的国际舆论一片惊奇,都将其视为中国推广和平共处五项原则的重大成就。1978年8月12日签署的《中华人民共和国和日本国和平友好条约》第1条就明确规定将和平共处五项原则作为发展两国关系的基本原则。此后,英国、荷兰、联邦德国、澳大利亚等西方国家也相继与中国建立外交关系,在双方共同发表的联合声明或签订的和平友好条约中,都明确将和平共处五项原则作为处理两国关系的基本原则。从1964年中法建交到20世纪70年代中国同日本、美国等西方资本主义国家的关系正常化,中国用外交实践证明,只要遵循和平共处五项原则,即使文化传统、宗教信仰、社会制度、意识形态、经济社会发展水平都不相同的国家,也能够建立起相互信任与友好合作的关系。② 这也说明,从20世纪50年代到70年代,经过20年左右的努力,和平共处五项原则的适用范围在不断扩大,已经从早期适用于中国与发展中国家和社会主义国家之间关系的原则,进一步发展到调整与发达的资本主义国家之间关系的原则,其国际影响力和感召力不断提升。在《南海各方行为宣言》等多边文件中,和平共处五项原则与《联合国宪章》的原则并驾齐驱,都是公认的国际关系和国际法的基本准则。③

---

① 朱炳元:《改革开放前后两个历史阶段的中国外交》,《马克思主义研究》2015年第8期。
② 杨萌:《"和而不同"与和平共处五项原则》,《红旗文稿》2011年第2期。
③ 2002年11月4日,中国与东盟各国共同签署的《南海各方行为宣言》规定:"各方重申以《联合国宪章》宗旨和原则、1982年《联合国海洋法公约》、《东南亚友好合作条约》、和平共处五项原则以及其他公认的国际法原则作为处理国家间关系的基本准则。"2009年11月9日,《中非合作论坛——沙姆沙伊赫行动计划(2010—2012年)》规定:"重申尊重《联合国宪章》、和平共处五项原则及其他公认的国际关系准则。"

中国首倡的和平共处五项原则，并非通过外力强加于他国，也并非以居高临下的所谓"文明"标准来教化他人，而是在平等友好交往过程中，从周边具有共同或相似历史遭遇和经历的国家入手，通过国际会议、建立外交关系、国际组织和对外援助等多元渠道，逐步地嵌入越来越多的国际会议和国际条约中，从意识形态相近或相同的国家扩展到相异的国家，实现了中国主张的外交关系原则和国际法基本原则的扩散和推广。①

3. 和平共处五项原则对国际法治的贡献

和平共处五项原则已是国际社会广泛承认的国际法基本原则，它丰富和发展了国际法和国际法治，是中国对现代国际法发展的重大原创性贡献，也为推动建设更加公正合理的新型国际关系起到了重要的促进作用。和平共处五项原则通过载入一百多项国际条约，向世界各国明确展示了中国对于国际关系和国际法的鲜明立场，也为中国参与确立国际法和国际政治经济新秩序奠定了基础。② 和平共处五项原则创造性地补充和创新性地发展了以《联合国宪章》为主要代表的当代国际法基本准则。主要表现在三个方面：

（1）"互利"原则的提出，弥补了《联合国宪章》规定的原则在经济领域的空缺。《联合国宪章》第二条规定的七项基本原则都着眼于政治方面，以"主权平等"原则为首要和核心原则，这与联合国作为国家之间政治组织的性质密不可分。也正是因为如此，这些原则在经济等其他领域就显得"鞭长莫及"了。如果说"平等"原则重在国际关系中政治方面的"义"，那么"互利"原则就突出了经济方面的"利"。和平共处五项原则中的"平等互利"原则将二者结合在一起，有力地体现了义利兼顾的特点和优势。由于二战后获得民族独立的众多国家在国际经济秩序中处于不利局面，和平共处五项原则强调"平等互利"，代表了这些国家希望摆脱经济落后局面的共同愿望，以及对公正合理的国际经济新秩序的强烈渴望，是中国外交思想对当代国际经济关系理论和国际经济法治的突出贡献。

（2）和平共处五项原则突出强调国际关系的"相互"性，有助于实现国际关系中权利与义务的有机统一，排除强权政治的干扰，更加符合法治

---

① 袁正清、宋晓芹：《理解和平共处五项原则的传播——国际规范扩散的视角》，《国际政治研究》2015年第5期。

② 何志鹏：《国际法治中的全球共识与中国贡献》，《光明日报》2015年5月13日第14版。

理念的要求。尽管《联合国宪章》也将各国主权平等作为国际法的基本原则，但是并未鲜明地提出国际关系中权利与义务的相互性和对等性。实际上，由于世界上长期存在强权政治、霸权主义等不公正不合理的国际秩序，国家权利与国家义务相分离、不对等的不良现象在国际实践中并不少见。和平共处五项原则倡导国家之间的"相互"关系，在一定程度上可以防止某些国家特别是个别大国在国际关系中处心积虑地攫取特权甚至国际霸权，从而有利于保护大多数国家特别是弱小国家的正当权益，"既代表了亚洲国家对国际关系的新期待，也体现了各国权利、义务、责任相统一的国际法治精神"①。

（3）在和平共处五项原则中，"和平共处"原则被单独列为"压轴"的一项，作为国际关系和国际法的基本原则，打破了传统国际法的思维定式，也就是将"和平共处"局限在比较"软性"的价值观或宗旨层面的传统逻辑，使其从国际法中的"软法"变成了"硬法"。在《联合国宪章》第二条规定的国际法七项基本原则中，第三条原则"应以和平方法解决国际争端"和第四条原则"在国际关系上不得使用威胁或武力"都体现了国际法中的"和平"理念，但是二者都未能体现"共处"的内涵，而"和平共处"原则能够弥补这一不足，明显体现出更加友好的面向。

从当代国际法理论和国际关系实践来看，和平共处五项原则和《联合国宪章》的原则都是国际法原则的组成部分，是可以并行适用的，而且二者的适用效果是相得益彰的。② 二者绝不是"水火不容"的对立关系，而是"水乳交融"的互补关系。从前文所述的2002年《南海各方行为宣言》和2009年《中非合作论坛——沙姆沙伊赫行动计划（2010年至2012年）》将和平共处五项原则与作为当代国际法基石的《联合国宪章》相提并论的做法可见一斑。

用历史的眼光来看，和平共处五项原则是一个开放包容的国际法原则体系，自其确立近70年来不断发展，内涵越发丰富，从毛泽东、周恩来等党和国家第一代领导人在20世纪50年代至70年代提出和实践的"和平共处"，到邓小平、江泽民等第二代、第三代领导人在80年代至90年代提出

---

① 习近平：《弘扬和平共处五项原则，建设合作共赢美好世界：在和平共处五项原则发表60周年纪念大会上的讲话》，《人民日报》2014年6月29日。
② 赵建文：《和平共处五项原则与联合国宪章的关系》，《当代法学》2014年第6期。

并实践的"和平发展",到胡锦涛等第四代领导人在 21 世纪初提出"和谐世界",再到习近平主席自党的十八大以来提出构建"合作共赢"的"人类命运共同体",既一脉相承又与时俱进,展现出强大的生命力和广泛的适用性,将继续为世界和平发展的伟大事业作出新的更大贡献。

2014 年,习近平主席在和平共处五项原则发表 60 周年纪念大会上的重要讲话中郑重强调,"和平共处五项原则充分体现了各国权利、义务、责任相统一的国际法治精神,已经成为国际关系基本准则和国际法基本原则,为推动建立更加公正合理的国际政治经济秩序发挥了积极作用。新形势下,和平共处五项原则的精神不是过时了,而是历久弥新;和平共处五项原则的意义不是淡化了,而是历久弥深;和平共处五项原则的作用不是削弱了,而是历久弥坚。"① 这里的"新""深""坚",既是对和平共处五项原则之历史贡献的重申,又是对其现实意义和当代适应性的充分肯定。②
2017 年,党的十九大报告指出,要"坚定不移在和平共处五项原则基础上发展同各国的友好合作,推动建设相互尊重、公平正义、合作共赢的新型国际关系"。和平共处五项原则作为中国首创的国际关系和国际法基本原则,犹如世代相传的"国宝",历久弥珍,经典永流传。

二 "和而不同"与"求同存异":和平共处五项原则的共享精神

"和而不同"是中国古代儒家思想提倡的做人的美德之一,是"君子"应有的表现。《论语·子路》有云:"君子和而不同,小人同而不和。""和"字有"和睦""和谐""和平"之义,"和而不同"的宗旨是"和合"而不"苟同",既要与人和睦相处,又要保持自己的特点和独立性。"和而不同"就是要尊重和维护多元性、多样性、差异性,在相互的交往、交流、交融中取长补短,从而建立和谐的人际关系。虽然"和"但是不"千篇一律",虽然"不同"但是"相辅相成"。儒家思想是"修身齐家治国平天下"的学问,"和而不同"虽然是成为"君子"的"修身"哲学,在儒家的世界观和方法论里,当然应当推广到"齐家治国平天下"的大事中去。儒家经典《论语》将"和为贵"作为治国理政的准则;《易经》中

---

① 习近平:《弘扬和平共处五项原则,建设合作共赢美好世界——在和平共处五项原则发表 60 周年纪念大会上的讲话》,《人民日报》2014 年 6 月 29 日第 2 版。
② 阎静、亓志峰:《和平共处五项原则新的时代蕴意》,《思想理论教育导刊》2015 年第 8 期。

提出"万国咸宁"之说,也就是提倡国家之间的和睦相处;墨子提出用"非攻""兼相爱,交相利"的指导思想来处理国家之间的关系,体现了朴素的"和平共处"和"平等互利"的思想。"和"文化是中国传统文化最基本的内容,彰显了产生于东方文明古国的中华文化的包容性,其本质是爱好和平、追求社会和谐与天下大同。① "和而不同"思想蕴含了丰富的共享发展精神。"和而不同"代表了和气、和睦、和顺、和平的人际关系或国际关系,同时又尊重和容忍差异性和多样性,这给人以安全和安全感,不同的人、不同的国家可以和平地共存、共处进而达到共享和共荣的结果。

和平共处五项原则的提出和确立,既是"和平""平等"的文化共鸣的结果,也是广大发展中国家基于相似的历史遭遇和现实境遇而"同病相怜""同声相应""同气相求"的结果。从文化背景角度看,中国、印度和缅甸同属于亚洲国家,具有相似或相近的文化背景,例如中华文化属于儒家、道家、佛家等多元文化的融合,其中以儒家思想为主导;而印度和缅甸的传统文化属于佛教文化,而且对中国文化产生了深刻影响,《西游记》的传奇故事说明了中华文化与佛教文化的紧密联系。佛教也是崇尚和平的宗教,"众生平等""慈悲为怀"等理念充满了"平等""和平""友善"等优良的价值观。因此,中国提出的"和平共处五项原则"能够得到印度和缅甸的响应和认同,进而在印度尼西亚万隆召开的亚非会议上得到共鸣,跟亚洲国家共享的相似的文化背景有很大关系。

从历史遭遇和现实境遇看,20世纪50年代的新中国与第二次世界大战结束后纷纷独立的亚洲和非洲的众多发展中国家,都经历过西方国家殖民地或半殖民地的悲惨历史,而这些新独立的民族国家渴望摆脱旧的殖民体系的影响,建立平等而互利的新型国际关系,以便更好地巩固主权,发展本国经济,以期促进国家富强和民族振兴。和平共处五项原则倡导的尊重主权、互不侵犯、互不干涉内政、平等互利、和平共处的精神,高度契合了这些发展中国家对于独立、平等、富强、和平的目标和价值观的共同的迫切需求,因此得到了广泛而持久的响应。

和平共处五项原则的具体内容蕴含了"和而不同"的共享发展精神。

---

① 马忠法、葛淼:《论"和"文化语境下的国际法治建设》,《河北法学》2020年第1期。

和平共处五项原则是相互联系而相辅相成的有机统一的整体。互相尊重主权和领土完整原则是建立和发展正常的国际关系的基本的和最低限度的"底线原则",是前提性和基础性原则;互不侵犯原则和互不干涉内政是国家主权独立和主权平等理念的逻辑结果和必然要求,也是在不同国家之间建立和维持友好关系的国际法义务;平等是国际交往的形态,互利是国际交往的目的;和平共处是国家发展对外关系的目标。和平共处五项原则体现的"独立""平等""友善""和平"等价值观与"和而不同"在精神实质上具有传承性和共通性。尤其是"互不侵犯"原则和"互不干涉内政"原则,能够保证各国根据本国人民自己的意志独立自主地确定本国的社会制度和发展道路,排除其他国家插手干预本国内部事务,是尊重和维护国家独立性和多样性的表现,也就是捍卫"不同"的表现。但最终目标是"和平共处",就是"求同",在保持国家独立和平等的同时,达成各国和睦相处的结果。可以说,"和而不同"思想与"和平共处"原则的方法论都是"求同存异","求同"的目的是"共享",而"存异"的基础性目的是共存、共生、共容,而更高级的目的是共融和共荣,其本质也是共享。从一定意义上说,"和"就是"同","和而不同"是一个矛盾的统一体,"和"是矛盾的主要方面,"不同"是次要方面;在"求同存异"中,"求同"是主要方面,"存异"是次要方面。存异就是包容不同,求同就是寻求共享的机会。从这个意义上说,"不同而和""存异求同"将能更好地表达和平共处五项原则体现的共享精神。

和平共处五项原则是中华文明价值观的当然选择。"海纳百川,有容乃大""和而不同""天下大同",都是中华文明价值观的重要方面。作为延续五千年历史的文明古国,作为当今世界上最大的社会主义国家和最大的发展中国家,中国的人际关系和国际关系理念鄙视"丛林法则"和"零和游戏"。这背后的价值追求,既是"多元一体、和而不同",更是"美人之美、美美与共"[①]。和平共处五项原则超越了第二次世界大战后不同国家之间的社会制度和意识形态的鸿沟,也与《联合国宪章》所代表的国际法的原则和精神高度兼容,深刻地体现了中华文化"己所不欲,勿施于人"的友善精神和"协和万邦"的博大胸怀,准确地体现和引领了现代国际法

---

① 黄平:《人类命运共同体为全球治理提供"中国方案"》,《红旗文稿》2019年第20期。

弘扬的和平、独立、平等、互利等核心价值观的塑造，因此顺乎国际人心，合乎国际潮流，于是一呼百应，历久弥新。在中国主张的和平共处、和平发展、和谐共生的国际法治实践中，中国外交的核心价值体系不断进步和完善。"共"是和平共处五项原则中的一个核心字。① 习近平主席在和平共处五项原则发表 60 周年纪念大会上的讲话中指出，"和平共处五项原则中包含 4 个'互'字、1 个'共'字，既代表了亚洲国家对国际关系的新期待，也体现了各国权利、义务、责任相统一的国际法治精神。"②

从共享发展理念的角度考量，和平共处五项原则的共享精神源远流长，其最新的"升级换代"的思想成果就是人类命运共同体理念。人类命运共同体理念是和平共处五项原则与"和谐世界"等中国外交理论和实践的深化和发展。③ 它从"人类"这一更加整体和宏观的"上帝"视角来观照"地球人"的共同命运和长远福祉。从着眼点看，和平共处五项原则主要着眼于国家之间的关系即国际关系，包括"个人"和"人类"等不同面向的"人"在其中并非直接的显性的存在，并未直接占据重要位置。"人类命运共同体"理念除了着眼于国际关系，更着眼于"人际关系"，更多地关注和考量作为整体的"人类"或者说作为个体的"人"本身的福祉，从而共建共享"人人免于匮乏、获得发展、享有尊严的光明前景"④。人类命运共同体理念不仅来源于东方文化传统对世界大同的不懈追求，而且契合了现代国际法的人本化发展趋势。⑤ 从和平共处五项原则到人类命运共同体理念，从追求"国与国"共享和平与发展，到更加关注和追求"人与人"共享幸福生活和美好未来，中国的国际法治理念蕴含的共享发展精神既一脉相承，又与时俱进，画出了一条螺旋式上升的美丽曲线。

---

① 苏长和：《和平共处五项原则与中国国际法理论体系的思索》，《世界经济与政治》2014 年第 6 期。
② 习近平：《弘扬和平共处五项原则，建设合作共赢美好世界——在和平共处五项原则发表 60 周年纪念大会上的讲话》，《人民日报》2014 年 6 月 29 日第 2 版。
③ 徐海娜：《在理论与实践之间——人类命运共同体理论暨"一带一路"推进思路会议综述》，《当代世界》2016 年第 4 期。
④ 习近平：《携手构建合作共赢新伙伴 同心打造人类命运共同体———在第七十届联合国大会一般性辩论时的讲话》，《人民日报》2015 年 9 月 29 日第 2 版。
⑤ 曾令良：《现代国际法的人本化趋势》，《中国社会科学》2007 年第 1 期。

第二节 人类命运共同体：全球治理的战略思想

一 人类命运共同体理念：全球治理的中国智慧

（一）全球治理的内涵

1990年，在两极格局解体、世界多极化趋势初显的时代背景下，国际发展委员会主席、社会党国际前主席勃兰特在德国提出了全球治理理论，旨在促进对全球事务的共同管理。1992年，由28位国际知名人士发起成立了"全球治理委员会"（Commission on Global Governance），并由瑞典前首相卡尔松和英联邦前秘书长兰法尔（圭亚那人）共同担任该委员会主席。该委员会于1995年发表了《天涯成比邻》（Our Global Neighborhood）研究报告，对全球治理的概念和价值以及全球治理与全球安全、经济全球化、联合国改革和加强全世界法治的关系等问题进行了比较系统的阐述。根据该研究报告的定义，治理是"公共的或私人的个人和机构管理共同事务的多种方式的总和；这是一个调和相互冲突的或不同的利益并采取合作行动的持续过程，其既包括因授权而须强制遵守的正式机构和制度，也包括人民和机构同意或认为符合其利益的非正式安排"[1]。该报告指出，冷战结束后的东西方关系缓和为全球合作创造了条件，国际社会应当通过加强合作，推进落实"全球安全议程"，以实现安全、可持续发展和"普世民主"的目标。

美国学者詹姆斯·罗西瑙将"全球治理"定义为"从家庭到国际组织的人类活动所有层面的规则体系，以及为了实现这些规则而进行的具有跨国影响力的控制活动"[2]。约翰·鲁杰也认为"全球治理"是"全球社会组织通过权威的规范系统、规则、机构、实践以及上述手段，通过集体，从地方到全球来处理全球事务"[3]。我国学者俞可平、何亚非对"全球治

---

[1] Commission on Global Governance, Our Global Neighborhood: The Report of the Commission on Global Governance, New York: Oxford University Press, 1995, p. 26.

[2] James Rosenauo, Governance, Order and Change in World Politics, in James Rosenau and Ernst-Otto Czempiel eds., Governance without Government: Order and Change in World Politics, Cambridge University Press, 1992, pp. 1 – 29.

[3] John Gerard Ruggie, Global Governance and "New Governance Theory": Lessons from Business and Human Rights, 20 Global Governance, 5 (2014).

理"的概念界定与此大同小异。①

全球治理是指国际社会通过各种工具和手段来处理国际事务和国际问题。全球治理的核心要素包括治理目标、治理规则、治理主体、治理对象、治理效果五个方面,也就是要回答五个问题:为什么治理,如何治理,谁来治理,治理什么,治理效果如何。全球治理的目标应当是促进实现安全、自由、民主、人权、法治、幸福等全人类的"普世价值"。全球治理的规则体系主要是国际法。全球治理的主体包括各国政府和政府部门,正式的国际组织如联合国、世界贸易组织、世界银行、世界卫生组织、联合国教科文组织、欧盟、七国集团、二十国集团等,以及非正式的全球公民社会组织或非政府组织。全球治理的对象主要包括但不限于全球安全、国际经济、生态环境、跨国犯罪、人权保护、卫生健康等方面的国际问题。全球治理的效果涉及对治理绩效的评估问题,具体衡量标准包括治理目标的达成度、治理规则即国际法的完善性和有效性、治理主体的参与度和民主化、治理对象及国际问题的解决程度等方面。

(二) 人类命运共同体理念的全球治理智慧

人类命运共同体理念是习近平中国特色社会主义思想的重要组成部分,是世界各国共同应对国际问题和全球挑战的有力思想工具,也是中国参与构建国际政治经济新秩序和国际体系创新发展的先进理论指南。② 2012 年,党的十八大报告首次提出了"人类命运共同体"理念,"人类生活在同一个地球村,生活在历史和现实交汇的同一个时空里,越来越成为你中有我、我中有你的命运共同体"。2013 年 3 月,中国国家主席习近平在莫斯科国际关系学院发表演讲,首次在国际上阐述了"人类命运共同体"思想。③ 2015 年 9 月,习近平主席在联合国成立 70 周年系列峰会上的演讲,第一次在联合国舞台上全面系统地阐述了构建人类命运共同体的时代背景、主要内涵、重大意义和实践路径,呼吁"建立平等相待、互商互谅的伙伴关系,营造公道正义、共建共享的安全格局,谋求开放创新、包

---

① 俞可平:《全球治理引论》,《马克思主义与现实》2002 年第 1 期;何亚非:《选择:中国与全球治理》,中国人民大学出版社 2015 年版,第 1 页。
② 黄进:《习近平全球治理与国际法治思想研究》,《中国法学》2017 年第 5 期。
③ 习近平:《顺应时代前进潮流 促进世界和平发展——在莫斯科国际关系学院的演讲》,《人民日报》2013 年 3 月 24 日第 2 版。

容互惠的发展前景，促进和而不同、兼收并蓄的文明交流，构筑尊崇自然、绿色发展的生态体系"。2017年1月17日和18日，习近平主席在瑞士达沃斯论坛和联合国日内瓦总部相继发表演讲，进一步重申了通过共同构建人类命运共同体以实现共赢共享的重要性。

　　习近平主席在联合国舞台上的两次重要演讲，最大限度地扩大了"人类命运共同体"理念的国际传播力、感召力、吸引力和影响力，使"共同构建人类命运共同体"在国际社会广为知晓，作为全球治理的中国方案，得到绝大多数国家、国际组织和有识之士的广泛认同，已经开始在一些重要的双边政治宣言中出现，并已经进入了联合国的部分重要决议。例如，2018年6月发表的《中华人民共和国和俄罗斯联邦联合声明》和《上海合作组织成员国元首理事会青岛宣言》，以及2018年9月中非合作论坛发表的《关于构建更加紧密的中非命运共同体的北京宣言》。此外，联合国社会发展委员会[①]、联合国安全理事会[②]、联合国人权理事会[③]、联合国大会"裁军与国际安全委员会"[④] 等联合国下属机构都在自己的决议中明确载入了"构建人类命运共同体"的新理念。构建人类命运共同体理念全面而深刻地回答了"建设什么样的世界，怎样建设世界"这个重大问题，高度契合《联合国宪章》的宗旨和共同安全的和平理念，符合人类和平与发展的共同利益，正在向逐步成为全球治理和国际法治基本原则的方向发展。

---

　　① 2017年2月10日，联合国社会发展委员会第55届会议呼吁国际社会"本着合作共赢、构建人类命运共同体的精神"，加强对非洲经济社会发展的支持。See Commission for Social Development, Report on the Fifty-Fifth Session, Economic and Social Council, Official Records, 2017, Supplement No. 6, E /2017 /26 – E / CN. 5 /2017 /10, p. 17.

　　② 2017年3月17日，联合国安理会第2344号决议也强调，"本着合作共赢的精神推动区域合作极为重要，作为有效方式以促进阿富汗和该区域安全、稳定和经济社会发展，构建人类命运共同体。"参见安理事会第2344（2017）号决议，S/RES/2344（2017），序言。

　　③ 2017年3月23日，联合国人权理事会第34次会议通过的"在所有国家实现经济、社会及文化权利问题"和"食物权"两项决议，都提到"构建人类命运共同体"；2017年6月22日，联合国人权理事会第35次会议通过"发展对享有所有人权的贡献"决议，"确认构建人类命运共同体这一共同愿望"。参见《人权理事会的报告》，大会第72届会议正式记录，补编第53号（A/72/53），第27、52、201页。

　　④ 2017年11月，第72届联合国大会"裁军与国际安全委员会"会议通过的两份决议，即《防止外空军备竞赛进一步切实措施》和《不首先在外空放置武器》，也明确载入了中国领导人提出的"构建人类命运共同体"的理念。

坚持推动构建人类命运共同体，是党的十八大以来中国外交的重大理论创新成果，是习近平新时代中国特色社会主义外交思想的核心和精髓①，也是新时代中国外交工作的总纲领、总目标和总战略。② 2017年，党的十九大报告将"推动构建人类命运共同体"作为新时代坚持和发展中国特色社会主义的基本方略之一，成为习近平新时代中国特色社会主义思想的重要组成部分，并写进党章。2018年3月，随着我国宪法的新版修正案出台，"坚持和平发展道路""坚持互利共赢开放战略"和"推动构建人类命运共同体"思想被载入根本大法。这是我国外交政策理念在国家法治层面的最高宣示，是中国外交进入"推动构建人类命运共同体"新时代的法律标志，也是新时代中国特色大国外交的一面旗帜。③ "推动构建人类命运共同体"理念正式进入宪法，标志着它已经从领导人的政治理念和中国政府的外交政策升级为国家根本大法确认的国家意志。

全球治理是应对全球问题的理想而可行的道路。当今世界正处于"百年未有之大变局"中，单边主义、保护主义、霸权主义、霸凌主义明显加剧，严重冲击多边主义和多边贸易体制，恐怖主义、气候变化、难民危机等非传统安全威胁持续蔓延，人类发展面临的不确定性风险愈发突出。2017年1月，中国国家主席习近平在联合国日内瓦总部发表题为《共同构建人类命运共同体》的主旨演讲时指出，"人类也正处在一个挑战层出不穷、风险日益增多的时代。世界经济增长乏力，金融危机阴云不散，发展鸿沟日益突出，兵戎相见时有发生，冷战思维和强权政治阴魂不散，恐怖主义、难民危机、重大传染性疾病、气候变化等非传统安全威胁持续蔓延。"④ 他在这次演讲中还发出了"世界怎么了、我们怎么办"的"时代之问"。这个"时代之问"说明了推进全球治理的必要性，也为全球治理的可能性提供了"共同构建人类命运共同体"的中国方案。

2019年3月26日，中国国家主席习近平在法国巴黎出席"中法全球治理论坛"闭幕式并发表了重要讲话，他呼吁各国在全球治理中要做积极

---

① 闻言：《坚持推动构建人类命运共同体，努力建设一个更加美好的世界——学习习近平〈论坚持推动构建人类命运共同体〉》，《人民日报》2018年10月31日第6版。
② 徐宏：《人类命运共同体与国际法》，《国际法研究》2018年第5期。
③ 杨洁篪：《以习近平外交思想为指导，深入推进新时代对外工作》，《求是》2018年第15期。
④ 《习近平谈治国理政》第2卷，外文出版社2017年版，第538页。

的行动派而不是消极的观望者,共同努力掌握人类自己的前途命运,并提出了全球治理的中国方案,即破解全球治理的"四大赤字",一是"坚持公正合理,破解治理赤字",二是"坚持互商互谅,破解信任赤字",三是"坚持同舟共济,破解和平赤字",四是"坚持互利共赢,破解发展赤字"。2019年6月7日,在俄罗斯圣彼得堡举行的国际经济论坛上,联合国秘书长古特雷斯说:"全球挑战需要全球解决方案。没有一个国家,也没有一个组织能够独自应对挑战。"他特别强调,国际关系必须以国际法为基础,世界需要多边机构和全球治理架构。从中国国家主席到联合国秘书长,在通过全球治理应对全球挑战方面是"心心相印"和"英雄所见略同"的,达成了高度的共识。

二　共商共建共享:构建人类命运共同体的国际法治道路

(一)从全球治理到国际法治

国际法治是全球治理的理念、原则和战略得以实现的重要路径之一。①2008年国际金融危机以来,国际政治经济格局发生深刻变化,经济危机、贸易战、难民危机、恐怖主义、气候变化、核扩散、重大传染病等全球性问题和挑战层出不穷,国际社会已成为名副其实的高风险社会。要想在国际范围内解决问题、应对挑战、化解风险,都需要加强而不是削弱全球治理体系和治理能力。但是世界人民遗憾地看到,自冷战结束以来以联合国、世界贸易组织等多边国际机构为平台建立的全球治理体系和治理机制却面临"失灵"的风险。2019年12月11日,世界贸易组织的"最高法院"即上诉机构停止运作,2020年4月,世界贸易组织总干事阿泽维多宣布将提前辞职。一向被称为"经济联合国"的世界贸易组织几乎处于瘫痪状态。美国特朗普政府上台以来,积极鼓吹和实行"美国优先"战略,不断退出各种原本由美国主导的国际组织或国际协议,例如美国于2017年1月23日正式宣布退出《跨太平洋伙伴关系协定》(TPP),2017年6月1日宣布退出应对气候变化的《巴黎协定》,2017年10月12日退出联合国教科文组织,2018年5月8日宣布退出伊朗核问题全面协议,2018年6月19日宣布退出联合国人权理事会,2018年10月18日宣布退出"万国邮政

---

① 曾令良:《国际法治与中国法治建设》,《中国社会科学》2015年第10期。

联盟",2019年8月2日正式退出《中导条约》,2020年5月21日宣布退出《开放天空条约》,2020年7月6日正式通知联合国秘书长古特雷斯,称美国将于2021年7月退出世卫组织。全球第一强国的不断"退群"给全球治理蒙上了浓重的阴影,制造了严重的障碍。自第二次世界大战结束以来,作为全球第一强国的美国从来没有如此大规模地退出国际条约和国际组织,表明美国的特朗普政府基本放弃了对全球治理的建设性努力,并削弱了国际法的权威性。①

从国际政治的角度分析,全球金融危机的影响、新兴大国的崛起使美国的相对实力衰落,美国政府特别是特朗普政府奉行的以"美国优先"为标志的单边主义和霸权主义等,是导致全球治理"失灵"的主要原因。在全球化背景下,大国政治和国际法治是全球治理的两大构成要素。② 从第一次世界大战之后由英国和法国主导的"国际联盟"到第二次世界大战之后由美国主导的联合国,都是大国政治的产物,它们在一定程度上和一定时期内相对有效地维护了和平与安全的国际政治环境,与此相伴随的是,国际法治也成为塑造现当代国际关系、维护国际政治经济秩序的重要杠杆。特别是冷战结束后至2017年美国特朗普政府上台前的20多年里,以世界贸易组织(WTO)为代表的全球治理机制在国际法治经济领域的表现堪称全球治理的国际法治典范。

近年来,以英国"脱欧"和美国"退群"为标志的逆全球化、反全球化暗流涌动,全球范围内的民粹主义甚嚣尘上,侵蚀和动摇了全球治理的社会根基。许多民粹主义者正疯狂抵制的全球化在本质上是"新自由主义"的经济全球化,是资本攫取高额利润、富国剥削穷国、富人剥削穷人、利益分配极不均衡的"单向度"的全球化。从国际社会而言,美国、英国等发达国家是全球化的最大受益者,也曾经理所当然地成为全球治理和国际法治的主要缔造者和维护者;但是就其国内政治而言,全球化的利益并未相对均衡地在其国民之间分配,虽然尚未达到"朱门酒肉臭,路有冻死骨"的严重程度,但是富者越富、穷者越穷、中产阶级的地位越来越"不中",却是不争的事实。于是,这些"富国"的"穷人"们和逐步沦

---

① 何力:《人类命运共同体视角下的国际法史与文明互融》,《厦门大学学报》(哲学社会科学版)2019年第6期。

② 江河:《从大国政治到国际法治:以国际软法为视角》,《政法论坛》2020年第1期。

为"穷人"的"中产"们，成为民粹主义的支持者乃至实践者，也成为全球化的反对者，由于他们可能占据了所在国人口比例的很大部分甚至大多数，在选举政治的催化下，这些国家的政党和各路政治势力势必想方设法迎合民粹主义，才能赢得选票而获得或保住执政机会。于是，宣扬"美国优先"的特朗普能够当选总统，并四处挥舞"贸易战"大棒特别是发动了规模和力度空前的"中美贸易战"，美国的"退群"成瘾，英国的"脱欧"成真，都可以从中得到解释。

实际上，在美英等发达国家，全球化带来的财富分配极不均衡，贫富两极分化严重，社会也日益分化为对立的两极，从美国总统选举结果和英国脱欧的全民公决结果可见一斑。由于美国特殊的"选举人"制度，美国总统并不是由"一人一票"的普选和直接选举方式选出来，而是通过"选举人"的间接选举方式产生。在2016年的美国大选中，在选举人票方面，希拉里拿下232张，不及特朗普的306张，因此输掉了选举。但是据美国各州最后的开票结果显示，希拉里得到的普选票数却比特朗普多了280万张，也就是如果按一人一票的普选办法，实际上希拉里应该当选总统。我们可以说，希拉里不是输给了特朗普，而是输给了美国"神奇"的选举制度。尽管如此，280万张选票相对于美国数以亿计的选民数量来说也不能算是一个大数字，也就是说，即使按普选办法，希拉里可能也是"小胜"特朗普。在英国"脱欧"的全民公投中，根据BBC的报道，"脱欧"选票占比51.9%，"留欧"选票占比48.1%，支持"脱欧"和选择"留欧"的分别约有1741万人和1614万人。根据这一公投结果，英国维持了43年的欧盟成员国身份不再保留，英国也成为历史上首个退出欧盟的国家。但是几乎"五比五"的公投结果实际上显示了英国社会在全球化议题上的严重对立和"分裂"。

利益严重失衡的单向度的全球化加剧了大国内部和大国之间的政治博弈，也破坏了国际法治秩序。用经济学的观点看，以美国为代表的发达国家从经济全球化的"正外部性"中所获得的利益远大于发展中国家，但是却拒绝提供甚至公然践踏规制全球化"负外部性"的国际"公共产品"即国际法和国际组织，例如应对全球气候变化的《巴黎协定》、控制核扩散的《伊核协议》、防治传染病和促进人类卫生健康的世界卫生组织等。阿尔伯特和辛代尔提出了满足有效的国际合作的三个维度，即内容丰富、参与广泛和国际法治。① 人类命运共同体理念致力于通过国际合作向国际社会提供公共产品，共同建设开放、包容和普惠的合作框架，将促进人类社会整体利益作为合作的新方向，使国际合作从单方受益模式向参与方惠益共享模式演进，在很大程度上提升了国际合作的价值等级。② 人类命运共同体理念所推动的共商共建共享的多向度的全球化，将在国际社会为大国政治与国际法治的良性互动奠定坚实基础。

全球治理是以通过解决全球性问题以维持正常的国际政治经济秩序为目的，它通常以有效的国际合作和具有约束力的国际规制为路径。③ 国际法治因为其规范性和可预期性等理性化特点和优秀品质，天然地具备了成为在国际规制层面推动全球治理的主要方法和路径依赖。不过，国际法治与全球治理也是相辅相成的关系。国际法治要承担起全球治理的重任，也必须提高自身的治理能力和水平，可从三个方面入手，一是推动创新国际法以优化全球治理体系，二是强化遵守国际法以提高全球治理效率，三是公正适用国际法以实现全球治理价值。作为全球治理的主要手段之一，国际法治的功能是对国际社会各成员或主体之间的利益关系进行平衡以避免或减少国际冲突、解决国际问题、应对全球挑战，进而实现国际社会和全人类的共同利益。在人类命运共同体理念的引领下，建构中国的国际法治话语体系，具有重大的战略意义。中国在快速而稳健地成长为国际政治大国和经济大国的同时，尚需完成向法治大国的转变。④ 人类命运共同体理念反映了中国对国际法之社会基础的创新性认识，兼顾人类整体利益和个体福祉，突出解决人类社会的终极问题，强调国际社会之间的差异性和依存性的统一，对中国深度参与全球治理体系变革、提升中国的国际话语权及话语能力具有重要意义，有助于推动中国主张的国际关系图景走向法治化。⑤

---

① See Kenneth W. Abbott and Duncan Sindal, The Impact of International Law on International Co-operation: Theoretical Perspectives, Pathways to International Cooperation, Eyal Benvenisti and Moshe Hirsch edited, Cambridge University Press, 2004, p.50.
② 谢海霞：《人类命运共同体的构建与国际法的发展》，《法学论坛》2018 年第 1 期。
③ 中国社会科学院财经战略课题组：《推动完善全球治理机制》，《经济日报》2013 年 11 月 22 日，第 15 版。
④ 何其生：《大国司法理念与中国国际民事诉讼制度的发展》，《中国社会科学》2017 年第 5 期。
⑤ 张辉：《人类命运共同体：国际法社会基础理论的当代发展》，《中国社会科学》2018 年第 5 期。

人类命运共同体理念与国际法价值的融通性是二者能够有效结合的内在强大动力。人类命运共同体理念创造性继承和创新性发展了马克思主义共同体思想以及中国传统和谐文化价值观[①]，借鉴和吸收了康德的永久和平思想和国际法共同体理论的合理因素。[②] "法律和政治之间从来就无法严格区分。无论何种法律理论或政治哲学，都必须承认法律和政治之间存在着无法分割的纽带。"[③] 根据习近平主席的阐述，作为政治和外交理念的人类命运共同体理念，其价值目标主要包括五大支柱，即"持久和平、普遍安全、共同繁荣、开放包容、清洁美丽"，这些价值目标与国际法追求的和平、安全、独立、平等、主权、人权、民主、公正等价值目标高度契合，这也说明人类命运共同体理念蕴含了丰富的国际法内涵，这种内涵需要深入挖掘和阐释，并通过国际法治的思维和方式发扬光大。人类命运共同体理念是新时代中国的国际法治观和全球治理观的核心理念，是中国对国际法治发展的重要理论贡献，引领了国际关系民主化、法治化的发展趋势，为现代国际法的发展提供了更为先进的价值目标，有助于推动国际法律秩序和全球治理机制的变革。作为国际法治的基本依据和必要条件，国际法为实现人类孜孜以求的和平、发展、合作、共赢、公平、正义等价值观配置了制度载体，以国际法为依据的国际法治可以而且应当成为人类命运共同体理念的治理方案选择。

（二）构建人类命运共同体的国际法治路径

人类命运共同体理念在国际法律制度和国际法治实践上的最终体现，是中国立场、中国智慧、中国价值的国际化制度表达，也是衡量中国在国际话语权塑造和全球治理领导力方面的重要指标。[④] 大国崛起的标志，不仅是经济和武力等硬实力的崛起，更是文化和制度等软实力的勃兴及其对其他国家的影响力，而且后者往往更持久、更深刻，具有超越时空的传播力和穿透力。曾经改变法国历史、欧洲历史乃至世界历史的拿破仑有两句

[①] 陈雷、罗洪洋：《人类命运共同体的法律建构——规范论视角》，《南京社会科学》2019年第4期。

[②] 罗国强、徐金兰：《人类命运共同体的国际法价值研究》，《新疆大学学报》（哲学·人文社会科学版）2020年第2期。

[③] Malcolm N. Shaw, *International Law*, 7th edition, Cambridge University Press, 2014, p. 8.

[④] 彭芩萱：《人类命运共同体的国际法制度化及其实现路径》，《武大国际法评论》2019年第4期。

名言与此有关。拿破仑说:"世界上有两种东西最有力量,那就是刀剑和思想。从长远看,刀剑最终要被思想所征服。"他还说:"我真正的光荣,并不是打了四十多次胜仗,滑铁卢一战就让所有战绩一笔勾销。但有一样东西是不会被人忘记的,它将永垂不朽,那就是我的民法典。"

纵观世界历史,古希腊的民主制度和古罗马的法律制度成为西方文明的源头,古代中国的封建制度对东亚儒家文化圈影响至深,近代英国的普通法传统造就了世界两大法系之一的普通法系,法国民法典和德国民法典成为大陆法系的国际典范,美国在第二次世界大战后对联合国体系和布雷顿森林体系等国际政治经济体系以及国际法治和全球治理的主导作用,都是它们在特定的时空维度下的硬实力和软实力的制度化表达。这些制度表达具备了超越时空的影响力,成为文明的标志和国家话语权的载体。我们可以说,在当今世界,只有把握了国际法制度创新的先机,才能把握在国家之间重新分配利益格局和配置权利义务的主动权,才能在规则制定和实施过程中体现、维护并实现本国的国家利益,进而推动构建人类命运共同体,促进实现人类社会的整体利益。[1] 人类命运共同体理念的引领,有助于国际法基本观念实现从权力政治观向共商共建共享的新型国际法观念的变革,国际法的价值目标将实现从主要关注国家利益向更加关注人类共同利益的变革。[2]

中国应当在人类命运共同体理念的指引下,以国际法治作为重要的实践路径和目标,推动全球治理体系变革。[3] 构建人类命运共同体的国际法治路径,应当从"守正"和"创新"两个维度展开,前者是指坚定遵守国际社会公认的《联合国宪章》框架下的国际法准则,后者是指推动创新现代国际法治理念和制度。

1. 坚定遵守《联合国宪章》框架下的国际法准则

二战结束后,《联合国宪章》奠定了现代国际秩序的基石,确立了当代国际关系的基本准则。[4] 1945 年通过的《联合国宪章》规定了联合国及

---

[1] 何志鹏:《走向国际法的强国》,《当代法学》2015 年第 1 期。
[2] 李寿平:《人类命运共同体理念引领国际法治变革:逻辑证成与现实路径》,《法商研究》2020 年第 1 期。
[3] 张辉:《人类命运共同体:国际法社会基础理论的当代发展》,《中国社会科学》2018 年第 5 期。
[4] 黄进:《习近平全球治理与国际法治思想研究》,《中国法学》2017 年第 5 期。

其会员国应予遵行的七项原则包括：会员国主权平等、善意履行宪章义务、和平解决国际争端、不使用武力、集体协作、确保非会员国遵行宪章原则、不干涉别国国内管辖事项。1970年联合国大会全体一致通过的《关于各国依联合国宪章建立友好关系及合作之国际法原则之宣言》提出的国际法原则包括七项：禁止以武力相威胁或使用武力原则、和平解决国际争端原则、不干涉内政原则、国际合作原则、民族自决原则、国家主权平等原则、善意履行国家义务原则。当今世界，虽然由于以美国为代表的个别国家经常违反这些国际法原则，在国际社会以大欺小、恃强凌弱，而且经常绕开联合国滥用武力、干涉别国内政，在一定程度上损害了联合国和《联合国宪章》的尊严和权威性，但是无论如何，联合国仍然是推进全球治理变革的重要平台，在应对和解决全球性问题中发挥着不可替代的作用。

作为负责任大国，我国应当坚信并继续奉行《联合国宪章》的各项宗旨和原则，坚定捍卫《联合国宪章》的权威地位，坚持发挥其在解决国际争端中的核心作用，坚决维护基于《联合国宪章》的国际关系和国际秩序。同时秉持"共商共建共享"的全球治理观，以《联合国宪章》为依据，推动国际关系民主化和法治化，推动世界各国特别是广大发展中国家平等参与和共同应对全球性问题。和平解决国际争端是《联合国宪章》确立的国际法基本原则之一，中国应当继续秉承独立自主、和平共处的外交理念，推动各国共同探索建立多元化国际争端解决机制，为建立持久和平、普遍安全的和谐世界之奋斗目标而努力。作为世界上最大的发展中国家，中国要借助联合国这个最重要、代表性最广泛的国际舞台，在维护本国利益的同时，积极为广大发展中国家鼓与呼，提出和阐明解决全球问题的中国方案并使其转化为"世界方案"。这一方面可以增强中国在全球治理体系中的话语权，另一方面可以向世界展现中国作为当今世界负责任大国的典范形象。①

构建人类命运共同体，并不是要构建那种要求国家退隐幕后乃至消亡的"大同世界"，而是在承认国家为国际社会基本构成单位的前提下，不论大小国家、发达国家与发展中国家、社会主义国家与资本主义国家，要

---

① 李猛：《全球治理变革视角下人类命运共同体理念的国际法渊源及其法治化路径研究》，《社会科学研究》2019年第4期。

共同构建利益共同体、价值共同体、责任共同体。人类命运共同体"是在不同社会制度的民族国家都存在、但又因经济全球化而造成利益相互交织的条件下,为避免因利益冲突而陷入全人类共同困境、同时又体现中国成为一个大国所应承担的责任而提出的国际战略理念"[①]。人类命运共同体理念并不改变当前国际社会以国家为基本单位的根本属性,它要坚持和发展的是"国际法"而不是"世界法"或"人类法"。以人类命运共同体理念为指南的国际法观是在"存异"中"求同"的思路,也就是在承认并尊重世界多极化、经济全球化、文化多样化的时代背景下追求合作共赢,在均衡实现各国国家利益的同时增进人类共同利益。第二次世界大战以后,在联合国框架下确立的现代国际法基本原则中,国家主权原则和不干涉内政原则居于核心地位,是国际社会公认的国际法基本准则。作为二战的战胜国和联合国创始成员国及五大常任理事国之一,中国在这些国际法准则的确立过程中也作出了自己的重要贡献,理应带头遵守和维护这些准则。人类命运共同体理念与这些准则并不矛盾,而且存在高度的契合性,没有理由将这些准则弃之不用。

人类命运共同体理念的国际法治化实现,并非要抛开现有的国际法治体系"另起炉灶""另搞一套",而是在"守正"的基础上"创新"。用"良法善治"的法治标准来衡量和判断,二战后确立的以《联合国宪章》为代表的国际法在总体上属于"良法"的范畴,即在立法层面是"制定得良好的法律",但是在"善治"方面却很不理想,也就是执法和守法层面遭遇了这样那样的阻力,被选择性适用或者束之高阁,甚至遭到公然的破坏和践踏。习近平主席在各种双边和多边场合多次表明,中国始终坚持维护以《联合国宪章》的宗旨和原则为核心的国际秩序和国际体系。这是中国领导人从国际道义的制高点和维护国际法治的公正立场出发作出的坚定承诺。当前的国际秩序在美国等西方大国的主导下,在很大程度上背离了《联合国宪章》的宗旨和原则,造成了发达国家与发展中国家、大国与小国之间的政治不平等和利益不平衡。中国的主张是要改变这种不合理局面,回到《联合国宪章》确立的宗旨和原则上来。

---

① 陈锡喜:《"人类命运共同体"视域下中国道路世界意义的再审视》,《毛泽东邓小平理论研究》2017年第2期。

在推动构建人类命运共同体的国际法治实践中,我国应当积极主动地把自己的理念和主张与基于《联合国宪章》的现有国际法原则和制度进行有效衔接和无缝对接,坚定遵守《联合国宪章》所弘扬的国际法宗旨和原则,积极而妥善地应对当前国际上甚嚣尘上的单边主义和保护主义"逆流",坚定维护既有的多边体系和国际公平正义,展现中国的大国风范和责任担当,为促进国际秩序的健康和稳定发展作出中国贡献。[①] 要坚定支持联合国及其下属机构在全球治理和国际法治中发挥更加重要的作用,逐步改善大国关系,努力消除"信任赤字",坚定不移地反对霸权主义、霸凌主义、单边主义和保护主义,有效发挥金砖国家和二十国集团等非国家行为体的作用。[②]

根据《联合国宪章》和1970年联合国大会通过的《关于各国依联合国宪章建立友好关系及合作之国际法原则之宣言》的规定,善意履行国际义务是现代国际法的基本原则之一。而善意履行的前提是对国际法的恰当的态度、理解和解释。国际法解释已经成为现代国际法律体制运作的中枢。[③] 对国际法,我国既要避免过于乐观的浪漫主义和理想主义,又要避免过于悲观的虚无主义,应当秉持一种相对客观的中道的态度和理解。国际法规则并非绝对真理,而是国家之间利益的博弈和分配,是国家之间斗争、妥协和合作的产物。国际关系与人际关系一样,既有不同利益,又有共同利益,前者导致竞争和冲突,后者产生妥协和合作,国际法的本质在于寻找并扩展各国的共同利益,协调和平衡各国的不同利益,以减少国际冲突,促进国际合作。国际法解释的正确和妥当与否,与国际法适用的准确和恰当与否,具有直接的正相关关系。在解释和适用国际法时,应当在人类命运共同体理念的指引下,秉持尊重和善意履行国际法解释态度,明确立足中国又兼顾全球治理的国际法解释立场,坚持"国家—国际—人类"三位一体的国际法解释维度。对于国际法律体系,既要有所坚守,又要有所扬弃,将国际法解释与构建人类命运共同体的具体行动融为一体,以更好地

---

① "人类命运共同体与国际法"课题组:《人类命运共同体的国际法构建》,《武大国际法评论》2019年第1期。

② 江时学、李智婧:《论全球治理的必要性、成效及前景》,《同济大学学报》(社会科学版) 2019年第4期。

③ 韩逸畴:《时间流逝对条约解释的影响——论条约演变解释的兴起、适用及其限制》,《现代法学》2015年第6期。

弘扬和践行人类命运共同体理念中的丰富的国际法思想。①

2. 创新现代国际法治基本理念和制度

人类命运共同体理念要求现代国际法展现出更多的"以人类为本"的人本主义立场。近现代以来的传统国际法是调整国家之间的相互关系的法律，可以说是"以国家为本"，除了国际人权法和国际环境法等少数国际法领域较多地考虑人类整体利益外，大部分领域的国际法仍然是协调不同国家之间利益分配和维护国际秩序的法律。在科学技术已经高度发达并且日新月异的21世纪，全人类的相互依赖性和面临的共同挑战要求现代国际法必须受到人类共同利益的制约并为其服务，现代国际法的最终目的性价值应当是人类共同利益。② 现代国际法治要全面和深入地体现人类命运共同体理念，就应当在维护国家利益的同时更多地注重维护人类整体利益，由于国际法维护国家利益的作用已经自不待言，因此需要更加关注和着力维护人类整体利益。

人类命运共同体理念要求在国际法治中确立"合作共赢"原则。当今世界虽然存在单边主义和保护主义的"逆流"和"暗流"，但是全球化和合作共赢仍然是浩浩荡荡、不可阻挡的"大潮流"。"国际关系已经从旧的'零和游戏'发展到了'非零和游戏'。所谓'零和游戏'是指一方所得必然是对方所失的游戏，而'非零和游戏'就是指通过合作共同获益的游戏。"③人类命运共同体理念坚决与单边主义和保护主义划清界限，主张世界各国应当秉持"共商共建共享"的多边主义精神，其中"共建"就是"合作"，而"共商"是合作的前提，"共享"就是"共赢"，是合作的应然结果。维护各国正当权益，增进人类共同利益，都需要国际社会共担责任、共享利益，也就是实现和促进国际法上的国家权利和国家义务的协调和统一。

在国际法治中贯彻落实人类命运共同体理念，中国既要在国际法治理念层面推动发展，也要在国际法律制度层面积极参与乃至引领变革。全球

---

① 杜焕芳、李贤森：《人类命运共同体思想引领下的国际法解释：态度、立场与维度》，《法制与社会发展》2019年第2期。

② 高岚君：《国际法的价值论》，武汉大学出版社2006年版，第138页。

③ [美]罗伯特·赖特：《非零和时代：人类命运的逻辑》，李淑珺译，上海人民出版社2003年版，第3—4页。

化使国家之间的相互依赖程度不断加深，国际关系的处理和全球治理的推进，都要以国际规则的制定为基础。国际规则不仅是国家之间利益分配的指挥棒，更能决定一个国家的国际地位，实际上各国对国际话语权的争夺也就是对制定国际规则的话语权的争夺。① 在当前的全球治理体系中，虽然我国正在由国际法的接受者逐步向国际法的参与者和引领者转变，但是国际话语权仍然比较脆弱，这是我国参与全球治理的最大短板。② 中国要积极参与和引领国际规则制定和国际法律制度创新，不断增强我国在国际社会和全球治理中的制度性话语权。

通过人类命运共同体理念引领国际法制度创新，应当赋予"人类"以国际法主体资格，落实"以人类为本"的新理念，并以此建构保护全人类利益的相关国际法制度。在现行的国际法主体体系中，国家是最基本的主体，国际组织、民族解放组织、非政府组织、法人和自然人都是不同程度的有限的国际法主体。当前，如果只认可主权国家及其政府作为国际法主体，将很难在国际社会中有效代表各类不同主体的差异化利益诉求，因此国家不应也无法再独占国际法的主体资格。③ 在秉持"以全人类为本"的全新的人本主义国际法中，在不动摇"国家"作为国际法主体资格的情况下，同时赋予"人类"以国际法主体地位，使其成为国际法上的权利和义务的承担者，将是非常必要而且重要的理念和制度创新。特别是在国际环境法、国际人权法、国际人道主义法、全球公域资源开发法等关系到全人类整体利益的国际法领域，更是亟须率先赋予"人类"以国际法主体资格，界定其国际法权利和相应的义务，明确"人类"参与国际争议仲裁或国际诉讼的主体资格。

例如，在气候变化和国际环境法领域，控制全球变暖、保护生物圈和生物多样性是公认的全人类的整体利益，需要坚持可持续发展原则、共同但有区别的责任原则，需要建立广泛参与的"统一战线"，因此确立相关非政府组织、跨国公司、个人等多元主体参与全球环境和生态保护的合作

---

① Alan Boyle and Christine Chinkin, *The Making of International Law*, Oxford: Oxford University Press, 2007, pp. 266–268.
② 张文显：《推进全球治理变革，构建世界新秩序——习近平治国理政的全球思维》，《环球法律评论》2017年第4期。
③ [美]约翰·H.杰克逊：《国家主权与WTO：变化中的国际法基础》，赵龙跃、左海聪、盛建明译，社会科学文献出版社2009年版，第65—91页。

制度和诉讼制度势在必行。在国际人权法和人道主义法方面，《2005 年世界首脑会议成果》表明，"保护的责任"这一理念已经获得世界上大多数国家的认可。① 令人遗憾的是，"保护的责任"目前尚未从国际政治理念转化为国际法上的原则和制度。鉴于当前国际人权保护不力特别是人道主义危机越演越烈的紧迫形势，建议尽快在《联合国宪章》框架下进行制度创新，明确规定由联合国安全理事会作为国际社会和人类的代表来具体将"保护的责任"落到实处。

中国应当积极推进和主动引领国际海洋法、国际卫生健康法领域，以及极地、互联网、外层空间等国际法新兴领域的秩序塑造和制度创新，在其中有效融入人类命运共同体理念。在习近平主席提出的"海洋命运共同体"理念的指导下，中国要推动国际海洋法治向更加公正合理的方向发展，在国际海洋法中进一步明确海上安全制度，制定国家管辖外海域开发制度，完善国家管辖外海洋生态环境保护制度，拓展和平解决海洋争端制度。② 中国需要凭借话语表达和实际行动推动国家管辖外海域遗传资源分配的国际法秩序的形成，得到国际社会的广泛肯定，以便将"中国方案"升级成"世界方案"③。在新冠疫情肆虐造成全球卫生健康危机和经济社会危机的时代背景下，要以人类命运共同体理念为指导思想，通过强化世界卫生组织等国际组织的管理和协调权，提高国际法在全球公共卫生治理中的执行力，并推动完善全球卫生健康法治体系，发挥国家、国际组织和非政府组织的联动作用以加强全球卫生治理，为开展国际卫生健康领域合作提供广泛而坚实的国际法治基础。④ 大力推动健全和完善极地资源和外层空间自然资源的国际开发、利用和保护制度，建立人类代理人机制和惠益分享机制，使全球公域资源的利用惠及全人类。以月球资源开发为例，为避免个别科技实力雄厚的大国在月球"跑马圈地"，可以依托联合国"和平利用外层空间委员会（COPUOS）"，由该委员会作为全人类的代表，依据联合国大会审议通过的《指导各国在月球和其他天体上活动的协定》等

---

① 黄瑶：《从使用武力法看保护的责任理论》，《法学研究》2012 年第 3 期。
② 姚莹：《"海洋命运共同体"的国际法意涵：理念创新与制度构建》，《当代法学》2019 年第 5 期。
③ 李志文：《国家管辖外海域遗传资源分配的国际法秩序———以"人类命运共同体"理念为视阈》，《吉林大学社会科学学报》2018 年第 6 期。
④ 刘晓红：《国际公共卫生安全全球治理的国际法之维》，《法学》2020 年第 4 期。

国际条约，具体行使对月球自然资源的所有权，并承担管理、开发、保护月球自然资源等职责。联合国外空委的宗旨是制定和平利用外空的原则和规章，促进各国在和平利用外空领域的合作。这一宗旨与人类命运共同体理念不谋而合，作为外空探索大国的中国应当切实加强与该委员会的合作关系。

注重国际法与国内法的双向互动和有效对接，也是作为国际政治新理念的人类命运共同体理念迈向国际法治理念和制度成果的重要方面。一方面，对于那些已经蕴含共享发展和人类命运共同体理念的现行国际法规则，要及时在国内立法中进行转化、对接或适用；另一方面，在国内立法和法治实践中，要率先贯彻落实人类命运共同体理念，在生态保护、人权保障等方面促进全民共享发展成果，为相关领域的国际法立法和法治实践提供样本，为国内法向国际法转化创造条件。同时，可以而且应当有效借助我国提出的"一带一路"倡议，推进人类命运共同体理念的法治化。我国与"一带一路"沿线国家之间通过对话合作签订了越来越多的高标准自由贸易协定，这些双边或多边的国际协定是"一带一路"沿线国家开展经济合作的国际法律文件，更应当成为我国推进人类命运共同体理念国际法治化的重要载体和"试验田"。在签订和履行自由贸易协定的过程中，可以将人类命运共同体理念中包含的反对贸易保护主义、平衡各国正当利益、保护生态环境、促进可持续发展等新理念落实在协议文本中并有效履行，通过新理念的融入，使这些自由贸易协定不仅符合协议当事国的利益，更要转型升级为符合国际社会和人类共同利益的体现可持续发展和共享发展精神的友好型国际协议范本，在推进"一带一路"法治保障体系建设中，也为人类命运共同体理念的国际法治化道路提供可借鉴、可复制、可推广的有益经验和实践路径。

主要参考文献

经典著作

《马克思恩格斯选集》第 1 卷，人民出版社 2012 年版。
《马克思恩格斯选集》第 2 卷，人民出版社 2012 年版。
《马克思恩格斯选集》第 3 卷，人民出版社 2012 年版。
《马克思恩格斯选集》第 4 卷，人民出版社 2012 年版。
《马克思恩格斯文集》第 1 卷，人民出版社 2009 年版。
《马克思恩格斯文集》第 2 卷，人民出版社 2009 年版。
《马克思恩格斯文集》第 3 卷，人民出版社 2009 年版。
《马克思恩格斯文集》第 9 卷，人民出版社 2009 年版。
《毛泽东选集》第 1 卷，人民出版社 1991 年版。
《毛泽东选集》第 2 卷，人民出版社 1991 年版。
《毛泽东选集》第 3 卷，人民出版社 1991 年版。
《毛泽东选集》第 4 卷，人民出版社 1991 年版。
《毛泽东文集》第 6 卷，人民出版社 1999 年版。
《毛泽东文集》第 8 卷，人民出版社 1999 年版。
《邓小平文选》第 2 卷，人民出版社 1994 年版。
《邓小平文选》第 3 卷，人民出版社 1993 年版。
《江泽民文选》第 3 卷，人民出版社 2006 年版。
《胡锦涛文选》第 3 卷，人民出版社 2016 年版。
《习近平谈治国理政》，外文出版社 2014 年版。
《习近平谈治国理政》第 2 卷，外文出版社 2017 年版。

《习近平谈治国理政》第 3 卷，外文出版社 2020 年版。
《习近平谈治国理政》第 4 卷，外文出版社 2022 年版。

  二 中文著作

陈甦：《社会法学的新发展》，中国社会科学出版社 2009 年版。
池忠军：《官僚制的伦理困境及其重构》，知识产权出版社 2004 年版。
丁建定：《从济贫到社会保险》，中国社会科学出版社 2000 年版。
董保华：《社会法原论》，中国政法大学出版社 2001 年版。
高岚君：《国际法的价值论》，武汉大学出版社 2006 年版。
何亚非：《选择：中国与全球治理》，中国人民大学出版社 2015 年版。
何志鹏：《国际法治论》，北京大学出版社 2016 年版。
霍存福：《权力场》，法律出版社 2008 年版。
冷传莉：《论民法中的人格物》，法律出版社 2011 年版。
李梅：《权利与正义：康德政治哲学研究》，社会科学文献出版社 2000 年版。
李锡鹤：《民法哲学论稿》，复旦大学出版社 2000 年版。
梁慧星：《民法总论》，法律出版社 2017 年版。
马俊驹：《人格和人格权理论讲稿》，法律出版社 2009 年版。
马克昌：《宽严相济刑事政策研究》，清华大学出版社 2012 年版。
钱宁：《现代社会福利思想》，高等教育出版社 2006 年版。
邱聪智：《民法研究》（一），中国人民大学出版社 2002 年版。
任先行、周林彬：《比较商法导论》，北京大学出版社 2000 年版。
史尚宽：《民法总论》，中国政法大学出版社 2000 年版。
孙晋、李胜利：《竞争法原论》，法律出版社 2019 年版。
汤宗舜：《著作权法原理》，知识产权出版社 2005 年版。
王名扬：《美国行政法》，中国法制出版社 1995 年版。
王铁崖：《国际法引论》，北京大学出版社 1998 年版。
王万华：《中国行政程序法立法研究》，中国法制出版社 2005 年版。
王亚南：《中国官僚政治研究》，中国社会科学出版社 2005 年版。
王泽鉴：《民法总则》，北京大学出版社 2009 年版。
王泽鉴：《人格权法：法释义学、比较法、案例研究》，北京大学出版社 2013 年版。

肖海军：《营业权论》，法律出版社 2007 年版。

谢怀栻：《外国民商法精要》，法律出版社 2002 年版。

谢新水：《作为一种行为模式的合作行政》，中国社会科学出版社 2013 年版。

徐国栋：《民法基本原则解释：以诚实信用原则的法理分析为中心》，中国政法大学出版社 2004 年版。

徐国栋：《民法基本原则解释——成文法局限性之克服》，中国政法大学出版社 2001 年版。

徐国栋：《民法总论》，高等教育出版社 2007 年版。

姚辉：《人格权法论》，中国人民大学出版社 2011 年版。

俞可平主编：《治理与善治》，社会科学文献出版社 2000 年版。

张明楷：《罪刑法定与刑法解释》，北京大学出版社 2016 年版。

张世明、王济东、刘亚丛：《经济法体系化与方法论：竞争法的新发展》，社会科学文献出版社 2017 年版。

张文显：《法哲学范畴研究》，中国政法大学出版社 2001 年版。

张文显主编：《马克思主义法理学——理论、方法和前沿》，高等教育出版社 2003 年版。

张筱薇：《新型国际犯罪研究》，法律出版社 2012 年版。

张知本：《宪法论》，中国方正出版社 2004 年版。

章志远：《行政法学总论》，北京大学出版社 2014 年版。

章志远：《行政任务民营化法制研究》，中国政法大学出版社 2014 年版。

中共中央宣传部理论局编：《世界社会主义五百年（党员干部读本）》，学习出版社、党建读物出版社 2014 年版。

三　中译著作

［奥］凯尔森：《法与国家的一般理论》，沈宗灵译，中国大百科全书出版社 1996 年版。

［奥］米瑟斯：《自由与繁荣的国度》，韩光明等译，中国社会科学出版社 1995 年版。

［丹麦］哥斯塔·埃斯平-安德森：《福利资本主义的三个世界》，苗正民等译，商务印书馆 2010 年版。

［德］奥托·梅耶：《德国行政法》，刘飞译，商务印书馆 2002 年版。

［德］迪特尔·梅迪库斯：《德国民法总论》，邵建东译，法律出版社 2001 年第 2 版。

［德］弗兰茨–克萨韦尔·考夫曼：《社会福利国家面临的挑战》，商务印书馆 2004 年版。

［德］弗里茨·里特纳、迈因哈德·德雷埃尔：《欧洲与德国经济法》，张学哲译，法律出版社 2016 年版。

［德］哈贝马斯：《公共领域的结构转型》，曹卫东等译，学林出版社 1999 年版。

［德］哈贝马斯：《在事实与规范之间》，童世骏译，生活·读书·新知三联书店 2003 年版。

［德］哈特穆特·毛雷尔：《行政法总论》，高家伟译，法律出版社 2000 年版。

［德］汉斯·J. 沃尔夫，奥托·巴霍夫，罗尔夫·施托贝尔：《行政法》第 3 卷，高家伟译，商务印书馆 2007 年版。

［德］汉斯·察赫：《福利社会的欧洲设计：察赫社会法文集》，刘冬梅、杨一帆译，北京大学出版社 2014 年版。

［德］黑格尔：《法哲学原理》，范扬、张企泰译，商务印书馆 1961 年版。

［德］卡尔·拉伦茨：《德国民法通论》，王晓晔等译，法律出版社 2003 年版。

［德］康德：《法的形而上学原理——权利的科学》，沈叔平译，商务印书馆 1991 年版。

［德］柯武刚、史漫飞：《制度经济学：社会秩序与公共政策》，韩朝华译，商务印书馆 2000 年版。

［德］克劳斯·奥菲：《福利国家的矛盾》，吉林人民出版社 2011 年版。

［德］克雷斯蒂安·冯·巴尔：《欧洲比较侵权行为法》下卷，焦美华译，法律出版社 2001 年版。

［德］拉德布鲁赫：《法学导论》，米健、朱林译，中国大百科全书出版社 1997 年版。

［德］罗尔夫·施托贝尔：《经济宪法与经济行政法》，谢立斌译，商务印书馆 2008 年版。

［德］马克斯·韦伯：《经济与社会》下卷，林荣远译，商务印书馆 1997

年版。

［德］马克西米利安·福克斯：《侵权行为法》，齐晓琨译，法律出版社2006年版。

［德］维尔纳·弗卢梅：《法律行为论》，迟颖译，法律出版社2013年版。

［德］维尔纳·桑巴特：《为什么美国没有社会主义》，赖海榕译，社会科学文献出版社2014年版。

［德］乌茨·施利斯基：《经济公法》，喻文光译，法律出版社2006年版。

［法］卢梭：《社会契约论》，何兆武译，商务印书馆1980年版。

［法］孟德斯鸠：《论法的精神》，孙立坚等译，陕西人民出版社2001年版。

［法］伊夫·居荣：《法国商法》，罗结珍、赵海峰译，法律出版社2004年版。

［古希腊］亚里士多德：《尼各马可伦理学》，廖申白译，商务印书馆2003年版。

［古希腊］亚里士多德：《政治学》，吴寿彭译，商务印书馆1996年版。

［美］P. 诺内特，P. 塞尔兹尼克：《转变中的法律与社会》，张志铭译，中国政法大学出版社1994年版。

［美］博登海默：《法理学、法律哲学与法律方法》，邓正来译，中国政法大学出版社1999年版。

［美］费勒尔·海迪：《比较公共行政》，刘俊生译校，中国人民大学出版社2010年版。

［美］卡尔·J. 弗里德里希：《超验正义——宪政的宗教之维》，周勇、王丽芝译，梁治平校，生活·读书·新知三联书店1997年版。

［美］莱纳·克拉克曼等：《公司法剖析：比较与功能的视角》，刘俊海等译，北京大学出版社2007年版。

［美］劳伦斯·M. 弗里德曼：《美国法律史》，苏彦新等译，中国社会科学出版社2007年版。

［美］路易斯·亨金：《权利的时代》，信春鹰等译，知识出版社1997年版。

［美］罗伯特·赖特：《非零和时代：人类命运的逻辑》，李淑珺译，上海人民出版社2003年版。

［美］罗伯特·索洛：《工作与福利》，刘文忻等译，中国社会科学出版社

2010年版。

［美］罗尔斯：《正义论》，何怀宏等译，中国社会科学出版社1988年版。

［美］罗斯科·庞德：《法律史解释》，邓正来译，中国法制出版社2002年版。

［美］罗斯科·庞德：《通过法律的社会控制——法律的任务》，沈宗灵译，商务印书馆1984年版。

［美］马萧：《官僚的正义——以社会保障中对残疾人权利主张的处理为例》，何伟文、毕竞悦译，北京大学出版社2005年版。

［美］马歇尔·霍华德：《美国反托拉斯法与贸易法规》，孙南申译，中国社会科学出版社1991年版。

［美］迈克尔·舒德森：《好公民：美国公共生活史》，郑一卉译，北京大学出版社2014年版。

［美］帕特里夏·沃哈恩：《亚当·斯密及其留给现代资本主义的遗产》，夏镇平译，上海译文出版社2006年版。

［美］斯蒂芬·芒泽：《财产理论》，彭诚信译，北京大学出版社2006年版。

［美］威廉姆·H.怀特科等：《当今世界的社会福利》，解俊杰译，法律出版社2003年版。

［美］维托·坦茨：《政府与市场——变革中的政府职能》，王宇等译，商务印书馆2014年版。

［美］约翰·H.杰克逊：《国家主权与WTO：变化中的国际法基础》，赵龙跃、左海聪、盛建明译，社会科学文献出版社2009年版。

［美］约翰·奥尔特：《正当法律程序简史》，杨明成、陈霜玲译，商务印书馆2006年版。

［美］约翰·亨利·梅利曼：《大陆法系》，顾培东等译，法律出版社2004年版。

［美］詹姆斯·博曼：《公共协商：多元主义、复杂性与民主》，黄相怀译，中央编译出版社2006年版。

［美］朱迪·弗里曼：《合作治理与新行政法》，毕洪海等译，商务印书馆2010年版。

［挪威］斯坦恩等：《北欧福利国家》，许烨芳、金莹译，复旦大学出版社2010年版。

[日] 川岛武宜：《现代化与法》，申政武、渠涛、李旺、王志安译，中国政法大学出版社 2004 年版。

[日] 米丸恒治：《私人行政——法的统制的比较研究》，洪英、王丹红、凌维慈译，中国人民大学出版社 2010 年版。

[日] 西田典之：《日本刑法总论》，王昭武、刘明祥译，法律出版社 2013 年版。

[日] 盐野宏：《行政法》，杨建顺译，法律出版社 1999 年版。

[意] 贝卡里亚：《论犯罪与刑罚》，黄风译，北京大学出版社 2008 年版。

[意] 彼得罗·彭梵得：《罗马法教科书》，黄风译，中国政法大学出版社 2017 年校订版。

[意] 圭多·德·拉吉罗：《欧洲自由主义史》，杨军译，吉林人民出版社 2001 年版。

[意] 乔万尼·阿瑞吉：《亚当·斯密在北京：21 世纪的谱系》，路爱国等译，社会科学文献出版社 2009 年版。

[印] 阿玛蒂亚·森：《以自由看待发展》，任赜、于真译，中国人民大学出版社 2002 年版。

[英] A. J. M. 米尔恩：《人的权利与人的多样性——人权哲学》，夏勇、张志铭译，中国大百科全书出版社 1995 年版。

[英] H. T. 狄金森：《十八世纪英国的大众政治》，陈晓律等译，商务印书馆 2015 年版。

[英] W. 贝弗里奇：《贝弗里奇报告——社会保险和相关服务》，华迎放等译，中国劳动社会保障出版社 2004 年版。

[英] 艾伦·肯迪：《福利视角：思潮、意识形态及政策争论》，周薇等译，上海人民出版社 2011 年版。

[英] 安东尼·吉登斯：《超越左与右——激进政治的未来》，李惠斌、杨雪冬译，社会科学文献出版社 2000 年版。

[英] 安东尼·吉登斯：《第三条道路：社会民主主义的复兴》，郑戈译，北京大学出版社 2000 年版。

[英] 保罗·皮尔逊编：《拆散福利国家——里根、撒切尔和紧缩政治学》，舒绍福译，吉林出版集团有限责任公司 2007 年版。

[英] 边沁：《道德与立法原理导论》，时殷弘译，商务印书馆 2000 年版。

[英] 戴维·柯茨：《资本主义的模式》，耿修林、宗兆昌译，江苏人民出版社2001年版。

[英] 哈耶克：《经济、科学与政治——哈耶克思想精粹》，冯克利译，江苏人民出版社2000年版。

[英] 霍华德·格伦内斯特：《英国社会政策论文集》，苗正民译，商务印书馆2003年版。

[英] 贾森·安奈兹：《解析社会福利运动》，王星译，格致出版社、上海人民出版社2011年版。

[英] 罗素：《西方哲学史》（下），马元德译，商务印书馆1982年版。

[英] 梅因：《古代法》，沈景一译，商务印书馆1984年版。

[英] 穆勒：《功利主义》，徐大建译，上海人民出版社2008年版。

[英] 威廉·韦德：《行政法》，徐炳等译，中国大百科全书出版社1997年版。

[英] 约翰·格雷：《自由主义》，曹海军、刘训练译，吉林人民出版社2005年版。

[英] 詹宁斯：《法与宪法》，龚祥瑞、侯建译，生活·读书·新知三联书店1997年版。

四 论文类

"人类命运共同体与国际法"课题组：《人类命运共同体的国际法构建》，《武大国际法评论》2019年第1期。

蔡武进：《现代行政法治理念下的行政协商》，《天津行政学院学报》2013年第3期。

蔡晓荣：《民国时期社会法理论溯源》，《清华法学》2018年第3期。

常鹏翱：《论物的损坏与精神损害赔偿的关联：一种功能主义的诠释》，《法律科学》2005年第1期。

陈步雷：《社会法的功能嬗变、代际更替和中国社会法的定位与建构》，《现代法学》2012年第3期。

陈步雷：《以劳权看待发展——劳权的权利论与功能论的多维度解释框架》，《中国劳动关系学院学报》2009年第4期。

陈传法：《人格财产及其法律意义》，《法商研究》2015年第2期。

陈海嵩：《经济法与社会法关系之我见》，《中南民族大学学报》（人文社会科学版）2003年第4期。

陈建勋：《商法公示主义、外观主义在股东身份确认案件中的应用》，《人民司法》2011年第6期。

陈雷、罗洪洋：《人类命运共同体的法律建构——规范论视角》，《南京社会科学》2019年第4期。

陈婉玲：《经济法调整：从"权力干预"到"法律治理"》，《政法论坛》2014年第1期。

陈锡喜：《"人类命运共同体"视域下中国道路世界意义的再审视》，《毛泽东邓小平理论研究》2017年第2期。

陈征、刘馨宇：《改革开放背景下宪法对营业自由的保护》，《北京联合大学学报》（人文社会科学版）2018年第3期。

陈自强：《民法典草案违约归责原则评析》，《环球法律评论》2019年第1期。

程红：《象征性刑法及其规避》，《法商研究》2017年第6期。

崔建远：《合同法应当奉行双轨体系的归责原则》，《广东社会科学》2019年第4期。

崔卓兰、刘福元：《论行政内部分权——行政自制的实践机制研究》，《法商研究》2009年第3期。

崔卓兰、刘福元：《论行政自由裁量权的内部控制》，《中国法学》2009年第4期。

崔卓兰、刘福元：《行政自制——探索行政法理论视野之拓展》，《法制与社会发展》2008年第3期。

崔卓兰、刘福元：《行政自制的可能性分析》，《法律科学》2009年第6期。

邓智平：《福利态度还是福利程度：福利国家再认识》，《广东社会科学》2015年第4期。

丁凤玲、范健：《中国商法语境下的"营业"概念考》，《国家检察官学院学报》2018年第5期。

丁南：《从"自由意志"到"社会利益"——民法制度变迁的法哲学解读》，《法制与社会发展》2004年第2期。

董保华、郑少华：《社会法——对第三法域的探索》，《华东政法学院学报》

1999 年第 1 期。

杜焕芳、李贤森：《人类命运共同体思想引领下的国际法解释：态度、立场与维度》，《法制与社会发展》2019 年第 2 期。

樊涛：《我国营业权制度的评析与重构》，《甘肃社会科学》2008 年第 4 期。

范进学：《"法治中国"：世界意义与理论逻辑》，《法学》2018 年第 3 期。

冯彦君：《中国特色社会主义社会法学理论研究》，《当代法学》2013 年第 3 期。

付立庆：《论积极主义刑法观》，《政法论坛》2019 年第 1 期。

付子堂、胡夏枫：《立法与改革：以法律修改为重心的考察》，《法学研究》2014 年第 6 期。

巩瑞波：《论共享发展理念的内在理路与实践逻辑》，《求实》2017 年第 3 期。

顾功耘、胡改蓉：《营业自由与国家干预交织下商主体营业资格之维度分析》，《政治与法律》2011 年第 11 期。

关保英：《行政法治新的时代精神解构》，《吉林大学社会科学学报》2018 年第 4 期。

关信平：《当前我国社会政策的目标及总体福利水平分析》，《中国社会科学》2017 年第 6 期。

韩喜平、巩瑞波：《共享：社会主义发展理念的本质回归》，《上海师范大学学报》（哲学社会科学版）2017 年第 2 期。

韩逸畴：《时间流逝对条约解释的影响——论条约演变解释的兴起、适用及其限制》，《现代法学》2015 年第 6 期。

何海波：《行政法治，我们还有多远》，《政法论坛》2013 年第 6 期。

何锦前：《个人所得税法分配功能的二元结构》，《华东政法大学学报》2019 年第 1 期。

何力：《人类命运共同体视角下的国际法史与文明互融》，《厦门大学学报》（哲学社会科学版）2019 年第 6 期。

何其生：《大国司法理念与中国国际民事诉讼制度的发展》，《中国社会科学》2017 年第 5 期。

何荣功：《社会治理"过度刑法化"的法哲学批判》，《中外法学》2015 年第 2 期。

何志鹏:《国际法治: 一个概念的界定》,《政法论坛》2009年第4期。

何志鹏:《国际法治中的全球共识与中国贡献》,《光明日报》2015年5月13日第14版。

何志鹏:《走向国际法的强国》,《当代法学》2015年第1期。

何志鹏、孙璐:《大国之路的国际法奠基——和平共处五项原则的意义探究》,《法商研究》2014年第4期。

何志鹏、孙璐:《国际关系的现实主义维度——和平共处五项原则的立场探究》,《吉林大学社会科学学报》2014年第6期。

和红:《德国社会长期护理保险制度改革及其启示: 基于福利治理视角》,《德国研究》2016年第3期。

胡斌:《私人规制的行政法治逻辑: 理念与路径》,《法制与社会发展》2017年第1期。

胡鸿高:《商法价值论》,《复旦学报》(社会科学版)2002年第5期。

胡守勇:《共享发展理念的世界历史意义》,《马克思主义研究》2018年第4期。

黄进:《习近平全球治理与国际法治思想研究》,《中国法学》2017年第5期。

黄平:《人类命运共同体为全球治理提供"中国方案"》,《红旗文稿》2019年第20期。

黄清华:《现代民商法文化的品质与中国梦的实现》,《社会科学论坛》2014年第10期。

黄瑶:《从使用武力法看保护的责任理论》,《法学研究》2012年第3期。

江必新,邵长茂:《社会治理新模式与行政法的第三形态》,《法学研究》2010年第6期。

江河:《从大国政治到国际法治: 以国际软法为视角》,《政法论坛》2020年第1期。

江时学、李智婧:《论全球治理的必要性、成效及前景》,《同济大学学报》(社会科学版)2019年第4期。

江宇:《论中华人民共和国前30年的社会保障》,《社会保障评论》2018年第4期。

姜福晓:《人格权财产化和财产权人格化理论困境的剖析与破解》,《法学家》2016 年第 2 期。

姜明安：《论法治国家、法治政府、法治社会建设的相互关系》，《法学杂志》2013 年第 6 期。

姜明安：《中国行政法治发展进程回顾——经验与教训》，《政法论坛（中国政法大学学报）》2005 年第 5 期。

姜燕：《商法强制性规范中的自由与强制——以历史和类型的双重角度》，《社会科学战线》2016 年第 8 期。

蒋遐雏：《个人所得税税前扣除的概念厘清与制度完善——以混合所得税制改革为背景》，《法商研究》2020 年第 2 期。

金善明：《〈反垄断法〉文本的优化及其路径选择——以〈反垄断法〉修订为背景》，《法商研究》2019 年第 2 期。

景天魁：《底线公平与社会保障的柔性调节》，《社会学研究》2004 年第 6 期。

孔祥稳、王玎、余积明：《检察机关提起行政公益诉讼试点工作调研报告》，《行政法学研究》2017 年第 5 期。

冷传莉：《论人格物的界定与动态发展》，《法学论坛》2010 年第 2 期。

冷传莉：《论人格物之实体与程序制度的建构》，《法学评论》2010 年第 3 期。

冷传莉：《民法上人格物的确立及保护》，《法学》2007 年第 7 期。

冷传莉：《人格物确立的法理透视》，《政法论坛》2010 年第 6 期。

李昌麒、单飞跃、甘强：《经济法与社会法关系考辨——兼与董保华先生商榷》，《现代法学》2003 年第 5 期。

李昌麒、张波：《论经济法的国家干预观与市场调节观——对国家与市场分析范式的一种解读》，《甘肃社会科学》2006 年第 4 期。

李德顺：《论民主与法治不可分——"法治中国"的几个基本理念之辩》，《中共中央党校学报》2017 年第 1 期。

李国强：《无体财产概念对现代所有权观念的影响》，《当代法学》2009 年第 4 期。

李昊、邓辉：《我国民法总则组织类民事主体制度的释评》，《法律适用》2017 年第 13 期。

李猛：《全球治理变革视角下人类命运共同体理念的国际法渊源及其法治

化路径研究》,《社会科学研究》2019年第4期。

李寿平:《人类命运共同体理念引领国际法治变革:逻辑证成与现实路径》,《法商研究》2020年第1期。

李岩:《公序良俗原则的司法乱象与本相——兼论公序良俗原则适用的类型化》,《法学》2015年第11期。

李永军:《我国未来民法典中主体制度的设计思考》,《法学论坛》2016年第2期。

李珍:《毛泽东的世界和平思想及其历史影响》,《马克思主义与现实》2020年第3期。

李志文:《国家管辖外海域遗传资源分配的国际法秩序——以"人类命运共同体"理念为视阈》,《吉林大学社会科学学报》2018年第6期。

廖心文:《从计划经济体制向社会主义市场经济体制的转变——试论毛泽东、邓小平对我国经济体制的探索》,《党的文献》2008年第6期。

林嘉:《论社会保障法的社会法本质——兼论劳动法和社会保障法的关系》,《法学家》2002年第1期。

林嘉:《中国社会法建设40年回顾与展望》,《社会治理》2018年第11期。

林尚立:《民主与民生:人民民主的中国逻辑》,《北京大学学报》(哲学社会科学版)2012年第1期。

刘长兴:《环境权保护的人格权法进路——兼论绿色原则在民法典人格权编的体现》,《法学评论》2019年第3期。

刘春山、江之源:《论经济法与国家经济治理》,《社会科学战线》2019年第6期。

刘红臻:《国家治理现代化的法学解读与阐释》,《法制与社会发展》2014年第5期。

刘宏渭:《论营业自由及其在我国的实现路径》,《山东大学学报》(哲学社会科学版)2011年第6期。

刘继同:《欧美社会福利立法典范的制度演变与历史规律》,《甘肃政法学院学报》2017年第5期。

刘继同:《英国社会救助制度的历史演变及其核心争议》,《国外社会科学》2003年第3期。

刘继同:《中国特色现代社会立法的战略地位与体系特征》,《社会科学研究》2016 年第 4 期。

刘剑文：《个税改革的法治成果与优化路径》，《现代法学》2019 年第 2 期。

刘金婧：《东亚社会政策的特点：促进生产的福利资本主义》，《国外理论动态》2001 年第 12 期。

刘俊海、谢增毅：《社会法的发展和前沿问题》，《中国社会科学院院报》2006 年 7 月 27 日第 8 版。

刘涛、毕可志：《中国法治的行政法治化道路》，《中国人民公安大学学报》（社会科学版）2011 年第 4 期。

刘旺洪、陆海波：《西方宪政与人权保障：本质与启示》，《世界经济与政治论坛》2016 年第 6 期。

刘为勇：《"营业自由"：一个不应被忘却的宪法性语词》，《东方法学》2013 年第 3 期。

刘宪权：《刑事立法应力戒情绪——以〈刑法修正案（九）〉为视角》，《法学评论》2016 年第 1 期。

刘晓红：《国际公共卫生安全全球治理的国际法之维》，《法学》2020 年第 4 期。

龙宁丽：《非政府组织治理中的问责研究》，《国外理论动态》2013 年第 4 期。

卢代富：《经济法中的国家干预解读》，《现代法学》2019 年第 4 期。

卢建平：《宽严相济与刑法修正》，《清华法学》2017 年第 1 期。

卢建平、郭理蓉：《宽严相济的历史溯源与现代启示》，《刑事政策评论》第 1 卷，2006 年。

卢建平、翁小平：《论宽严相济刑事政策的法典化》，《人民检察》2010 年第 17 期。

鲁鹏宇：《法治主义与行政自制——以立法、行政、司法的功能分担为视角》，《当代法学》2014 年第 1 期。

吕世伦、马金芳：《社会法的几个基本理论问题研究》，《北方法学》2007 年第 6 期。

罗国强、徐金兰：《人类命运共同体的国际法价值研究》，《新疆大学学报》（哲学·人文社会科学版）2020 年第 2 期。

罗昆：《我国民法典法人基本类型模式选择》，《法学研究》2016 年第4 期。

罗智敏：《论正当行政程序与行政法的全球化》，《比较法研究》2014年第1期。

马怀德：《新时代法治政府建设的意义与要求》，《中国高校社会科学》2018年第5期。

马怀德：《中国社会立法现状分析》，《法治社会》2016年第1期。

马怀德、孔祥稳：《中国行政法治四十年：成就、经验与展望》，《法学》2018年第9期。

马俊驹：《人格与财产的关系——兼论法国民法的"总体财产"理论》，《法制与社会发展》2006年第1期。

马俊驹、张翔：《人格权的理论基础及其立法体例》，《法学研究》2004年第6期。

马荣春：《共识刑法观：刑法公众认同的基础》，《东方法学》2014年第5期。

马荣春：《罪刑法定原则与刑法基本原则体系的结构性》，《时代法学》2019年第2期。

马忠法、葛淼：《论"和"文化语境下的国际法治建设》，《河北法学》2020年第1期。

孟勤国、张素华：《公司法人人格否认理论与股东有限责任》，《中国法学》2004年第3期。

莫于川：《法治政府建设的理念与品格——学习法治政府建设实施纲要》，《中国特色社会主义研究》2016年第1期。

潘昀：《作为宪法权利的营业自由》，《浙江社会科学》2016年第7期。

彭勃、邵春霞：《改革后中国社会转型的政治逻辑》，《浙江社会科学》2009年第9期。

彭芩萱：《人类命运共同体的国际法制度化及其实现路径》，《武大国际法评论》2019年第4期。

齐文远、夏凉：《徘徊于传统与现代之间的刑法观——以创新社会治理体系为视角》，《武汉大学学报》（哲学社会科学版）2015年第1期。

钱叶芳：《"社会法法域说"证成——大陆法系和英美法系融合的一个例证》，《法学》2017年第4期。

钱宇丹、徐卫东：《论我国中小企业的营业权制度》，《当代法学》2014年第 4 期。

钱玉文：《论我国产品责任归责原则的完善——以产品质量法第 41、42 条为分析对象》，《中国政法大学学报》2017 年第 2 期。

邱本：《论经济法的共识》，《现代法学》2013 年第 4 期。

邱本：《论民事生活与民法典》，《法制与社会发展》2015 年第 4 期。

邵博文：《晚近我国刑事立法趋向评析——由〈刑法修正案（九）〉展开》，《法制与社会发展》2016 年第 5 期。

沈建峰：《社会法、第三法域与现代社会法——从基尔克、辛茨海默、拉德布鲁赫到社会法典》，载《华东政法大学学报》2019 年第 4 期。

沈岿：《行政自我规制与行政法治：一个初步观察》，《行政法学研究》2011 年第 3 期。

施鸿鹏：《民法与商法二元格局的演变与形成》，《法学研究》2017 年第 2 期。

施天涛：《商事关系的重新发现与当今商法的使命》，《清华法学》2017 年第 6 期。

石佳友：《法国民法典过错责任一般条款的历史演变》，《比较法研究》2014 年第 6 期。

石文龙：《论我国基本权利限制制度的发展》，《比较法研究》2014 年第 5 期。

史探径：《世界社会保障立法的起源和发展》，《外国法译评》1999 年第 2 期。

舒建华：《从福利资本主义到福利社会主义——福利国家理论的新马克思主义视角》，《广西师范大学学报》（哲学社会科学版）2017 年第 2 期。

宋智慧：《商法价值范畴论析》，《学术论坛》2005 年第 4 期。

苏长和：《和平共处五项原则与中国国际法理论体系的思索》，《世界经济与政治》2014 年第 6 期。

孙晋：《习近平关于市场公平竞争重要论述的经济法解读》，《法学评论》2020 年第 1 期。

孙晋：《新时代确立竞争政策基础性地位的重大意义和法律实现》，《政法论坛》2019 年第 2 期。

孙涛：《福利国家发展的历史轨迹：历史与辩证的考量》，《国外理论动态》

2014 年第 1 期。

孙万怀:《宽严相济刑事政策应回归为司法政策》,《法学研究》2014 年第 4 期。

孙学致:《过错归责原则的回归——客观风险违约案件裁判归责逻辑的整理与检讨》,《吉林大学社会科学学报》2016 年第 5 期。

谭晨:《新发展理念的经济法释义:关联、定位及内涵》,《西安交通大学学报》(社会科学版) 2019 年第 6 期。

谭启平:《论民事主体意义上"非法人组织"与"其他组织"的同质关系》,《四川大学学报》(哲学社会科学版) 2017 年第 4 期。

田思路:《日本"社会法":概念·范畴·演进》,《华东政法大学学报》2019 年第 4 期。

童列春:《论民法与商法的区别》,《武汉理工大学学报》(社会科学版) 2016 年第 6 期。

汪进元、陈兵:《权利限制的立宪模式之比较》,《法学评论》2005 年第 5 期。

王洪树、廖华:《社会民主的萌生发展、学理分析、价值意义及实现路径》,《当代世界与社会主义》2016 年第 4 期。

王景迁、方卫:《失独家庭社会救助现状与对策研究》,《北京大学学报》(哲学社会科学版) 2019 年第 5 期。

王腊梅:《中国经济法的生成反思及完善路径——基于我国全面深化改革背景》,《河北法学》2018 年第 4 期。

王利明:《法治:良法与善治》,《中国人民大学学报》2015 年第 2 期。

王利明:《论人格权请求权与侵权损害赔偿请求权的分离》,《中国法学》2019 年第 1 期。

王利明:《民法典人格权编草案的亮点及完善》,《中国法律评论》2019 年第 1 期。

王瑞雪:《治理语境下的多元行政法》,《行政法学研究》2014 年第 4 期。

王诗宗:《治理理论与公共行政学范式进步》,《中国社会科学》2010 年第 4 期。

王万华:《法治政府建设的程序主义进路》,《法学研究》2013 年第 4 期。

王万华:《新中国行政诉讼早期立法与制度——对 104 部法律、行政法规的分析》,《行政法学研究》2017 年第 4 期。

王晓晔:《我国反垄断法修订的几点思考》,《法学评论》2020 年第 2 期。

王学辉、张治宇:《迈向可接受性的中国行政法》,《国家检察官学院学报》2014 年第 3 期。

王轶、关淑芳:《论民法总则的基本立场》,《国家行政学院学报》2018 年第 1 期。

王柱国:《依法行政原则之"法"的反思》,《法商研究》2012 年第 1 期。

温世扬:《民法典人格权编草案评议》,《政治与法律》2019 年第 3 期。

吴汉东:《财产的非物质化革命与革命的非物质财产法》,《中国社会科学》2003 年第 4 期。

吴静:《从马克思主义哲学史角度透视共享发展理念》,《哲学研究》2016 年第 12 期。

吴越:《经济法思维的宪法指向——兼论经济法学的历史命运》,《法学论坛》2013 年第 3 期。

武力:《略论新中国 60 年经济发展与制度变迁的互动》,《中国经济史研究》2009 年第 3 期。

武增:《2015 年〈立法法〉修改背景和主要内容解读》,《中国法律评论》2015 年第 1 期。

肖海军:《论营业权入宪——比较宪法视野下的营业权》,《法律科学》2005 年第 2 期。

肖海军:《民法典编纂中非法人组织主体定位的技术进路》,《法学》2016 年第 5 期。

肖扬:《见证中国法治四十年》,《中国法律评论》2018 年第 5 期。

谢海霞:《人类命运共同体的构建与国际法的发展》,《法学论坛》2018 年第 1 期。

谢鸿飞:《民法总则法人分类的层次与标准》,《交大法学》2016 年第 4 期。

谢增毅、刘俊海:《社会法学在中国:任重而道远》,《环球法律评论》2006 年第 5 期。

邢会强:《个人所得的分类规制与综合规制》,《华东政法大学学报》2019 年第 1 期。

徐崇利:《经济全球化与国际法中"社会立法"的勃兴》,《中国法学》

2004 年第 1 期。

徐国栋：《诚信原则理论之反思》，《清华法学》2012 年第 4 期。

徐海娜：《在理论与实践之间——人类命运共同体理论暨"一带一路"推进思路会议综述》，《当代世界》2016 年第 4 期。

徐宏：《人类命运共同体与国际法》，《国际法研究》2018 年第 5 期。

徐伟：《共建共治共享：刑法治理模式之变革》，《中国政法大学学报》2019 年第 2 期。

徐喜荣：《营业：商法建构之脊梁——域外立法及学说对中国的启示》，《政治与法律》2012 年第 11 期。

许中缘：《论法人的独立责任与二元民事主体制度》，《法学评论》2017 年第 1 期。

薛军：《人的保护：中国民法典编撰的价值基础》，《中国社会科学》2006 年第 4 期。

阎静、亓志峰：《和平共处五项原则新的时代蕴意》，《思想理论教育导刊》2015 年第 8 期。

燕继荣：《变化中的中国政府治理》，《经济社会体制比较》2013 年第 1 期。

燕继荣、程熙：《从"依法行政"到"法治政府"——对国务院法治政策及其执行状况的考察》，《北京行政学院学报》2013 年第 5 期。

杨彪：《不可让与性与人格权的政治经济学：一个新的解释框架》，《法律科学》2015 年第 1 期。

杨海坤：《走向法治政府：历史回顾、现实反思、未来展望——写在中国行政法研究会成立三十周年之际》，《山东大学学报》（哲学社会科学版）2015 年第 5 期。

杨立新：《〈民法总则〉规定的非法人组织的主体地位与规则》，《求是学刊》2017 年第 3 期。

杨立新：《民法典人格权编草案逻辑结构的特点与问题》，《东方法学》2019 年第 2 期。

杨立雄：《福利国家：认识误区、判断标准与对中国的区域对标研究——以中国北京市为例》，《广东社会科学》2018 年第 4 期。

杨萌：《"和而不同"与和平共处五项原则》，《红旗文稿》2011 年第 2 期。

杨小君：《行政法基本原则的理论构建与价值追问》，《行政法学研究》

2005 年第 3 期。

杨雪冬：《论治理的制度基础》，《天津社会科学》2002 年第 2 期。

杨玉成：《罗尔斯的正义观与当代中国公平正义问题》，《新视野》2016 年第 2 期。

姚莹：《"海洋命运共同体"的国际法意涵：理念创新与制度构建》，《当代法学》2019 年第 5 期。

叶林：《商法理念与商法审判》，《法律适用》2007 年第 9 期。

易继明、周琼：《论具有人格利益的财产》，《法学研究》2008 年第 1 期。

应松年：《中国行政程序立法的路径》，《湖南社会科学》2008 年第 6 期。

于飞：《公序良俗原则与诚实信用原则的区分》，《中国社会科学》2015 年第 11 期。

余少祥：《经济民主的政治经济学意涵：理论框架与实践展开》，《政治学研究》2013 年第 5 期。

俞可平：《没有法治就没有善治——浅谈法治与国家治理现代化》，《马克思主义与现实》2014 年第 6 期。

俞可平：《全球治理引论》，《马克思主义与现实》2002 年第 1 期。

虞崇胜、周理：《民主与民生——共享发展政治学的深层逻辑》，《江苏行政学院学报》2017 年第 1 期。

袁曙宏：《西方国家依法行政比较研究——兼论对我国依法行政的启示》，《中国法学》2000 年第 5 期。

袁正清、宋晓芹：《理解和平共处五项原则的传播——国际规范扩散的视角》，《国际政治研究》2015 年第 5 期。

曾令良：《国际法治与中国法治建设》，《中国社会科学》2015 年第 10 期。

曾令良：《现代国际法的人本化趋势》，《中国社会科学》2007 年第 1 期。

张大为：《论营业自由的性质及其法律规制》，《北京航空航天大学学报》（社会科学版）2013 年第 6 期。

张谷：《管制还是自治，的确是个问题！——对民法总则"法人"章的评论》，《交大法学》2016 年第 4 期。

张洪波：《以安全为中心的法律价值冲突及关系架构》，《南京社会科学》2014 年第 9 期。

张辉：《人类命运共同体：国际法社会基础理论的当代发展》，《中国社会科学》2018 年第 5 期。

张强:《商法规范的公法性与私法性、强制性与任意性辨梳》,《山东社会科学》2010 年第 6 期。

张守文:《改革开放与中国经济法的制度变迁》,载《法学》2018 年第 8 期。

张守文:《回望 70 年:经济法制度的沉浮变迁》,载《现代法学》2019 年第 4 期。

张淞纶:《关于"交易安全理论":批判、反思与扬弃》,《法学评论》2014 年第 4 期。

张文显:《推动全球治理变革,构建世界新秩序——习近平治国理政的全球思维》,《环球法律评论》2017 年第 4 期。

张文显:《中国法治 40 年:历程、轨迹和经验》,《吉林大学社会科学学报》2018 年第 5 期。

张翔:《财产权的社会义务》,《中国社会科学》2012 年第 9 期。

张宜浩、陈柳钦:《经济学中的建构理性主义和进化理性主义》,《社会》2004 年第 9 期。

张莹:《从身份到契约:中世纪晚期英格兰领主附庸关系的变化》,《史学月刊》2015 年第 4 期。

张占江:《反不正当竞争法属性的新定位:一个结构性的视角》,《中外法学》2020 年第 1 期。

章剑生:《现代行政法基本原则之重构》,《中国法学》2003 年第 3 期。

章荣君:《政治民主、经济民主及其相互关系分析》,《云南行政学院学报》2009 年第 5 期。

章志远:《迈向公私合作型行政法》,《法学研究》2019 年第 2 期。

赵宏:《限制的限制:德国基本权利限制模式的内在机理》,《法学家》2011 年第 2 期。

赵建文:《和平共处五项原则与联合国宪章的关系》,《当代法学》2014 年第 6 期。

赵玉、江游:《论民法的民》,《当代法学》2012 年第 6 期。

郑爱青:《法国"社会法"概念的历史缘起和含义》,《华东政法大学学报》2019 年第 4 期。

郑功成:《社会法建设的滞后与发展》,《中国机构改革与管理》2015 年第

11 期。

郑功成：《中国社会法：回顾、问题与建设方略》，《内蒙古社会科学》2020 年第 3 期。

郑功成：《中国社会法：回顾、问题与建设方略》，《内蒙古社会科学》2020 年第 3 期。

郑功成：《中国社会福利改革与发展战略：从照顾弱者到普惠全民》，《中国人民大学学报》2011 年第 2 期。

郑功成：《中国养老金：制度变革、问题清单与高质量发展》，《社会保障评论》2020 年第 1 期。

郑尚元：《社会法的定位与未来》，《中国法学》2003 年第 5 期。

郑显文：《公序良俗原则在中国近代民法转型中的价值》，《法学》2017 年第 11 期。

郑永宽：《过失相抵与无过错责任》，《现代法学》2019 年第 1 期。

中国社会科学院财经战略课题组：《推动完善全球治理机制》，《经济日报》2013 年 11 月 22 日第 15 版。

中国社会科学院中国特色社会主义理论体系研究中心：《和平共处五项原则的确立及其历史意义》，《红旗文稿》2014 年第 17 期。

周光权：《论常识主义刑法观》，《法制与社会发展》2011 年第 1 期。

周弘：《福利国家向何处去》，《中国社会科学》2001 年第 3 期。

周少华：《法律之道：在确定性与灵活性之间》，《法律科学》2011 年第 4 期。

周佑勇：《行政法基本原则的反思与重构》，《中国法学》2003 年第 4 期

周缘园：《"福利多元主义"的兴起——福利国家到福利社会的转变》，《理论界》2013 年第 6 期。

朱炳元：《改革开放前后两个历史阶段的中国外交》，《马克思主义研究》2015 年第 8 期。

朱虎：《过错侵权责任的发生基础》，《法学家》2011 年第 1 期。

朱晓峰：《民法一般人格权的价值基础与表达方式》，《比较法研究》2019 年第 2 期。

卓泽渊：《国家治理现代化的法治解读》，《现代法学》2020 年第 1 期。

邹焕聪：《论调整公私协力的担保行政法——域外经验与中国建构》，《政治与法律》2015 年第 10 期。

五　中译论文

［德］乌尔里希·贝克尔:《社会法:体系化、定位与制度化》,王艺非译,《华东政法大学学报》2019年第4期。

［法］热娜维耶芙·威内:《论过错侵权责任的一般原则》,罗瑶译,《比较法研究》2016年第4期。

［美］保罗·H. 罗宾逊:《民意与刑法:社会观念在定罪量刑实践中的合理定位》,谢杰、祖琼译,《中国刑事法杂志》2017年第1期。

［美］高和·里兹维:《美国政府创新:观察和经验》,陈雪莲译,《经济社会体制比较》2009年第6期。

［美］乔迪·弗里曼:《私人团体、公共职能与新行政法》,毕洪海译,《北大法律评论》(2004)第5卷第2辑。

［英］T. H. Marshall:《公民权与社会阶级》,刘继同译,《国外社会科学》2003年第1期。

［英］约翰·米可斯维特、阿德里安·伍尔德里奇:《第四次革命》,蒋林、沈莹译,《国外理论动态》2015年第4期。

六　外文著作

Hay, D. Wincott, *The Political Economy of European Welfare State*, London: Palgrave Macmillan, 2012.

Alan Boyle and Christine Chinkin, *The Making of International Law*, Oxford: Oxford University Press, 2007.

A. D. Neale, D. G. Goyder, *The Antitrust Laws of the U. S. A*, Cambridge: Cambridge University Press, 1980.

Commission on Global Governance, *Our Global Neighborhood: The Report of the Commission on Global Governance*, New York: Oxford University Press, 1995.

Frank. H Easterbrook and DanielR. Fischel, *The Economic Structure of Corporate Law*, Harvard University Press, 1998.

Harry G. Henn&Gohn R. Alexander, *Law of Corporations*, West publishing Co, 3d, ed, 1983.

James Rosenauo, *Governance, Order and Change in World Politics*, in James

Rosenau and Ernst-Otto Czempiel eds., *Governance without Government: Order and Change in World Politics*, Cambridge: Cambridge University Press, 1992.

J. E. Kennedy, *Empirical Desert and the Endpoint of Punishment*, In Paul H. Robinson, Stephen P. Garvey & Kimberly Ferzan (eds), Criminal Law Conversation, New York: Oxford University Press, 2009.

Kenneth W. Abbott and Duncan Sindal, *The Impact of International Law on International Cooperation: Theoretical Perspectives*, Pathways to international cooperation, Eyal Benvenisti and Moshe Hirsch edited, Cambridge: Cambridge University Press, 2004.

Malcolm N. Shaw, *International law*, 7th edition, Cambridge: Cambridge University Press, 2014.

P. Watson, *Social Security Law of the European Communities*, Oxford: Mansell, 1980.

Tony Orhnial edited, *Limited Liability and the Corporation*, Croom Helm, London & Camberra, 1982.

七 外文论文

Andrew Wancata, "No Value for a Pound of Flesh: Extending Market-Inalienability of the Human Body", *Journal of Law and Health*, No. 18, 2003.

Carol Harlow, Richard Rawlings, "Promoting Accountability in Multilevel Governance: A Network Approach", *European Law Journal*, Vol. 13, No. 4, July 2007.

Hughes, "Recording Intellectual Property and Overlooked Audience Interests", *Texas Law Review*, Vol. 77, 1999.

John Gerard Ruggie, "Global Governance and 'New Governance Theory': Lessons from Business and Human Rights", *Global Governance*, Vol. 20, No. 5, 2014.

Justin Hughes, "The Personality Interest of Artists and Inventors in Intellectual Property", *Cardozos Arts and Entertainment Law Journal*, Vol. 81, 1998.

Margaret Jane Radin, "Lacking a Transformative Social Theory: A Response",

Stanford Law Review, Vol. 45, 1993.

Margaret Jane Radin, "Property and Personhood", *Stanford Law Review*, Vol. 34, 1982.

P. Edelman. "The Welfare Debate: Getting Past the Bumper Stickers", *Harvard Journal of Law and Public Policy*, Vol. 27, 2003.

Rafael A. Benitez, "Administrative Justice in a World Transition: Pan-European Values in Administrative Justice", *Common Law World Review*, Vol. 30, 2001.

Reuven S. Avi-Yonah, "The Three Goals of Taxation", *Tax Law Review*, Vol. 60, No. 1, 2006.

Russel H. Fifield, "The Five Principles of Peaceful Co-existence", *American Journal of International Law*, Vol. 52, No. 3, 1958.

Russell H. Fifield, "The Five Principles of Peaceful Co-Existence", *American Journal of International Law*, Vol. 52, 1958.

Yossi Dahan, Hanna Lerner and Faina Milman-Sivan, "Mapping the Hard law/Soft Law Terrain: Labor Rights and Environmental Protection: Global Justice, Labor Standards and Responsibility", *Theoretical Inq*, No. 12, 2011.